카이스트 미래전략 2021

위드 코로나: 달라진 세상, 새로운 기회

카이스트 미래전략 2021

1판 1쇄 발행 2020. 10. 23.
1판 2쇄 발행 2020. 12. 10.

지은이 KAIST 문술미래전략대학원 미래전략연구센터

발행인 고세규
편집 권정민 | 디자인 정윤수 | 마케팅 백선미 | 홍보 이한솔
발행처 김영사
등록 1979년 5월 17일(제406-2003-036호)
주소 경기도 파주시 문발로 197(문발동) 우편번호 10881
전화 마케팅부 031)955-3100, 편집부 031)955-3200 | 팩스 031)955-3111

값은 뒤표지에 있습니다. ISBN 978-89-349-9180-9 03320

홈페이지 www.gimmyoung.com 블로그 blog.naver.com/gybook
페이스북 facebook.com/gybooks 이메일 bestbook@gimmyoung.com

좋은 독자가 좋은 책을 만듭니다.
김영사는 독자 여러분의 의견에 항상 귀 기울이고 있습니다.

이 도서의 국립중앙도서관 출판시도서목록(CIP)은 서지정보유통지원시스템 홈페이지
(http://seoji.nl.go.kr)와 국가자료공동목록시스템(http://www.nl.go.kr/kolisnet)에서
이용하실 수 있습니다.(CIP제어번호 : CIP2020042136)

과학기술부터 사회문화까지 2021년 메가트렌드 전망과 STEPPER 전략

카이스트 미래전략 2021

KAIST 문술미래전략대학원
미래전략연구센터

위드 코로나
달라진 세상,
새로운 기회

KAIST
Future
Strategy

김영사

위기 극복을 위한 창조적 밑거름, 국가미래전략

지금 세계는 코로나19로 전대미문의 위기를 겪고 있습니다. 저성장이 고착화하는 '뉴노멀new normal'을 우려했는데, 이제는 마이너스 성장 시대를 버텨야 할 상황입니다. 경제적 수치로 지금의 변화를 온전히 표현할 수는 없습니다. 코로나19로 달라질 세상을 많은 사람이 앞다투어 전망하는 이유입니다.

코로나19는 팬데믹pandemic 감염병입니다. 조금 자세히 설명하면 신종 코로나바이러스에 의한 호흡기 감염질환입니다. 그런데 이러한 설명도 외형적 특징일 뿐입니다. 더 깊이 들여다보면 기후와 환경을 도외시한 인류 문명의 발전이 낳은 결과일 수 있습니다. 지구적 대응과 글로벌 협력이 중요하게 요구되는 이유입니다.

팬데믹 시대의 미래전략

이러한 지구적·문명적 위기를 우리는 어떤 혜안적 처방으로 대처해 나가야 할까요? 마이너스 성장 시대를 건너가려면, 또 지혜로운 문명의 발전을 이어가려면 우리는 그 어느 때보다도 현실을 직시하면서 미래를 내다봐야 합니다. 특히 코로나19가 발생하기 이전부터 우리는 4차 산업혁명이라는 거대한 변화의 파고에 휩싸여왔습니다. 혁신 기술을 활용하면서 동시에 풀어야 할 과제가 적지 않습니다. 무엇보다 기술은 지구환경과 인류 모두를 위해 진화하고 활용되어야 합니다. 물질주의와 성장 우선주의가 낳은 불평등도 해결해야 합니다. 그렇기에 큰 틀의 방향과 작은 틀의 전략을 촘촘히 엮어내는 것이 더 중요한 시점입니다.

미래는 예측하는 것이 아니라 만드는 것이라는 말이 흔히 인용됩니다. 운명적 패러다임에 갇히지 않고 나아갈 수 있는 동기부여 요소가 되어주기 때문입니다. 이 말을 여기서도 한 번 더 강조하고 싶습니다. 코로나19는 분명 위기이지만, 쉼 없이 달려온 우리에게 과거를 돌아보고 미래를 내다보는 '성찰의 시간'이 된다면 지혜로운 미래를 만드는 기회가 될 것입니다. 과거의 영광이나 고통에 갇혀서도 안 되고, 장밋빛 미래에 갇혀서도 안 될 것입니다. 코로나19는 우리의 많은 일상을 무너뜨렸지만, 우리가 겪는 아픔과 고통의 의미를 올바로 깨칠 때 더 나은 미래로 우리를 이끌 것입니다.

그런 점에서 KAIST 문술미래전략대학원 미래전략연구센터가 일곱 번째로 내놓는 《카이스트 미래전략 2021》은 전환의 시기에 꼭 필요한 지침서가 될 것입니다. 학문적으로 미래학을 연구하고 체계적으로 미래를 준비하기 위해 2013년에 설립된 이곳에서는 2014년부터 국가미래전략에 관한 보고서를 작성해오고 있습니다. 지식 콘텐츠가 넘쳐나는 시대이지만, 장기적 관점에서 일관된 미래전략을 제안하는 것이 보고서의 기획 의도입니다.

물론 국가 출연 연구소 등 국가정책 연구 기관에서도 미래 연구 보고서를 내고 있습니다. 그러나 정부 기관의 특성상 일관성을 유지하기 어려운 면도 있습니다. 이러한 상황에서 순수 민간 싱크탱크라 할 수 있는

KAIST에서 국가미래전략을 연구하는 일은 큰 의의가 있다고 생각합니다. 민간 싱크탱크의 보고서는 직접적인 실행력을 갖추지는 못해도 정치권과 무관하게 사회와 국가를 향해 끊임없이 혁신의 씨앗 역할을 할 수 있기 때문입니다.

국민과 함께 만드는 미래전략

미래전략이란 내용도 중요하지만, 그 과정에서 구성원들의 참여와 공감을 이루는 것이 중요하다고 생각합니다. 이 연구 보고서는 소수 엘리트 학자만의 의견이 아닙니다. 정기토론회를 통해 나온 아이디어를 종합하여 집필한 내용입니다. 또 문술미래전략대학원의 커리큘럼 가운데 학교라는 울타리를 넘어 누구나 참여할 수 있는 '열린 교실' 형태로 진행된 '국가미래전략' 수업의 결과물이기도 합니다. 2015년부터 지금까지 185회의 토론회를 개최했고, 총 600여 명의 전문가가 발표와 토론에 참여했으며, 5,000여 명의 일반인이 청중으로 참석해 의견을 개진해주었습니다. 코로나19 감염 방지와 예방을 위해 온라인으로 대체한 2020년 토론회에도 많은 전문가가 참여해주었습니다.

이러한 과정에서 새롭게 개발한 아이디어와 도출된 의견을 추가해 매년 책으로 출판합니다. 이번 보고서에 수록된 세부 전략은 50개이며, 특히 코로나19 이후의 변화를 조망하면서 이전과는 달라져야 할 총체적 변화 전략을 고민했습니다. 국가의 전반적 이슈를 거의 모두 다루고 있다고 해도 무방할 것입니다.

또한 이번 연구팀이 연구에 임하는 자세를 '선비 정신'으로 규정하고 있는 점이 인상적입니다. 선비 정신만이 혼탁한 현대사회에서 중심을 잡고, 오로지 국가와 민족을 위한 전략을 담보할 수 있다고 생각한 것입니다. 국가미래전략이 정권 변화와 무관하게 지속적으로 활용되고, 정책의 가이드라인이 되려면 공정성이 생명입니다. 이러한 관점에서 선비 정신은 매우 적절한 연구 철학이라 생각합니다.

아무쪼록 이 연구 보고서가 다양한 국가정책과 코로나19 위기를 극복하기 위한 정책을 짜는 분들께 창조적 밑거름이 되기를 바랍니다. KAIST 문술미래전략대학원의 설립과 이 보고서를 작성하기 위해 훌륭한 리더십을 발휘해주신 이광형 교수님과 보고서 실무를 담당하신 최윤정 연구교수님, 그리고 연구에 참여해주신 수많은 전문가와 일반 참여자분들께도 깊이 감사드립니다.

신성철
KAIST 총장

차례

추천사_ 위기 극복을 위한 창조적 밑거름, 국가미래전략 · 4

《카이스트 미래전략 2021》 발간에 함께한 사람들 · 12

카이스트 국가미래전략 정기토론회 · 20

프롤로그_ 위드 코로나 시대의 미래전략 · 37

1   위드 코로나 시대의 새로운 일상

1 뒤바뀐 일상

미지의 감염병 X의 경고와 방역의 일상화 · 51

전염병 역사의 교훈, 환경의 변화를 기회로 · 61

니어쇼어링과 큰 정부가 온다 · 70

인포데믹, 소통의 부재가 소문을 낳는다 · 79

기후변화와 감염병의 관계 · 89

2 코로나19가 앞당긴 대전환의 시대

2021년 V자형 반등을 이룰 것인가 · 101

글로벌 가치사슬의 변화 · 110

비대면 시대, 가상이 현실이 된다 · 120

원격근무는 영구적으로 정착될까 · 129

가속화하는 AI 트랜스포메이션 · 138

3 디지털 대전환 시대의 과제

로봇, 도구인가 동반자인가 · 149

딥페이크, 탈진실 시대에 진실이란 무엇인가 · 157

유전자 리프로그래밍 시대의 인간 · 168

데이터 알고리즘이 이끄는 나만 옳다는 생각 · 178

새로운 4대 계급의 출현과 불평등 · 188

2   새로운 세상을 위한 STEPPER 전략

1 사회 분야 미래전략 Society

AI 시대의 교육: 왜, 무엇을, 어떻게? · 203

팬데믹 시대의 디지털 라이프스타일 · 212

치료에서 예방 중심의 헬스케어 시대로 · 222

기술 진보에 따른 노동의 미래 · 230

기술 변동과 문화 변동 · 239

2 기술 분야 미래전략 Technology

패러다임 전환에 따른 국가 연구개발 전략 · 251

새로운 인증·보안 기술, 생체인식 · 264

AI 시스템의 부작용과 블록체인 · 271

뇌공학과 만난 원격수업, 뉴로에듀케이션 · 278

스마트 모빌리티와 AI의 역할 · 287

3 환경 분야 미래전략 Environment

녹색 한반도를 설계하는 환경 생태 전략 · 299

신기술을 통한 기후변화 대응의 가능성과 위험 · 308

도시 문제 해결을 위한 지능형 시스템, 스마트시티 · 320

디지털 위험에 대응하는 사이버 보안 · 330

녹색소비의 확산 · 337

4 인구 분야 미래전략 Population

인구 오너스 시대의 저출산 대응 · 347

사회 운용 패러다임의 전환이 필요한 초고령사회 · 358

뉴노멀 시대의 미래세대 전략 · 366

국가 발전과 선순환하는 다문화사회 · 375

인간 중심의 기술혁명 · 384

5 정치 분야 미래전략 Politics

온라인 집단지성의 확산과 정치 패러다임의 변화 · 395

디지털 기술을 만난 정치제도의 미래 · 404

인공지능과 행정 · 412

미래 한반도 정치체제 디자인 · 418

포스트 코로나 시대의 안보 협력 · 426

6 경제 분야 미래전략 Economy

데이터 경제의 심화 · 435

핀테크를 통한 금융의 스마트화 · 442

고립의 언택트 문화와 공유경제 · 451

혁신 생태계 구축과 창업 활성화 · 462

자유와 불안정, 고용시장의 긱 이코노미 · 470

7 자원 분야 미래전략 Resources

식품산업의 미래, 헬스 & 웰니스 · 481

미래 에너지 시스템의 전망과 전략 · 489

지식정보사회의 국부, 지식재산 · 499

자원 기술력과 자원순환형 사회를 통한 자원 확보 체계 · 510

AI 스마트농업과 농촌의 르네상스 · 518

에필로그_ 국민의 행복을 위하여 · 527

문술리포트 연혁 · 528

참고문헌 · 531

주 · 550

《카이스트 미래전략 2021》
발간에
함께한 사람들

■ 직함은 참여 시점 기준입니다.

━━━━━━ 《카이스트 미래전략》은 2015년 판 출간 이후 계속하여 기존 내용을 보완하고, 새로운 과제와 전략을 추가해오고 있습니다. 또한 '21세기 선비'들의 지혜를 모으기 위해 초안 작성자의 원고를 바탕으로 토론 의견을 덧붙이고, 다수의 검토자가 보완해가는 공동 집필의 방식을 취하고 있습니다. 2015~2020년 판 집필진과 2021년 판에 추가로 참여하신 집필진을 함께 수록합니다. 참여해주신 '21세기 선비' 여러분께 다시 한번 깊이 감사드립니다.

기획 · 편집위원

이광형 KAIST 교수(위원장, 연구책임자), 곽재원 가천대 교수, 김경준 전 딜로이트컨설팅 부회장, 김광석 삼정KPMG 수석연구원, 김원준 KAIST 교수, 김홍중 서울대 교수, 박성필 KAIST 교수, 박승빈 KAIST

교수, 서용석 KAIST 교수, 양재석 KAIST 교수, 윤정현 과학기술정책연구원 선임연구원, 이명호 (재)여시재 솔루션 디자이너, 이상윤 KAIST 교수, 이상지 전 KAIST 연구교수, 이종관 성균관대 교수, 임명환 한국전자통신연구원 책임연구원, 전주영 KAIST 교수, 정재승 KAIST 교수, 최윤정 KAIST 연구교수, 한상욱 김앤장 법률사무소 변호사

2021년 판 추가 부분 초고 집필진

김광석 삼정KPMG 수석연구원, 김용삼 한국생명공학연구원 책임연구원, 김익현 지디넷코리아 미디어연구소 소장, 박진기 동아시아국제전략연구소 소장, 박한선 정신건강의학과 전문의, 배희정 케이엠에스랩㈜ 대표이사, 소재현 한국교통연구원 부연구위원, 송태은 국립외교원 연구교수, 신상규 이화여대 교수, 안병옥 전 환경부 차관, 오윤경 한국행정연구원 연구위원, 유정민 서울연구원 부연구위원, 윤정현 과학기술정책연구원 선임연구원, 이동우 연세대 교수, 이명호 (재)여시재 솔루션 디자이너, 이승주 중앙대 교수, 이재호 한국행정연구원 연구위원, 임명환 한국전자통신연구원 책임연구원, 임창환 한양대 교수, 정제영 이화여대 교수, 최항섭 국민대 교수, 허민영 한국소비자원 연구위원, 홍윤철 서울대 교수

2021년 판 자문 검토 참여자

김광석 삼정KPMG 수석연구원, 김아영 강남세브란스병원 국제진료소 과장, 김익재 한국과학기술연구원 책임연구원, 나황영 법무법인(유한) 바른 변호사, 노재일 변리사, 박가열 한국고용정보원 연구위원, 손영동 한양대 교수, 송보희 인토피아 연구소장, 안병옥 전 환경부 차관, 이

정희 (주)올리브헬스케어 대표이사, 임명환 한국전자통신연구원 책임연구원, 정영훈 삼성바이오에피스 수석변호사, 주강진 창조경제연구회 수석연구원, 최윤정 KAIST 연구교수, KAIST 문술미래전략대학원 석사과정 학생들(강선아, 곽주연, 권남우, 김경현, 김서우, 김승환, 김영우, 김재명, 김정환, 김지철, 김현석, 김형수, 김형주, 박종수, 박중민, 박태준, 배민주, 배수연, 백승현, 서일주, 성보기, 손래신, 송상현, 심재원, 오정민, 윤지현, 이아연, 이연수, 이정아, 이준우, 이태웅, 조정윤, 최영진, 홍기돈, 홍창효, 황수호)

2015~2020년 판 초고 집필진

강희정 한국보건사회연구원 실장, 고영회 대한변리사회 회장, 공병호 공병호경영연구소 소장, 곽재원 가천대 교수, 국경복 서울시립대 초빙교수, 김건우 LG경제연구원 선임연구원, 김경준 딜로이트컨설팅 부회장, 김남조 한양대 교수, 김대영 KAIST 교수, 김동환 중앙대 교수, 김두환 인하대 연구교수, 김명자 전 환경부 장관, 김민석 뉴스1 기자, 김상윤 포스코경영연구원 수석연구원, 김소영 KAIST 교수, 김수현 서울연구원 원장, 김연철 인제대 교수, 김영귀 대외경제정책연구원 연구위원, 김영욱 KAIST 연구교수, 김용삼 한국생명공학연구원 책임연구원, 김원준 건국대 교수, 김원준 KAIST 교수, 김유정 한국지질자원연구원 실장, 김익재 한국과학기술연구원 책임연구원, 김종덕 한국해양수산개발원 본부장, 김준연 소프트웨어정책연구소 팀장, 김진수 한양대 교수, 김진향 개성공업지구지원재단 이사장, 김현수 국민대 교수, 김형운 천문한의원 대표원장, 김희집 서울대 초빙교수, 남원석 서울연구원 연구위원, 문영준 한국교통연구원 선임연구위원, 박남기 전 광주교대 총장, 박두용 한성대 교수, 박상일 파크시스템스 대표, 박성원 과학기술정책연구원 연구위원, 박성필 KAIST 교수, 박성호 YTN 선임기자, 박수용 서강대 교수, 박승재 한국교육개발원 소장, 박원주 한국인더스트리4.0협회 이사, 박인섭 국가평생교육진흥원 박사, 박중훈 한국행정연구원 연구위원, 배규식 한국노동연구원 선임연구위원, 방경진 전 한국광물자원공사 남북자원협력실장, 배일한 KAIST 연구교수, 배희정 케이엠에스랩㈜ 대표, 서용석 KAIST 교수, 설동훈 전북대 교수, 소재현 한국교통연구원 부연구위원, 손선홍 전 외교부 대사, 손영동 한양대 교수, 송미령 농촌경제연구원 선임연구위원, 시정곤 KAIST 교수, 신보성 자본시장연구원 선임연구위원, 심상민 성신여대 교수, 심재율 심북스 대표, 심현철 KAIST 교수, 안병옥 전 환경부 차관, 안상훈 서울대 교수, 양수영 더필름컴퍼니Y 대표, 양승실 전 한국교육개발원 선임연구위원, 엄석진 서울대 교수, 오상록 한국과학기술연구원 강릉분원장, 오태광 한국생명공학연구원 원장, 우운택 KAIST 교수, 원동연 국제교육문화교류기구 이사장, 유범재 한국과학기술연구원 책임연구원, 유승직 숙명여대 교수, 유희열 부산대 석좌교수, 윤기영 FnS컨설팅 대표, 윤영호 서울대 교수, 윤정현 과학기술정책연구원 전문연구원, 이광형 KAIST 교수, 이근 서울대 교수, 이동욱 한국생산기술연구원 수석연구원, 이명호 (재)여시재 선임연구위원, 이민화 KAIST 초빙교수, 이병민 건국대 교수, 이삼식 한국보건사회연구원 단장, 이상준 국토연구원 부원장, 이상지 KAIST 연구교수, 이상훈 (사)녹색에너지전략연구소 소장, 이선영 서울대 교수, 이소정 남서울대 교수, 이수석 국가안보전략연구원 실장, 이언 가천대 교수, 이원부 동국대 교수, 이원재 희망제작소 소장, 이재관 자동차부품연구원 본부장, 이재우 인하대 교수, 이종관 성균관대 교수, 이혜정 한국한의학

연구원 원장, 임만성 KAIST 교수, 임명환 한국전자통신연구원 책임연구원, 임정빈 서울대 교수, 임창환 한양대 교수, 임춘택 광주과학기술원 교수, 장준혁 한양대 교수, 정구민 국민대 교수, 정용덕 서울대 명예교수, 정재승 KAIST 교수, 정지훈 경희사이버대 교수, 정해식 한국보건사회연구원 연구위원, 정홍익 서울대 명예교수, 조동호 KAIST 교수, 조명래 한국환경정책평가연구원 원장, 조성래 국무조정실 사무관, 조영태 LH토지주택연구원 센터장, 조철 산업연구원 선임연구위원, 주대준 전 선린대 총장, 짐 데이터Jim Dator 하와이대 교수, 차미숙 국토연구원 연구위원, 차원용 ㈜아스팩미래기술경영연구소 대표, 천길성 KAIST 연구교수, 최병삼 과학기술정책연구원 연구위원, 최슬기 KDI국제정책대학원 교수, 최연구 한국과학창의재단 연구위원, 최은수 MBN 산업부장, 최항섭 국민대 교수, 한상욱 김앤장 법률사무소 변호사, 한표환 충남대 교수, 허재용 포스코경영연구원 수석연구원, 허재준 한국노동연구원 선임연구위원, 허태욱 KAIST 연구교수, 황덕순 한국노동연구원 연구위원

2015~2020년 판 자문 검토 참여자

강상백 한국지역정보개발원 글로벌협력부장, 강윤영 에너지경제연구원 연구위원, 경기욱 한국전자통신연구원 책임연구원, 고영하 고벤처포럼 회장, 공훈의 위키트리 대표이사, 권오정 해양수산부 과장, 길정우 통일연구원 연구위원, 김건우 LG경제연구원 선임연구원, 김경동 서울대 명예교수, 김광수 상생발전소 소장, 김내수 한국전자통신연구원 책임연구원, 김대중 한국보건사회연구원 부연구위원, 김대호 사회디자인연구소 소장, 김동원 인천대 교수, 김두수 사회디자인연구소 이사, 김들풀 IT NEWS 편집장, 김상배 서울대 교수, 김상윤 포스코경영연구원 수

석연구원, 김상협 KAIST 초빙교수, 김선화 한국특허전략개발원 주임 연구원, 김세은 강원대 교수, 김소영 KAIST 교수, 김승권 전 한국보건 사회연구원 연구위원, 김연철 인제대 교수, 김용삼 한국생명공학연구원 책임연구원, 김우철 서울시립대 교수, 김원석 전자신문 부장, 김원준 건 국대 교수, 김익재 한국과학기술연구원 책임연구원, 김인주 한성대 겸 임교수, 김정섭 KAIST 겸직교수, 김진솔 매경비즈 기자, 김창섭 가천대 교수, 김태연 단국대 교수, 류한석 기술문화연구소 소장, 문명욱 녹색기 술센터 연구원, 문영준 한국교통연구원 선임연구위원, 문해남 전 해양 수산부 정책실장, 박경규 전 한국광물자원공사 자원개발본부장, 박문 수 한국생산기술연구원 수석연구원, 박병원 한국경영자총협회 회장, 박 상일 파크시스템스 대표, 박성필 KAIST 교수, 박성하 전 한국광물자원 공사 운영사업본부장, 박성호 YTN 선임기자, 박연수 고려대 교수, 박영 재 한반도안보문제연구소 전문위원, 박유신 중앙대 문화콘텐츠기술연 구원 박사, 박준홍 연세대 교수, 박진하 건국산업 대표, 박헌주 KDI국 제정책대학원 교수, 배기찬 통일코리아협동조합 이사장, 배달형 한국 국방연구원 책임연구위원, 서복경 서강대 현대정치연구소 연구원, 서 용석 KAIST 교수, 서지영 과학기술정책연구원 연구위원, 서훈 이화여 대 초빙교수, 선종률 한성대 교수, 설동훈 전북대 교수, 손수정 과학기 술정책연구원 연구위원, 손영동 한양대 교수, 손종현 대구가톨릭대 교 수, 송미령 농촌경제연구원 선임연구위원, 송보희 인토피아 연구소장, 송유승 한국전자통신연구원 책임연구원, 송향근 세종학당재단 이사장, 송혜영 전자신문 기자, 심재율 심북스 대표, 안광원 KAIST 교수, 안병 민 한국교통연구원 선임연구위원, 안병옥 기후변화행동연구소 소장, 안 현실 한국경제신문 논설위원, 양승실 전 한국교육개발원 선임연구위원, 양재석 KAIST 교수, 오영석 전 KAIST 초빙교수, 우천식 KDI 선임연구위원, 우희창 법무법인 새얼 변호사, 유은순 인하대 연구교수, 유희인 전 NSC 위기관리센터장, 윤정현 과학기술정책연구원 전문연구원, 윤호식 한국과학기술단체총연합회 사무국장, 이경숙 전 숙명여대 총장, 이광형 KAIST 교수, 이동욱 한국생산기술연구원 수석연구원, 이민화 KAIST 초빙교수, 이봉현 한겨레신문 부국장, 이삼식 한국보건사회연구원 단장, 이상룡 대전대 겸임교수, 이상윤 KAIST 교수, 이상주 국토교통부 과장, 이수석 국가안보전략연구원 실장, 이온죽 서울대 명예교수, 이원복 이화여대 교수, 이장원 한국노동연구원 선임연구위원, 이장재 한국과학기술기획평가원 선임연구위원, 이정현 명지대 교수, 이종권 LH토지주택연구원 연구위원, 이진석 서울대 교수, 이창훈 한국환경정책평가연구원 본부장, 이철규 해외자원개발협회 상무, 이춘우 서울시립대 교수, 이헌규 한국과학기술단체총연합회 전문위원, 임만성 KAIST 교수, 임명환 한국전자통신연구원 책임연구원, 임우형 SK텔레콤 매니저, 장용석 서울대 통일평화연구원 책임연구원, 장창선 녹색기술센터 연구원, 정경원 KAIST 교수, 정상천 산업통상자원부 팀장, 정용덕 서울대 명예교수, 정진호 더웰스인베스트먼트 대표, 정해식 한국보건사회연구원 부연구위원, 정홍익 서울대 명예교수, 조덕현 한국관광공사 단장, 조봉현 IBK경제연구소 수석연구위원, 조영태 LH토지주택연구원 센터장, 조철 산업연구원 선임연구위원, 조충호 고려대 교수, 지수영 한국전자통신연구원 책임연구원, 지영건 차의과대학 교수, 최성은 연세대 연구교수, 최승일 EAZ 솔루션 대표, 최연구 한국과학창의재단 연구위원, 최용성 매일경제 부장, 최윤정 KAIST 연구교수, 최정윤 중앙대 문화콘텐츠기술연구원 박사, 최준호 중앙일보 기자, 최창옥 성균관대 교수, 최호성 경남대 교수, 최호진 한국행정연구원 연구위원, 한상욱 김앤장 법률사무소 변호사, 허재용 포스코경영연구원 수석연구원, 허재철 원광대 한중정치외교연구소 연구교수, 허태욱 KAIST 연구교수, 홍규덕 숙명여대 교수, 홍성조 해양수산과학기술진흥원 실장, 홍창선 전 KAIST 총장, 황호택 서울시립대 석좌교수, KAIST 문술미래전략대학원 학생들(박사 과정: 이재영 / 석사 과정: 강수경, 강희숙, 고경환, 김경선, 김재영, 노성열, 석효은, 신동섭, 안성원, 윤대원, 이민정, 이상욱, 이영국, 이재욱, 이지원, 임유진, 정은주, 정지용, 조재길, 차경훈, 한선정, 홍석민)

카이스트
국가미래전략
정기토론회

- 주최: KAIST 문술미래전략대학원·미래전략연구센터
- 일시·장소: 매주 금요일 17:00~19:00, 서울창조경제혁신센터(2015~2017), 서울시청 시민청(2018)/매주 토요일 19:00~20:30, KAIST 도곡캠퍼스(2019)
- 코로나19 감염 방지를 위해 2020년도 토론회는 온라인으로 진행했습니다.
- 직함은 참여 시점 기준입니다.

2015년

회차	일시	주제	발표자	토론자
1회	1/9	미래 사회 전망	박성원 과학기술정책연구원 연구위원	서용석 한국행정연구원 연구위원
2회	1/16	국가 미래 비전	박병원 과학기술정책연구원 센터장	우천식 KDI 선임연구위원
3회	1/23	과학 국정 대전략	임춘택 KAIST 교수	
4회	1/30	인구 전략	서용석 한국행정연구원 연구위원	김승권 한국보건사회연구원 연구위원 설동훈 전북대 교수

5회	2/5	**아시아 평화 대전략**	이수석 국가안보전략연구원 실장	장용석 서울대통일평화연구원 책임연구원
			김연철 인제대 교수	조봉현 IBK경제연구소 연구위원
6회	2/13	**문화 전략**	정홍익 서울대 명예교수	정재승 KAIST 교수
7회	2/27	**복지 전략**	김수현 서울연구원 원장	이진석 서울대 교수
8회	3/6	**국민 행복 대전략**	정재승 KAIST 교수	정홍익 서울대 명예교수
9회	3/13	**교육 전략**	이선영 서울대 교수	손종현 대구가톨릭대 교수
10회	3/20	**미디어 전략**	김영욱 KAIST 연구교수	김세은 강원대 교수
				이봉현 한겨레신문 부국장
11회	3/27	**보건의료 전략**	강희정 한국보건사회연구원 실장	지영건 차의과대학 교수
12회	4/3	**노동 전략**	배규식 한국노동연구원 선임연구위원	이정현 명지대 교수
13회	4/10	**행정 전략**	김동환 중앙대 교수	최호진 한국행정연구원 연구위원
		정치제도 전략	김소영 KAIST 교수	서복경 서강대 현대정치연구소 연구원
14회	4/17	**외교 전략**	이근 서울대 교수	허재철 원광대 연구교수
15회	4/24	**창업 국가 대전략**	이민화 KAIST 초빙교수	고영하 고벤처포럼 회장

16회	5/8	**국방 전략**	임춘택 KAIST 교수	선종률 한성대 교수
17회	5/15	**사회 안전 전략**	박두용 한성대 교수	류희인 삼성경제연구소 연구위원
18회	5/22	**정보 전략**	주대준 전 선린대 총장	서훈 이화여대 초빙교수
19회	5/29	**금융 전략**	신보성 자본시장연구원 선임연구위원	정진호 더웰스인베스트먼트 대표
20회	6/5	**국토교통 전략**	차미숙 국토연구원 연구위원	안병민 한국교통연구원 선임연구위원
		주택 전략	남원석 서울연구원 연구위원	이종권 LH토지주택연구원 연구위원
21회	6/12	**창업 전략**	박상일 파크시스템스 대표	이춘우 서울시립대 교수
22회	6/19	**농업 전략**	임정빈 서울대 교수	김태연 단국대 교수
23회	6/26	**자원 전략**	김유정 한국지질자원연구원 실장	이철규 해외자원개발협회 상무
24회	7/3	**기후 전략**	김명자 전 환경부 장관	안병옥 기후변화행동연구소 소장
25회	7/10	**해양수산 전략**	김종덕 한국해양수산개발원 본부장	문해남 전 해양수산부 정책실장
26회	7/17	**정보통신 전략**	조동호 KAIST 교수	조충호 고려대 교수
27회	7/24	**R&D 전략**	유희열 부산대 석좌교수	안현실 한국경제신문 논설위원

28회	7/31	에너지 전략	임만성 KAIST 교수	강윤영 에너지경제연구원 박사
29회	8/21	지식재산 전략	고영회 대한변리사회 회장	이원복 이화여대 교수
30회	8/28	경제 전략	김원준 KAIST 교수	김광수 상생발전소 소장
31회	9/4	환경생태 전략	오태광 한국생명공학연구원 원장	이창훈 한국환경정책평가연구원 본부장
32회	9/11	웰빙과 웰다잉	김명자 전 환경부 장관	서이종 서울대 교수
33회	9/18	신산업 전략 1: 의료 바이오·안전 산업	정재승 KAIST 교수	
34회	9/25	신산업 전략 2: 지적 서비스산업	김원준 KAIST 교수	
35회	10/2	한국어 전략	시정곤 KAIST 교수	송향근 세종학당재단 이사장 정경원 KAIST 교수
36회	10/16	미래 교육 1: 교육의 새 패러다임	박남기 전 광주교대 총장	원동연 국제교육문화교류기구 이사장 이옥련 거화초 교사
37회	10/23	미래 교육 2: 행복 교육의 의미와 과제	문용린 전 교육부 장관	소강춘 전주대 교수 송태신 전 칠보초 교장
38회	10/30	미래 교육 3: 창의와 융합을 향하여	이규연 JTBC 국장	천주욱 창의력연구소 대표 이선필 칠성중 교장

회차	날짜	주제	발표자	토론자
39회	11/6	미래 교육 4: 글로벌 창의 교육	박세정 팬아시아미디어 글로벌그룹 대표	신대정 곡성교육지원청 교육과장
				김만성 한국문화영상고 교감
40회	11/13	미래 교육 5: 통일 교육 전략	윤덕민 국립외교원 원장	오윤경 한국행정연구원 연구위원
				이호원 염광메디텍고 교감
41회	11/20	미래 교육 6: 전인격적 인성 교육	원동연 국제교육문화교류기구 이사장	윤일경 이천교육청 교육장
				이진영 인천교육연수원 교육연구사
42회	11/27	서울대·KAIST 공동 선정 10대 미래 기술	이도헌 KAIST 교수	
			이종수 서울대 교수	
43회	12/4	미래세대 전략 1: −미래세대 과학기술 전망 −교육과 우리의 미래	정재승 KAIST 교수	김성균 에너지경제연구원 연구위원
			김희삼 KDI 연구위원	김희영 서울가정법원 판사
44회	12/11	미래세대 전략 2: −청소년 세대 정신 건강 −이민과 문화 다양성	송민경 경기대 교수	정재승 KAIST 교수
			설동훈 전북대 교수	서용석 한국행정연구원 연구위원
45회	12/18	미래세대 전략 3: −한국 복지국가 전략 −기후변화 정책과 미래세대	안상훈 서울대 교수	김희삼 KDI 연구위원
			김성균 에너지경제연구원 연구위원	서용석 한국행정연구원 연구위원

2016년

회차	일시	주제	발표자	토론자
46회	1/8	한국 경제의 위기와 대안	민계식 전 현대중공업 회장 박상인 서울대 교수	
47회	1/15	국가미래전략 보고서 발전 방향	우천식 KDI 선임연구위원 김대호 (사)사회디자인연구소 소장	
48회	1/22	한국 산업의 위기와 대안	김진형 소프트웨어정책연구소 소장	김형욱 홍익대 교수
49회	1/29	리더와 선비 정신	김병일 도산서원선비문화수련원 이사장	
50회	2/5	한국 정치의 위기와 대안	정세현 전 통일부 장관	장용훈 연합뉴스 기자
51회	2/12	한국 과학기술의 위기와 대안	유희열 부산대 석좌교수	박승용 ㈜효성 중공업연구소 소장
52회	2/19	국가 거버넌스 전략	정용덕 서울대 명예교수	이광희 한국행정연구원 선임연구위원
53회	2/26	양극화 해소 전략	황덕순 한국노동연구원 연구위원	전병유 한신대 교수
54회	3/4	사회적 경제 구축 전략	이원재 희망제작소 소장	김광수 상생발전소 소장
55회	3/11	국가 시스템 재건 전략	공병호 공병호경영연구소 소장	
56회	3/18	사회 이동성 제고 전략	최슬기 KDI국제정책대학원 교수	정해식 한국보건사회연구원 연구위원
57회	3/25	알파고 이후의 미래전략	이광형 KAIST 교수	안상훈 서울대 교수 김창범 서울시 국제관계대사

58회	4/1	교육 수용성 제고 전략	원동연 국제교육문화교류기구 이사장	이옥주 공주여고 교장
59회	4/8	교육 혁신 전략	박남기 전 광주교대 총장	김재춘 한국교육개발원 원장 김성열 경남대 교수
60회	4/15	공공인사 혁신 전략	서용석 한국행정연구원 연구위원	민경찬 연세대 명예교수
61회	4/22	평생교육 전략	박인섭 국가평생교육진흥원 박사	강대중 서울대 교수
62회	4/29	지방분권 전략	한표환 충남대 교수	박헌주 KDI국제정책대학원 교수
63회	5/6	한의학 전략	이혜정 한국한의학연구원 원장	김재효 원광대 교수
64회	5/13	글로벌 산업 경쟁력 전략	김경준 딜로이트 안진경영연구원 원장	모종린 연세대 교수
65회	5/20	부패 방지 전략	박중훈 한국행정연구원 연구위원	최진욱 고려대 교수
66회	5/27	뉴노멀 시대의 성장 전략	이광형 KAIST 교수	최준호 중앙일보 기자
67회	6/3	서비스산업 전략	김현수 국민대 교수	김재범 성균관대 교수
68회	6/10	게임 산업 전략	장예빛 아주대 교수	강신철 한국인터넷디지털 엔터테인먼트협회장
69회	6/17	치안 전략	임춘택 KAIST 교수	최천근 한성대 교수

70회	6/24	가상현실·증강현실 기술 전략	우운택 KAIST 교수	류한석 기술문화연구소 소장
71회	7/1	자동차 산업 전략	조철 산업연구원 주력산업연구실장	최서호 현대자동차 인간편의연구팀장
72회	7/8	로봇 산업 전략	오상록 한국과학기술연구원 강릉분원장	권인소 KAIST 교수
73회	7/15	웰다잉 문화 전략	윤영호 서울대 교수	임병식 한국싸나톨로지협회 이사장
74회	7/22	한류 문화 전략	심상민 성신여대 교수	양수영 더필름컴퍼니Y 대표
75회	8/12	FTA 전략	김영귀 대외경제정책연구원 연구위원	정상천 산업통상자원부 팀장
76회	8/19	저출산 대응 전략	이삼식 한국보건사회연구원 단장	장형심 한양대 교수 신성식 중앙일보 논설위원
77회	8/26	관광산업 전략	김남조 한양대 교수	조덕현 한국관광공사 창조관광사업단장
78회	9/2	고령화사회 전략	이소정 남서울대 교수	이진면 산업연구원 산업통상분석실장
79회	9/9	세계 1등 대학 전략	김용민 전 포항공대 총장	김성조 전 중앙대 부총장
80회	9/23	소프트웨어 산업 전략	김준연 소프트웨어정책연구소 팀장	지석구 정보통신산업진흥원 박사
81회	9/30	군사기술 전략	천길성 KAIST 연구교수	배달형 한국국방연구원 책임연구위원

82회	10/7	**통일 한국 통계 전략**	박성현 전 한국과학기술한림원 원장	정규일 한국은행 경제통계국장
83회	10/14	**국가 재정 전략**	국경복 서울시립대 초빙교수	박용주 국회예산정책처 경제분석실장
84회	10/21	**권력구조 개편 전략**	길정우 전 새누리당 국회의원	
			박수현 전 더불어민주당 국회의원	
85회	10/28	**양성평등 전략**	민무숙 한국양성평등진흥원 원장	정재훈 서울여대 교수
86회	11/4	**미래세대를 위한 공정사회 구현**	최항섭 국민대 교수	정재승 KAIST 교수
87회	11/11	**한중 해저 터널**	석동연 원광대 한중정치외교 연구소 소장	권영섭 국토연구원 센터장
88회	11/18	**트럼프 시대, 한국의 대응 전략**	길정우 통일연구원 연구위원	
			김현욱 국립외교원 교수	
			선종률 한성대 교수	
89회	11/25	**실버 산업 전략**	한주형 (사)50플러스코리안 대표	서지영 과학기술정책연구원 연구위원
90회	12/2	**미래세대를 위한 부모와 학교의 역할**	최수미 건국대 교수	김동일 서울대 교수
91회	12/9	**미래세대를 위한 문화 전략**	김헌식 문화평론가	서용석 한국행정연구원 연구위원
92회	12/16	**미래세대와 미래의 일자리**	박가열 한국고용정보원 연구위원	김영생 한국직업능력개발원 선임연구위원

2017년

회차	일시	주제	발표자	토론자
93회	1/20	수용성 회복을 위한 미래 교육 전략	원동연 국제교육문화교류기구 이사장	이상오 연세대 교수
94회	2/3	혁신 기반 성장 전략	이민화 KAIST 초빙교수	김기찬 가톨릭대 교수
95회	2/10	외교 안보 통일 전략	길정우 통일연구원 연구위원	김창수 한국국방연구원 명예연구위원
96회	2/17	인구구조 변화 대응 전략	서용석 한국행정연구원 연구위원	최슬기 KDI국제정책대학원 교수
97회	2/24	4차 산업혁명과 교육 전략	박승재 한국교육개발원 소장	최경아 중앙일보 기획위원
98회	3/3	스마트정부와 거버넌스 혁신	이민화 KAIST 초빙교수	이각범 KAIST 명예교수
99회	3/10	사회안전망	허태욱 KAIST 연구교수	김진수 연세대 교수
100회	3/17	사회통합	조명래 단국대 교수	정해식 한국보건사회연구원 연구위원
101회	3/24	기후 에너지	김상협 KAIST 초빙교수	안병옥 기후변화행동연구소 소장
				김희집 서울대 초빙교수
102회	3/31	정부구조 개편	배귀희 숭실대 교수	이재호 한국행정연구원 연구위원
103회	4/7	대중소기업 상생 전략	이민화 KAIST 초빙교수	이춘우 서울시립대 교수

104회	4/14	사이버 위협 대응 전략	손영동 한양대 교수	김상배 서울대 교수
				신용태 숭실대 교수
105회	4/21	혁신도시 미래 전략	남기범 서울시립대 교수	허재완 중앙대 교수
106회	4/28	법원과 검찰 조직의 미래 전략	홍완식 건국대 교수	손병호 변호사
107회	5/12	4차 산업혁명 트렌드와 전략	최윤석 한국마이크로소프트 전무	
			이성호 KDI 연구위원	
108회	5/19	4차 산업혁명 기술 전략: 빅데이터	배희정 케이엠에스랩(주) 대표	안창원 한국전자통신연구원 책임연구원
109회	5/26	4차 산업혁명 기술 전략: 인공지능	양현승 KAIST 교수	정창우 IBM 상무
			김원준 건국대 교수	
110회	6/2	4차 산업혁명 기술 전략: 사물인터넷	김대영 KAIST 교수	김준근 KT IoT사업단장
111회	6/9	4차 산업혁명 기술 전략: 드론	심현철 KAIST 교수	
		4차 산업혁명 종합 추진 전략	이광형 KAIST 교수	
112회	6/16	4차 산업혁명 기술 전략: 자율주행 자동차	이재관 자동차부품연구원 본부장	이재완 전 현대자동차 부사장
113회	6/23	4차 산업혁명 기술 전략: 증강현실·공존현실	유범재 KIST 책임연구원	윤신영 과학동아 편집장
114회	6/30	4차 산업혁명 기술 전략: 웨어러블 기기	정구민 국민대 교수	이승준 비앤피이노베이션 대표
115회	7/7	4차 산업혁명 기술 전략: 지능형 로봇	이동욱 한국생산기술연구원 수석연구원	지수영 한국전자통신연구원 책임연구원

116회	7/14	**4차 산업혁명 기술 전략: 인공지능 음성인식**	장준혁 한양대 교수	임우형 SK텔레콤 매니저
117회	8/18	**4차 산업혁명과 에너지 전략**	김희집 서울대 초빙교수	이상헌 한신대 교수
118회	8/25	**4차 산업혁명과 제조업 혁신**	김승현 과학기술정책연구원 연구위원 박원주 한국인더스트리4.0협회 이사	
119회	9/1	**4차 산업혁명과 국방 전략**	천길성 KAIST 연구교수	권문택 경희대 교수
120회	9/8	**4차 산업혁명과 의료 전략**	이언 가천대 교수	김대중 한국보건사회연구원 부연구위원
121회	9/15	**4차 산업혁명과 금융의 미래**	박수용 서강대 교수	김대윤 피플펀드컴퍼니 대표
122회	9/22	**4차 산업혁명 시대의 노동**	허재준 한국노동연구원 선임연구위원	김안국 한국직업능력개발원 선임연구위원
123회	9/29	**4차 산업혁명 시대의 문화 전략**	최연구 한국과학창의재단 연구위원	윤주 한국문화관광연구원 연구위원
124회	10/13	**4차 산업혁명과 스마트시티**	조영태 LH토지주택연구원 센터장	강상백 한국지역정보개발원 부장
125회	10/20	**4차 산업혁명 시대의 복지 전략**	안상훈 서울대 교수	정해식 한국보건사회연구원 부연구위원
126회	10/27	**4차 산업혁명 시대 행정 혁신 전략**	엄석진 서울대 교수	이재호 한국행정연구원 연구위원
127회	11/3	**4차 산업혁명과 공유경제**	김건우 LG경제연구원 선임연구원	이경아 한국소비자원 정책개발팀장

128회	11/10	4차 산업혁명과 사회의 변화	최항섭 국민대 교수	윤정현 과학기술정책연구원 전문연구원
129회	11/17	4차 산업혁명과 문화 콘텐츠 진흥 전략	이병민 건국대 교수	박병일 한국콘텐츠진흥원 센터장
130회	11/24	4차 산업혁명과 인간의 삶	이종관 성균관대 교수	
131회	12/1	5차원 수용성 교육과 적용 사례	원동연 국제교육문화교류기구 이사장	
			강철 동두천여자중학교 교감	
			이호원 디아글로벌학교 교장	
132회	12/8	자동차 산업의 미래전략	권용주 오토타임즈 편집장	박재용 이화여대 연구교수

2018년

회차	일시	주제	발표자	토론자
133회	3/9	블록체인, 새로운 기회와 도전	박성준 동국대 블록체인연구센터장	이제영 과학기술정책연구원 부연구위원
134회	3/16	암호 통화를 넘어 블록체인의 현실 적용	김태원 ㈜글로스퍼 대표	임명환 한국전자통신연구원 책임연구원
135회	3/23	블록체인 거버넌스와 디지털크러시	허태욱 KAIST 연구교수	이재호 한국행정연구원 연구위원
136회	3/30	신기술의 사회적 수용과 기술 문화 정책	최연구 한국과학창의재단 연구위원	이원부 동국대 경영정보학과 교수

137회	4/6	ICT 자율주행차 현황과 미래 과제	손주찬 한국전자통신연구원 책임연구원	김영락 SK텔레콤 Vehicle-tech Lab장
138회	4/13	자율주행 시대 안전 이슈와 대응 정책	소재현 한국교통연구원 부연구위원	신재곤 한국교통안전공단 자동차안전연구원 연구위원
139회	4/20	커넥티드 카 서비스 현황과 미래 과제	이재관 자동차부품연구원 본부장	윤상훈 전자부품연구원 선임연구원
140회	4/27	미래 자동차 산업 방향과 과제	조철 산업연구원 선임연구위원	김범준 LG경제연구원 책임연구원
141회	5/11	한반도 통일과 평화 대계	김진현 전 과학기술정보통신부 장관/세계평화포럼 이사장	
142회	5/18	한반도 통일 준비와 경제적 효과	국경복 전북대 석좌교수	
143회	5/25	남북 과학기술 협력 전략	곽재원 서울대 초빙교수	
144회	6/1	독일 통일과 유럽 통합에서 배우는 한반도 통일 전략	손선홍 전 외교부 대사/충남대 특임교수	
145회	6/8	통일 시대 언어 통합 전략	시정곤 KAIST 교수	
146회	6/15	통일의 경제적 측면: 금융 통화 중심으로	김영찬 전 한국은행 프랑크푸르트 사무소장	
147회	6/22	남북 간 군사협력과 통합 전략	선종률 한성대 교수	
148회	7/6	통일 준비와 사회통합 전략	조명래 한국환경정책평가연구원 원장/단국대 교수	
149회	7/13	남북 경제협력 단계별 전략	김진향 개성공업지구지원재단 이사장	

150회	8/24	에너지 전환과 미래 에너지정책	이상훈 한국에너지공단 소장	노동석 에너지경제연구원 선임연구위원
151회	8/31	에너지 프로슈머와 ESS	손성용 가천대 교수	김영환 전력거래소 신재생시장팀장
152회	9/14	4차 산업혁명과 융복합형 에너지 기술 전략	김희집 서울대 교수	김형주 녹색기술센터 정책연구부장
153회	9/21	기후변화와 저탄소 사회	유승직 숙명여대 교수	허태욱 KAIST 연구교수
154회	10/12	유전자 가위 기술과 미래	김용삼 한국생명공학연구원 센터장	
155회	10/19	4차 산업혁명과 생체인식	김익재 한국과학기술연구원 책임연구원	
156회	11/2	지능형 로봇의 진화	이동욱 한국생산기술연구원 수석연구원	
157회	11/16	긱 이코노미의 확산과 일의 미래	김경준 딜로이트컨설팅 부회장	
158회	11/23	커넥티드 모빌리티 2.0 시대, 초연결의 일상화	이명호 (재)여시재 선임연구위원	
159회	12/7	디지털 일상과 스마트시티	이민화 KAIST 초빙교수	

2019년

회차	일시	주제	발표자
160회	2/16	2020 이슈: 과학기술 분야	최윤석 한국마이크로소프트 전무
161회	2/23	2020 이슈: 경제사회 분야	김경준 딜로이트컨설팅 부회장
162회	3/9	공유 플랫폼 경제로 가는 길	이민화 KCERN 이사장
163회	3/16	기계와 인간의 만남: 인공 뇌	임창환 한양대 교수
164회	3/23	데이터와 인간의 만남	배희정 케이엠에스랩(주) 대표
165회	3/30	유전자 가위와 맞춤형 인간	김용삼 한국생명공학연구원 책임연구원
166회	4/6	가상 세계와 인간의 만남	우운택 KAIST 교수
167회	4/20	블록체인의 활용	임명환 한국전자통신연구원 책임연구원
168회	4/27	미래 사회 모빌리티	문영준 한국교통연구원 선임연구위원
169회	5/4	신기술 시대 기후와 환경	안병옥 전 환경부 차관
170회	5/11	공유사회와 미래 문화	최연구 한국과학창의재단 연구위원
171회	5/18	생체인식 기술의 미래	김익재 한국과학기술연구원 책임연구원
172회	5/25	AI와 인간의 만남	김원준 건국대 교수
173회	6/1	과학기술의 잠재력과 한계	최병삼 과학기술정책연구원 신산업전략연구단장

2020년

회차	일시	주제	발표자
174회	3/14	인간과 기계의 공진화	임창환 한양대 교수
175회	3/15	데이터 알고리즘과 확증편향	배희정 케이엠에스랩(주) 대표
176회	3/21	바이오헬스케어 미래 동향	이동우 연세대 교수
177회	3/22	미래 기술과 사회 변화 전망	이명호 (재)여시재 솔루션 디자이너
178회	3/29	미래 기술 트렌드와 이슈	정구민 국민대 교수
179회	4/4	블록체인 기술과 경제	임명환 한국전자통신연구원 책임연구원
180회	4/11	자율주행 모빌리티의 미래	소재현 한국교통연구원 부연구위원
181회	4/18	유전자 리프로그래밍 시대의 인간	김용삼 한국생명공학연구원 책임연구원
182회	5/2	미래 에너지 전망과 전략	유정민 서울연구원 부연구위원
183회	5/9	인공지능과 포스트휴먼	신상규 이화여대 교수
184회	5/16	사이버 위협과 대응 전략	손영동 한양대 교수
185회	5/23	사회 혁신으로 가는 기술 혁신	이승규 한국과학기술기획평가원 사회혁신정책센터장

위드 코로나 시대의 미래전략

후대의 역사가는 코로나19가 전 세계를 휩쓴 21세기 오늘의 모습을 어떻게 서술할까? 인류와 바이러스의 대격전? 초연결을 통한 세계화가 아니라 나와 이질적인 남을 구분하는 면역학적 패러다임의 회귀? 100년 전에는 스페인 독감이 세계를 강타했다. 그때는 의료 기술과 시설이 낙후했다. 제1차 세계대전 전사자보다 훨씬 많은 희생자가 나왔던 이유다. 의료 기술의 비약적 발전은 우리를 팬데믹의 악몽에서 벗어나게 해주었다. 하지만 또다시 세계는 바이러스와의 전쟁으로 변화의 소용돌이 한가운데에 있다. 복병처럼 나타난 인류 공동의 적 바이러스에 대항해 전 세계에서 동시다발적으로 벌어지는 전쟁이다.

이 와중에도 우리나라의 더 나은 미래를 위해 반드시 해결해야 할 과제는 파도처럼 밀려와 우리의 선택과 결정을 기다리고 있다. 우리는 코로나19도 극복해야 하고, 당면 과제도 해결해야 한다. 동시에 코로나19와 신기술이 재편할 미래 사회도 적극적으로 대응하고 준비해야 한다. 사회, 정치, 외교, 경제, 문화 등 모든 분야에서 우리가 한 번도 겪어보지 못한 일들이 벌어지고 있다. 우리가 어떻게 대처하느냐에 따라 미래는 달라질 것이다. 유구한 역사를 이어온 지혜로운 민족의 후예답게 우리는 이 모든 과제를 슬기롭게 해결해야 한다. 우리는 21세기 초반에 일어난 바이러스와의 전쟁 속에서 인류의 평화와 번영을 이끈 선도자로 역사에 기록되어야 할 것이다.

초연결 시대의 복병 '바이러스', 인간의 성공 방정식에 대한 도전

약 600만 년 전 오스트랄로피테쿠스에서 시작된 우리 인간은 그동안 수많은 경쟁자를 물리치고 지구의 주인으로 정착했다. 신인류 호모사피엔스는 협력과 조직적 연결을 통해 살아남았다. 그런데 21세기 초연결 시대에 뜻하지 않은 복병이 나타났다. 코로나바이러스다. 인간의 기존 성공 방정식을 송두리째 뒤흔드는 도전이다.

감염병의 역사가 말해주듯 도시가 생겨나고 문명이 연결되면서 바이러스의 권역도 확대되어왔다. 그렇다고 국경에 빗장이 걸렸던 것은 아니다. 오히려 기술의 발전에 힘입어 더 빠르게 연결되고, 더 많은 이동이 이루어졌다. 하지만 초연결 시대와 감염병이 만나 일으킨 결과는 참혹하다. 그렇다고 해서 연결의 중요성이 떨어지는 것은 아니다. 대면접촉의 위험을 피해야 한다. 만나지 않고도 연결할 수 있어야 한다. 언택트untact(비대면) 기술과 문화가 확산하는 배경이다. 코로나 이전BC, Before Corona과는 확연히 다를 코로나 이후AC, After Corona 시대를 전망하는 것도 같은 맥락이다.

그러나 AC 시대는 오지 않을 가능성이 크다. 코로나바이러스는 감기나 독감처럼 우리의 일상 속에서 함께 살아갈 것이기 때문이다. AC 시대가 아니라 WC 시대, 즉 '코로나와 함께 사는with Corona 시대'를 준비해야 한다. 기존의 관점으로는 새로운 변화에 대응하기 어렵다. 생존 전략과 성공 전략을 전면적으로 수정해 새로운 길을 가야 한다.

위드 코로나 시대의 특징

미래에 대한 준비는 변화의 본질을 꿰뚫는 데서 시작된다. 코로나19는 세계인의 의식 속에 상당히 깊은 생채기를 남기며 21세기를 만들어갈 것이다. 우선 인간관계에 대한 인식의 대전환이 예상된다. 그동안 사람을 만나는 일은 즐거움이었다. 그러나 만나는 사람이 감염병의 매개체일 수도 있다면 어떻게 될까? 벌써 '악수의 종말'이라는 표현이 오간다. 사람을 만나는 일이 즐거움만은 아닌 세상이 된 것이다. 그래도 수백만 년 동안 이어진 인간의 연결 욕구와 생존 전략이 사라질 리는 없다. 방식이 변할 뿐이다. 교육 분야에서는 이미 변화가 시작되었다. 관객이 함께하는 문화예술 공연과 스포츠에도 변화가 예상된다. 대면 방식을 대체하는 비대면 방식은 점점 더 확대될 것으로 보인다.

또 감염병 예방이 국가안보 차원의 주요 어젠다가 될 전망이다. 감염병으로 인적자산이 흔들리고 세계를 연결하던 국경이 닫히면 일상생활은 물론, 국가 경제와 무역, 외교 등 모든 부문에 마비가 올 수 있다는 것을 깨달았다. 국방을 위해 많은 인력과 장비를 준비하고 훈련하듯 감염병에 대응하기 위한 인력과 장비가 필요하다. 국방 인력과 무기 개발에 투자하는 것을 낭비라 하지 않듯 방역 인력과 장비를 개발하는 것을 당연시할 것이다.

코로나19는 4차 산업혁명을 촉진하는 전환점도 되고 있다. 4차 산업혁명은 다른 말로 디지털 혁명이다. 디지털 혁명이란 데이터 중심으로 경제활동을 재편한다는 말이다. 이를 뒤집어보면 비대면 경제활동이란 뜻이다. 코로나19의 충격은 변화에 대한 심리적 거부감과 기득권의 저항을 무력화하고 있다. 기술적 가능성에도 불구하고 논의만 무성한 채 도입을 꺼려오던 일들이 현실이 되고 있다. 교육 현장에서는 원격 수업이 일제히 이뤄지고, 산업 현장에서는 재택근무를 포함한 유연근무제를 도입하는 기업이 늘고 있다. 규제에 가로막혔던 원격 진료가 제한적으로 실시되고, 온라인 쇼핑을 하는 소비자도 크게 늘었다. 이제 4차 산업 혁명은 비대면 교육, 비대면 근무, 비대면 의료, 비대면 정치라는 말로 추진될 것이다.

코로나19 위기를 새로운 기회로

끝없는 호황도, 끝없는 위기도 없다. 물론 해결해야 하는 난제는 쌓여 있다. 코로나19 이전부터 나타나기 시작한 탈세계화는 정치, 경제, 사회 전반으로 더욱 확대될 조짐이다. 미국과 중국이 상대국의 영사관 폐지 조치를 취한 것이 이를 상징적으로 보여준다. 신냉전 기류다. 안보와 경제 측면에서 양국과 긴밀한 관계에 있는 우리로서는 고민할 일이 더 많아졌다는 뜻이다. 정치 외교만이 아니다. 코로나19가 가져온 글로벌 공급망의 균열은 자국 중심의 경제체제를 만들지도 모른다. 수출로 먹고 사는 우리 경제에는 치명적 가정이다. 이미 심각한 수준인 저출산 현상도 코로나19 여파로 더 심화될 수 있다. 결혼과 출산에 영향을 미치는 청년 취업률 같은 지표가 악화된 탓이다.

하지만 막연히 두려워할 필요는 없다. 예를 들어 코로나19 방역을 통해 한국이 의료 기술 선진국으로 평가받는 사실을 떠올려보자. 감염병으로 인한 고통은 이루 말할 수 없지만, 의료 선진국이라는 위상은 깜짝 선물이라 할 수 있다. 이러한 잠재력을 꽃피워야 한다. 특히 제조업 비중이 큰 우리에게는 의료산업의 한 축인 의료기기산업에서 더 큰 도전을 시도해볼 필요가 있다. 의료 현장에서 쓰이는 국산 기기는 초음파 장비 등 일부에 지나지 않는다. 의학과 공학의 긴밀한 협력 체계를 구축해

돌파구를 찾아야 한다. 이러한 방식으로 나아갈 때 우리는 코로나19 위기를 새로운 기회로 전환할 수 있다.

우리는 발생 가능한 미래를 대비하기 위해 미래학을 공부한다. 지금 우리 앞에는 불확실성의 안개가 깔리고 있다. 그러나 두려워할 필요는 없다. 위기가 오면 판이 바뀐다. 미리 준비하는 자가 승자가 된다. 세상의 모든 승자는 판이 바뀌는 가운데 태어났다는 것을 역사가 가르쳐주고 있다.

미래의 눈으로 결정하는 현재

2001년 300억 원을 KAIST에 기증해 융합 학문인 바이오및뇌공학과를 신설하게 한 정문술 전 KAIST 이사장은 2014년 또 한 번 215억 원을 KAIST 미래전략대학원 발전 기금으로 기부하면서 당부했다. 국가의 미래전략을 연구하고 인재를 양성해 나라가 일관되게 발전할 수 있는 기틀을 마련해달라는 부탁이었다. 그리고 국가의 싱크탱크가 되어 우리가 나아갈 길을 미리 제시해달라고 요청했다. 기부자의 요청을 무게 있게 받아들인 미래전략대학원 교수진은 국가미래전략 연구 보고서인 '문술리포트'를 매년 펴내기로 결정했으며, 그 후 지속적으로 실행해오고 있다.

물론 정부나 여러 정부 출연 연구 기관에서도 끊임없이 장기 전략 연구 보고서를 발행해왔다. 그러나 정권이 바뀌면 국정 운영의 기조도 바뀌었고, 정부 출연 연구 기관에서 펴낸 미래 보고서도 도서관의 서고로 들어가 잠자는 신세가 되고 말았다. 이제 이런 소모적 관행을 없애고 보다 장기적 관점에서 국정을 운영해야 한다.

우리는 미래를 알아맞힐 수는 없지만, 우리가 원하는 미래를 만들기 위해 노력하고 대응할 수는 있다. 미래전략은 미래의 눈으로 현재의 결정을 내리는 것이다. 이것이 바로 현재의 당리당략적·정파적 이해관계에서 자유로운 민간 지식인이 해야 할 일이라고 생각한다.

아시아 평화 중심 창조 국가

2045년은 광복 100주년이 되는 해다. 광복 100주년이 되는 시점에 우리는 어떤 나라에서 살고 있을 것인가. 다음 세대에게 어떤 나라를 물려줄 것인가. 지정학적 관계와 우리의 능력을 고려할 때 어떤 국가 비전을 제시할 것인가. 수없이 많은 논의를 거친 결과, 우리는 다음과 같은 비전을 제시하기에 이르렀다.

무엇보다 우리나라의 활동 공간은 '아시아' 전체가 될 것이다. 아시아는 그 중요성이 더욱 커지면서 미래에 세계의 중심으로 부상할 것이다. 아시아에 자리한 한국, 중국, 일본, 인도 등의 역할도 더 커질 것이다. 한국인의 의사결정은 국내외의 다양한 요소를 고려해 내려질 것이고, 한국인이 내린 결정의 영향은 한반도를 넘어 아시아로 퍼져나갈 것이다.

우리는 또 국가의 지향점을 '평화 중심 국가'로 설정했다. 우리나라는 전통적으로 평화적 국가다. 5,000여 년의 장구한 역사 속에서 자주독립을 유지해온 이유 중 하나도 '평화'를 지향했기 때문일 것이다. 주변국과의 평화로운 공존과 번영을 꿈꾸는 것이 우리의 전통이고 오늘의 희망이며 내일의 비전이다. 더욱이 우리는 통일이라는 민족사적 과제를 안고 있다. 북한 주민에게도 통일은 지금보다 더 평화롭고 윤택한 삶을 제공할 것이다. 주변국에도 한국의 통일이 각국에 이로운 공존과 번영의 길이라는 인식을 심어줄 필요가 있다.

아울러 우리는 '창조 국가'를 내세웠다. 본디 우리는 창조적인 민족이다. 역사를 돌이켜보면 선조들의 빛나는 창조 정신이 돋보인다. 컴퓨터 시대에 더욱 빛나는 한글과 세계 최초의 금속활자가 대표적인 창조의 산물이다. 빈약한 자원이라는 여건 속에서도 반도체·스마트폰·자동차·조선·석유화학·제철 산업을 세계 최고 수준으로 일구었다. 처음에는 선진국의 제품을 사서 썼지만, 그 제품을 연구해서 더 좋은 제품을 만들었고 다시 우리의 것으로 재창조했다. 이제는 케이팝K-Pop이나 영화 같은 문화적 측면에서도 세계 최고를 향해 나아가고 있다. 우리 민족의 창조성은 미래에 여러 분야에서 더욱 빛을 발할 것이다.

이상의 정신을 모아서 우리는 '아시아 평화 중심 창조 국가'를 대한민국의 비전으로 제시한다.

'선비 정신'이 필요한 대한민국

만약 북아메리카에 있는 플로리다반도가 미국에 흡수되지 않고 독립된 국가로 발전하려고 했다면 과연 가능했을까. 하지만 우리 선조들은 그것을 가능케 했다. 한반도 지도를 보고 있으면 우리 선조들의 지혜와 용기에 새삼 감탄이 절로 나온다. 거대한 중국 옆에서 온갖 침략과 시달림을 당하면서도 자주성을 유지하며 문화와 언어를 지켜냈다는 것은 참으로 놀라운 일이다.

역사적 패권 국가인 중국 옆에서 우리가 국가를 유지하고 발전시킬 수 있었던 비결은 무엇일까. '선비 정신'이 중요한 토대가 된 것은 아닌가 생각한다. 정파나 개인의 이해관계를 떠나 오로지 대의와 국가, 백성을 위해 시시비비를 가린 선비 정신 말이다. 이러한 선비 정신이 있었기에 혹여 정부가 그릇된 길을 가더라도 곧 바로잡을 수 있었다. 선비 정신이 사라진 조선 말 100년 동안 망국의 길을 걸었던 과거를 잊지 말아야 한다.

21세기, 우리는 다시 선비 정신을 떠올린다. 선비는 정치나 정권과 무관하게 오로지 나라와 국민을 위해 발언한다. 우리는 국가와 사회로부터 많은 혜택을 받고 공부한 지식인이다. 국가에 큰 빚을 진 사람들이다. 이 시대를 사는 지식인으로서 국가와 사회에 보답하는 길이 있다면 선비 정신을 바탕으로 국가와 국민의 행복을 위해 미래전략을 내놓는 것이 아닐까.

'21세기 선비'들이 작성하는 국가미래전략

2015년 판을 출간한 이후 2015년 1월부터 '국가미래전략 정기토론회'를 개최해왔다. 국가미래전략은 내용도 중요하지만, 일반 국민의 의견 수렴과 공감도 중요하기 때문이다. 지금까지 총 185회의 토론회에 약 5,000명(누적)이 참여해 다양한 의견을 제시해주었다. 각 의견들은 수렴되어 국가미래전략을 작성하고 계속해서 추가 보완하는 데 반영되었다. 7년간 600여 명의 관련 분야 전문가들이 발표와 토론을 했고, 그 내용을 담은 원고를 작성하고 검토했다.

우리는 순수 민간인으로 연구진과 집필진을 구성해왔다. 정부나 정치권의 취향이 개입하면 영속성이 없다는 것을 알았기 때문이다. 《대한민국 국가미래전략 2015·2016·2017·2018》《카이스트 미래전략 2019·2020》이 출간되자 많은 분이 격려와 칭찬을 해주었다. 그중 가장 흐뭇했던 것이 "특정 이념이나 정파에 치우치지 않은 점"이라는 반응이었다. 우리는 다시 다짐했다. 선비 정신을 지키고, 오로지 국가와 국민만을 생각하겠다고.

이렇듯 선비 정신의 가치를 되짚어보는 이 시점에도 우리 '문술리포트'는 대한민국이 위기에 빠질 수 있는 위험한 기로에 서 있다고 진단한다. 그러나 "위기는 위기로 인식하는 순간, 더 이상 위기가 아니다"라는 말이 있다. 우리 몸속에는 위기에 강한 DNA가 있다. 위기가 오면 흩어졌던 마음도 한곳으로 모이고, 협력하게 된다. 사방이 짙은 어둠에 빠진 것 같은 위기의 순간 우리는 비폭력적인 3·1독립선언서를 선포한 바 있으며, IMF 외환위기 때는 누구도 생각하지 못한 창의적이고 희생적인 금 모으기 운동으로 세계인의 감동을 불러일으키며 위기를 극복했다. 우리 대한민국은 현재의 위기를 기회로 승화시켜 자손만대의 안전과 자유와 행복을 확보할 것이다. 그러한 번영의 토대에 이 책이 작은 씨앗이 되기를 소망해본다.

이광형
KAIST 문술미래전략대학원 교수, 연구책임자

KAIST Future Strategy 2021

1

위드 코로나 시대의
새로운 일상

+

+

+

+

+

+

+

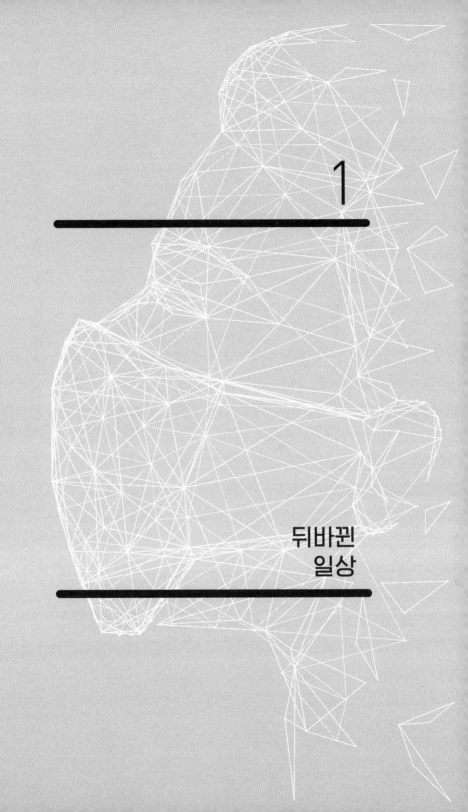

1

뒤바뀐
일상

KAIST Future Strategy 2021

+

+

+

+

+

+

+

미지의 감염병 X의 경고와
방역의 일상화

━━━━━━━━━ 세계보건기구WHO, World Health Organization는 사스SARS, 에볼라Ebola, 지카Zika 등과 함께 미지의 감염병이라고 할 수 있는 'Disease X'를 연구개발 우선순위에 포함했다(2018 R&D Blueprint). Disease X는 아직 발현되지 않은 미지의 신종 바이러스에 의해 나타날 수 있는 감염병을 의미한다. 질병 생태학자 피터 다스작Peter Daszak은 2018년 WHO 회의에서 Disease X가 발현 초기에는 기존 질병과 혼동되며, 빠르게 확산될 수 있고, 금융시장을 비롯해 인간의 교역 네트워크를 붕괴시킬 수 있다고 경고한 바 있다. 2020년 인류가 경험한 신종 코로나바이러스가 바로 Disease X라는 설명이다.[1] 미국의 비영리단체 에코헬스얼라이언스EcoHealth Alliance에 따르면 지구에는 약 167만 종의 알려지지 않은 바이러스가 있으며, 최대 82만 7,000종의 바이러스에 사람이 감염될 수 있다고 한다. 이 가운데 알려진 바이러스는 263종에 불

과해 알려지지 않은 99.96%의 바이러스가 팬데믹 위협이 된다. 특히 2003년 사스, 2009년 신종플루, 2015년 메르스MERS, 2020년 코로나19에 이르기까지 약 5년 주기로 감염병이 발생하고 있지만, 전문가들은 발생 주기가 3년 이내로 짧아질 수 있다고 경고한다.

피터 다스작은 이처럼 더욱 커진 감염병의 위협을 테러에 비유했다. 언제 나타날지 알 수 없다는 점에서 유사하며, 모든 가능한 원인을 찾아내고 충격이 나타나기 전에 대비해야 하는 점에서도 그렇다.

신종 감염병의 출현과 상호 의존성

코로나19의 확산을 경험하며 우리를 둘러싸고 있는 상호 의존성에 대해 다시 생각해보게 된다. 세계화에 따른 국가 간 연계와 교통 발달로 인한 이동의 확대는 감염병의 확산을 용이하게 만들었고, 서로 의존하는 글로벌 공동체는 위험에 함께 당면하고 있다. 중국의 한 지역(우한)에서 2019년 말에 시작된 코로나19가 세계 각국으로 퍼져 2020년 9월까지 전 세계에서 약 3,400만 명에 이르는 환자가 발생했다. 많은 국가가 코로나19의 확산에 대응하기 위해 국경을 닫기도 했다. 호주의 한 학자는 코로나19를 계기로 '축소scale-down'를 통해 앞으로는 지속가능한 역성장sustainable de-growth으로 전환할 필요가 있다고 주장했다. 국내총생산GDP보다는 웰빙well-being에 가치를 둔 '느린go slow', 또는 생활 방식을 한정하는 '지역 중심go local'의 전략이다.[2]

우리가 생각해야 할 또 다른 측면의 상호 의존성은 우리가 살아가는 생태계를 함께 구성하고 있는 동물과 환경이 상호 의존적으로 연계되어 있다는 점이다. 최근 발생한 감염병을 살펴보면 감염원이 박쥐, 낙타, 조류 등의 동물에게서 나타나고 있음을 알 수 있다. 코로나19 역시 박쥐에게서 발생했을 것으로 추정한다. WHO에 따르면 최근 20년간 발생한 감염병의 약 75%가 야생동물에게서 유래했다.

환경 전문가들은 동물에게서 사람으로 옮아온 감염병이 난개발로 동물들의 서식지가 축소되었기 때문이라고 설명한다. 서식지를 잃고 야생 환경을 위협받은 동물들이 사람들의 거주지로 이동하면서 동물들로부터 감염 가능성이 커졌다는 얘기다. 환경의 변화와 생태계 내 상호 의존성은 감염병 관리에서 좀 더 총체적 관점의 전략이 필요함을 시사한다.

'One Health' 패러다임의 감염병 관리 전략

이러한 관점에서 WHO는 'One Health' 패러다임을 감염병 관리의 키워드로 제시했다. One Health는 공공보건의료에서 최적의 성과를 내려면 사람-동물-환경의 상호 의존성에 근거해 여러 영역 간에 소통과 협업이 이뤄져야 한다는 접근법이다.[3] WHO는 관련된 영역으로 식품 안전, 인수공통감염병, 항생제 내성 대응 등을 제시했다. 코로나19 이전부터 One Health는 공공보건의료 정책의 핵심 전략이었고, 우리나라도 메르스 이후 2017년부터 One Health 체계를 도입했으며, 코로나19를 통해 그 중요성이 더욱 강조되고 있다.

One Health 패러다임의 핵심 전략은 소통, 조직화, 협력이다. 사람의 건강, 동물, 환경 분야가 개별적으로 다루어져온 것과 달리 연구와 의료현장 그리고 정책 결정과 집행 전 과정에 전문가들이 참여해 이슈를 함께 논의하고 해결해야 한다. 즉 의사와 수의사는 지금까지 교류가 많지 않았지만, 새로운 바이러스에 대한 통합적이고 총체적인 감시를 위해 서로 소통하고 협력할 필요성이 더욱 커지고 있다.

나아가 One Health 패러다임은 전문가뿐 아니라 반려동물을 키우는 사람들에 이르기까지 생활 속 다양한 주체의 참여를 강조한다. 소통과 협력의 대상이 전문가에게 국한되는 것이 아니라 다양한 사회 구성원 을 포함한다는 점에서 좀 더 보편적이고 현장 중심적인 전략을 구현하 는 것이다.

코로나19를 가장 먼저 예측한 캐나다의 스타트업 블루닷BlueDot은 인공지능AI, Artificial Intelligence 기술을 활용해 뉴스, 항공 데이터, 동식 물 질병 데이터 등을 분석한 결과 미국 질병통제예방센터CDC, Center for Disease Control and Prevention나 WHO에 앞서 바이러스의 확산을 예측했다. 블루닷에서는 One Health 접근법이 강조하듯 의사와 엔지니어 외에 도 생태학자, 수의사, 수학자, 데이터분석가, 통계학자 등이 함께 일하고 있다.[4]

우리나라도 감염병 관리 통합 정보 시스템, 야생동물 질병 정보 시스 템 등 각각 운영하고 있는 정보 시스템의 연계가 필요하다. 2020년 보 건복지부가 발표한 국가병원체자원은행 설치(2021년 예정) 등 정보의 연 계와 관련된 영역의 조화, 다양한 주체의 참여를 이끄는 노력을 통해 현 장에서 작동하는 One Health 시스템을 구축해야 한다.

생활 방역의 일상화

코로나19로 사람들의 일상에 큰 변화가 나타나면서 "코로나19 이전으로 다시 돌아갈 수 없다"라는 말을 흔히 들을 수 있다. 이 말은 코로나19의 여파로 경제적 상황이 쉽게 회복되기 어려울 것이라는 의미로 쓰이기도 하고, 감염병·기후변화 등의 위험을 경감시키기 위해 생활과 경제활동의 방식이 변화해야 함을 의미하기도 한다.

코로나19가 가져온 가장 기본적인 생활의 변화는 개인 방역 수칙의 생활화다. 손 자주 씻기, 기침·재채기를 할 때 코와 입 가리기, 환기 및 소독, 마스크 착용 등 제대로 지키지 않았던 개인 방역 수칙이 수개월간의 코로나19 대응 상황 속에서 일상화되었다. 감염병의 위험을 최소화하기 위한 생활 방역의 일상화는 바람직한 변화다.

코로나19가 확산세에 있던 2020년 1월부터 4월까지 수인성 및 식품매개성 감염병 중 제2급 감염병으로 신고된 환자는 총 1,181명으로, 전년 동 기간 대비 71%, 동 기간 3년 평균 대비 51%가 감소했다. 호흡기 감염병도 제2급 감염병 환자가 전년 동 기간 및 3년 평균 대비 40% 감소했다.[5] 외출 자제, 온라인 개학, 해외여행 감소 같은 이동 패턴의 변화, 접촉 빈도의 감소, 그리고 각종 방역 지침 준수로 다른 감염병의 발생 건수가 감소했을 것으로 추정할 수 있다.[6] 개인 방역 수칙을 지키는 것은 선택이 아닌 생존을 위한 필수 사항이다.

시민참여형 방역의 힘

한국은 다른 국가들로부터 코로나19에 대한 대응을 비교적 성공적으로 해내고 있다는 평가를 받았는데, 그 힘은 생활 방역 수칙을 적극적으로 준수한 국민에게서 나왔다. 물론 정부는 메르스 이후 신종 감염병에 대응하기 위한 투자를 확대하고 대응체계를 개편하면서 감염병 대응력을 크게 높여왔다. 메르스 때와 달리 초기 대응에 신속했고, 검사·확진 → 역학조사·추적 → 격리·치료로 이어지는 방역 모델을 구축했다. 방역의 전문성이 강화되고 재난관리 체계가 작동한 점이 주효했지만, 또 다른 한편으로는 예방 수칙을 준수하고 검사·역학조사·격리 등 개인에 대한 통제를 수용한 국민의 향상된 의식수준이 K-방역 모델이 작동한 근본적인 힘이라고 할 수 있다.

이번 코로나19 대응 과정을 통해 배울 수 있는 중요한 사실은, 감염병의 유행은 단순히 보건의료적 현상이 아니라 사회적이고 집단적인 대응력이 요구된다는 점이다. 감염병 대응 당국이 감염병에 대한 대응은 단 하나의 백신과 치료제보다는 분리와 검역, 면역력 향상, 행동 통제, 공공보건 시스템 등에 의존해왔고 차별, 불평등 등 기존 사회 인식은 감염병 유행 상황에서 문제를 심화시키는 결과를 가져왔다고 얘기하는 이유다.[7]

과학기술과 민주성의 상호작용을 연구하며 '오만의 기술'에서 '겸허의 기술'로 변화를 주장해온 미국 하버드대학교 실라 재서너프Sheila Jasanoff 교수는 이번 코로나19 상황에 대해서도 과학기술적 해결책이 모든 문제를 해결해줄 것이라는 생각은 환상이라고 경고했다. 그는 공공보건의학이나 생물학이 유일한 해결책은 아니며, 사회과학과 행동과학

| 표 1 | 메르스와 코로나19 대응 비교

	메르스(2015년)	코로나19(2020년)
위기 경보 체계 운영	• 피해의 규모·확산 속도·범위, 사회적 영향 및 국민적 불안 정도가 상당했음에도 불구하고 '주의' 단계를 유지	• 첫 확진자 발생에 따라 '주의' 단계 발령, 확진자가 여러 지역에서 발생함에 따라 '경계' 단계로 격상
재난 대응 조직	• 법적 재난 대응체계가 아닌 임시 조직 형태의 대응 본부 가동(보건복지부) • '주의' 단계이므로 '경계' 단계에서 가동하는 중앙사고수습본부 대신 '중앙메르스관리대책본부' 가동(차관→장관이 본부장) • 별도의 임시 조직(민관 합동 종합 대응 TF) 설치·운영(국민안전처) • '심각' 단계에서 가동하도록 되어 있는 중앙재난안전대책본부 대신 '범정부메르스대책지원본부' 운영(청와대, 국회) • 청와대 메르스 긴급 대책반, 국회 보건복지위원회 메르스대책위원회 등 다수의 대응 조직 운영	• 감염병 재난 위기관리 표준 매뉴얼에 따른 대응 본부 운영(보건복지부) • '주의' 단계에서 중앙방역대책본부(질병관리본부) 가동 • '경계' 단계로 격상되며 중앙사고수습본부 체계 운영(행정안전부) • 범정부대책지원본부 운영(청와대, 국무조정실) • 청와대 국가위기관리센터, 국무조정실 상황관리실 등의 지속적 상황관리 및 범정부적 의사결정
방역·재난 관리 체계의 전문성	• 방역 대책(감염병 대응) 및 재난관리 대책의 전문성 부재	• 방역 및 재난관리 전문성 보완 • 방역체계(질병관리본부)와 재난 대응체계(보건복지부)가 매뉴얼에 따라 작동
정보 공유·공개	• 초기 의료기관에 의한 정보 공유 실패, 정부의 정보공개 지연 등으로 허위 정보 확산 및 국민 불안 증폭	• 다양한 소통 채널을 통해 지속적인 정보 공유 • 가짜 뉴스·허위 정보 관리
국민 의식수준	• 간병, 병문안 문화 등으로 인해 확산 위험 높음	• 예방 수칙을 준수하는 문화 확산 • 허위 정보, 정치 쟁점화, 자극적 보도 등을 경계하는 등 위험 대응 수준 향상

• 자료: 오윤경 외(2017)를 참조하여 재작성. 오윤경 외(2020)에서 재인용.[8]

이 함께 결합해야 하고, 감염병 대응 과정에서 정부나 전문가들이 각자의 영역에 국한되기보다 국민이 이해하고 받아들일 수 있도록 투명하

게 소통해야 한다고 역설했다.[9]

위험관리를 위한 사회적 책임

코로나19 대응 상황을 경험하며 우리가 생각해볼 또 다른 문제는 위험관리에서 공공의 기능이 더욱 중요해진 점이다. 감염병뿐만 아니라 우리 사회가 당면한 위험 요인이 다양화·복잡화·대형화되면서 이를 관리하기 위한 사회적 책임이 더욱 커졌다. '위험'이라는 공유재를 관리하기 위해 사회가 함께 부담하고 책임져야 할 영역이 확대되고 있으며, 이에 따라 공공의 기능과 역할이 더욱 중요해진 것이다.

코로나19 확진자와 사망자가 많이 발생한 미국은 한국보다 보건의료 기술이 앞서 있다고 알려졌지만 코로나19 초기 대응에 성공적이지 못했고, 그 원인의 하나로 비싼 진단 비용을 꼽았다. 공적의료보험제도가 있는 한국의 경우 건강보험 80%, 국가 20% 부담으로 개인이 부담하지 않아도 되기 때문에 조기 진단과 치료가 가능했다. 반면 민간 의료보험 제도에 의존하고 있는 미국에서는 치료비가 평균 4,300만 원 수준이며, 민간 의료보험 가입이 안 된 경우 모두 개인이 부담해야 한다.[10]

감염병은 언제 발생할지, 어떠한 양상으로 나타날지 예측하기 어렵다. 수요와 공급에 의한 시장 메커니즘으로 관리하는 데는 한계가 있어, 공공 의료에 의존한 관리 전략이 무엇보다 중요하다. 그러나 코로나19 대응 상황에서 나타난 병실 부족 문제는 우리나라 공공보건의료의 한계를 보여주기도 했다. 우리나라의 경우 2017년 기준 인구 1,000명당 병상 수가 12.3개로 경제협력개발기구OECD 평균 4.7개를 크게 넘어서고 있으나, 공공의료기관만 보면 1.3개로 OECD 평균 3개에 못 미치며 OECD 국가 중 최하위권에 머물고 있다.[11] 우리나라 공공의료기관의 적자와 공공 의료 서비스의 수익성 문제는 계속 제기되어왔다. 국립중앙의료원은 2018년 기준 누적 적자가 2,100억 원이며, 더 심각한 것은 시설 노후화율이 30%에 달한다.[12] 코로나19의 성공적 대응은 조기 진단과 추적 그리고 조기 치료가 가능했기 때문이고, 이러한 시스템은 공공보건의료 체계가 뒷받침하고 있다는 사실을 잊어서는 안 된다.

기억과 학습 그리고 재난 회복력

감염병이라는 사회재난에 대응하기 위해 회복력resilience을 고려한 전략을 생각해볼 필요가 있다. 재난 회복력은 재난의 충격으로부터 새로운 일상으로 돌아오는 힘이다. 회복력은 1) 강점과 약점을 알고, 2) 다양한 분야의 역량을 갖추며, 3) 시스템 내 기능과 역할을 조직화하고, 4) 비정상적 상황에 대응할 수 있는 자율적 규칙과 5) 변화한 환경에 적응할 수 있는 역량을 포함한다.[13]

재난 회복력과 함께 위기관리 전문가 미셸 부커Michele Wucker가 경고한 '회색 코뿔소Grey Rhino'의 의미도 되새겨봐야 한다. 회색 코뿔소는 개연성과 파급력이 모두 큰 충격을 뜻한다. 예측이 어려워 대응이 쉽지 않은 '블랙 스완Black Swan'과는 다르다. 다만 사람들은 멀리서도 감지할 수 있는 코뿔소의 진동과 같은 작은 위험신호를 부정하거나 과소평가하고, 또는 두려움 때문에 회피하는 태도를 보이다가 눈앞에 닥쳐왔을 때에야 비로소 대응에 나선다는 것이다.[14] 신종 감염병의 위험도 우리 사회에 큰 충격을 줄 수 있고, 반복적으로 발생할 가능성이 큰 회색 코뿔소다. 위기를 겪은 직후야말로 예방 시스템을 구축하기에 가장 적절한 시기일 수 있으며, 장기적이고 새로운 관점에서 다음의 위기를 대비해야한다. 위기에 대한 사회적 기억은 재난을 예방하기 위한 학습의 기회가된다.

전염병 역사의 교훈,
환경의 변화를 기회로

━━━━━━━ 전염병은 인간을 숙주로 삼는 병원균이 체내에서 활동하며 인간의 몸에 병을 일으키고 이후 다른 인간을 숙주로 삼아 옮아가면서 전파되는 질환을 말한다. 기원전 5,000년 무렵 수렵채집 시기에서 농경 시기로 이행하는 과정에서 수렵채집 시기의 질병과는 매우 다른 양상의 질병이 나타나기 시작했다. 이웃한 정착촌과의 교류와 원거리 무역의 증가로 과거에 겪어보지 못한 질병을 접하게 되었다. 배설물과 쓰레기가 한곳에 쌓이고 가축을 가까이하면서 정착촌은 여러 가지 질병이 발생하고 확산하는 온상지가 되었다. 특히 도시가 커지고 인구가 밀집하면서 병원균 감염에 의한 질환은 개인 질환에서 도시나 지역의 풍토병으로, 나아가 다른 지역으로 전파하는 전염병으로 전환되었다.

도시의 형성과 전염병 그리고 국가의 몰락

전염병이 유행하는 배경에는 동물과의 접촉, 인구가 밀집한 주거 형태 그리고 활발한 교류 등이 있다. 또 한편으로는 전염병을 일으키는 병원균의 전염력이 크거나 병원균에 감염된 사람의 저항력이 약해야 한다. 이러한 조건은 문명이 발달해 도시국가나 제국이 형성되면서 만들어졌다. 그 전에는 병원균과 사람이 대규모로 만난 적이 없었다. 따라서 병원균은 새로운 숙주인 사람에게 자연선택에 의한 적응을 할 기회가 없었고, 사람은 병원균에 대항할 면역체계를 갖출 기회가 없었다.

교역로를 따라 형성되기 시작한 도시국가들은 문명이 발전하면서 제국으로 발전했다. 이는 물물교환뿐 아니라 병원균의 전파에도 아주 좋은 여건이 되었다. 상업과 교역이 늘어나면서 도시는 점차 거대해졌고, 도로나 수레바퀴 등이 표준화되었다. 예를 들어 로마제국은 제국의 영토 전역에 도로를 건설해 이동의 편의성을 높였는데, 이는 전염병의 전파를 쉽게 만들었다. 도시의 규모가 커지고 그 수가 늘어나면서 사람들은 이전보다 더 많이 도시에 밀집해 살게 되었고, 가축과 동물도 사람과 더욱 밀접하게 접촉하게 되었다. 그러나 한편으로는 대다수 지역에 사람이나 가축의 분뇨를 처리할 수 있는 위생 시설이 제대로 갖춰지지 않았다. 전염병이 도시 안에서 활성화될 수 있을 뿐 아니라 교역로를 따라 전파될 수 있는 기반이 만들어진 셈이었다.

이처럼 도시는 병원균의 전파를 막기에 취약했고, 한번 유행하기 시작한 전염병은 공포의 대상이 되었으며, 그 앞에서 사람들은 속절없이 죽어갔다. 그리스의 역사가 투키디데스는 《펠로폰네소스 전쟁사》에서 전염병이 전쟁의 승패를 결정지었다고 주장한다. 기원전 431~404년 아테네를 강타한 전염병은 7만 5,000명에서 10만 명 정도를 죽음으로 몰아넣었다. 이는 아테네 인구의 25%에 해당한다. 그중에는 아테네의 지도자였던 페리클레스도 있었다. 전염병이 한차례 훑고 지나간 아테네는 국력이 약해져 결국 전쟁에서 패했고, 이후 사회·경제적으로 쇠퇴의 길을 걸었다.[15]

본격적으로 유럽 사회에 전염병이 몰아치기 시작한 것은 안토니우스 역병이 발생한 서기 165년 무렵이다. 로마제국에서만 약 6,000만~7,000만 명의 목숨을 앗아간 안토니우스 역병은 천연두였을 것으로 추정된다. 이 전염병은 이후 십자군과 순례자들을 통해 중동 지역에서 서유럽으로 세력을 넓혀 북유럽과 러시아까지 퍼져나갔다. 이 전염병이 어떻게 로마제국에 들어왔는지에 대해서는 논쟁이 있으나, 외국과의 무역 또는 전쟁에서 돌아온 군인에 의해 전파됐을 가능성이 크다.[16] 이동이 잦은 군대와 상인 무리는 전염병을 확산시키는 주요 매개체였고, 영향을 크게 받은 집단 역시 단체 생활을 하는 군인과 수도사들이었다.[17] 이처럼 이동 경로에 따른 전염병의 확산은 다양한 사례에서 확인할 수 있다. 과거에는 지리적으로 고립된 지역에 사는 사람들에게 국한되었던 전염병이 이제는 무역과 전쟁을 통해 새로운 장소로 퍼지게 된 것이다.

천연두의 위력은 흑사병과 비교하면 약한 편이었다. 페스트, 일명 흑사병은 수많은 사람의 목숨을 앗아가며 사회·경제적 구조마저 흔들었다. 흑사병은 대개 처음에는 림프선에 고름이 차는 농양으로 시작해 패혈증으로 발전하거나 폐렴을 일으킨다. 폐렴은 사람과 사람 사이에서 직접 전염되며, 폐렴에 이르면 대부분 사망하게 된다.

첫 번째 흑사병은 에티오피아에서 발원해 540년 이집트로 퍼졌다. 이후 동쪽으로 가자 지역, 예루살렘 등으로 퍼진 후에 지중해로 가는 해상

무역로를 따라 541년 콘스탄티노플에 도착했다고 알려져 있다. 콘스탄티노플에서 흑사병이 절정에 이르렀을 때는 하루에 5,000명이 사망할 정도였다. 542~546년 사이에 지중해 동부 지역 인구의 4분의 1이 흑사병으로 사망했다. 13~14세기에는 흑사병이 아시아에서 유럽으로 다시 퍼져나갔다. 몽골군의 기병이 정복 활동을 위해 유럽 지역으로 세력을 뻗었을 때 시작된 일이었다. 흑사병은 거의 300년간 사라지지 않고 옮겨 다니면서 각 지역을 초토화했다. 흑사병이 지나는 곳마다 엄청난 사망자가 속출해 교역은 마비되고 세금 회수가 어려워져 경제적으로 큰 타격을 입었다. 군대를 유지하는 것조차 힘들어져 사회질서가 무너지고 정치적 혼란이 가중되었다.

생태환경의 변화와 전염병

전염병이 끊임없이 인류를 괴롭혀온 것은 동물이 가진 다양한 병원균이 사람에게 옮아올 수 있는 환경이 만들어졌기 때문이다. 동물에 기생하는 병원균에게 사람은 정상적인 숙주가 아니지만, 인간이 가축화된 동물과 접촉을 계속하게 되면 동물의 병원균에서 '돌연변이'가 발생한다. 그리고 이 돌연변이 병원균은 사람을 숙주로 삼을 가능성이 커진다. 그래서 염소는 브루셀라병을 가져왔고, 소는 탄저병, 천연두, 디프테리아를 초래했고, 돼지는 인플루엔자를, 말은 감기를 가져왔다.

근대 역사에서 인간의 주요 사망 원인이 된 천연두, 결핵, 페스트, 콜레라, 홍역 등의 질병은 모두 동물의 병원균에서 비롯한 전염병이다. 인간이 생태환경을 변화시키고 활동 영역을 넓혀가면서 이 병원균들은 인간을 새로운 숙주로 삼아 번성할 기회를 얻은 셈이다. 인간은 모여 살 뿐만 아니라 끊임없이 다른 집단과 교류했기 때문에 병원균의 입장에서는 인간을 숙주로 삼을 때 훨씬 더 스스로 전파하기가 용이했다.

마을 간의 거리가 멀었던 중세 시대에는 물리적 거리가 일차적인 전염병 차단 역할을 했다. 그러나 산업혁명으로 많은 농민이 도시로 몰려와 집단 거주를 하게 되고, 유럽과 신대륙 간 무역이 증가하면서 병원균도 쉽게 퍼져나가게 되었다. 무역은 주로 해양로를 따라 이루어졌으나, 19세기에 들어 철도를 통한 상업 교류가 급속히 늘어났다. 교류의 확산과 더불어 급속한 도시화에 따른 열악한 주거 환경과 비위생적인 물 공급은 전염병이 확산하기 좋은 조건이 되었다.

팬데믹을 일으킨 대표적 전염병인 콜레라 역시 상업 교류와 인구의 이동과 연관이 깊다. 콜레라는 많은 사람이 모이는 시장과 박람회를 통해 급속도로 확산되었다. 19세기에 더욱 빈번해진 상업 교류와 전쟁은 콜레라가 확산되는 데 크게 한몫했다. 콜레라는 일련의 파도처럼 전 세계로 퍼져나갔다. 1817년 인도에서 시작해 러시아와 중국, 한국, 일본을 거쳐 동남아시아의 일부 지역과 마다가스카르, 동아프리카 해안에 이르기까지 거침없이 퍼졌다. 인도와 아시아 대륙의 사망자는 1,500만 명을 넘어섰고, 비슷한 시기에 러시아의 사망자는 200만 명을 넘어섰다. 이후 다섯 차례의 대유행을 거치면서 콜레라는 팬데믹 공포를 사람들에게 각인시켰다.

비위생적인 거주 환경은 감염병 차원에서 심각한 문제였다. 도시로 유입된 노동자들을 비참한 생활로 몰아넣은 19세기 영국의 열악한 거주지와 공장은 전염병 발병의 온상이었다. 대표적으로 발진티푸스라는 병이 이때 확산되었다. 환기와 배수, 청결 상태의 열악함이 주요 발병 요인으로 보고되었다. 당시 환자들은 와인·코냑·암모니아·각성제 등을 약으로 처방받았고, 큰 치료 효과를 보지 못한 채 환자의 절반가량이 사망했다.

병원균의 이러한 위력은 국가 간에 대규모 전쟁이 벌어졌던 20세기 전반까지 이어졌다. 제1~2차 세계대전을 포함한 대부분의 전쟁 당시 총포로 희생된 사람보다 전장에서 발병한 전염병으로 죽은 사람의 수가 훨씬 많았다. 병원균은 인구가 많고 교류가 활발하며, 위생 상태가 나쁠 때 가장 광범위하게 전파된다. 산업혁명과 전쟁은 이 모든 조건을 갖추었다.

환경 파괴가 전염병으로 나타나는 이유

근본적으로는 인간이 활동 영역을 확장하면서 기존에 형성되어 있던 곤충·미생물·야생동물의 균형 상태가 깨지고 그 불균형으로 사람과 가축이 숙주로 활용된다. 예를 들어 서식지의 위협을 받아 인간의 거주지로 이동한 동물 또는 인간이 포획한 박쥐를 통해 바이러스가 인간에게로 옮아오면서 신종 감염병을 일으킬 수 있다. 그런데 이러한 바이러스 전파가 일어나려면 숙주의 분포, 바이러스에 감염된 숙주, 새로운 숙주, 즉 인간의 감수성이 서로 연결되는 조건을 갖추어야 한다. 박쥐 같은 원래의 바이러스 숙주가 아니라 사스 유행 시의 사향고양이나 메르스 유행 시의 낙타와 같이 중간 매개 동물이 바이러스 전파에 중요한 역할을 할 수도 있다. 놀라운 사실은 이러한 인수공통감염병은 70% 이상이 야생동물에게서 오는데, 시간이 지날수록 감소하는 것이 아니라

오히려 늘어나고 있다는 점이다.[18]

인간은 또한 화석연료와 같은 자원을 사용해 기후와 환경을 변화시켰다. 기온과 강수량이 달라졌고, 대기와 환경이 오염되었다. 도시화로 동물의 서식 환경도 파괴되었다. 그 결과 병원균과 인간 사이의 생태학적 균형도 깨졌다. 최근 말라리아, 황열, 라임병과 같은 곤충 매개 질환이 다시 영역을 넓혀가고 있다. 인간이 자연과 환경을 변화시키면 이는 다시 새로운 적응과 균형 상태로 가기 위한 과정을 거치는데, 그것이 바로 질병으로 나타나는 것이다.

팬데믹 그리고 새로운 도전과 기회

역사가 보여주듯 교역의 중심지에서는 종종 전염병이 크게 유행했다. 서로 다른 지역에서 온 사람들 간의 교류가 잦은 교역의 중심지가 전염병 전파의 허브가 된 것이다. 교통의 중심지인 중국 우한이나 미국 뉴욕이 코로나19의 최대 피해 지역인 것은 교류가 전염병 전파에 매우 중요한 역할을 한다는 것을 다시 한번 보여준다.

새로운 주거와 생활환경은 자연환경과 인간, 병원체 간에 형성되었던 균형을 깨뜨리고 새로운 균형을 요구한다. 적응 과정에서 어긋나는 부분이 생겨나고, 병원체와 인간 사이에 형성된 균형이 깨지면 결국 전염병이 발생한다. 깨진 균형은 병원체와 인간에게 적응을 요구하고 장기적으로는 적응하게 되어 전염성 질환이 감소하는 방향으로 갈 것이다. 그러나 단기적으로는, 예를 들어 몇십 년 혹은 몇백 년 동안은 이 적응 과정이 순탄치 않을 수 있고, 그로 인해 대유행 전염성 질환, 즉 팬데믹이 일어날 수 있다.

과거 기후변화가 우리가 알고 있는 대부분의 질병을 발생시켰듯이 지금의 기후변화는 현재 우리가 예측할 수 없는 새로운 질환을 불러올 수도 있다. 기후변화에 의한 공중보건학적 영향은 단순히 온도 변화에 의한 영향으로 이해하기보다 더 넓은 환경적 문제, 즉 깨끗한 식수와 위생, 기아와 영양실조, 곤충 매개 질환, 콜레라 같은 전염병 등과의 관련성을 함께 고려해야 한다. 어쩌면 신종 바이러스 전염병이 주기적으로 대유행을 일으키는 현상 그리고 아직 사람에게 직접적인 질병을 일으키지는 않았지만 닭, 오리 또는 돼지 같은 가축에게서 바이러스 전염병이 자주 발생하는 현상도 기후변화와 관련이 있을지도 모른다.

환경의 변화는 기존 환경에 적응해온 인류에게는 또 다른 도전이다. 인류의 건강은 기나긴 여정을 통해 주변 환경에 최적으로 적응한 상태라고 할 수 있다. 따라서 새로운 환경은 적응과 건강이라는 측면에서 새로운 도전이다. 바이러스나 세균 같은 미생물도 마찬가지로 적응이라는 도전에 내몰린다. 인류가 만들어낸 새로운 환경에서 미생물도 적응이라는 과제를 수행해야 한다. 미생물 역시 사람과의 관계에서 질병을 일으키고 전염력을 키워 생존할지, 아니면 질병을 일으키지 않고 사람과 공생적 관계를 만들어 생존해나갈지를 정해야 한다.

이처럼 지구상의 복합적 변화는 코로나19와 같이 예측하기 어려운 새로운 질병을 불러올 수 있다. 반대로 말하면 전염병을 예방하기 위해서는 광범위한 대책이 필요하다는 이야기다. 지구환경이 변하면 인류의 기반이 흔들릴 수 있고, 지구환경의 변화를 가져오는 요인에는 환경적인 것뿐 아니라 사회·정치·경제·기술적 요인이 모두 포함되어 있다. 코로나19 이후의 사회는 이전의 사회와 분명히 다를 것이고, 또 달라져야 한다. 코로나19는 인류에게 위기를 가져왔지만, 동시에 새로운 발전 전략을 모색할 수 있는 기회가 될 수도 있다.

니어쇼어링과
큰 정부가 온다

━━━━━ 14세기 흑사병이 누추한 도시 공간을 다시 생
각하게 만들고, 19세기 콜레라가 하수도 시스템의 개선을 가져온 것처
럼 바이러스는 통치구조에 커다란 영향을 미쳤다. 이번 코로나19 사태
의 충격 또한 신종 감염병의 통제·관리에서부터 국가 간 협력과 국제
기구의 재편에 이르기까지 글로벌 거버넌스 전반의 변화를 일으킬 것
으로 예상된다. 특히 코로나19의 급속한 전 지구적 확산 과정은 촘촘하
게 짜인 오늘날의 국제기구와 제도가 얼마나 취약한지를 보여주고 있
다.[19] 세계화의 이름 아래 세계를 연결했던 가치사슬이 붕괴했으며, 수
많은 사람이 자유롭게 넘나들었던 국경이 폐쇄적인 장벽으로 회귀했
다. 코로나19 사태는 이미 보건 문제를 넘어 정치·경제 문제로 자리매
김하고 있다.[20]

　무엇보다도 코로나19가 촉발한 글로벌 위기는 미중 경쟁과 글로벌

공공 리더십의 부재로 더욱 심화하고 있다. 미중 신냉전 구도의 본격화, 서구 자본의 탈중국화, 글로벌 가치사슬의 재편까지 세계질서에 엄청난 파급력을 미치는 중이다. 포스트 코로나 시대에 한국이 취해야 할 전략적 방향성뿐만 아니라 책임 있는 중견국으로서 어떠한 역할을 해야 하는지에 대한 고민도 필요해졌다. 이러한 점에서 포스트 코로나 시대의 불확실성은 우리에게 엄청난 도전인 동시에 지식·네트워크 기반 혁신 국가로서 새로운 리더십을 발휘할 기회이기도 하다.

코로나19 이후의 미중 경쟁과 글로벌 공공 리더십의 부재

코로나19라는 위기 상황은 미중 패권 경쟁이 계속되는 가운데 발생했다는 점에서 더욱 불투명한 미래를 예고한다. 글로벌 공조가 가장 필요한 시기에 협력적 리더십을 보여야 할 두 강대국이 대립적인 행보를 취하고 있기 때문이다. 세계 최대의 확진자와 사망자가 발생한 미국은 국제공조에서 발을 떼고 있는 형국이며, 이 공백을 틈타 중국은 '의료 물자 지원'이라는 명목으로 유럽 등 대규모 피해 지역에 공세적으로 영향력을 확대하고 있다. WHO 또한 친중적 태도를 드러내며 책임 있는 국제기구로서의 면모를 보이지 못했다.[21] 코로나19 사태가 21세기 '무정부 시대'를 도래하게 만든 셈이다. 그러나 이러한 강대국 간의 대결에서 최대 피해자는 WHO에 의료 지원을 절대적으로 의존하는 가난한 나라의 국민일 수밖에 없다. 현실적으로 WHO가 체계적인 의료 지원 인프라를 갖춘 유일한 조직이기 때문이다.[22] 〈뉴욕타임스〉에 따르면 소말리아 등 아프리카 10여 개 국가는 인공호흡기가 단 한 대도 없을 정도로 의료 사정이 열악하다.

국가 간 협력과 공공재가 요원한 상황 속에서 각국이 취해야 할 선택은 자명하다. 국경 봉쇄와 수출입 제한, 유동성 부여 등 단기적으로 각자도생하기 위한 손쉬운 방법을 추구하게 된다. 그러나 결코 오랫동안 지속할 수 없는 방법이다. 방역 대책이 폐쇄적이고 강력할수록 감염자 수는 줄어들겠지만, 막대한 경제적 손실과 사회적 동요를 수반할 수밖에 없다.

결국 세계는 새로운 방식의 초국가적 협력을 모색할 것이다. 이미 국제사회는 2008년 금융위기를 겪으며 소수 선진국 모임인 G7만으로 세계 경제질서 안정을 담보하기 어렵다는 사실을 깨닫고, 더 많은 국가가 참여하는 'G20 체제'를 탄생시킨 바 있다. 코로나19 상황에서도 이러한 대안적 체제를 찾고자 하는 움직임이 감지된다. 그러나 미중 대결 구도

| 그림 1 | 방역 대책의 경제적 효과

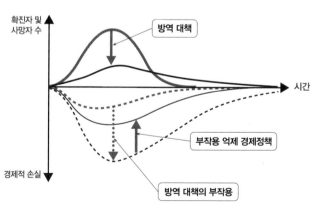

• 자료: Richard Baldwin and Beatrice Weder di Mauro, 2020.

에 방점을 두고 추진되는 점이 문제다. 무역 전쟁, 코로나19 책임 문제, 홍콩 보안법 등 미중 갈등이 극대화하는 가운데 2020년 G7 의장국 대표로서 트럼프 미국 대통령은 한국, 인도, 호주, 러시아까지 참여하는 이른바 'G7+4'의 필요성을 역설했다.[23] 이는 냉전 초기의 북대서양조약기구NATO와 같이 노골적인 군사적 동맹의 모습을 띠고 있지는 않지만, 미국과 우호적인 국가들을 통해 자연스럽게 중국을 포위하는 구도다. 우리에게는 높아진 대한민국의 위상을 확인시켜준 일이지만, 동시에 미중 관계 어느 하나도 소홀히 할 수 없는 우리로서는 사안마다 선택의 갈림길에 서게 된 것이다.

탈중국화와 니어쇼어링: 동남아시아와 아프리카의 부상

2008년 미국발 금융위기가 전 세계를 강타했을 때, 글로벌 경제에 새로운 활력을 불어넣은 역할은 중국이 했다. 중국은 미국과 함께 책임 있는 G2 국가로서 새로운 리더십을 보일 것으로 기대를 모았다. 그러나 그로부터 10여 년이 흐른 2020년, 코로나19는 중국에 대한 기대를 우려로 바꿔놓고 있다.[24]

코로나19는 미중 간 밀착되었던 경제구조의 디커플링을 가속화시키고, 글로벌 가치사슬 전반을 재편할 것으로 전망된다. 대외무역 의존도가 매우 높고(GDP의 95%), 특히 중국과의 수출입 교역 비중이 높은 우리나라는 지금까지의 수출입 경로가 과연 최선인지 재고할 수밖에 없다. 사드 배치를 둘러싼 중국의 경제 보복으로 중국 의존도의 위험성을 경험한 우리나라는 동남아시아라는 새로운 활로를 대안 지역으로 시험한 바 있다. 코로나19 확산에 대한 중국의 책임성을 연이어 압박하고 있는 미국의 강경한 태도는 전 세계에 탈중국화를 요구할 것이며, 이는 우리에게 더 큰 압박으로 작용할 것이다.

| 표 2 | 코로나19 이후 국내 기업 글로벌 공급망의 변화 방향

산업	현황	예상되는 변화 방향
자동차	• 일부 품목 중국 의존도 높은 수준	• 동남아시아 등으로 공급선 다변화 • 스마트 제조 도입으로 국내 조달 확대
조선	• 유럽 및 일본 일부 납기 지연·생산 중단	• 유럽 기자재 국내 유치 • 중국 블록 공장 복귀
일반 기계	• 국산 조달 비중 높은 수준	• 일부 조달 품목의 신흥국 다변화
철강	• 수입선 다변화 높은 수준	• 반제품·1차 제품 수입선 다변화
석유화학	• 중동산 원료·일본산 중간재로 생산한 제품을 중국·아세안으로 수출	• 글로벌 시장의 지역별 블록화
정유	• 원유 조달국 집중 • 원유 가격 변동성에 취약	• 탄력적 원유 조달 전략 추진 • 국가 간 직수출 확대, 해외 인프라 구축
섬유	• 중국산 부자재 일부 조달 애로	• 중국 영향력 강화에 대응
가전	• 안정적 글로벌 네트워크 구축	• 조립 공정의 자동화·스마트 제조화 촉진
통신기기	• 생산·부품 공급 다변화 높은 수준	• 중국 ODM 축소분의 국내·베트남 대체 생산
디스플레이	• 베트남 투자 확대	• 모듈 공정 중국 비중 감소, 베트남 확대 가속화
2차전지	• 주요 소재 중국·일본 수입	• 해외 현지 생산–납품 비중 증가 • 후방산업 해외 동반 진출

• 자료: 산업연구원, 2020.

각국은 확장된 글로벌 네트워크의 불확실성을 회피하기 위해 코로나19 안정화 이후에도 글로벌 공급망 구조를 변화시킬 것이다. 기존에는 글로벌 공급망의 구축과 생산 거점의 배치에서 시장 접근과 비용 절감이 주요한 결정 요인이었다면, 이제는 안정적 공급 가능성이 최우선 사항으로 떠올랐다.[25]

이런 상황에서 중국을 대체할 새로운 생산 거점으로 떠오르는 곳은 아프리카와 동남아시아다. 현재 13억 명에 가까운 아프리카의 인구는 2050년쯤에 2배가 될 것으로 예측한다. 생산기지를 본국으로 이전하는 리쇼어링re-shoring이 어렵다고 판단되면 인접 국가, 즉 근거리 아웃소싱 개념의 니어쇼어링near-shoring이 대안으로 떠오를수록 유럽은 아프리카 지역을, 한국이나 일본은 동남아시아 지역을 근거지로 활용할 가능성이 커진다.

'큰 정부'의 부상과 대안적 아시아 모델

팬데믹 사태는 정부의 역할도 되묻고 있다. 코로나19에 맞서 각국 정부는 강력한 봉쇄 조치를 하고 국민들의 일상생활을 통제했다. 동시에 전례 없는 규모의 긴급 지원책도 쏟아냈다. '큰 정부'의 귀환이다. 제2차 세계대전 직후 세계가 적극적인 재정정책을 펼친 국가 모델을 지향한 것처럼 이번 코로나 팬데믹은 정부의 과감한 정책에 대한 국민들의 욕구를 분출시켰다. 실제로 방역 과정에서 각국 정부는 보건의료자원을 총동원하고, 서비스 확대에 공격적으로 예산을 투입했다.[26]

이 과정에서 주목받는 대안적 모델은 바로 아시아 모델이다. 민주적 정치체제를 유지하면서도 공동체적 가치와 합리적 제도를 기반으로 질병 통제에 효과적인 모습을 보였기 때문이다. 방역 과정에서 기술적 노하우와 함께 개인정보 보호에 관한 비교적 완화된 접근법을 갖춘 한국과 대만 등 주요 아시아 정부는 앞으로도 유사한 감염병 위기 시 주도적으로 나설 가능성이 크다. 이는 국가적 재난에 대처하는 정부의 주도적 역할에 방점을 둔 새로운 '큰 정부' 시대를 의미한다.

그러나 큰 정부의 부활은 1960~1970년대 서구 사회를 중심으로 나타난 정부의 모습과는 다를 것이다. 코로나19 사태에 불안감이 확산되면서 나타났던 마스크, 화장지 등 생필품 사재기 현상에서 보듯이 공중보건 차원의 방역만큼 '사회심리 방역'도 중요한 부분이다. 따라서 국가 차원에서 불확실한 위험을 관리한다는 것은 향후 발생 가능성이 있는 피해를 예측·예방하고, 잘못된 정보를 바로잡는 정부의 역할이 중요하다는 점을 의미한다. 이는 정부의 책임뿐 아니라 권한도 막강하게 만드는 기제로 작용할 것이다.[27]

코로나19 위기 대응 과정을 보면 각국은 방역 부분에서 확연하게 다른 접근법을 취했다. 중국과 미국이 당국의 권한을 중심으로 국민들의 외출 등 행동을 강제하는 접근을 펼쳤다면, 한국은 데이터를 오픈하고 국민 스스로가 판단해 위험을 피할 수 있도록 자율에 맡기는 방식을 택했다. 그러나 '투명하고 정확한 정보 제공' 과정에서 동선 공개를 넘어 신상 정보, 개인 활동 노출 등 지나친 사생활 침해를 낳을 수 있다는 우려 또한 남겼다. 팬데믹과 같은 위기 상황에서 추적 과정에 필요한 개인정보의 접근과 관리 방법의 제도적 확립 문제는 향후 매우 중요한 의제가 될 전망이다. 민주국가 내에서도 전통적인 '개인의 자유'를 보다 중시하는 서구 진영과 '공동체의 안정'을 위해 데이터를 적극적으로 활용하는 아시아 모델 국가 간의 차이는 포스트 코로나 시대의 사회 안전과 정부의 역할을 재정의하는 핵심적 사안이 될 것으로 보인다.

글로벌 공공재를 제공하는 혁신 국가로의 위상 정립

코로나19 이후 더 고조되고 있는 미중 경쟁과 글로벌 공공 리더십 부재는 결국 상대적으로 방역에 성공적으로 대처한 국가들의 시스템과 문화에 관한 관심을 불러올 것이다. 전 세계의 회복에 기여하기 위해서는 의료 물자와 같은 물질적 지원만이 아니라 한국 사회가 보여준, 이른바 'K-방역'으로 상징되는 지식 확산의 노력 또한 보태져야 한다. K-방역은 정보화 시대의 국가가 취할 효과적인 대처 방향성을 제시했다고 볼 수 있다. 특히 정보의 통제와 봉쇄에 기초한 권위주의 국가들의 접근 방식과 개인의 자유와 프라이버시를 중심에 둔 서방국가 간의 차이가 두드러진 상황에서 K-방역 모델은 대안적 선택지가 될 수 있다.

지금까지 강대국-중견국-약소국으로 분류되었던 글로벌 파워의 범주는 이번 코로나19의 충격 앞에서 완전히 무의미해졌다. 코로나19 위기는 국가의 규모와 물질적 자원에 따라 혹은 정치체의 성격에 따라 분류했던 기존의 전통적 접근 방식에서 탈피할 것을 요구하고 있다. 새로운 위기에 대한 회복력이 강한 혁신 국가와 그렇지 못한 국가의 차이를 명확히 보여주고 있기 때문이다. 오늘날의 사회는 과거와 비교할 수 없을 만큼 복잡성complexity이 증가한 시스템이다. 복잡성의 증가는 곧 불확실성의 증가를 의미한다. 복잡해진 시스템을 통제하기 위한 제도와 거버넌스는 언제나 제한적이거나 후속적일 수밖에 없기 때문이다. 따라서 예상치 못한 위기가 발생할 경우 극단적 상황으로 빠지지 않고 신속하게 사회를 정상화하기 위해서는 높은 수준의 사회적 회복력을 갖춰야 한다.[28]

회복력을 중심으로 하는 전환 모델은 절대로 실패하지 않는fail-safe 시스템을 생각하는 것이 아니라, 실패하더라도 안전한safe-to-fail 시스템을 목표로 한다. 모든 불확실성을 완전히 막는다는 개념이 아니라, 위기가 발생하더라도 시스템의 적응력과 전환 능력을 활용해 지속적으로 기능을 유지하고, 나아가 새로운 발전을 모색하는 것이다.[29] 전 세계가 유례없는 위기에 적응하고 있는 가운데 우리가 국제사회에 기여할 부분은 의료 물자 지원과 백신 개발을 넘어 정보의 투명성과 체계적이고 유연한 시스템으로 상징되는 '레퍼런스'로서의 방역 모델을 제시하는 것이다. 이 부분이야말로 불확실한 위기 상황 속에서 한국이 제공할 수 있는 가장 중요한 공공재이며 포스트 코로나 시대의 혁신 국가로서 우리의 위상을 세워줄 기회가 될 것이다.

인포데믹, 소통의 부재가
소문을 낳는다

━━━━━━━ 코로나19 사태가 전 세계를 강타하고 있다. 의료와 보건뿐 아니라 경제, 사회, 문화, 정치, 외교 등 다양한 영역에 심대한 영향을 미치고 있다. 많은 국민이 두려움과 불안을 느끼며, 제한된 정보에 의지해 불확실한 미래를 점치고 있다. 하지만 누구도 미래를 확신하지 못한다.

감염병 유행은 어제오늘 이야기가 아니다. 인류의 역사는 감염병의 역사다. 더 나아가 인류가 등장하기 전에도 수천만 년 동안 병원체와 숙주는 치열한 적응 과정을 통해 공진화했다. 인간의 깊은 내면에는 감염병에 대한 원초적 불안이 자리하고 있다. 감염병은 긴 진화사를 통해 거대한 공포의 심상心像으로 고착되어왔으며, 문화적 복합체로서의 감염병은 종종 엄청난 이차적 피해를 유발했다. 감염병은 소문을 낳았고, 소문은 다시 감염병을 확산시켰다. 물리적 병원체와 정신적 소문의 병립이 낳은 슬픈 인류사다.

인류와 병원균의 오랜 애증의 역사

흔히 감염병의 유행을 과거 사회 혹은 일부 저개발 국가에서나 일어나는 일로 생각한다. 그러나 말라리아와 다제내성결핵, 인간면역결핍바이러스HIV 등으로 매년 수백만 명이 사망하고 있다. 많은 사람은 백신과 항생제의 발견, 위생과 보건, 영양의 혁신을 통해 인류가 전염병에서 해방되었다고 믿기도 한다. 하지만 이는 소위 건강 부국의 착각이다.

이번 코로나19로 이러한 믿음은 와르르 무너졌다. 코로나19가 발생한 지 반년 된 2020년 7월 기준으로 보면 백신은커녕 치료제도 없다. 세계 최고의 의학 수준을 자랑하는 미국, 가장 긴 수명을 자랑하는 일본, 선진 공공보건 체계를 갖추었다는 유럽이 속수무책으로 당하고 있다. 국경 폐쇄와 입국 금지, 학교와 직장의 폐쇄, 이동 제한, 사회적 거리두기 등 역사책에서나 볼 법한 원시적 방법이 다시 등장했다.

"이 무리들이 아마 집을 떠난 채 전염병에 걸린다면 반드시 죽음을 면치 못할 것이다. 그중 내월의 역사에 나가기 위해 올라오는 도중에 있는 선군은 통첩을 내어 돌아가게 하는 것이 어떠할까."

세종 14년의 일이다. 김종서는 이에 대해 "전염병은 여러 사람들이 모인 가운데에서 잘 퍼지는 것입니다. 신 등의 생각이 이에 미치지 못하였는데, 주상의 말씀이 옳습니다"라고 말했다. 성군과 명신의 탁견으로서 사회적 거리 두기의 원조다. 문제는 1432년 어전 회의가 아니라, 2020년 대한민국의 관계 장관 회의에서도 똑같은 수준의 대책이 반복되고 있다는 것이다.

사실 뾰족한 수가 없다. 세종대왕은 1434년 "널리 의방醫方을 초抄하여 내려보내어 경중京中과 외방의 집집마다 주지周知시키도록", 즉 치료법을 널리 알리라고 명했다. 1437년에는 "금년 각 고을 여염에 염병이 성한가 아닌가, 그리고 백성이 서로 전염되어 죽는 형상과 금년에 병든 사람의 수효가 지난해와 비교해 어느 해가 더 많은가를 대략 계산해 아뢰도록" 명하는 동시에 감염병 역학조사를 명하기도 했다. 하지만 별로 효과가 없었을 것이다. 당시에는 감염병의 원인이 미생물이라는 사실을 몰랐고, 백신이나 치료제도 없었기 때문이다. 19세기에 들어서야 백신이 개발되었고, 제2차 세계대전 무렵에서야 최초의 쓸 만한 항생제인 페니실린이 보급되기 시작했다. 긴 인류사에 비하면 정말 최근의 일이다.

결핵과 나병·말라리아 등은 구석기시대부터 인류를 성가시게 했지만, 본격적인 유행은 신석기시대 이후부터다. 인간이 정주 생활을 하며 농경과 목축을 시작한 때다. 첫 번째 이유는 인구 증가, 두 번째 이유는 가축이다. 원래부터 분변과 하수, 쓰레기는 아무렇게나 처리되었다. 고작 몇십 명이 넓은 벌판을 이동하며 살던 때는 아무 문제가 없었다. 그러나 수백 수천 명이 모여 살게 되면서 문제가 커졌다. 쥐와 모기, 파리가 찾아왔다. 고양이와 소, 말, 낙타, 알파카, 돼지, 닭, 오리 등이 동거를 시작했다. 외양간과 마구간, 돼지우리가 생기면서 분변과 하수가 기하급수적으로 늘어났다. 인류와 병원균의 만남이 시작된 것이다. 콜레라, 천연두, 홍역, 볼거리, 인플루엔자, 수두, 말라리아 등 전통적 감염병은 이때 등장했다.

신종 감염병은 막 피어나는 도시국가를 절멸로 이끌기도 했다. 우리의 선조는 더 똑똑하거나 협력적이어서 자손을 남겼다기보다는 어떻게든 감염병을 피하거나 이겨내어 자손을 남긴 것이다. 지금까지 지구상에 살았던 500억 명의 인류 가운데 60% 이상이 감염병에 걸려 천수를 누리지 못했다.

전통적 시대의 감염병 회피 전략

약도 백신도 없는데, 어떻게 선조들은 감염병에서 살아남을 수 있었을까? 인류 최초의 공공보건 대책은 바로 거리 두기였다. 그 역사는 인류가 침팬지와 갈라지기 이전으로 거슬러 올라간다. 침팬지는 불구가 되거나 감염병에 걸린 개체와 거리를 두어 멀리하고, 심지어 때리기도 한다. 병에 걸린 개체의 친족도 같이 괄시를 받는다. 인류의 조상도 예외가 아니었다.

'전통적'인 거리 두기는 크게 두 가지로 나눌 수 있다. 첫째 전략은 환자를 가두는 것이다. 《구약성서》에는 다음과 같은 구절이 나온다. "만일 환부의 털이 희어졌고 환부가 우묵해졌으면 이는 나병의 환부라 제사장은 그 환자를 이레 동안 가두어둘 것이며, 이레 만에 제사장이 그를 진찰할지니 그 환부가 변하지 아니하였으면 제사장이 그를 또 이레 동안 가두어둘 것이며⋯." 이는 곧 확진자 격리의 원조다. 둘째 전략은 반대로 환자를 내쫓는 것이다. "모든 나병 환자와 유출증流出症이 있는 자와 주검으로 부정하게 된 자를 다 진영 밖으로" 내보낸다. 유대인만 이런 방법을 알고 있었을 리 없다. 외국인 추방과 국경 폐쇄, 입국 제한은 인류의 오랜 전통이다.

혐오와 위생, 배제와 방역을 가르는 명확한 기준은 없다. 감염병 예방법에서도 몇몇 질병을 두고 강제 격리와 치료를 하도록 정하고 있다. 그렇다고 국법이 혐오를 조장한다고 말하는 사람은 없다. 감염이 확실한 사람을 격리 치료하면 위생과 방역이고, 괜한 사람을 멀리하면 혐오와 배제다. 질병의 전파 경로와 특성에 관한 연구 그리고 정확하고 빠른 진단이 중요한 것은 이 때문이다.

과거에는 믿음직한 진단검사의학과 의사도, 신뢰할 만한 진단 병리 키트도 없었다. 그렇다면 무슨 수로 감염성 개체를 식별했을까? 먼저 식별의 1단계는 신체적·정신적 특징이다. 피부에 난 모반, 멀리서도 풍기는 악취, 걸음걸이나 자세의 비정상성, 기침과 가래, 출혈과 고름 등의 신체적 특징은 감염 가능성을 시사하는 강력한 증거다. 이에 대해서는 혐오 반응이 즉각 활성화된다. 또 어눌한 말투와 부적절한 행동, 과도한 흥분이나 지나치게 늘어진 태도 등도 마찬가지다. 감염과 전혀 관련 없는 지적장애나 정신장애도 한데 묶여 혐오의 대상이 되었다. 무분별한 성적 접촉도 표적이다. 성 전파성 질환을 옮길 위험이 크기 때문이다. 성적 문란에 대한 혐오 반응은 아마도 감염병 회피 차원에서 생겨났을 것이다.

직접적 혐오보다는 강도가 낮지만, 외집단이나 낯선 문물도 혐오의 대상이 된다. 처음 보는 음식, 외국어를 쓰거나 피부색과 생김새가 다른 개체, 색다른 문화나 관습을 가진 집단에 대한 경계심은 외래 유입 감염병을 막는 전략이다. 같은 집단이라도 하층민이나 소수 집단 등에 대해 비슷한 반응을 보인다. 느닷없이 혐오가 생겨난 것이 아니다. 원시사회에서 낯선 이에게 경계심 없이 다가서고, 처음 본 음식을 꺼리지 않고 먹는 사람은 아무래도 제명에 죽기 어려웠을 것이다.

그래서 일부 진화인류학자들은 내집단 선호와 일부일처제, 계급 간 혐오 등의 제반 현상이 모두 감염병 회피 전략을 드러낸 현상이라고 생각한다. 더 정확하게 말하면 그런 반응을 보이는 개체가 더 높은 적합도, 즉 자식을 많이 낳고 장수했을 것이라고 믿는다. 병원체를 옮길 가능성이 있는 개체에 대한 강력한 혐오 반응은 옳고 그름을 떠나 진화적 적응 반응이었다.

하지만 이런 궁금증이 들 것이다. 혐오 대상이 되는 것의 대부분은 사실 '안전'하지 않느냐는 것이다. 옳은 말이다. 그러나 '오류 관리 이론Error Management Theory'에 따르면 아주 작은 확률이라도 그 위험성이 막대할 때는 회피 반응이 작동한다. 마땅한 치료제가 없던 시절에는 치명적 감염병에 걸리면 태반이 죽었다. 생존해도 불임이 되는 경우가 많았고, 그렇지 않더라도 불구나 기형이 되면 배우자를 찾기 어려웠다. 자칫하면 모든 것을 잃을 수 있는 도박이다. 수백만 년 동안 과도하게 신중한 선조들만 유전자를 남겼고, 과도하게 신중한 무리만 자신의 문화를 유지할 수 있었다. 우리는 바로 그런 이들의 후손이다.

감염병의 '독한' 변종, 소문

인간은 고유한 능력을 하나 가지고 있다. 바로 언어능력이다. 약 20만 년 전에 진화한 언어능력에 힘입어 복잡한 정보를 일대다의 방식으로 빠르게 전달할 수 있었다. 역병이 돈다는 소문의 속도는 분명 감염병의 전파 속도보다 빠르다. 이 과정에서 유언비어가 급속하게 전파된다.

"팔도八道에 전염병이 크게 치성하였다. 민간에 떠도는 거짓말에 '독

한 역신疫神이 내려왔으니 의당 오곡의 잡곡밥을 먹여 물리쳐야 한다'
하여 도성 근처에 떠들썩하게 전파되어 잡곡을 저장한 사람은 많은 이
익을 얻었다. 또 '소를 잡아 고기는 먹고 문에 피를 뿌려 물리쳐야 한다'
는 거짓말이 전해지자, 이에 곳곳에서 소를 잡았기 때문에 소값도 뛰
었다."

1577년《선조실록》의 기록이다. 지금도 크게 다르지 않다. 스페인이
페루의 식민지를 통치하고 있던 17세기경, 말라리아에 걸린 신초나 백
작 부인은 원주민의 처방에 따라 기나나무 껍질을 갈아 먹었다. 유럽
인 최초의 말라리아 치료 사례. 이후 수백 년 동안 금계랍金鷄蠟, 즉
키니네Kinine는 만병통치약으로 알려지면서 온갖 병에 다 쓰였다. 일
부 토닉워터에도 들어간다. 미국 대통령이 먹는다는 하이드록시클로로
퀸Hydroxychloroquine은 키니네와 비슷한 성분을 화학적으로 합성한 것이
다. 코로나바이러스에 대한 효과는 근거가 미약한데도 소문이 크게 퍼
지고 있다. 예방을 위해 토닉워터를 마신다는 사람도 있다. 코로나 맥주
가 위험하다는 말만큼 터무니없지만, 좀처럼 사라지지 않는 풍문이다.

도대체 왜 유언비어는 '박멸'되지 않을까? 코로나19를 일으키는 바이
러스의 재생산값(R0)은 약 1.4~2.5 수준이다. 일부 지역에서는 5에 육
박한다. 1명의 감염자가 보통 1.4~2.5명의 새로운 환자를 만들며, 방역
에 실패하면 5명까지도 새로운 감염자가 생긴다. 재생산값이 1 이하라
면 가만히 두어도 유행은 사라진다. 반대로 홍역처럼 재생산값이 20에
육박하는 경우에는 아예 방역이 불가능하다. 코로나19는 애매하다. 방
역을 잘하면 막을 수 있지만, 자칫하면 유행이 확산되는 미묘한 재생산
값이다. 코로나 딜레마다.

소문의 재생산값은 어떨까? 원시사회에서는 서너 명이었을 것이다.

목청 큰 사람은 좀 더 높았을 것이다. 솔깃한 소문은 2차, 3차 '감염'으로 이어지면 금세 대유행한다. 그런데 문자언어가 발명되면서 정보가 비인간화되었다. 시공간의 한계가 무너진 것이다. 고대 이집트 시대에 만들어진 파피루스의 메시지는 지금도 '감염'되고 있다. 인쇄술에 이은 인터넷 혁명은 사실상 소문의 한계를 완전히 없애버렸다. 이제 사실상 무한대의 사람에게 전파될 수도 있고, 영원히 사라지기도 어렵다.

신종 팬데믹 대처 방법

새로운 감염병의 대유행에 대처하는 방법은 크게 세 가지다. 첫 번째 방법은 백신과 치료제의 개발을 통한 대응이다. 이 마법의 탄환은 모든 상황을 종결시킬 수 있다. 그러나 신종 감염병의 출현은 점점 잦아지는 반면, 치료제 개발은 점점 어려워지고 있다. 인류의 지혜를 믿고 싶지만, 생태계 파괴와 인구 증가, 대량 가축화와 집중 의료 시스템, 세계화 등 여러모로 병원균에게 유리한 전황이다.

두 번째 방법은 재정과 물자, 인력이다. 장기간 전쟁을 치르려면 물자와 인력이 충분해야 한다. 자본주의 경제체제에 알맞은 보건의료 시스템은 위기 상황에서 제대로 작동하지 못한다. 미국이나 일본, 유럽의 선진국조차 쩔쩔매면서 쓰레기봉투를 잘라 방역복을 만들었다. 감염병에 대한 상시적인 비상 계획이 필요하다.

세 번째 방법은 커뮤니케이션이다. 정확한 정보의 신속한 전달이다. 너무 희망적이어도 안 되고, 너무 비관적이어도 곤란하다. 아는 것은 안다고, 모르는 것은 모른다고 솔직하게 공표하는 것이 중요하다. 가용 정보가 적을수록 인간은 원시적 방역체계에 의존한다. 최악의 상황을 가정하고 그에 맞춰 행동하는 것이다. 편견과 혐오, 배제와 비난, 불안과 공포, 추방과 희생양 찾기 등의 원시적 행동반응이 튀어나올 것이다.

"남쪽 지방의 풍속은 와언訛言에 휩쓸려 선동되기 쉬운 탓으로 모두 틀림없이 죽게 된다는 걱정만 품고 있고, 전혀 삶을 즐기려는 마음이 없어서 양심良心을 잃은 관계로 하지 않는 짓이 없습니다. 그리하여 보고 듣기에 경악스러운 일이 한두 가지가 아닙니다."

순조 9년의 기록이다. 인간은 자극적이고 부정적인 정보를 더 잘 받아들이는 경향이 있다. 수백만 년의 진화를 통해 빚어진 어쩔 수 없는 허약한 인간성이다. 올바르고 정돈된 사실은 도무지 확산되지 않는다. 팩트 기반 메시지의 재생산값이 유언비어나 헛소문에 비해 아주 낮다. 팬데믹이 악성 루머 같은 인포데믹infodemic과 만나면 인류가 오랜 희생을 치른 끝에 겨우 다독여온 원시적 불안과 공포가 다시 고개를 쳐들 것이다. 폭력과 추방, 학살과 전쟁 같은 돌이키기 어려운 사회적 갈등과 분쟁이 일어날 것이다.

그래도 희망은 있다. 매스미디어와 소셜 네트워크 서비스SNS, Social Network Service는 집단적 공황을 일으키는 유언비어의 온상이 될 수도 있지만, 정확한 정보를 신속하게 전달하는 매개체가 될 수도 있다. 스페인 독감은 최대 1억 명의 목숨을 앗아갔는데, 3년 만에 세상에서 완전히 사라졌다. 이유는 아직 오리무중이지만, 많은 사람이 '착한' 변종 바이러스가 한몫했다고 믿는다. 치명률이 낮고 재생산값이 높은 변종이 나타나 기존의 치명적 균주를 대체했다는 것이다. 기존의 매스미디어와 온라인 인프라를 잘 활용하기만 하면 건강하고 진실된 메시지가 유언비어를 대체하는 '착한' 소문이 될 수도 있다.

커뮤니케이션 인프라가 우수한 선진국뿐 아니라 국가의 통제력이 약한 저개발 국가에서도 인터넷 기반의 소통 수단은 주효하다. 다양한 보건 관련 국제적 비영리단체의 높은 신뢰성과 SNS를 통한 신속성이 결합하면 감염병 유행으로 인한 지구적 갈등을 최소화할 수 있다. 언론의 노력도 중요하다. 2014년 재난 보도 준칙이 제정되었다. 언론은 재난 관련 정보를 최대한 정확하고 신속하게 보도해야 한다. 중요한 정보는 재난관리 당국이나 관련 기관의 공식 발표에 따르고, 그 진위와 정확성을 최대한 검증해야 한다.

상시적인 신종 감염병 유행은 피할 수 없는 미래다. 그러나 감염병과 같이 찾아오는 불안과 공포, 갈등과 분쟁의 연쇄 고리는 피할 수 있는 미래다. 일찍이 루이 파스퇴르Louis Pasteur와 알렉산더 플레밍Alexander Fleming은 미생물과 백신, 항생제를 발견했다. 인류가 팬데믹 전장에서 승기를 잡은 순간이었다. 이제는 인포데믹이다. 그 원인이 되는 인간 정신의 진화·사회·문화적 요인을 밝히고, 그에 알맞은 '백신과 항생제'를 개발할 때다.

기후변화와
감염병의 관계

━━━━━━━ 코로나19 발병의 근원과 초기 전파 경로는 여전히 논란의 대상이다. 하지만 야생동물 서식지가 파괴될수록 인수공통감염병의 발병 횟수가 증가할 것이라는 데는 과학자들의 의견이 일치한다. 사실 코로나19의 창궐은 새로운 현상이 아니다. 인간의 질병 원인을 규명한 연구에 따르면 알려진 모든 감염병의 61%와 신종 감염병의 75%는 사람과 동물 사이에서 상호 전파되는 병원체에 의한 질병인 인수공통감염병에 속한다.[30] 생물다양성 전문가들은 서식지 훼손과 축소 등 인간의 활동이 코로나19의 직접적 원인이며, 따라서 "코로나19 대유행에 책임이 있는 유일한 종species은 인간"이라고 주장한다. 산림 벌채, 집약적 농업, 광산과 인프라 개발, 야생동물 거래, 무역과 생활양식의 세계화 등으로 동물-인간-생태계 인터페이스interface가 확장되면서 질병 전파의 퍼펙트 스톰perfect storm이 발생하고 있다는 것이다.[31]

바이러스 창궐은
동물-인간 인터페이스의 확장 때문

동식물 서식지의 훼손과 축소가 인수공통감염병이 확산하는 원인이라는 것은 많은 연구 결과를 통해 입증되고 있다. 1970년부터 2019년까지 포유류·조류·설치류·영장류 등의 서식지 변화와 인수공통감염병 출현의 관계를 연구한 논문 267편을 분석한 결과, 인간에 의한 토지이용 변화가 동물의 행동 변화를 일으켜 코로나19와 같은 인수공통감염병의 출현을 초래했다는 것은 명백한 사실이다.[32]

박쥐가 몸에 약 200종이 넘는 바이러스를 지닌 상태로 사는데도 죽지 않는 것은 바이러스가 들어와도 염증을 일으키지 않는 독특한 면역체계와 항체를 보유하고 있기 때문이다. 박쥐는 무리 지어 살고 수명이 최대 50년 이상으로 긴 편이다. 게다가 먼 거리를 이동할 수 있어 바이러스를 주변에 쉽게 퍼뜨릴 수 있다. 박쥐는 오랫동안 깊은 숲속에 살았기 때문에 인간과 접촉할 기회가 많지 않았다. 하지만 최근 50년간 산림 벌채와 도시 난개발로 서식지와 먹이를 구할 곳이 축소되면서 박쥐와 사람의 접촉이 과거와 비교할 수 없을 정도로 늘어났다.

설치류도 마찬가지다. 박쥐만큼 많은 바이러스를 가진 설치류는 대부분 가축과 접촉해 바이러스를 전파한다. 숲을 농지로 개발하면서 가축과 접촉하는 설치류가 많아졌고, 가축을 통해 사람에게까지 바이러스가 전염되고 있다. 코로나19는 물론이고 2003년 중국에서 발생한 사스, 2012년 중동에서 발생한 메르스, 2014년 아프리카에서 발생한 에볼라 바이러스 등이 이런 사례에 속한다.

기후변화도 인수공통감염병의 확산을 부추긴다. 야생동물 가운데 상당수는 빙하의 해빙이나 산불, 홍수와 가뭄 등으로 서식지가 파괴되면서 살던 곳에서 쫓겨나 인간과의 접촉 가능성이 점점 더 커지고 있다. 1998년 말레이시아에서 발생해 수백 명의 목숨을 앗아간 니파바이러스Nipah virus가 대표적이다. 산불과 엘니뇨가 촉발한 대가뭄 탓에 서식지에서 쫓겨난 과일박쥐가 돼지 사육 농장에서 자라고 있던 과일나무에 열린 과일을 먹기 시작하면서 바이러스가 박쥐에게서 돼지에게로 이동했고, 다시 돼지에게서 농민의 몸으로 전파되었다.[33] WHO와 세계동물보건기구World Organization for Animal Health는 오래전부터 "기후변화는 인간의 건강과 인수공통감염병 출현에 영향을 미치는 핵심 요인"이라고 경고해왔다.[34]

코로나19의 역설: 인간이 멈추니 살아나는 자연

코로나19 대유행은 현재진행형이다. 각국이 시행하고 있는 이동 제한 조치에 따라 경제와 사회 활동이 감소하면서 세계는 유례를 찾아보기 힘든 경기침체에 직면하고 있다. 역설적인 것은 많은 생명이 목숨을 잃고 경제적 고통을 겪었던 바로 그 시간이 자연에게는 본래의 모습을 되찾는 회복의 시간이었다는 사실이다. 인적이 뜸해진 스페인 국립공원에서는 보호종으로 지정된 불곰이 150년 만에 모습을 드러냈고, 칠레와 콜롬비아에서는 퓨마·개미핥기·주머니쥐 등이 텅 빈 도심을 활보하는 모습이 목격되기도 했다.

이산화탄소 배출량이 줄어들고 미세먼지가 사라지는 등 지구가 깨끗해졌다는 보고도 잇따르고 있다. 인도 북부 펀자브주 잘란다르 지역에서는 매연으로 보이지 않던 히말라야 설산이 30년 만에 모습을 드러냈고, '세계의 굴뚝'인 중국에서도 춘절 이후인 2020년 2월 대기 질이 크게 개선된 것으로 나타났다. 핀란드 헬싱키에 있는 에너지·청정대기연구센터Centre for Research on Energy and Clean Air가 위성 데이터를 토대로 분석한 결과에 따르면 중국의 산업 활동은 코로나19 사태의 여파로 최대 40%까지 줄었다. 2020년 2월 중국 내 석탄 소비는 최근 4년간 최저치를 기록했으며, 이 기간에 중국의 이산화탄소 배출량은 25% 이상 감소했다.

중국의 대기 질 개선은 우리나라에도 영향을 미친 것으로 분석됐다. 2019년 12월부터 2020년 3월까지 '미세먼지 계절 관리 기간' 동안 미세먼지가 '매우 나쁨(㎥당 51μg 이상)'인 날은 단 이틀에 그쳤다. 중국의 미세먼지 저감 대책과 코로나19의 영향에 따른 중국 이산화탄소 배출량 감소 폭을 가정해 수치 모델링을 수행한 결과, 중국의 대기 질 개선은 미세먼지 계절 관리 기간 동안 국내 초미세먼지 평균 농도를 ㎥당 1.1~2.8μg가량 낮추는 영향이 있었을 것으로 추정된다.[35]

국제에너지기구IEA, International Energy Agency에 따르면 2020년 전 세계 이산화탄소 배출량은 약 306억 톤으로 전년 대비 8% 줄어들 것이다.[36] 이는 2008년 금융위기의 영향보다 약 6배 더 큰 감소 폭으로, 국제사회가 지구의 평균기온 1.5℃ 상승 억제라는 목표를 이루기 위해 매년 달성해야 하는 감축률과 비슷한 수준이다. 코로나19로 전 세계 이산화탄소 하루 배출량이 약 26% 감소해 2006년 수준으로 떨어졌다는 분석도 있다.[37] 2008년 금융위기 때는 미국과 유럽 등이 겪은 경기침체 효과를 중국과 인도의 경제성장이 상쇄한 측면이 있었다. 반면 코로나19는 어떤 국가도 예외 없이 영향을 미치고 있다. 전 세계 에너지 수요는 지난해 대비 약 6%, 에너지 투자 규모는 약 20%(약 4,000억 달러) 감소할 것으로 전망하고 있다.[38] 하지만 이와 같은 투자액 감소가 모든 에너지 부문에 동일한 수준으로 발생하지는 않을 것이다. IEA는 석유·가스 부문에서 투자가 3분의 1가량 감소하고, 전력 부문 투자도 10% 정도 줄어들 것으로 내다봤다.

문제는 온실가스 감축과 대기 질 개선 추세가 일시적일 가능성이 크다는 점이다. IEA가 이산화탄소 배출량 통계를 공식 발표한 1975년 이후 수치가 줄어든 것은 1980년 2차 석유파동, 1992년 구소련 붕괴 그리고 2008년 금융위기 총 세 차례였다. 하지만 세 차례 모두 경기회복 후에는 이산화탄소 배출량이 이전보다 더 빠르게 반등했다. 대기 질 개선 효과도 비슷하다. 중국이 이동 제한 조치를 해제한 후 석탄 소비량은 다시 증가했으며, 이산화질소 등 대기오염물질 농도도 예년 수준을 회복한 것으로 알려졌다. 코로나19 이후 중국 정부는 경제 활성화를 위해 대기오염 규제를 완화하려는 움직임을 보이고 있다.

한편 일부 전문가들은 낙관론을 펴기도 한다. 세계 이산화탄소 배출량은 코로나19 발생 이전인 지난해 이미 정점에 도달했기 때문에 경제가 회복되더라도 과거처럼 배출량의 빠른 증가는 없을 것이라는 주장이다.

코로나19와 기후 위기의 공통점과 차이점

국제사회는 코로나19 대유행을 통해 기후변화로 대규모 홍수, 가뭄, 식량 부족 등이 발생했을 때 세계경제와 정치 안보에 미치게 될 영향을 간접적으로 경험하고 있다. 영국 스털링대학교 경제학부 교수 데이비드 커머포드David Comerford는 비영리매체 〈컨저베이션The Conservation〉의 기고를 통해 코로나19와 기후 위기는 다음의 네 가지 측면에서 닮았다고 주장한다.[39]

① 재난의 확장적 특성: 코로나19가 타인에게 전염될수록 감염률이 가속적으로 증가하는 것처럼 기후 위기 또한 지구온난화를 증폭시키는 되먹임 작용feedback loop에 의해 임계점을 초과할 가능성이 있다.

② 생활양식의 변화 요구: 코로나19와 기후 위기는 생활양식의 근본적 변화를 요구한다는 공통점이 있다. 사회적 거리 두기의 주요 내용인 불필요한 이동 자제와 비대면 활동 권장 등은 탄소를 적게 배출하는 생활양식이기도 하다.

③ 집합적 대응의 불가피성: 개인의 노력만으로는 문제를 해결할 수 없다는 점도 비슷하다. 코로나19와 기후 위기 대응은 사회 구성원들의 집합적인 노력이 함께하지 않는 한 위험을 완화하기 위해 아무것도 달성하지 못한다.

④ 행동의 긴급성 인정: 두 경우 모두 정부가 행동의 긴급성을 인정한다. 대부분의 각국 정부는 코로나19가 확산된 이후 이동 제한 조치를 신속하게 내렸으며, 경제회복을 위한 대규모 재정 투입도 매우 빠르게 결정했다. 2020년 6월 기준 30개국 1,734개의 지방정부가 기후 비상사태를 선포했다.[40]

하지만 두 위기의 차이점도 분명하다. 코로나19는 현재의 위험으로

| 표 3 | 코로나19와 기후 위기의 공통점과 차이점

특성	코로나19	기후 위기
원인	• 바이러스 전파	• 화석연료 이용
위험 인식	• 현재	• 미래
인과관계 인식	• 선형적	• 비선형적
발생 가능성	• 간헐적	• 연속적
파급력	• 제한적	• 무제한적
대응 방식	• 방역과 격리	• 완화와 적응
정부의 행동	• 과감	• 유유부단

인식되는 반면, 기후 위기는 미래의 위험으로 인식된다. 인과관계에 대한 인식도 다르다. 코로나19 발생의 인과관계는 선형적이어서 개인이 사회적 거리 두기를 통해 자신을 보호하고 집단감염을 막을 수 있다고 생각하지만, 기후 위기는 인과관계가 비선형적인 탓에 자동차를 타지 않고 전기를 아끼는 행동이 곧바로 위험을 완화하거나 늦추는 결과로 나타나지 않는다. 위험의 양대 요소인 발생 가능성과 파급력도 다르다. 코로나19 대유행은 언젠가는 종식될 것이고 비슷한 유형의 재난은 간헐적으로 발생할 것이지만, 기후 위기는 연속적이며 일상적이다.

더욱이 코로나19의 파급력은 광범위하지만, 기후 위기보다는 제한적이다. 가장 큰 타격을 받은 항공, 카지노, 레저 시설, 자동차 부품·장비, 석유 및 가스 추출 부문과 달리 보험과 의료 부문은 코로나19의 영향이 거의 없었다.[41] 또 미국, 유럽, 남미 등지에서는 감염 확진자가 속출했지만 키리바시공화국, 마셜제도, 미크로네시아, 사모아, 솔로몬제도, 통가,

투르크메니스탄, 투발루, 바누아투 등지에서는 코로나19 감염 사례가 단 한 건도 발견되지 않았다.[42] 반면 기후 위기의 파급력은 모든 부문과 지역에 미치므로 무제한적이다.

대응 방식에서도 코로나19와 기후 위기는 대비된다. 코로나19 대응이 방역과 격리 중심이라면, 기후 위기 대응은 온실가스 배출량 감소와 기후변화로 인한 피해를 줄이기 위한 적응에 기초하고 있다. 코로나19의 경우 각국 정부들은 이동 제한 조치와 재정 투입을 과감하게 추진했다. 반면 기후 위기는 30개국 1,734개의 지방정부가 기후 비상사태를 선포했지만, 주요 온실가스 배출국들은 소극적인 태도를 보이거나 '신기후체제' 이행을 위한 파리기후변화협약에서 탈퇴하는 등 우유부단한 모습을 보이고 있다.

분명한 사실은 기후변화 시대에 코로나19와 같은 감염병 대유행은 '뉴노멀'이 될 가능성이 크다는 것이다. 기후변화의 가속화는 생태계 파괴에 따른 인간과 동물 인터페이스의 증가를 초래해 코로나19와 같은 신종 바이러스의 발생과 확산을 촉진할 것이다. 우리의 인식이 왜곡된 탓에 코로나19가 기후변화보다 더 위협적으로 보인다. 하지만 전 지구적·문명사적 관점에서 진실은 그 반대다.

포스트 코로나 시대와 기후 위기 대응

코로나19 대유행의 경우 미국을 비롯한 주요 국가들이 각자도생 방식을 택하면서 개발도상국들은 정치·사회·경제적으로 더욱 심각한 위기에 직면했다. 하지만 코로나19와 기후변화 대응은 개별 국가의 노력만으로는 한계가 있으며, 다자주의 체제를 기반으로 이루어질 수밖에 없다. 간과할 수 없는 것은 코로나19가 기후변화와 밀접한 관계 속에서 발생했고, 기후변화와 대기오염으로 이미 취약해진 사람들의 건강 피해를 가중시켰다는 사실이다. 대기오염물질에 장기간 노출될수록 코로나19로 인한 사망률이 증가한다는 최근 연구 결과는 건강 위협의 증폭에 따른 복합 위기의 가능성을 시사하고 있다.[43]

흑사병이 국가의 힘을 강화하고 거대 기업에 의한 시장 지배를 가속화했듯이 코로나19 역시 장기적으로 소수 기업에 자산을 집중시키고 많은 영역에서 국가의 개입을 허용하게 될 것이다.[44] 코로나19 이후 국가권력은 제2차 세계대전 이래 가장 강력한 방식으로 행사되고 있으며, 대중의 광범위한 지지를 얻고 있다. 거대 기업들은 단기적으로는 손실을 입었지만, 장기적으로는 타격을 받은 소규모 기업들을 대체하면서 시장점유율을 높여나갈 것으로 예측된다.

따라서 기후 위기를 극복하는 관건은 강력한 힘을 가진 국가와 기업이 화석연료에 기반한 경제를 얼마나 신속하게 탄소 중립 경제로 전환할 수 있느냐에 달려 있다. 코로나19 대유행은 현상 유지business-as-usual 경제 모델의 종말을 의미하며, 초연결 사회의 위험과 가능성을 더 깊이 이해할 기회를 제공했다. 또한 주요국 정부들이 위기 상황에서 얼마나 신속하고 결연하게 대처할 수 있는지 드러냈다. 재정적 이유로 불가능하던 모든 것이 이번에는 가능했다는 점에 주목해야 한다. 지금까지 주요국들은 기후변화의 임계점이 다가오고 있다는 경고에도 불구하고 기후 위기를 막기 위한 재정투자에 소극적이었다. 하지만 코로나19 대응 과정에서는 마이너스 경제성장을 감수하면서까지 전시 상황과 같은 강력한 이동 제한과 봉쇄 조치가 이루어졌다.

하지만 코로나19 위기로 글로벌 공급망의 취약성이 드러나면서 보호무역주의 기조가 확대되고, 각국 정부가 국내 문제 해결에 치중함에 따라 기후 위기 대응에 필요한 국제적 공조와 협력에 소극적일 수 있다는 우려도 존재한다.[45] 경기부양의 긴급성이 강조되면서 화석연료 이용을 확대하거나 재정 부담으로 재생에너지, 전기차 등에 대한 투자가 오히려 약화할 수 있다는 것이다. 코로나19 대응 행동에서 경제, 교통, 에너지 시스템의 구조적 변화가 없었던 만큼 온실가스 배출량 감소는 일시적이거나 단기적인 현상일 가능성이 크다. 향후 수십 년간의 탄소 배출 추이는 포스트 코로나 국면의 경제회복이 어떤 경로로 추진되느냐에 따라 결정될 것이다.

그런 점에서 경제·산업 시스템의 대전환에 방점을 두고 추진하고 있는 유럽연합EU, European Union의 그린 딜과 일자리 창출, 사회적 불평등 해소를 강조하는 미국 민주당의 그린 뉴딜에 관심이 쏠리는 것은 당연한 일이다. 우리나라에서도 디지털 뉴딜과 그린 뉴딜을 두 축으로 하는 한국형 뉴딜을 추진하고 있다. 그린 뉴딜은 대규모 재정투자와 사회적 역량 동원을 통해 탈탄소 사회로의 전환을 촉진하기 위한 전략이다. 그린 뉴딜이 성공하려면 경제의 탈탄소화와 고용구조 개선을 통한 사회경제 체제의 전환을 목표로 설정하고 '2050년 장기 저탄소 발전 전략'과 연계해 추진 동력을 중장기적으로 확보해야 할 것이다.

2

코로나19가 앞당긴
대전환의 시대

KAIST Future Strategy 2021

\+

\+

\+

\+

\+

\+

\+

2021년 V자형 반등을 이룰 것인가

2020년 경제에 예상치 못한 일이 나타났다. 팬데믹이라는 변수가 등장한 것이다. 1948년 WHO가 설립된 이래로 팬데믹을 선언한 것은 1968년 홍콩 독감, 2009년 신종플루에 이어 코로나19가 세 번째다. 코로나19 사태 장기전에 대한 준비와 대응책 마련이 시급한 상황이다. 바이러스 쇼크는 그 자체로 감염병 대응 비상을 부르지만, 나아가 확산 억제 정책에 따른 불황과 경제 쇼크뿐 아니라 기업과 소비자의 마음을 얼어붙게 함으로써 심리 쇼크까지 동반하고 있다. 질병 확산을 막기 위한 세계 각국의 봉쇄 정책으로 사람과 물품의 이동이 막혔고, 복잡하게 얽힌 글로벌 가치사슬에 균열이 생겼다. 특정 지역이나 국가가 아니라 전 세계가 동시에 똑같은 악몽을 꾸는 점에서 세계대전에 비유할 만한 상황이다. 현시점에서 확실한 것은 미래 불확실성이 더 커졌다는 사실이다. 코로나19가 경제에 어떤 영향을 미치고, 향후 경제가 어떤 상황으로 흘러갈지를 살펴보는 것은 불확실성을 헤쳐나가는 첫 번째 준비가 될 것이다.

2021년 세계경제 전망

2019년에는 다양한 악재로 세계경제가 상당히 불확실했다. 무엇보다 미중 무역 전쟁 격화가 세계경제를 위협했고, 일본의 수출 규제로 한일 간에 무역 전쟁이 벌어졌다. 여기에 홍콩의 우산 시위가 긴장감을 고조시키는 한편, 영국이 브렉시트Brexit를 강행해 많은 기업이 영국에서 이탈했다.

2020년에 들어서며 완만한 회복세를 보이던 세계경제에 팬데믹 충격이 가해졌다. OECD는 코로나19 사태가 세계경제에 상당한 충격을 줄 것으로 전망하며 성장률 전망치를 마이너스로 수정한 바 있다. 국제결제은행BIS도 미국과 유럽 등의 주요 지역별 경제 충격을 분석한 결과 주요국들의 마이너스 성장이 불가피함을 밝혔다.[46]

그러나 OECD는 2021년 경제성장률 전망을 큰 폭으로 상향 조정했다. 코로나19가 2020년 세계경제에 충격을 주었지만, 2021년에는 뚜렷한 반등이 있을 것이라는 전망이다. 2020년에 위축된 기저효과base effect만 반영되어도 소비, 투자, 수출은 2021년에 극적으로 반등할 것으로 내다봤다. 산업 일선에서 2020년 한 해 동안 미룬 연구개발, 제품 출시, 해외 전시, 홍보, 수출 계약 등이 2021년에 본격화되면 역동하는 경제가 펼쳐질 것이다.

세계은행, OECD, BIS 등의 세계 주요 경제기구도 같은 기조를 유지하고 있다. 2020년에 저점을 형성하고 2021년에 반등한다는 것이다. 눈여겨 볼 것은 세계 경제성장률은 반등하지만, 선진국과 신흥 개발도상국(이하 '신흥국')이 다른 기조를 보일 것으로 예측된다는 점이다. 선진국은 2021년에도 회복세가 상대적으로 미진해서 2019년 수준으로 돌아가지 못하지만, 신흥국은 2021년에 뚜렷한 성장세를 보일 것으로 전망한다.

국제통화기금IMF, International Monetary Fund도 2021년 세계경제가 뚜렷한 회복세를 보일 것으로 내다봤다. 2020년 1월 IMF는 '세계경제 전망 보고서'에서 2019년 경제성장률인 2.9%를 근래에 가장 저점으로 보고 2020년에는 3.3%, 2021년에는 3.4%로 반등할 것으로 예측한 바 있다. 그러나 코로나19가 발생한 이후인 2020년 4월에 −3.0% 수준의 경제위기가 도래하고, 2021년에 5.8%로 반등할 것으로 수정 및 예측했다.

| 그림 2 | IMF의 2020년과 2021년 세계경제 전망

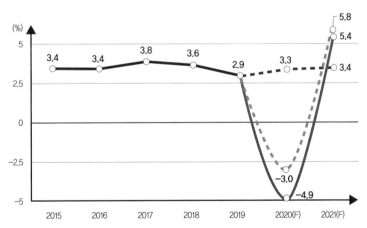

• 자료: IMF, 〈World Economic Outlook〉, 2020.
• 2020년 1월과 4월 기준 전망은 점선, 2020년 6월 전망은 실선으로 표시함.

6월에는 세계 경제성장률 전망치를 더 낮춰 2020년 −4.9%, 2021년 5.4%로 조정해 발표하기도 했다.

2020년 경제성장률은 1930년대 대공황 이후 가장 충격적인 수치다. 1980년대 이후 마이너스 성장을 한 것은 글로벌 금융위기의 충격으로 2009년 −0.07%를 기록한 이후 처음이다. 단, 이러한 전망은 코로나19 사태가 2020년 하반기에 끝나면서 세계 각국이 점진적으로 방역 조치를 해제해나갈 것으로 가정했을 때의 일이다. 만일 2021년에도 코로나19가 종식되지 않고 제2, 제3의 파동을 일으킨다면 추가적인 경제 충격은 불가피하다.

코로나19 이후의 경제 트렌드

우선 미중 무역 전쟁의 불확실성이 다시 높아질 것으로 보인다. 2018년 본격화돼 세계경제를 불안에 떨게 만든 미중 무역 전쟁은 2020년까지 이어지면서 잠시 완화되는 듯했다. 2020년 1월 미중 1차 무역 협상이 그러한 흐름을 방증한다. 그런데 미국은 코로나19의 충격을 받은 데다 정치적 차원에서 중국과의 관계가 더욱 복잡해지고 있다. 특히 중국은 홍콩 국가보안법을 제정하고 미국은 홍콩의 특별 지위를 박탈하여 거센 후폭풍이 불고 있다. 이에 따라 세제 부담과 물류비용 등에서 직간접적 피해를 받지 않으려는 기업들의 홍콩 이탈이 본격화될 것으로 보인다. 지금까지는 홍콩을 경유하는 것이 중국에 직접 수출하는 것보다 유리했지만, 이제 기업들의 수출 전선에 차질이 생긴 것이다.

둘째, 글로벌 가치사슬GVC, Global Value Chain상의 변화가 가속화될 것으로 보인다. 보호무역주의가 팽배해지고 미국을 비롯한 주요국들이 리쇼어링 정책을 추진함에 따라 제조업 회귀 현상이 나타나고 있다. 세계적으로 해외 직접투자 유입액Foreign Direct Investment Inflow은 2015년 2만 338억 달러 규모를 기록한 이래 급속도로 감소하면서 2018년에는 1만 2,972억 달러를 기록했다. 2020년 국내 주력 산업은 코로나19 사태로 주요 부품 공급에 차질을 빚은 바 있다. 코로나19 사태는 GVC상의 일부 부문을 자국에 집중시킬 것으로 보인다. 한국 정부도 리쇼어링 지원 정책(유턴 기업 지원 정책)을 이행하고 있다. GVC가 약화되는 구조적 변화가 나타나는 모습이다.

셋째, 언택트 서비스에 대한 의존도가 높아질 전망이다. 사회적 거리 두기가 보편화됨에 따라 온라인 쇼핑과 게임 서비스 수요가 급증했다. 과거 비대면 서비스는 젊은 층의 전유물로 여겨졌지만, 지금은 '반강제적'으로 소비자 전체로 확산했다. 온라인 쇼핑이 급증하면서 지급결제 서비스가 고도화되고, 온라인 교육과 화상회의가 도입되면서 줌Zoom과 같은 플랫폼의 사용자가 급증했다. 공적 마스크의 실시간 재고를 확인할 수 있는 모바일 앱 사용자도 크게 늘었다. 온라인 플랫폼 이용 과정에서 편리성과 유용성을 경험한 사용자들은 코로나19 사태 이후에도 지속적으로 이용할 가능성이 커진 것이다.

2021년 한국경제 전망

코로나19라는 예측하지 못한 변수가 등장했기 때문에 코로나19 확산세에 대한 가정에 기초해 경제를 전망할 수밖에 없다. 시나리오 1은 가장 낙관적인 시나리오다. 2020년 하반기로 갈수록 안정될 것을 전제로 한다. 2019년 한국 경제성장률은 2.0%를 기록하고, 근래 들어 최저점을 기록했다. 2020년 한국경제는 −1.1%의 경제성장률을 기록할 것으로 전망된다. 코로나19 외의 잠재적 위험이 사라지면 2021년에는 잠재성장률 수준으로 회귀할 것으로 예측된다.

시나리오 2는 코로나19 사태가 하반기 중에 정점을 찍고 2020년 내에 안정되는 경우다. 팬데믹에 대한 IMF의 기본 전제도 이와 같다. 이경우 글로벌 소비와 투자의 침체 기조가 계속되어 기업들의 실적에 상당한 조정이 생길 것으로 보인다. 2020년 한국 경제성장률은 −2.1% 수준에 그칠 것으로 전망된다. 경기부양책의 효과가 하반기에 나타나고, 이른바 '보복적 투자', '보복적 소비'가 일어날 것이다. 예를 들어 신제품 출시가 하반기에 쏟아지거나 소비자들이 미뤘던 내구재 소비를 단행하는 것이다. 하반기의 반등으로 상반기의 하락 폭을 어느 정도 상쇄하겠지만 그 효과가 충분하지는 못할 것이다. 2020년에 경제적 충격이 있었던 것만큼 기저효과가 나타나면서 2021년에는 잠재성장률을 상회하는 수준으로 회복될 것이다.

시나리오 3은 코로나19 사태가 2021년에도 이어지는 상황이다. 글로벌 가치사슬상의 여러 부문에서 병목현상이 일어날 것이다. 세계 전역에서 경제활동이 위축되고, 고용을 유지할 수 없는 기업들은 대규모 구조조정에 들어갈 것이다. 신산업 진출과 연구개발 투자도 급격하게 줄어

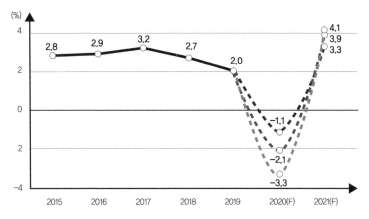

| 그림 3 | 2021년 한국경제 전망

- 자료: 한국은행·한국무역협회.
- 2020년과 2021년 수치는 2020년 7월 기준 필자의 전망치임.

들 것이다. 국가 간의 인적·물적 교류가 차단되다시피 하여 한국의 대외 거래와 내수경기가 동반 침체할 수밖에 없다. 이 경우 2020년 한국 경제 성장률은 −3.3% 수준이 되고 2021년 경제회복은 매우 더디게 진행될 수밖에 없다.

컨틴전시 플랜

이처럼 미래 전망이 불투명한 상황에서는 비상사태를 견뎌내기 위한 컨틴전시 플랜Contingency Plan이 요구된다. 거시적으로는 통화정책과 재정정책이라는 양팔을 걷어붙여야 한다. 가용이 가능한 모든 정책을 총동원해야 하고, 적재적소의 미시 정책이 요구된다. 또 나비효과의 경로를 예의 주시해야 한다. 지역 소상공인의 경우 매출액이 임차료 등의 운영 자금 마련에도 미치지 못해 많은 이가 폐업을 고민하는 단계에 있다. 이들을 위한 긴급 경영안정 자금, 고용유지 지원금 등 특단의 대책이 필요하다. 중국에 중간재를 수출하는 중소기업들에는 다른 판로를 개척할 수 있도록 지원함으로 수출 대상국을 늘려야 한다. 피해가 심각한 산업과 기업을 지원하고, 유출되는 인력을 재배치하는 고용정책도 필요하다.

기업들은 정부의 경기부양책을 활용하는 사업 전략을 모색하거나 미래 전망 시나리오를 검토해 직간접적 피해 수준을 파악하고 대책을 마련해야 한다. 정부도 경기부양을 위한 정책을 늘려갈 것으로 보인다. 통화정책 측면에서는 초저금리를 유지해 기업들이 적극적으로 투자를 단행할 수 있도록 여건을 만들 것이다. 제조업을 활성화하기 위해 유턴 기업 지원 정책에 대한 실효성을 높이고, 유망 산업에 대한 투자를 진흥하도록 산업 보조금을 투입하는 것도 예측해볼 수 있다. 기업들은 정부의 이러한 경기부양책을 활용하는 사업 전략을 찾아야 한다.

미래 전망 시나리오에서도 시사점을 읽어내야 한다. 이를테면 세계 스마트폰 산업의 수요가 10% 정도 감소할 것으로 예측되는데, 이 경우 스마트폰 주요 구성품(디스플레이 등) 및 소프트웨어 생산에도 영향을 미친다. 스마트폰용 반도체 수요도 감소할 것이다. 관련 기업들은 이러한 흐름을 파악해 선제적 준비를 해야 한다. 또 자동차 산업은 수요와 공급의 동시 쇼크가 나타날 것으로 전망되는 상황이다. 소비도 위축되지만, 글로벌 가치사슬 정상화에도 상당한 시간이 걸릴 것으로 보인다. 또한 전반적인 소비 감소 분위기에서 매출을 늘리는 데는 한계가 있겠지만, 화장품을 비롯한 주요 소비재들은 온라인 판매로 그 충격을 얼마나 상쇄할 것인지가 기업 전략의 관건이 될 것이다.

코로나19 상황은 누구도 예측하지 못했고, 미래 전망도 여전히 불확실하다. 코로나19 이전의 경제적 충격과는 그 양상 또한 다르다. 이는 경기회복 패턴도 이전과 다를 것이라는 의미다. 변화하는 상황과 사회 각 부문의 다양한 전망을 주시하면서 경제위기 극복 전략을 짜야 한다. 코로나19가 수그러들지 않거나 다른 신종 감염병이 발생하는 비상 상황에도 대응할 수 있는 시나리오별 전략도 마련해야 한다.

글로벌 가치사슬의
변화

━━━━━━ 2020년대의 세계질서는 불확실성의 소용돌이
에 빨려들고 있다. 무역은 그 소용돌이의 한가운데에 있다. 무역은 기술
혁신과 생산 패러다임의 변화와 연계되어 있을 뿐 아니라 주요국들이
무역을 통해 경제와 안보의 연계를 시도한다는 점에서 대외적 전략 경
쟁이기도 하다. 그런데 무역을 매개로 한 기술·경제·대외 전략 영역의
변화가 동시다발적으로 발생하고, 변화의 움직임이 때로는 상호 역방향
으로 작용하고 있어 불확실성의 깊이를 가늠하기 어렵다. 더군다나 코
로나19는 불확실성을 심화시키는 또 다른 요인이 되었다. 가히 '초불확
실성 시대age of hyper-uncertainty'라고 할 만하다. 향후 세계 무역 질서는
어떠한 방향으로 나아갈 것인가? 초불확실성 시대의 세계 무역 질서에
한국은 어떻게 대응해야 할 것인가?

초불확실성 시대의 세계 무역과
자유주의적 국제질서의 위기

향후 세계 무역 질서의 변화 방향을 살펴보려면 불확실성을 초래한 근본 원인과 2000년대 이후 진행되어온 무역의 구조적 변화를 먼저 짚어봐야 한다. 세계 무역 질서의 불확실성은 자유주의적 국제질서의 위기와 글로벌 가치사슬의 구조적 변화라는 두 가지가 합해진 결과다. 제2차 세계대전 이후 수립된 세계 경제질서는 자유주의적 국제질서를 근간으로 해왔다. 자유주의적 국제질서는 개방성과 다자적 협력 원리를 기반으로 운영되어왔다. 그리고 이를 뒷받침하는 정치적 기반은 미국의 리더십과 미국 중심의 동맹 체제였다. 바로 이 점에서 자유주의적 국제질서는 미국이 주도한 규칙 기반의 질서였다.

미국은 자유주의적 국제질서가 위기에 직면할 때마다 다자 협력을 통해 문제를 해결했다. 2000년대 이후만 보더라도 2004년 인도양 지진과 해일 발생 이후 미국은 2007년 일본, 호주, 인도와 4자 안보 대화 체제를 출범시켰다. 2008년 글로벌 금융위기 국면에서도 미국은 주요 선진국 사이의 거시경제정책 조정·협의를 위한 협의체인 G7을 G20으로 확대 개편해 대응했다. G20은 '지구적 도전에 대한 지구적 대응global responses to global challenges'을 위한 다자 협력의 상징성을 갖게 되었다.

그러나 트럼프 행정부의 등장은 자유주의적 국제질서에 과거와는 질적으로 다른 위기 상황을 초래했다. 자유주의적 국제질서의 설계자인 미국이 미국 우선주의와 보호주의를 강화함에 따라 다른 국가들에 연쇄 반응을 일으켰고, 선진국을 중심으로 보호주의가 확산되었다. 그 결과 전후 경제성장의 견인차 역할을 한 무역 증가율이 정체되었다. 또 미중 무역 전쟁 과정에서 드러나듯이 미국이 다자주의에서 이탈하고 양자적 문제해결 방식을 추구하면서 세계 무역 질서를 혼돈에 빠뜨렸다. 코로나19의 전 세계적 확산이 세계 무역 질서의 위기를 한층 더 심각하게 만들고 있는 것은 두말할 나위도 없다.

한편 글로벌 가치사슬의 구조적 변화는 세계 무역 질서의 불확실성을 획기적으로 높이는 핵심 요인 중 하나다. 세계 무역 질서의 변화를 입체적으로 검토하기 위해서는 세계 무역구조를 전통 무역 네트워크, 단순 글로벌 가치사슬simple GVCs 무역 네트워크, 복합 글로벌 가치사슬complex GVCs 무역 네트워크로 각각 구분할 필요가 있다.

글로벌 가치사슬의 구조적 변화

2000년대 이후 글로벌 가치사슬의 구조적 변화는 계속 진행되었다. 세계 무역은 크게 최종재 중심으로 이뤄지는 전통 무역과 소재·부품 등 중간재 중심으로 이뤄지는 글로벌 가치사슬 무역으로 구분된다.

전통 무역 네트워크의 변화

전통 무역 네트워크에서는 연속성과 변화가 모두 나타난다. 첫째, 연속성의 차원에서 볼 때 전통 무역 네트워크에서 기본적으로 역내 국가들 사이의 무역 네트워크가 유지되고, 지역 간 무역 네트워크는 허브 국가를 중심으로 연결되는 현상이 나타났다. 둘째, 변화의 측면을 보면 아시아 전통 무역 네트워크에서 변화가 두드러졌는데, 2000년대 초반 지역 허브였던 일본을 2017년 이후 중국이 대체했다. 아시아 전통 무역 네트워크가 중국 중심으로 재편된 것이다.

전통 무역 네트워크의 변화가 의미하는 것은 무엇일까? 중국이 일본을 대체, 아시아 무역 네트워크의 허브로 부상하는 것과 아시아 무역 네트워크 및 북미 무역 네트워크가 한 방향으로 연결되는 연속성이 합해진 현상이다. 이는 미중 무역 불균형을 초래해 미중 무역 전쟁을 촉발하는 요인으로 작용했다. 중국이 아시아 무역 네트워크의 허브로 부상하는 과정에서 미중 무역 불균형이 확대되었다. 한편 중국이 아시아 국가들로부터 부품을 수입해 미국으로 완성품을 수출하는 삼각무역 구조가 이어지고 있다는 점에서, 미중 무역 불균형은 미중 양국만의 문제가 아니라 무역 네트워크에 관계된 모든 국가들의 구조적 문제임을 시사한다.

글로벌 가치사슬 무역 네트워크의 변화

글로벌 가치사슬 무역 네트워크에서는 전통 무역 네트워크와 다른 특징이 발견된다. 지역 간 연계가 약해지고 지역 내 집중도와 위계성이 강화되는 것이다. WTO에 따르면 2000년대 초반에는 미국이 전 지구적 차원에서 공급 허브의 역할을 했으나, 2017년부터는 미국과 교역하는 국가의 수가 감소하고 중국이 미국을 부분적으로 대체하는 현상이 나타났다.

이러한 변화가 의미하는 것은 무엇일까? 미중 전략 경쟁은 2018년 3월 미중 무역 전쟁을 계기로 표면화되었으나, 저변에서는 공급사슬이 점진적으로 분리되어온 것이다. 이러한 현상은 위탁 생산 등 단순 조립 생산을 위한 단순 글로벌 가치사슬보다는 가치사슬에 참여하고 있는 국가들 사이에 부품과 모듈의 이동이 빈번하게 이루어지는 복합 글로벌 가치사슬에서 더욱 두드러진다. 다시 말해 미중 공급사슬의 점진적인 분리는 첨단 산업에서 더 빠르게 진행되고 있었다. 무역구조의 변화가 미중 전략 경쟁에 선행하여 발생한 것이다.

한편 중국의 부상은 아시아 지역 글로벌 가치사슬의 수평적 확장과 수직적 위계화를 초래하고 있다. 수평적 확장은 중국 산업구조의 고도화가 진행됨에 따라 중국이 수행하던 생산기지 역할을 아시아의 다른 개발도상국들이 대체하는 것을 의미한다. 다수의 개발도상국이 아시아 지역 글로벌 가치사슬에 참여하면서 지리적 범위가 확대되었다. 수직적 위계화는 복잡성이 증가한 데 따른 것이다. 아시아 지역 글로벌 가치사슬에 참여하는 역내 국가의 수가 증가하면서 1차 허브-2차 허브-3차 허브로 연결되는 수직적 구조가 형성되었다. 정보통신기술ICT 산업을 예로 들면 중국이 아시아 지역의 핵심인 1차 허브의 위치를 차지하고, 한국·일본·대만·말레이시아가 2차 허브를 형성하며, 홍콩·태국·브루나이·라오스·필리핀 등이 3차 허브의 위치를 차지하는 구조를 형성하고 있다.

보호주의와 양자주의의 강화

세계 무역 질서의 변화에 대한 전망을 하기 위해서는 글로벌 가치사슬 무역으로 발생한 국내 정치와 대외 전략의 상호작용에 대해 검토할 필요가 있다. 국내적으로 보호주의가 강화됨에 따라 지역 간 연계가 점차 약해지고, 주요국들이 다자 차원보다는 양자 또는 지역 차원에서 무역 규칙을 수립하는 추세가 강화될 것으로 전망된다. 코로나19의 전 세계적 확산과 이에 대한 주요국들의 대응 전략 역시 가치사슬의 변화를 가속화하는 요인으로 작용할 것이다.

글로벌 가치사슬 무역을 활성화하기 위해 주요국들은 2000년대 이후 자유무역협정FTA 경주에 뛰어든 바 있다. 세계무역기구 차원의 다자무역 협상이 국가 간 무역 장벽을 낮추는 데 우선순위를 둔 반면, FTA 협상은 이른바 국경 내 장벽 철폐 및 완화에 초점을 맞췄다. 더 나아가 미국, 유럽, 일본 등 주요국들은 2010년대 이후 기존 FTA를 통합하는 메가 FTA를 추진했다. 기존 양자 FTA로는 글로벌 가치사슬 무역을 확대하는 데 한계가 있었기 때문에 주요국들은 메가 FTA에 원산지 규정 등을 반영하고자 했다. FTA가 국내 이해관계자들에게 미치는 영향이 클수밖에 없는 이유가 여기에 있다. 선진국 기업들이 핵심 역량을 보유한 가운데 생산공정 대부분을 해외로 이전하면서 선진국 제조업의 공동화가 발생하기 때문이다.

이러한 문제에 대한 해결책은 피해 집단에 대한 보상 체계를 마련하는 국내적 합의와 그에 기초한 제도의 수립에 달려 있다. 문제는 일부 북유럽 국가를 제외한 대다수 선진국에서 피해 집단에 대한 적절하고 효과적인 보상 시스템을 구축하지 못했다는 점이다. 보상 문제에 대한 근본적 해결 없이는 보호주의 강화 추세를 단시간에 되돌리기가 쉽지 않다.

이렇듯 보호주의가 대두한 배경에는 두 가지 요인이 작용했다. 첫째, 제조업 공동화로 고용이 감소하면서 일자리 유지, 더 나아가 일자리 창출에 대한 요구가 국내 산업 보호의 논리로 탈바꿈했다. 미국의 경우 2008년 글로벌 금융위기 이후 감소했던 제조업 생산 규모가 효율성 향상에 힘입어 점차 금융위기 이전의 생산 수준을 회복했으나, 고용 규모는 여전히 위기 이전 수준을 회복하지 못했다. '트럼프주의Trumpism' 등장의 국내 정치적 배경이다. 경제적 양극화가 해소되지 않자 문제의 원인을 외부로 전가할 수 있는 정치적 편의성이 작용했다. 트럼프 대통령이 중국을 상대로 무역 전쟁을 벌인 것은 중국과의 경제 교류가 미국 내에 피해 집단을 양산했다는 대중적 감성과 그에 따른 우려와 관련이 있다.

상호 의존의 무기화

미중 무역 전쟁이 진행되는 과정에서 나타났듯이 주요국들이 상호 의존을 무기화하는 현상이 대두하고 있다. '상호 의존의 무기화weaponization of interdependence'에는 두 가지 유형이 있다. 첫 번째 유형은 비대칭적 상호 의존을 활용한 공세적 압박이다. 미국과 중국은 관세와 보복 관세의 부과뿐 아니라 직접적 무역 제한을 과감하게 실행에 옮겼다. 트럼프 행정부는 중국산 수입품에 대한 고율의 관세 부과와 수입 제한을 전가의 보도처럼 휘둘렀는데, 이는 양국 사이의 무역 불균형이 존재하기 때문에 가능하다. 미국의 대중 무역 적자로 인해 트럼프 행정부는 양국 간 비대칭적 상호 의존을 무기로 중국을 압박할 수 있었다. 트럼프 행정부의 목표대로 무역 불균형이 해소될 경우 비대칭적 상호 의존 역시 해소되어 미국이 중국을 압박할 수 있는 지렛대를 상실하게 된다.

두 번째 유형은 글로벌 가치사슬 내에서 허브의 위치를 활용한 압박이다. 미국 기업들은 ICT 산업 무역 네트워크에서 주요 부품과 운영체제의 경쟁력에 기반을 둔 허브의 위치를 확보하고 있다. 화웨이에 대한 거래 제한은 네트워크 내의 위치를 활용한 압박 전략이다. 비대칭적 상호 의존을 활용하는 전략이 상대국에 타격을 가하는 동시에 자국의 피해도 불가피하다면, 네트워크 내의 위치를 활용한 전략은 압박 효과를 극대화하면서도 자국의 피해를 최소화할 수 있다.

글로벌 가치사슬에 대한 인식의 변화

보호주의의 강화와 상호 의존의 무기화는 향후 세계 무역 질서에 어떤 영향을 초래할 것인가? 미중 패권 경쟁의 장기화 가능성을 고려할 때 미국과 중국은 상호 의존을 높이기보다 적절한 수준에서 관리하는 '관리된 상호 의존managed interdependence' 전략을 추구할 것으로 예상된다. 이 과정에서 미국과 중국은 공급사슬의 연계를 점진적으로 줄여나갈 것으로 전망된다. 코로나19로 글로벌 가치사슬의 취약성을 재인식하게된 미중 양국은 공급사슬의 재편을 가속화할 것이다.

코로나19 이전에는 공급사슬의 재편이 미중 패권 경쟁을 수행하기 위한 국가 전략 차원에서 주로 검토되었다면, 코로나19는 글로벌 가치사슬에 대한 일반 대중의 인식을 바꾸었다. 생필품은 물론 마스크·진단 키트·방호복·인공호흡기 등 필수 의료 장비가 해외에서 생산되고 있음을 인식하도록 했고, 생필품·의약품·의료 장비를 아웃소싱하는 것은 매우 위험한 선택일 수 있음을 절감하게 했다. 코로나19 이전 글로벌 가치사슬이 효율성을 극대화하기 위한 것이었다면, 코로나19는 그 취약성을 명확하게 드러냈다. 코로나19 이후 글로벌 가치사슬은 효율성과 안정성을 모두 확보해야 하는 새로운 도전에 직면했다.

코로나19는 향후 두 가지 차원에서 글로벌 가치사슬의 재편을 촉진할 것으로 보인다. 미중 전략 경쟁으로 촉발된 보호주의의 강화, 상호 의존의 무기화와 결합해 거리 축소와 특정국 의존도를 낮춰 취약성을 보완하려는, 글로벌 가치사슬의 다변화로 이어질 것이다. 나아가 다자주의의 위기를 지속시키는 요인으로 작용할 가능성이 있다. 다자무역 자유화의 장으로서 WTO의 역할이 줄어들 것으로 보인다. 다자주의의 위기라고 할 수 있다.

한국의 대응 전략

글로벌 가치사슬의 변화와 관련해 기업 차원과 국가 차원의 대응 전략을 상호 보완적으로 수립해야 한다. 정부는 기업들이 '공급사슬 4.0 Supply Chain 4.0'을 신속하게 형성할 수 있도록 지원책을 제공해야 한다. 공급사슬 4.0은 디자인-기획-생산-배송-소비에 이르는 단계를 전반적으로 재조직화하는 것이다. 특히 공급사슬의 취약성을 완화하기 위해 선형 모델에서 통합된 모델을 구성하는 것을 말한다. 정부는 '취약성을 보완한 공급사슬'의 구축이 국가 전략의 일환임을 인식하고 다양한 지원책을 모색해야 한다.

둘째, 국가 전략 차원에서 다변화를 추구해야 한다. 한국은 이미 중국의 경제 제재와 일본의 수출 제한 조치 등 경제와 안보 연계를 직접 경험한 바 있다. 더욱이 코로나19는 한 국가에 대한 과도한 의존이 구조적 취약성을 초래함을 다시 한번 인식하는 계기가 되었다. 생산기지의 다변화 전략을 통한 취약성 관리가 필요하다.

셋째, 한국은 다자주의의 동력을 회복하기 위한 리더십을 발휘해야 한다. 미중 양국은 세계 무역 질서가 변화하는 상황에서 필요한 리더십을 행사하지 못하고 있다. 미중 양국의 리더십 부재는 코로나19를 계기로 더욱 명확해졌다. 미국은 지구적 대응을 선도하는 데 의지를 보이지 않고 있으며, 중국은 의지는 갖고 있으나 리더십 행사에 필요한 소프트 파워를 갖고 있지 못하다. 코로나19 대응 과정에서 보여주었듯이 한국은 개방성과 투명성을 바탕으로 다자주의의 동력을 되살리는 데 리더십을 발휘하는 중견국 외교를 펼쳐나가야 한다. 이를 위해 세계 무역 질서의 리더십 공백을 우려하는 다른 국가들과 협력하는 것도 중요하다.

비대면 시대,
가상이 현실이 된다

━━━━━━ 신종 감염병은 언제, 어디서 발생할지 예측하기 어렵다. 환경의 변화에 따라 끊임없이 유전자 변형을 일으키므로 신속한 대응과 백신 개발에 어려움이 따를 수밖에 없다. 따라서 초기 단계에 방역에 실패해 지역사회로 확산되면 보건 분야의 1차 피해를 넘어 경제와 사회문화 활동 전반을 마비시키는 2차 피해로 이어지게 된다. 실제 코로나19가 유발한 피해 규모와 국민이 느꼈던 심리적 공포감은 최근 발생한 그 어떤 신종 감염병과도 비교할 수 없을 만큼 크다.

한편 우리 사회가 현재의 위기를 흡수하고 극복하는 과정에서 나타나는 사회적 트렌드의 격변은 혁신의 돌파구를 더 빨리 열어주는 기회가 될 수도 있다. 코로나19 이전에는 좀처럼 일상에 수용되지 못했던 기술들에 주목하고 새로운 근무 방식과 교육 방식에도 관심을 쏟기 시작했기 때문이다. 코로나19가 디지털 전환의 기폭제가 되고 있는 것이다. 대표적인 것이 대면하지 않아도 되는 언택트 기술 기반의 변화들이다.

코로나19는 새로운 사회 혁신의 돌파구가 될 것인가?

팬데믹과 같은 외부 충격이 가해지면 사회경제 시스템의 기능은 일시적으로 단절이 발생하면서 크게 저하된다. 백신 공급과 바이러스 정보가 부족한 상태에서 정부와 사회 구성원들은 감염 확산을 늦추는 것을 목표로 최악의 정점이 지나가기만을 기다릴 수밖에 없다. 현재 코로나19 사태가 가져주는 엄청난 충격은 국가적 도전 과제다. 만약 상황이 개선되고 백신이 보급되어 사회 구성원들의 면역 수준이 높아지면 사회

| 그림 4 | 쇼크 전파에 따른 사회·경제적 기능 저하와 회복

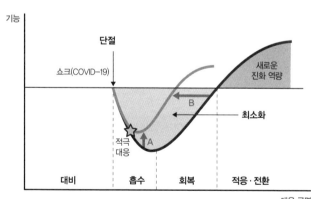

• 자료: 박병원, 〈와일드카드의 일상화: 미래 재난 대비와 대응, 무엇이 필요한가〉, 《Future Horizon+》 45호, 8쪽을 토대로 재구성

| 그림 5 | 코로나19가 촉발한 사회적 혁신 장벽의 돌파구

경제 시스템을 안정적으로 관리할 수 있는 회복 단계에 접어들 것이다. 시스템이 완전히 기능을 회복한 이후에는 대응력이 뛰어난 사회로 한 차원 도약하기 위해 혁신적 조치를 취할 수도 있을 것이다.

하지만 신기술이 널리 도입되고 사회적 변환의 기폭제로 기능하기 위해서는 기존 시스템이 지닌 제약들을 극복해야 한다. 새로운 기술의 가능성을 이론적으로 입증하기 위한 '지식의 장벽', 이를 실제로 구현하기 위한 '기술적 장벽', 시장에 내놓을 만한 생산 효율과 가격 경쟁력을 갖추기 위한 '경제적 장벽', 마지막으로 사회적 거부감 해소와 통념을 극복하기 위한 '사회문화적 장벽'이 시스템의 혁신을 가로막는 장애물이라 할 수 있다. 그런데 코로나19가 촉발한 충격은 그 대응 과정에서 사회문화적 장벽에 가로막혀 있던 4차 산업혁명 기술들을 일상의 영역으로 끌어내고 있다.

원격의료의 필요성

　의료 소비자, 즉 환자의 상당수는 원격의료의 필요성을 공감한다. 지난 2018년 한국소비자원의 발표에 따르면 82.6%의 환자가 원격의료 이용 의향이 있다. 그러나 수많은 이해관계자의 갈등과 안전 문제 등으로 도입되지 못했다. 이런 가운데 코로나19 환자 수 폭증과 감염 우려에 따라 그간 복잡한 규제에 묶여 지지부진했던 원격의료 도입이 급물살을 타고 있다. 감염자가 폭증한 지역을 중심으로 병원급 의료기관과 환자들은 이미 '제한 없는' 원격의료를 먼저 경험하기도 했다. 원격의료의 도입은 코로나19 이후의 새로운 의료 문화와 긴밀하게 맞닿아 있다. 종합병원 같은 대규모 치료·요양 시설의 의료진이 감염될 경우 지역사회 감염의 기폭제가 될 수 있으며, 이는 중증 환자 돌봄과 의료 인력 보호는 방역에서 핵심 사안이기 때문이다.

　원격의료가 도입될 경우 시급한 감염병 방역 체계에 우선 집중되겠지만, 이내 다양한 의료 분야에도 적용될 것이다. AI가 진단하고 모니터하는 디지털 전환이 가속화되면 다양한 비대면 의료 서비스가 생겨날 것으로 전망된다. 대화형 챗봇, 대용량 전송·통신 등의 발달로 의료 빅데이터를 분석해 개인 건강 상태를 상담해주거나 질병을 진단해주는 소프트웨어가 고도화되고 있다. 이를 통해 실시간 건강·생활 정보 수집과 분석으로 개인에게 맞춤화된 위험 상황 대비 또한 가능해질 것이다. 이는 의료 패러다임이 사후 진료에서 예방 관리 중심으로 이동하는 것을 의미한다.

비대면 이동·유통 체계의 혁신

언택트 트렌드는 이동·유통 시스템에도 급격한 영향을 미칠 것으로 보인다. 일시적으로 자가용 등 개인 교통수단 이용이 증가하고 있지만, 향후에는 에너지 효율과 경제성을 고려할 때 초소형 이동 수단micro mobility과 비대면 자율주행차에 대한 수요 증가가 예상된다. 이러한 수요는 지금껏 안전과 AI의 윤리적 판단 이슈, 사고 책임 소재의 문제 등으로 막혀 있었던 무인 자율주행 시스템 도입에도 전환점이 될 가능성이 있다.

글로벌 리서치 기관 IHS마킷IHS Markit은 앞으로 20년 이후에는 연간 3,300만 대의 자율주행차가 출시될 것으로 전망했다. 이는 2040년에 출시되는 전체 자동차 예상 대수의 3분의 1에 해당한다. 지금껏 자율주행차가 확산되는 데 가장 큰 장애물이었던 기술적·제도적 난제뿐만 아니라 사회적 수용성의 문제 역시 코로나19 사태를 지나며 해결될 것으로 보인다. 이유는 단순하다. AI의 판단에 몸을 맡겨 이동하게 되는 낯선 경험이 주는 거부감보다 대면 환경이 주는 감염의 공포가 더 크기 때문이다. 자동화·최적화된 유통망을 통한 비대면·비접촉 물류 서비스 또한 증가할 것이다. 실시간 통제가 가능한 교통·물류 제어 체계의 진화도 무인 자율 시스템의 혁신을 앞당기고 있다.

코로나19 발생 이후 비대면 쇼핑이 늘어나고 대중교통 이용을 꺼리면서 온라인 쇼핑이나 O2O 서비스로의 전환이 급격하게 이뤄지고 있다. 향후 5G를 토대로 자율주행 운반 카트와 관제 시스템 등이 도입되겠지만, 도로와 산업 현장의 물류 운반 영역에만 그치지 않고 찾아가는 병원·도서관과 같은 다양한 시설에도 적용될 것이다.

| 표 4 | 코로나19 이후 예상되는 교통 · 물류 분야의 혁신 기술

주요 기술	서비스 형태
무인 자율주행 교통수단		• 감염 의심 대상자의 공항 · 자택 · 병원 간 연결 혹은 주요 거점을 연결하는 도심 특화형 무인 자율주행 서비스 • 실시간 모니터링 자율주행, 자동 방역 기술 등
개인 맞춤형 라스트마일 모빌리티		• 초소형 전기차, 전기 자전거, 전동 킥보드 등(버스나 전철 등 대중교통으로 도착 후 마지막 목적지까지 이동)
자율주행 배송 로봇 및 시스템 연계 기술		• 생활 물류 배송에서 배송 기사와 협업할 수 있는 배송용 자율주행 택배 로봇 기술 (드론 배송, 무인 배송 차량 등도 검토) • 자율주행, 로봇공학, 경로 계획 최적화 데이터 분석

• 자료: 과학기술정보통신부, 〈Post – 코로나19 과학기술 전략 방향〉(안), 2020.

　언택트 기술의 도입은 유형 상품의 거래뿐만 아니라 무형 서비스의 거래에도 영향을 미칠 것으로 전망된다. 전통적 인프라 운영 체계와 인력 재편 같은 조정 이슈를 잘 풀어간다면 장기적으로는 이동과 거래 방식 전반에서 또 다른 혁신의 씨앗을 낳을 것이다.

안전한 '저밀도 공간'의 필요성

코로나19 사태는 일상의 공간에 대한 통념도 바꾸고 있다. 그간 사람들이 대도시로 몰렸던 이유는 명확했다. 일터와 교육, 의료, 쇼핑, 오락 등 생활에 필요한 기능이 집중되어 편리했기 때문이다. 현대인의 생활 터전인 도시는 고밀도 환경에 기초해 효율성을 창출하는 공간이다. 그러나 코로나19 같은 신종 감염병에 대단히 취약하다는 사실이 드러났다. 인구가 밀집한 대도시는 신종 바이러스가 살아남는 데 최적의 환경이라 할 수 있다.

코로나19 사태는 도시의 '고밀'과 '집적'이라는 장점을 포기해야 하는가 같은 질문을 던진다. 코로나19 사태가 종식되면 소비자들은 다시 장바구니를 들고 오프라인 마트로 돌아갈까? 쇼핑뿐 아니라 업무 등 생활방식이 바뀌고 있는 지금, 개인 간의 거리는 점점 더 멀어지고 있다.[47] 그리고 점점 더 익숙해지고 있다. 코로나19 사태가 종식되더라도 과거의 방식으로 돌아가지 않을 수 있다는 얘기다.

이러한 변화는 효율성에 기초한 전통적 도시 개념을 넘어 새로운 관점으로 도시를 재정의할 필요성을 제기한다. 신종 감염병 같은 대형 재난에 효과적으로 대응할 수 있는, 이른바 회복력 중심의 도시 전환urban transformation이 거론되고 있다.[48] 팬데믹을 경험한 세계는 이제 대형 재난 상황에서도 주요 기능을 유지하면서 지속적 발전을 이룩할 수 있는 진화된 도시 모델을 지향할 것이다. 특히 사회 구성원의 비접촉·비대면 생활이 가능한 최소한의 저밀도 공간을 확보하면서도 언제, 어디서나 이동하고 소통할 수 있는 유연성과 연결성을 갖춘 도시환경을 구축할 것이다.[49] 저밀도 환경으로 진화하는 도시 모델은 지금까지 밀집된 서비스 환경을 기본적으로 전제하는 현대의 도시 패러다임에 적잖은 변화를 가져올 전망이다.

'혼합현실'로 도약하는 문화 패러다임

팬데믹 사태로 '소비자가 찾아가는' 관광·스포츠·레저 산업의 기본 전제도 흔들리고 있다. 임시 대안으로 무관중 상태로 스포츠 경기를 진행하거나 영상으로 참여하지만 이러한 트렌드는 새로운 문화 형태로 자리잡을 가능성이 크다. 현장에 가지 않아도 똑같이, 그 이상으로 경험하는 방법에 대한 고민이 이미 시작되었기 때문이다.

인간은 '타자와의 공감'을 지향하는 존재다. 공감은 적극적 참여를 바탕으로 다른 사람의 경험 일부가 되어 느낌을 공유할 수 있는 단계를 의미한다. 상대방과 일체감을 느끼는 소통의 최종 단계이기도 하다. 가상현실VR과 증강현실AR 기술이 실현해온 진화의 경로는 우리가 단지 혼자서만 현실과 가상의 세계를 넘나드는 감각적 자극에 만족하지 않고 누군가와 함께 경험하고 싶은 공감의 욕망이 있음을 시사한다.[50] 그간 제한적 체험에 머물렀던 가상·증강현실의 환경은 이제 사용자의 실제 세계와 가상 세계 간 경계가 허물어지는 혼합현실mixed reality로 도약하고 있다. 몰입형 기술을 통해 시청각뿐 아니라 오감을 통한 감각적 자극에도 반응할 수 있는 환경을 현실로 만드는 것이다.

지금까지의 가상·증강현실은 헤드셋과 고글을 통해 시각과 청각에 자극을 주는 것으로 몰입감을 유도해왔지만 촉각, 후각, 미각까지 입힘으로써 그야말로 오감이 일체화된 방향으로 이끄는 디바이스들이 고안

되고 있다. 인체가 느끼고 반응할 수 있는 다양한 하드웨어와 소프트웨어 솔루션이 구현되는 인체 감응 솔루션 플랫폼 등이 그러하다. 나와 멀리 떨어져 있는 사람의 아바타를 내가 있는 공간으로 초대해 함께 대화하는 것도 가능해진다. 포스트 코로나 시대의 문화 트렌드는 이러한 공존현실의 완성 위에서 펼쳐질 가능성이 커지고 있다.

원격근무는
영구적으로 정착될까

━━━━━━━ 사회적 거리 두기 상황에서 어떻게 일할 수 있는가에 대한 집단 실험이 진행되고 있다. 알려지지 않은 감염병이 급속하게 전파되는 상황에서, 아직 치료제와 백신도 없는 상태에서 감염병 대책은 감염 전파를 차단하는 방법, 즉 사람들의 사회적 접촉을 줄이거나 중단하는 것이 유일했다. 사회적 거리 두기는 일하는 방식에 따라 영향력의 강도가 다르게 나타났다. 일할 때 사람을 접촉하는 정도와 강도에 따라 충격의 정도가 달랐다. 사람들과의 직접적 접촉을 피하면서 일하는 방법이 있느냐, 빠르게 그 방법을 도입할 수 있느냐도 중요한 변수였다. 특히 디지털 기술의 활용 여부가 결정적인 요소였다.

팬데믹이 일시적 충격으로 끝날 것인지, 계절적으로 반복될 것인지, 혹은 또 다른 감염병이 창궐할 것인지에 대해서는 의견이 분분하다. 그러나 확실한 것은 코로나19와 같은 전 세계적인 팬데믹이 발생하더라도 일이 중단되지 않도록 하는 방안을 마련해야 한다는 것이다. 경제의 지속가능성과 회복탄력성, 충격에 대한 탄력성이라는 측면에서 일하는 방식의 변화는 불가피해 보인다.

일하는 방식에 따라 다른 팬데믹의 충격

사회적 거리 두기가 일하는 방식에 미친 충격은 대면 접촉의 정도에 따라 달랐다. 첫 번째로 큰 타격을 받은 노동은 이발, 미용, 마사지, 여행, 숙박업 등 고객에게 직접 서비스를 제공하는 분야였다. 뚜렷한 대체 방안이 없이 서비스가 중단되는 상황을 맞이했다. 사람의 정교한 기술을 대신할 정도의 서비스 로봇이 상용화되어 있지 않고, 초기에 상당히 큰 규모의 시설 투자가 이뤄져야 하므로 대안이 등장하기에는 시간이 걸릴 것으로 보인다. 키오스크에서 주문하는 정도를 넘어 커피와 피자 등의 음식물을 만드는 조리 로봇의 등장이 앞당겨질 것으로 보이지만, 고객들이 로봇이 제공하는 서비스에 어느 정도 만족할지에 따라 정착 기간과 범위가 결정될 것으로 보인다. 분명한 것은 팬데믹 상황이 다시 온다면 사람들은 마지못해서라도 로봇 서비스를 원하게 될 것이다.

두 번째는 음식점과 상점 등 물건을 서비스하거나 판매하는 상거래 업종이었다. 이 업종에서는 서비스를 제공하는 공간과 서비스 내용(상품)을 분리하는 방안으로 대응책이 마련되었다. 예를 들면 고객이 식당이나 상점이라는 공간에 오지 않고 고객이 있는 곳으로 상품을 보내는 방식으로 전환되었다. 음식물과 식자재의 배달이 증가하는 상황에서 코로나19는 관련 업종의 성장을 앞당겼다. 앞으로 생일 같은 특별 이벤트를 위한 공간 이용은 유지되겠지만, 일용품·식품 등의 구매는 계속해서 온라인으로 넘어갈 것이다. 상품 판매 노동은 줄어들고 온라인 쇼핑을 위한 물류센터 근무, 즉 물건 정리와 포장, 배송 노동은 증가할 것이다.

세 번째는 공장처럼 시설이 갖춰진 특정 장소에 모여서 기계를 조작하거나 물건을 다루는 제조업과 물류업이었다. 소비 감소나 원자재 물류망의 마비로 생산에 타격이 컸지만, 노동자 간의 전염이 우려될 뿐 노동 그 자체에 대한 영향은 적었다. 그러나 공장과 물류는 자동화 시스템(스마트팩토리, 자율주행 모빌리티)이 계속 도입되는 분야다. 인건비 부담과 감염병으로 인한 노동 결손에 대한 우려는 앞으로도 기계와 로봇의 도입을 증가시킬 것이다.

네 번째는 사무실에서 업무를 처리하는 사무직으로, 공간을 분리하는 방식으로 대응해 가장 피해가 적었다고 할 수 있다. 사무실에 같이 모여 일하던 방식에서 개별적으로 독립된 공간에서 일하는 방식으로의 전환이 일어났다. 화상회의, 협업 툴(소프트웨어), 클라우드 등의 디지털 기술이 적극적으로 활용되었다. 많은 기업이 재택근무telework와 원격근무remote work를 도입했고, 많은 직장인이 이를 경험했다. 다양한 시행착오와 장단점이 논의되고 있다.

재택근무와 원격근무가 미래의
노동 형태로 자리잡을 수 있을까

재택근무 또는 원격근무의 역사는 오래되었다. 1970년대에 로스앤젤레스로 출근하던 과학자 잭 닐스Jack Nilles는 교통체증으로 길에서 시간과 비용을 낭비하는 출퇴근을 하지 않아도 되는 방법이 없을까 고민을 하다가 재택근무라는 아이디어를 떠올렸다. 차량 통근은 교통체증과 환경오염을 일으키는 등 비효율적이다. 먼저 재택근무(telecommuting이라는 용어를 사용)를 시행하는 것이 가능할지 알아보는 연구를 진행한 후, 한 보험회사에서 이를 실험했다. 그러나 시행하자마자 재택근무는 폐기됐다. 경영자들은 집에서 일하는 직원들을 전과 같은 방식으로 통제할 수 없었고, 직원들은 사무실 생활에서 오는 사회적 분위기를 잃을 것이라는 고립의 문제를 극복하지 못했다.

재택근무의 개념을 더욱 발전시킨 선구자는 미래학자 앨빈 토플러Alvin Toffler였다. 토플러는 일찍이 《제3의 물결》(1982년)에서 다음과 같이 전망했다.

"지식 근로자들이 전자 오두막electronic cottage(자기 집에서 통신장비를 마련해 일하는 생활양식)에서 일하게 된다. 개인용 컴퓨터와 영상 장치, 통신장비 등을 이용해 새 유형의 네트워크를 만들 수 있다."

단순히 사무실에서 하던 서류 작업을 집에 가서 하는 수준의 재택근무가 아니라, '일하는 방식'의 변화, 네트워크로 연결된 컴퓨터로 일하는 시대가 되면 재택근무가 가능해질 것으로 보았다. 이후 1990년대 들어 정보통신기술이 발달하면서 기업들이 재택근무와 원격근무를 도입하게 되었다.

재택근무는 조직에게 일과 삶의 균형 유지, 일-가정 충실화에 도움을 줌으로써 우수 인력 유치 및 유지(이직 감소), 직무 성과 및 생산성 향상, 사기 진작, 직무 만족도 증가, 자율성 증가, 조직 몰입, 무단결근 감소, 스트레스 감소 등의 긍정적 효과를 보여주고 있다. 그러나 여전히 논란이 되는 부분은 개인이 느끼는 재택근무의 효능이 조직과 기업의 성과로 이어지는지가 불명확하고, 혁신과 창의성을 저해한다는 것이다. 기업이 재택근무를 하는 직원들에 대한 적절한 직무관리 방식을 찾지 못한 것이 재택근무를 꺼리는 요인으로 작용하고 있다.

디지털 시대의 일과 일하는 방식은 온라인으로 이동한다

디지털 시대에 일의 형태는 컴퓨터를 이용해 무형의 콘텐츠(알고리즘)를 만드는 정신노동으로 바뀌고 있다. 직원들은 소규모의 수평적 조직으로 구성되어 한 공간에서 서로 다른 연관 업무를 수행한다. 노트북 하나로 어떤 정보든지 얻을 수 있고, 어떤 업무 프로세스에도 접근할 수 있으며, 통합적으로 업무를 처리할 수 있게 되었다. 이는 일의 공간적·시간적 귀속성을 완화시키고 있다. 일의 디지털 전환이다. 일의 디지털 전환은 일하는 도구의 디지털화 단계에서 일 자체의 디지털화로 넘어가고 있다.

초기 단계의 업무 전산화는 일의 일부분을 컴퓨터로 처리하는 수준이었다. 그러나 지금은 업무 자체가 디지털화되는 단계로 나아가고 있다. 회사 조직이 클라우드 위에서 움직이고, 모든 업무가 디지털 도구에 의해 처리되며, 협업과 업무의 연계도 디지털로 이뤄지고 결과물도 디지털로 나오는 것이다.

이러한 변화에 따라 전 직원이 재택근무를 하는 기업들이 등장하고 있다. 개발자들이 소스 코드source code를 공유하는 플랫폼을 운영하는 깃랩Gitlab은 1,200명의 직원 모두가 원격근무를 한다. 디자인 소프트웨

| 표 5 | 산업 시대와 디지털 시대의 일의 변화

구분	산업 시대	디지털 시대
범용 기술	• 증기기관(엔진)	• 컴퓨터(인터넷, 모바일)
생산물	• 유형의 제품	• 무형의 콘텐츠(알고리즘)
도구	• 기계	• 컴퓨터
직원	• 육체노동자	• 정신노동자
조직	• 대규모 수직적 조직	• 소규모 수평적 조직
공간	• 공장	• 사무실
시간	• 동시적 작업	• 비동시적 작업

어 회사 인비전InVision은 2011년 설립할 때부터 근무 형태를 100% 원격근무로 정했고, 20개국에 흩어져 있는 1,000여 명의 직원이 원격근무 중이다. 워드프레스를 운영하는 오토매틱Automatic도 직원의 5%만 사무실에서 일한다. 오토매틱 CEO는 "사람마다 집중이 잘되는 시간, 휴식을 취하는 시간이 다 다르다. 언제, 어디서 일하느냐보다 똑똑하게 일하는 것이 중요한 시대"라며 재택근무를 지지하고 있다. 우리나라에도 100% 원격근무를 지향하는 기업들이 등장하고 있다. 온라인 스터디 사업을 하는 스터디파이Studypie는 2018년 창업 때부터 전 직원이 원격근무를 하고 있다.

많은 스타트업이 주도적으로 유연근무제를 채택하고 있는 것은 디지털 기업이라는 특성 때문이다. 네트워크로 연결된 노트북만 있으면 어디서도 업무를 볼 수 있는 환경이 되면서 재택근무, 원격근무가 기본적인 업무 형태로 자리 잡아가고 있다. 코로나19와 같은 천재지변이 발생하더라도 업무의 단절 없이 지속적으로 업무를 처리할 수 있는 시스템의 조성이라는 측면에서 원격근무는 기업의 중요한 위기관리 역량으로 꼽히고 있다. 또 기후변화와 지구온난화에 따라 재생에너지 사용, 에너지 절약 등 친환경 정책을 요구하고 있는 것도 고려할 필요가 있다.

혁신성과 창조성의 문제를 어떻게 극복할 것인가

재택근무나 원격근무에 반대하는 가장 큰 이유는 기업 및 조직 측면에서 혁신성과 창의성을 높이지 못한다는 것이다. 원격근무 반대 주장들은 인간의 대면face-to-face이 가져오는 효과를 강조한다. "팀으로 일할 때 더 강력해지고 창의적으로 된다. 더 마주치고 한마디라도 더 나누는 데서 혁신이 이뤄진다. 이메일과 채팅으로 아이디어를 개발할 수 있다는 것은 착각이다." "복도에서, 카페에서, 우연히 마주친 사람과의 즉흥적인 대화에서 아이디어가 나온다. 이는 오로지 사무실에서만 가능하다." 유명한 CEO들의 주장이다. 모여서 일한 직원들이 창의적인 업무수행 능력에서 원격근무자들보다 뛰어났다는 연구 결과도 있다. 그러나또 다른 연구 결과들은 재택근무가 조직 생산성을 오히려 높인다고 이야기한다.

일반적으로 개인적 대면이 가져오는 접촉의 밀도와 우연성이 조직(단체)의 혁신성과 창조성에 긍정적 영향을 미친다고 본다. 그 사이에는 협력성과 연대감이 작동한다. 사람들 사이의 공간은 1) 물리적 공간, 2) 업무적 공간, 3) 감정적 공간으로 나뉜다. 업무 효율성에 영향을 미치는 공간은 감정적 공간, 업무적 공간, 물리적 공간 순으로 영향력이 다르다.

즉 감정적 공간이 물리적 공간보다 업무 효율성에 더 중요하다. 직원들이 한 공간에 모여 있지 않아도 신뢰, 협력, 연대감을 키울 수 있느냐가 재택근무와 원격근무의 성패를 가른다고 할 수 있다. 원격근무를 지원하는 협업 방식도 중요하지만, 결국 조직문화가 관건이다. 디지털화가 많이 진행된 우리나라에서 원격근무 도입이 늦어진 이유도 수직적 조직문화 때문이다.

재택근무와 원격근무에 성공할 수 있는 조직문화는 다음과 같다. 과정에 대한 감독이 아니라 성과와 결과 중심의 업무(평가) 문화가 필요하다. 눈앞의 직원이 열심히 일하는 듯 보여야 안심하는 관리 방식으로는 원격근무에 성공할 수 없다. 자율적인 업무 문화가 필요하다. 업무 위임이 명확하고 책임과 자율권이 부여되어야 떨어져 있어도 독립적·주도적으로 일을 수행할 수 있다. 앞으로 기업들은 자기 주도적이면서도 연대감을 갖고 협력하는 온라인 문화에 적합한 인재를 더 채용하게 될 것이다.

온라인 워크와 오프라인 워크의 융합이 최적의 솔루션

가장 좋은 방식은 무엇일까? 한 연구에 따르면 원격근무를 잘하는 회사의 특징은 오프라인 공간에서 긴밀하게 다양한 의견과 아이디어를 모아 해결책을 정한 후, 역할을 분담해 각자 흩어져 자신의 공간(집, 카페, 공유 오피스 등)에서 맡은 역할을 한다는 것이었다. 이런 조직은 온라인과 오프라인, 협력, 합의와 개인 작업, 사무실과 원격 공간, 집중과 분산 등을 자유자재로 전환할 수 있다. 출근과 재택근무를 번갈아 하게 했을 때 직원들이 가장 만족하고 생산성도 높았다. 일주일에 3~4일은 사무실, 1~2일은 자신이 원하는 곳에서 일하게 하는 것이 가장 이상적인 것으로 나타났다. 업무 공간과 시간, 방식에 자율권을 줄 때 직원들의 동기부여가 높아졌다. 혁신성과 창의성의 조건이 다양한 우연성이라고 할 때, 온라인 워크online work와 오프라인 워크offline work의 결합은 다양성을 높여 조직의 혁신성과 창의성도 자극할 가능성이 있다는 얘기다.

코로나19는 누구도 하지 못한 디지털 전환을 가속화하고 있다. 재택근무와 원격근무는 디지털 시대의 일하는 방식, 일의 전환을 의미한다. 전환 과정은 쉽지 않겠지만, 우리나라 기업문화의 혁신 그리고 생산성과 창의성을 높이는 성과를 가져다줄 것이다.

가속화하는
AI 트랜스포메이션

━━━━━━━━━━ 실리콘밸리의 인터넷 트렌드 분석가로 유명한
메리 미커Mary Meeker가 2020년 4월 일명 '코로나 보고서'를 내놓았는데,
무엇보다 코로나19가 가속화할 디지털 전환에 주목했다.[51] 일상생활 측
면에서 살펴보면 오프라인 매장 중심에서 픽업 또는 배달 중심으로 바
뀌는 음식점, 비대면의 만남을 시도하는 커뮤니티, 디지털 온라인 강의
로 전환하는 교육자와 학생들, 디지털 엔터테인먼트 중심으로 여가를
보내는 것 등을 예시로 꼽았다.

코로나19가 가속화하는 디지털 전환은 이미 4차 산업혁명의 물결을
타고 급속도로 우리의 일상과 비즈니스 영역으로 들어왔다. 기업의 가
치사슬 프로세스(상품 기획-재료 구매-가공-유통-판매-고객관리)의 운영관
리와 비즈니스 모델의 전환에 디지털 기술이 활용되고 있다. 우리의 일
상에서도 아침에 눈을 뜨는 순간부터 잠들 때까지의 과정에 디지털 요

소들이 활용되고 있다. 정보를 얻고, 배우고, 이동하고, 구매하고, 소통하고, 일하고, 건강을 관리하는 등의 다양한 과정에서 디지털을 이용하고 있다. 바로 디지털 전환이다. 디지털 전환은 단순히 디지털 기술의 이용과 디지털화를 넘어 여러 디지털 요소들이 연계되어 전체적인 운영이나 체계를 바꿈으로써 부가적 가치를 구현하거나 새로운 가치를 창출하는 것을 의미한다. 그리고 디지털 트랜스포메이션의 핵심에는 AI가 있다. AI가 디지털 요소의 복잡한 연계 속에서 발생하는 데이터와 상호 간의 피드백을 관리해 최적으로 결과를 얻어내는 데 뛰어난 기능을 발휘하고 있기 때문이다.

AI가 주도하는 디지털 전환

AI가 주도하는 디지털 전환이 어떤 새로운 가치와 세상을 우리에게 가져다줄 것인가를 알아보기 위해서는 지능에 대한 이해가 필요하다. 생명체가 지능을 갖게 된 것은 새로운 대상이나 상황에 부딪혔을 때 그 의미를 이해하고 합리적인 적응 방법을 알아내는 능력(문제해결 능력)이 필요했기 때문이며, 뇌는 유전자가 해결할 수 없는 문제를 대신 해결하기 위해 등장한 일종의 대리인이라고 할 수 있다. 지능은 몸이라는 감각기관을 통해 파악한 정보를 토대로 몸을 보호하기 위한 사고 과정이다. 과거에 있었던 사건의 내용을 기억하고 서로 다른 사건을 비교해 의사결정을 하는 능력이 곧 지능이라고 할 수 있다.

AI는 이러한 역할을 하는 인공적 장치로, 인간의 두뇌를 대신하거나 보조하는 역할을 한다. 즉 디지털화된 정보를 파악하고 분석해 의사결정을 하는 장치다. AI 트랜스포메이션은 여러 디지털 요소들이 연계되어 생성된 정보(빅데이터)를 파악하고 분석해 새로운 가치를 창출하기 위한 의사결정이라고 할 수 있다.

이러한 지능을 생명체나 인간이 아닌 인공의 물체가 갖는 것에 대해서는 여러 우려가 있다. 기술이 계속 발전해 인간보다 더 뛰어난 AI가 나오면 인간을 이기고, 인간이 필요 없게 되는 것이 아닌가 하는 우려다. 이는 AI를 지능을 가진 생명체로 착각하기 때문이다. AI가 진정한 지능을 가진 존재가 되기 위해서는 존재 자체의 내재적 목적을 위한 행동을 할 수 있어야 하는데, AI는 인간에 의해 주어진 문제만을 해결할 뿐이다. 즉 자신의 주변 상황을 자각해 문제를 해결하는 피드백 메커니즘이 없어 진정한 지능을 가진 존재라고 할 수 없다. 자신의 문제를 인식하고 해결하려는 의지를 자의식이라고 한다. 자의식은 어떤 지능적 결정이 자신에게 이롭다는 판단 기준(일반적으로 효능감)을 바탕으로 하는데, AI는 이러한 효능감을 느낄 수 있는 감각기관(일반적으로 생명체의 몸)이 없기 때문에 지능을 가진 주체가 될 수 없다.

AI의 급격한 발전을 가져온 강화 학습이 보상(점수)을 주면서 더 높은 보상을 받을 수 있도록 자신의 논리를 수정해나가는 피드백 과정을 기본으로 하고 있지만, 그 보상이라는 것은 인간이 정해준 것에 불과하다. AI가 탑재되고 정교한 인간의 몸과 같이 만들어진 로봇은 인간처럼 보이고 행동할 수 있겠지만, 역시 로봇에 탑재된 지능은 인간이 주입한 효능감을 기준으로 행동하기 때문에 인간에게 위험한 행동을 자체적으로 착안할 수 없다. 물론 인간이 인간을 해치는 기계를 AI 기술을 이용해 만들 수 있지만, 이 또한 인간이 만들 무기에 불과하다고 할 수 있다.

AI는 더 적은 노력으로
더 많은 일을 처리한다

AI도 그동안 등장한 많은 도구와 기술, 기계의 하나에 불과할까? 인류 사회에 등장한 불, 바퀴, 증기기관, 컴퓨터와 같이 AI도 기술과 인간의 관계뿐만 아니라 인간끼리의 관계도 바꿔놓을 것이다. 겨우 한 세대 전인 1980년대에 개인용 컴퓨터가 등장한 이후 전 세계 성인 인구의 절반 정도가 스마트폰을 쓰는 디지털 시대로 전환되었다. 물리적 생산물, 즉 원자보다 가상의 비트가 중요한 세상이 되었다. 컴퓨터는 보편적인 도구가 되었고 인간이 하는 수작업은 대부분 컴퓨터 연산이나 컴퓨터를 다루는 작업으로 대체되었다. 특히 방대한 데이터를 다루는 작업에서는 AI가 인간의 능력을 뛰어넘고 있다. 인간이 한다면 수십 년이 걸릴 일을 AI는 수 초 만에 처리할 수 있다. 예를 들어 수백만 장의 사진에서 순식간에 특정 얼굴의 사진을 찾아낼 수 있다.

이처럼 AI는 데이터를 처리해 재구성하거나 유의미한 내용을 뽑아내는 업무, 과거 사례에 대한 방대한 지식을 바탕으로 합리적 대안을 제시하는 업무처리에 뛰어난 능력을 보여주고 있다. 음성인식과 문서 처리 응용 기술로 동시통역, 복잡한 표준 문서와 간단한 서신 자동 작성, 대량 법률 문서 분석 등이 가능해졌다. 의학 부문의 경우 지능형 영상 인식 소프트웨어는 질병의 진단을 획기적으로 개선하고, 의사들의 역량을 높여줄 수 있다. 돌봄 부문에서는 고령자의 정서적·심리적 안정을 돕기 위해 설계된 상호작용 시스템이 현재 시범 운용 중이다. 요컨대 산업, 서비스, 지식 노동을 불문하고 디지털화와 AI는 인간, 공정, 기술로 이루어진 전체 사회기술적 시스템socio-technical system을 변화시키고 있다.

전에는 불가능하던 새로운 일을 가능하게 해주는 기술은 비싼 것에서 싼 것으로, 희귀한 것에서 풍요로운 것으로의 변화도 이끈다. 초기에 컴퓨터와 인터넷은 고가였으나 지금은 누구나 이용할 수 있도록 가격이 낮아졌고, 유통과 통신, 상거래의 기본 인프라가 되었다. 무어의 법칙Moore's Law은 매해 성능만 배가시키는 것이 아니라 가격도 떨어뜨리고 있다. 그 결과 더 많은 사람이 기술을 사용하게 된다. AI는 알고리즘이기 때문에 더 빠르게 확산되고, 사용법이 더 쉬워져 더 많은 사람이 사용하고, 더 강력한 능력을 발휘하게 될 것이다. AI가 개인·조직·공간·가정·비즈니스·건강관리·스마트워크smart work 등에서 어떻게 사용되고 있고, 어떻게 발전할 것인지 짚어본다.

나의 비서이자 분신인 디지털 트윈(아바타)

우리는 점점 더 많은 디지털 디바이스(스마트 기기)를 가지고 다닌다. 휴대폰을 비롯해 스마트워치, 부착형 센서 등은 내 몸 상태와 의중을 파악하고, 나보다 먼저 의사결정을 내리는 방식으로 진화하고 있다. 바이오리듬에 맞춰 편안히 잠들도록 조명을 바꿔주고, 아침에는 알람을 울린다. 실시간으로 교통 상황을 고려해 약속 스케줄에 맞춰 나갈 수 있도록 알려준다. 앞으로는 최종 목적지에 맞게 '출발지-개인용 모빌리티-택시(자율주행차)-기차 또는 비행기-택시(자율주행차)-개인용 모빌리티-도착지'가 연계될 수 있도록 예약하는 서비스도 나올 것이다. 이동하는 도중에 위치를 검색해 선호하는 브랜드의 커피를 주문하고 원하는 시간에 찾아갈 수 있을 것이다. 하루 일정과 관련된 연락·예약·처리 등의 이벤트가 스마트 거울이나 TV에 뜨고, 알아서 알람을 설정하고 예약하는 것이 가능해질 것이다. 스마트폰이나 시계 속에 탑재된 AI 에이전트는 클라우드의 AI와 연결되어 나의 하루를 디지털 트윈으로 구성할 것이다. 나의 비서이며 분신, 아바타처럼 나를 대신하거나 도와주게 될 것이다.

하루의 행동뿐만 아니라 몸의 상태를 모니터해 운동과 업무 강도에 따라 스트레스와 질병을 예방할 수 있도록 할 것이다. 스마트 변기가 매일 대소변을 체크하고, 피부 부착형 센서가 혈당과 혈액 상태를 점검하고, 스마트워치로 심전도 등을 파악해 뇌출혈 등 질병을 예방하는 날이 곧 올 것이다. 개인의 생체정보는 물론, 개인이 머무른 환경정보(미세먼지나 오염 상태 등)를 파악해 적절한 행동을 하도록 조언하거나 병원 시스템과 연결해 의사의 처방을 받게 할 수도 있다. 근처의 응급센터를 방문하면 이미 방문자의 정보에 근거해 맞춤형 치료가 준비돼 있는 시스템이 조만간 등장할 것이다.

지능화된 공간, 집과 건물

사물인터넷IoT, Internet of things과 AI는 집과 건물, 나아가 도시까지 스마트한 공간으로 바꾸고 있다. 또한 각종 센서, 스마트폰, 차량 등에서 수집한 엄청난 양의 데이터를 통해 국민의 행동 패턴을 파악하고, 각 지역에 필요한 것을 제안하는 능력도 보여주고 있다. 싱가포르 정부의 '리스크 평가 및 호라이즌 스캐닝Risk Assessment and Horizon Scanning' 시스템은 도시계획 전문가들에게 도움을 주고 있다. 붐비는 지역이나 인기 있는 경로, 식사 장소 등을 파악해 학교와 병원, 자전거도로와 버스 정류장, 공원, 편의 시설을 선정하는 계획을 세울 수 있다.

알리바바는 중국 항저우에서 신호등과 교차로 CCTV로 촬영한 영상, 차량의 GPS 데이터 등을 AI 시스템으로 분석해 신호등 시간을 조절하는 등 교통의 흐름을 빠르게 하는 시티 브레인 시범 사업을 시행하고 있다. 또 치안과 공공서비스로 영역을 확대한다는 계획이다. 한국도 5G 기술을 활용해 V2V Vehicle to Vehicle, V2E Vehicle to Everything 기술 등을 통합한 C-ITS Cooperative-Intelligent Transport Systems를 개발하고 있다. 차량이 주행 중인(자율주행 포함) 운전자에게 주변 교통 상황과 급정거, 낙하물 등의 사고 위험 정보를 실시간으로 제공하는 시스템이다. 이는 모든 교통정보를 통합해 실시간으로 시뮬레이션하는 가상 물리 시스템CPS, Cyber Physical System의 예라고 할 수 있다. 이러한 가상 물리 시스템 또는 디지털 트윈은 점차 모든 공간에 적용될 것이다.

스타벅스는 입지 분석 플랫폼 '아틀라스Atlas'의 데이터에 기초해 신규 매장 입지를 선정하고 마케팅 시 참고 지표로 활용하고 있다. 아틀라스는 상업지구와의 거리, 인구 구성 및 밀집도, 소득수준, 교통량, 해당 지역의 비즈니스 분포도 등을 분석하고 기존 매장의 실적에 영향을 주는 요소들을 파악해 신규 매장 입지 선정에 반영하며 메뉴와 프로모션 기획에도 활용하고 있다.

공간 자체도 스마트해지고 있다. 집에 들어오는 사람의 상태를 스마트폰이나 스마트워치로 파악해 기분에 맞추어 음악과 조명을 바꾸고, 벽면에 적절한 이미지나 풍경이 나타나게 할 수 있다. 냉장고가 바닥나면 알아서 식재료를 주문하고, 퇴근 시간에 맞춰 밥을 지어놓거나 선호하는 커피를 만들 수도 있다. 그리고 AI는 이에 대한 사람의 반응을 체크하며 더 적절한 대응을 학습하게 된다. 집 안의 모든 전자기기는 IoT로 연결되어 사람이 직접 스마트폰으로 통제하는 단계에서 AI가 알아서 사람에게 어떤 것이 필요하다고 제안해 승낙을 받거나, 반복적인 행동은 자율적으로 판단해 조치하는 단계로 발전할 것이다.

공간이 지능화된다는 것은 CCTV는 물론, 많은 디바이스로 개인에 대한 다양한 정보를 수집하는 것을 전제로 하기 때문에 사생활 침해 이슈가 있다. 공간이 지능화될수록 이런 시스템을 운영하는 과정이 투명하게 공개되고 통제되어야 한다. 나아가 개인정보를 수집할 때 어디까지 공공 목적으로 허용할 것인지, 어느 정보를 개인의 개별적 허락을 받고 수집할 것인지에 대한 합의가 이뤄져야 할 것이다.

스마트워크인가, 인간 없는 AI 워크인가?

3차 산업혁명의 자동화가 주로 디지털 기술을 통한 생산공정의 자동화였다면, AI에 의한 자동화는 지식노동의 자동화라는 특징을 보여준다. 보험 처리, 주문 처리 등 정형화된 데이터를 처리하는 규칙적인 업무는 일차적으로 컴퓨터 코드로 전환되어 자동화되고 있다. 이미 부분적으로 디지털화된 많은 규칙적인 업무는 로봇 프로세스에 의해 자동 처리될 것이다. 고도의 전문성을 요구하는 의사와 변호사의 업무도 자동화할 수 있도록 코드화되고 있다. 사건 서류를 분석해 사례와 판례, 적용 법률을 검토하는 초보 변호사의 일을 처리하는 AI 변호사 시스템이 점점 더 정교해지고 있다.

일에 투입되는 노동자가 줄어들면 그만큼 생산비가 절감되기 때문에 많은 회사가 AI 자동화에 앞장서고 있다. 일반적으로 자동화를 도입하는 방법은 두 가지다. 첫째는 기존의 업무처리 과정을 자동화해 노동력을 줄이는 방식이다. 둘째는 기존의 업무를 자동화로 효율화하고, 인간과 AI가 상호 보완적 관계에서 협력하는 방식으로 새로운 부가가치를 추구하는 방법이다. 첫 번째와 같이 기술을 단순히 인건비 절감 도구로 간주하는 방식은 최적의 효율화를 추구하지만, 비즈니스 모델을 혁신하거나 새로운 비즈니스 모델을 찾아내는 데는 취약하다. 두 번째 방법은 인간의 능력을 AI 기술로 증강시켜 인간과 AI가 서로의 강점을 살려 협력하는 것이다. 일반적으로 변호사와 의사는 서류와 정보 더미에 파묻혀 대인 관계에 소홀할 수 있으나, AI의 도움을 받으면 더 많은 시간을 고객과의 상담에 쓸 수 있어 고객 만족도를 높일 수 있다.

인간과 컴퓨터의 협력이 더 뛰어난 결과를 얻을 수 있다는 사례는 많다. 체스 경기에서는 인간이 컴퓨터에 패했지만, 인간과 컴퓨터, 컴퓨터와 컴퓨터, 인간과 인간 등 다양한 조합의 경기에서는 인간과 컴퓨터의 혼합 팀이 이겼다. 컴퓨터의 전술적 정확성과 인간의 전략적 창조성의 조합이 빛을 발한 결과였다.

AI는 정형화된 데이터를 처리하는 데는 뛰어나지만, 아직 전체 맥락을 이해한다든가 새로운 상황에 대응하는 데는 한계가 있다. 또 AI의 조치와 제안에 대한 최종적 판단과 개선은 여전히 인간의 일이다. 결국 인간의 능력을 증강하는 방향으로 AI를 설계해야 한다. AI가 잘할 수 있는 작업은 AI가 담당하게 하고, 사람은 AI의 활용 능력을 높여 새로운 분야에 도전해야 한다. AI 트랜스포메이션이 인간을 배제하는 것이 아니라 인간의 능력을 확장시키고, 보람 있는 일을 하게 하고, 행복한 삶을 사는 데 도움이 되도록 해야 할 것이다.

3

디지털 대전환
시대의 과제

KAIST Future Strategy 2021

+

+

+

+

+

+

+

로봇,
도구인가 동반자인가

━━━━━━━━ 많은 사람이 코로나19로 인한 언택트 사회에 대해 이야기한다. 사실 언택트 사회로의 변화는 코로나19 때문에 갑자기 시작된 것이 아니다. 이미 우리 일상의 곳곳에서 꾸준히 진행되어온 현상이다. 다른 사람과의 직접 대면을 요구하지 않는 언택트 현상은 크게 두 가지 차원에서 전개된다. 첫 번째는 AI나 로봇이 인간의 역할을 대체함으로써 다른 인간과의 대면이 필요 없게 되는 언택트다. 두 번째는 서로 직접 대면하지 않은 채 원격현전telepresence 기술을 통해 상대방의 현전을 경험하고 상호작용하는 형태의 언택트다.

두 가지 방식의 언택트

패스트푸드 매장은 키오스크로 주문을 받는다. 전자 주문에 익숙하지 않은 사람은 햄버거 하나도 사 먹기 어려운 세상이 온 것이다. 로봇 바리스타가 이미 등장했듯이 패스트푸드 조리도 결국엔 자동화 로봇이 담당하게 될 것이다. 마트에서도 소비자가 스스로 바코드를 찍어서 계산하고 포장한다. 노동자가 담당하던 일을 기술 매개를 통해 소비자에게 전가함으로써 최소한의 인간 관리자 외에 노동자가 더는 필요하지 않은 산업 환경으로 급속하게 바뀌고 있다. 이것이 첫 번째 종류의 언택트 현상이다.

두 번째 종류의 언택트는 원격지에서 통신 기술을 매개로 이뤄진다. 이미 우리 생활 속에 깊숙이 안착한 스마트폰이나 카카오톡 같은 SNS도 사실은 부분적인 원격현전을 구현하는, 언택트 기술 기반의 디바이스·서비스다. 과거라면 직접 만나 처리했을 많은 일을 이제는 스마트폰 앱을 통해 해결한다. 온라인 쇼핑도 소비자의 구매가 정보통신기술을 활용해 언택트 방식으로 이뤄지는 산업이다. 온라인 쇼핑은 오프라인에서 이뤄지는 물류나 배달 서비스가 합쳐진다는 점에서 세미 언택트Semi-untact 사업으로 볼 수 있지만, 무인 자율주행차·로봇·드론 등의 기술이 발전하면 운송이나 물류, 배달 서비스에서도 인간의 개입이 최소화되고 언택트의 범위는 훨씬 확대될 것이다. 대학 강의를 비롯한 교육 현장에서 그 진가를 발휘하고 있는 줌이나 웹엑스Webex 같은 원격회의 서비스는 코로나19 여파로 관심의 초점이 된 언택트 기술이다. 장기적으로 이런 기술들이 가상현실 기술과 접목되면 원격현전의 정도가 강화될 것이다.

언택트 생활 방식은 코로나19라는 외적 상황에 강요된 측면이 있다. 그러나 지금 진행되는 기술 변화는 코로나19 사태 이전부터 대면적 상호작용을 간접적 또는 비대면적으로 전환하는 흐름을 보여왔다. 사회현상이 되어가는 언택트 기술과 문화에 대해 공동체 차원의 성찰과 공론화가 필요하다.

디지털 경제와 사회적 경제

앞서 언급한 첫 번째 종류의 언택트는 많은 일자리를 없앨 것이다. 코로나19 여파로 언택트 트렌드가 더 앞당겨져 기계가 인간의 많은 업무를 대체하게 되면 일자리의 감소는 예상보다 더 빨라질 가능성도 있다.

미래의 일자리 감소 여부에 대해 합의된 견해는 없다. 어떤 전문가들은 비관적 전망 속에서 노동의 의미를 재고하고 기본소득basic income과 같은 사회안전망에 관한 논의를 시작해야 한다고 주장한다. 또 다른 전문가들은 역사적 경험에 비추어볼 때 기술 발달로 사라지는 직업보다 더 많은 수의 직업이 새로 생겨날 것이므로 미리 두려워할 필요는 없다고 강조한다. 그러나 현재 우리가 겪고 있는 변화는 인류 역사상 한 번도 경험해본 적이 없는 깊이와 속도로 일어나고 있다. 따라서 과거에 일어난 변화의 양상이 미래에 그대로 반복될 것이라고 예견하는 것은 적절하지 않다.

그렇다면 우리는 미래를 어떻게 준비해야 하는가? 지금 우리가 할 일은 불확실한 미래를 막연히 기다리는 것이 아니라, 다양한 시나리오를 작성해보고 개연성 높은 시나리오에 대비하는 방안을 사회적으로 준비하는 일이다. 이는 변화된 기술적 조건 속에서 노동·여가·사랑·우정·연대·예술과 같은 것이 인간의 삶에 어떤 가치를 지니게 될 것인지를 상상하는 문제이며, 좋은 삶이란 어떤 것인가에 대한 성찰 속에서 인간의 삶에 의미를 부여하는 근본적인 조건이나 구조를 조직하는 문제다.

그런 점에서 경제적 가치의 추구와 운영 방식에 대한 사회적 선택과 합의가 필요하다. 니컬러스 아가Nicholas Agar는 이와 관련해 효율성에 입각한 디지털 경제와 인간다움humanness을 강조하는 사회적 경제를 구분하고, 이 두 영역 사이의 균형이 필요하다고 강조했다.[52] 아가의 설명에 따르면 인간은 다른 인간과의 사교를 즐기는 군집적인 종으로, 추상적 의미에서가 아니라 실제로 누군가와 함께 어울릴 사회적 필요를 갖는다. 그리고 이러한 요구를 충족시켜주는 것이 '인간다움(인간적인 감정적 접촉)'이라는 가치를 바탕에 둔 사회적 경제라는 것이다. 우리 사회는 어떠한 가치를 추구하고 있을까? 디지털 전환이 가속화될수록 디지털 경제의 효율이 강조되는 모습은 쉽게 발견할 수 있다. 아가의 기본적 주장은 인간보다 AI나 알고리즘이 일을 잘할 수 있는 데이터 집약적 산업에서는 인간의 개입을 줄이고 디지털 효율성을 추구하되, 인간적 접촉이나 감정, 느낌이 중요한 사회적 경제의 영역에서는 인간이 담당하는 일자리를 확대해야 한다는 것이다.

다만 이는 생산성이나 효율성을 포기하는 일이 되기도 하므로 그에 따른 기회비용을 사회적 수준에서 어떻게 받아들일 것인가에 대한 논의와 합의가 필요하다. 이때 이러한 일자리들은 임금노동의 기회를 제공함으로써 궁극적으로는 사회안전망의 기능을 한다는 점과 노년층을 포함한 기술 소외계층에 대한 배려가 될 수도 있다는 점을 고려해야 한다.

새로운 관계 맺기

인공지능 스피커 '누구NUGU'라는 것이 있다. 사람들이 누구를 어떻게 활용하는지 사용 방식을 조사했는데, 대화를 나누는 방식으로 사용하는 평균 시간은 전체 사용 시간의 3~4% 정도로 무시할 수준이었다. 그런데 60~70대 노년층의 경우에는 누구와 이야기하는 데 보내는 시간이 15%가 넘었다. 연령대별 차이도 눈여겨볼 사실이지만, 기계와 대화를 나누는 인간의 모습은 더 주목할 만하다. 이렇듯 언택트 사회에서 우리가 생각해볼 문제는 정서적이고 감정적인 상대역의 확장 가능성이다.

인간과 감정적으로 상호작용하는 로봇과 인간의 관계를 생각해보자.[53] 철학자 데카르트는 동물은 영혼이 없으므로 기계와 같은 존재라고 생각했다. 데카르트의 관점에서 볼 때, 인간의 대척점에 있는 것은 동물이 아니라 기계다. 데카르트는 인간의 신체도 기계라고 생각했다. 그에 따르면 기계는 조작의 대상이지 도덕적 고려의 대상은 아니다. 그런데 개나 고양이와 같은 반려동물을 키우는 사람들은 동물을 기계로 여긴 데카르트의 생각을 어떻게 받아들일까? 많은 사람은 반려동물을 가족의 일부로 여긴다. 핵가족화를 넘어 1인 가구가 늘어나면서 반려동물과 함께 생활하며 대화를 나누는 일은 일상적 풍경이 되었다. 그렇다면 동물에게 일어난 일과 유사한 변화가 사회적 로봇에게는 일어나지 않을까? 이 문제에 대해 여러 입장에서 논쟁이 벌어지고 있다.

우리가 동물에게 도덕적 지위를 부여하는 것은 동물이 좋고 싫음을 구분하는 능력을 지니고 있기 때문이다. 고통을 느낄 수 있기에 도덕적 배려의 대상이 되어야 한다는 것이다. 유사한 방식으로 우리가 AI 로봇에게도 도덕적 지위를 부여하고자 한다면 AI 로봇 또한 동물이 가진 특성을 가지고 있어야 한다. 이런 관점에서 접근할 경우 로봇을 도덕적 존재로 인정할 수 있느냐의 문제는 로봇이 지각 능력이나 고통을 느끼는 감각을 지니고 있는지, 그것을 어떻게 확인하고 검증할 것인지의 문제로 귀착된다. 이러한 관점을 '도덕 속성 실재론'이라고 부른다.

이와 달리 그러한 속성이 있느냐 없느냐가 아니라 우리가 로봇과 실제로 맺고 있는 관계가 중요하다고 여기는 관점도 있다. 로봇이 어떤 속성을 가진 존재인지보다 우리의 일상적 경험 속에서 관계를 맺는 방식이 더 중요하다는 것이다. 그래서 로봇이 진짜 감정이 있는지를 묻는 것보다 로봇이 감정이 있는 존재로 보이는지 또는 우리가 로봇과 어떻게 감정적으로 상호작용하고 있는지가 더 핵심적인 질문이 된다. 2015년에 있었던 소니의 로봇 강아지 아이보AIBO의 합동 장례식을 생각해보자. 장례식에 참석한 사람들도 로봇 강아지는 기계였으므로 영혼이 없다는 것을 잘 안다. 그럼에도 불구하고 그들은 아이보의 명복을 빌면서 슬퍼했다. 이러한 입장에서 보면 AI의 실제가 무엇이든 간에 사람들이 AI를 대하는 방식 그리고 AI와 어떤 유의미한 관계를 맺고 있는가에 따라 도덕적 지위 여부가 결정된다. 이러한 견해를 '관계론'이라고 부른다.

철학자 마르크 쾨켈베르크Mark Coeckelbergh는 이를 일상적 삶의 양식 속에서 자연스럽게 '자라나는growing' 것이라고 표현했다.[54] 말하자면 어떤 존재의 도덕적 지위는 인간과의 상호작용이나 관계 맺기라는 경험 위에서 자라나는 것이다. 이것은 누군가가 일부러 만드는 게 아니라 우리가 살아가는 삶의 방식과 태도, 습관을 통해 저절로 형성되는 것이다. 이를테면 소는 과거에 중요한 노동력이었다. 그런데 소가 제공하던 노동력을 기계가 대체하자 소의 지위가 살아 있는 고기로 바뀌어버렸다. 그런가 하면 사냥감이나 실험 재료인 동물도 있다. 이처럼 동물들은 우리와 맺고 있는 관계의 양상에 따라 그 지위 조건이 다르다. 우리의 생활 습관과 문화적 양식에 따라 동물들의 지위가 결정되는 것이다.

로봇도 마찬가지로 생각할 수 있다. 우리는 기계를 한 가지 종류로 바라보는 경향이 있다. 기계는 모두 같은 기계일 뿐이라고 생각한다. 여기에는 기계를 영혼과 대비되는 것으로 바라본 데카르트적 관점이 담겨 있음을 간과해서는 안 된다. 그런 점에서 기계는 기계일 뿐이라는 생각을 극복할 필요가 있다. 동물을 단일 존재로 보는 것이 우리의 일상적 경험을 잘 반영하고 있지 못하듯이 기계를 단일 개념으로 묶어 AI 로봇과 다른 기계들을 똑같이 범주화하는 것도 잘못된 방식일 수 있다. AI 로봇의 도덕적 지위는 실제로 로봇이 처해 있는 맥락과 그 속에서 이루어지는 상호작용의 관계를 통해서 보아야 한다. 전쟁터에서 싸우는 군사 로봇은 동료들과 전우애를 가질 수도 있다. 가정이나 요양원에서 만나는 감정 로봇은 가족보다 더 친밀한 존재일 수도 있다.

우리는 익숙한 서사나 은유를 통해 세상을 이해한다. 인간이 다른 존재들과 맺는 다양한 관계의 양상 또한 우리에게 익숙한 서사나 은유에서 비롯되기도 한다. 지금까지 로봇과 관련된 지배적인 서사의 모티브는 공상과학 작가 아이작 아시모프Isaac Asimov가 1942년 《런어라운드Runaround》에서 제시한 '아시모프의 법칙'이다. 이 법칙은 철저한 인간 중심적 관점으로, 로봇이란 노예나 도구에 불과하다는 선언이다. 그런데 많은 공상과학 영화가 이러한 노예 서사에 도전한다. 스티븐 스필버그Steven Spielberg 감독의 영화 〈에이 아이A.I.〉는 감정이 있는 꼬마 로봇 데이비드가 잃어버린 엄마의 사랑을 되찾기 위한 여정을 그리고 있다. 크리스 콜럼버스Chris Columbus 감독의 〈바이센테니얼 맨Bicentennial Man〉에도 사랑하는 여인과 결혼하기 위해 인간이 되고자 하는 로봇이 등장한다. 이 두 영화의 공통된 서사는 인간이 되고 싶어 하는 로봇의 이야기다.

정도나 양상의 차이는 있겠지만, 앞으로는 인간과 감정적으로 상호작용하는 로봇이 등장할 것이다. 우리는 이 로봇들과 어떻게 관계를 맺어야 할까? 로봇과 인간의 관계에 대해 어느 입장이 옳다고 단정적으로 말할 수는 없다. 문화는 바뀌는 것이며, 우리가 새로운 언어적 상상력을 어떻게 발휘하느냐에 따라 그 관계의 양상은 달라질 수 있다. 로봇과 함께 살아가는 방식은 우리의 일상을 지배하는 가치관이나 문화와 관련될 것이다. 철학도 개입될 것이고, 문학적 상상도 개입될 것이며, 종교적 태도나 전통적으로 내려오는 문화적 관습, 과학이나 새로운 기술을 대하는 태도 등 여러 다양한 요소들이 복합적으로 작용해 로봇에 대한 우리의 경험을 결정할 것이다.

이런 점에서 보면 로봇의 도덕적 지위에 관한 문제는 결국 우리가 어떤 존재 양식과 가치를 지녔는지를 되짚는 질문으로 되돌아온다. 과거 노예제도가 있던 시대에 노예 주인이 보여주는 태도는 그 당시를 살았던 사람들이 어떤 사고방식을 지니고 있었는지, 다시 말해 그들이 어떤 종류의 인간이었는지를 드러낸다. 21세기의 우리가 보이는 태도나 행동도 마찬가지다. 우리가 동물을 대하는 태도는 우리가 어떤 종류의 존재에 대해 연대감을 느끼고, 어떤 가치를 추구하는 존재인가를 보여주는 일이다. 로봇의 경우에서도 같은 주장을 할 수 있지 않을까.

딥페이크, 탈진실 시대에
진실이란 무엇인가

━━━━━━ 새로운 세계를 만난 네오는 혼란스럽다. 그동안 자기가 살던 세계가 사실은 가짜였다는 것을 받아들이기 쉽지 않다. 충격에 빠진 그는 이렇게 묻는다. "무엇이 진짜인가?What's real?" 그러자 그를 충격에 빠뜨린 모피어스는 이렇게 대답한다. "진짜가 뭔가? 진짜를 어떻게 정의하는가?What's real? How can you define real?"

이어지는 모피어스의 설명은 더 혼란스럽다. "느끼고, 맛보고, 냄새 맡고, 보는 것들을 현실이라고 정의한다면 현실은 그저 뇌에서 해석해 받아들인 전기신호에 불과하다." 이쯤 되면 진짜 현실과 가상의 구분 자체가 모호해진다.

1999년 개봉한 영화 〈매트릭스〉가 던진 메시지는 강렬했다. '현실보다 더 현실 같은 가상공간'이란 명제는 그 무렵 유행하던 포스트모더니즘 철학과 어우러지면서 진한 감동을 선사했다.

'무엇이 진짜인가'라는 모피어스의 질문은 도발적이다. 우리가 진실이라고 믿고 있는 것이 정말로 진실이냐 하는 존재론적 의미를 담고 있기 때문이다. 이 질문은 21세기로 오면 '탈진실post truth'이라는 새로운 명제와 만나게 된다. 탈진실이란 참과 거짓의 경계가 모호해지는 현상을 일컫는다. 그 결과 대중은 거짓 정보에 쉽게 속아넘어간다.

탈진실이란 말이 널리 사용된 것은 2016년부터다. 그해에는 영국의 브렉시트와 미국의 트럼프 대통령 당선 같은 굵직한 사건이 있었다. 그 무렵 우리나라도 비슷한 혼란을 겪었다. 탈진실 시대를 대표하는 현상이 가짜 뉴스fake news다. '뉴스를 가장한 허위·조작 정보disinformation'를 지칭하는 가짜 뉴스는 이제 뉴스 자체에 대한 신뢰마저 무너뜨리고 있다. 포토샵을 활용한 사진 합성 역시 진짜와 가짜의 경계를 무너뜨리고 있다.

그런데 최근 들어서는 영상에까지 탈진실 현상이 확대되고 있다. 최첨단 AI 기술을 활용해 영상을 감쪽같이 조작하는 것이 가능해졌다. 현장을 직접 찍은 듯한 영상을 보면서도 "이것은 진짜인가?"라는 질문을 던질 수밖에 없는 상황이 되었다. 최근 몇 년 사이에 엄청난 관심을 모은 딥페이크deep fake 때문이다.

딥페이크의 개념과 원리

딥페이크는 2017년 레딧Reddit 사이트에 처음 등장했다. 갈 가도트Gal Gadot, 테일러 스위프트Taylor Swift, 스칼릿 요한슨Scarlett Johansson 같은 유명 배우가 나오는 포르노 영상물이었다. 사실이라면 전 세계가 발칵 뒤집힐 사안이었다. 하지만 이 영상은 포르노 배우의 얼굴을 유명 연예인으로 살짝 바꿔치기한 것이었다. 이 영상을 올린 사람의 대화명이 딥페이크스Deepfakes였다.

이후 AI 기술을 이용해 조작한 영상을 딥페이크라 부르게 되었다. 딥페이크는 AI 기술의 핵심인 기계학습의 한 분야인 딥러닝deep learning과 가짜를 의미하는 페이크fake의 합성어다. 딥러닝을 이용해 영상 속 원본 이미지를 다른 이미지로 교묘하게 바꾸는 기술이다. 딥페이크는 추출extraction, 학습learning, 병합merging의 세 단계로 이뤄진다. 기계가 학습하는 데 필요한 자료를 확보하고, 학습한 뒤 각 자료를 필요한 자리에 합하는 방식으로 작동한다. A의 얼굴에 B를 덧입힌다고 가정해보자. 이때 가장 먼저 수행하는 것은 추출 작업이다. A와 B의 사진 수천 장을 훑어가면서 필요한 이미지를 추출하는 과정이다. 꼭 사진일 필요는 없다. 짧은 동영상만 있어도 된다. 동영상의 짧은 순간도 많은 프레임으로 구성돼 있기 때문이다. 이렇게 이미지를 추출할 때 사용되는 AI 알고리즘을 인코더encoder라고 한다. 인코더는 A와 B 두 사람의 얼굴에서 유사점을 찾아내고 학습한다.

학습을 끝낸 다음에는 디코더decoder 알고리즘이 압축 영상을 풀어서 얼굴 모양을 만드는 방법을 학습한다. 이 과정이 안면 매핑face mapping 혹은 안면 스와핑face swapping이다. 이 과정엔 디코더 2개가 동원된다. 첫 번째 디코더는 A, 두 번째 디코더는 B의 얼굴을 복원하는 방법을 학습한다. 이런 학습 과정을 거친 뒤 엉뚱한 디코더에 얼굴 이미지를 보내준다. 이를테면 A의 압축 이미지를 B의 얼굴을 학습한 디코더에 보내는 방식이다. 그러면 B의 얼굴을 학습한 디코더가 A의 이미지로 B의 얼굴을 복원하게 된다. 바뀐 얼굴 모습이 그럴듯하게 보일 수 있도록 영상의 모든 프레임에 대해 안면 스와핑 작업을 하는 것이다.

딥페이크의 기반: 생성적 적대 신경망

이런 과정을 통해 생성되는 딥페이크의 기술적 바탕이 된 것은 생성적 적대 신경망GAN, Generative Adversarial Network이다. GAN은 이언 굿펠로Ian Goodfellow 등이 2014년 신경정보처리시스템학회에서 논문을 발표하면서 본격적으로 알려지기 시작했다. 이 기술은 세계적 AI 전문가인 얀 르쿤Yann Lecun이 최근 10년간 머신러닝 분야에서 나온 연구 중 가장 흥미로운 아이디어라고 평가할 정도로 관심을 모았다.

GAN은 머신러닝의 세 가지 핵심 분야 중 하나인 비지도 학습unsupervised learning을 이용한다. 2016년 이세돌 9단을 꺾으면서 화제를 모았던 알파고AlphaGo는 지도 학습supervised learning과 강화 학습reinforce learning을 활용했다. GAN을 통해 딥페이크를 생성하는 복잡한 과정을 간단하게 설명하면 이렇다. 우선 GAN에는 생성자generator와 감별자discriminator라는 두 가지 모델이 존재한다. 이 두 신경망 모델이 서로 경쟁하면서 결과물을 만들어내기 때문에 생성적 적대 신경망이라고 한다. 이 모델을 처음 발표한 굿펠로는 생성자와 감별자를 각각 위조화폐범과 경찰에 비유했다.

둘 중 생성자는 이미지를 만드는 역할을 한다. 실제 데이터를 학습한 뒤 이를 토대로 새로운 데이터, 즉 거짓 데이터를 만든다. 진짜 같은 가짜를 만드는 셈이다. 감별자는 생성자가 만든 데이터의 사실 여부를 판별하는 역할을 한다. 이렇게 서로 다른 역할을 하는 두 알고리즘이 서로 대립하고 경쟁하는 과정을 통해 품질을 높이게 된다. 훈련을 통해 생성자는 점점 더 진짜 같은 이미지를 만들어내는 반면, 감별자는 진짜와 가짜를 구분하는 능력을 계속 향상시킨다. 이런 훈련은 감별자가 더 이상 가짜 이미지와 진짜 이미지를 구분하지 못하는 경지에 이를 때까지 이어진다. 이 경지에 이르면 원본과 구분하기 힘든 콘텐츠를 만들어내게 된다.

알파고에 사용한 지도 학습은 정답을 반복적으로 알려주면서 훈련시킨다. 반면 비지도 학습은 정답이 없다. 대신 서로 경쟁하고 대립하면서 능력을 함께 향상시켜나간다. 굳이 비유하자면 지도 학습은 최적의 답을 찾아가는 과정이고, 비지도 학습은 새로운 것을 만들어내는 과정이다.

딥페이크 활용 사례

딥페이크는 탈진실 시대의 산물이다. 절대 진리가 무너지고, 진본과 복사본의 경계가 흐릿해지는 상황에서 탄생했다. 특히 최근 들어 딥페이크가 음란물 양산에 동원되면서 또 다른 피해에 대한 우려가 커지고 있다. 하지만 딥페이크가 꼭 부정적인 것만은 아니다. 영화를 비롯한 다양한 분야에 활용할 수 있다. 특히 같은 등장인물의 젊은 시절과 노년의 모습을 함께 보여줄 때 딥페이크를 유용하게 활용할 수 있다.

영화와 광고

2019년 넷플릭스 오리지널 시리즈로 개봉한 영화 〈아이리시 맨〉은 딥페이크 기술을 활용해 현실성을 높였다. 〈아이리시 맨〉에는 로버트 드니로Robert De Niro, 조 페시Joe Pesci, 알 파치노Al Pacino 등 할리우드를 대표하는 노배우들이 등장한다. 영화 자체가 50년의 세월에 걸친 이야기라서 배우들도 젊은 시절부터 노년의 모습까지 함께 연기해야 했다. 지금까지는 이런 연기를 위해 모션 캡처motion capture 기술을 주로 활용했다.

그런데 마틴 스코세이지Martin Scorsese 감독은 배우들의 몰입도를 극대화하기 위해 특수효과 전문 회사인 ILM과 함께 디에이징de-aging 기법을 활용했다. 노년의 배우가 연기한 영상에 그 배우의 젊은 시절 영상에서 뽑아낸 데이터를 입히는 방식이다. 이를 통해 로버트 드니로를 비롯한 주연배우들의 젊은 시절 모습을 좀 더 자연스럽게 만들어낼 수 있었다.

2019년 개봉한 영화 〈제미니 맨〉 역시 딥페이크 기술을 적용했다. 이 영화에는 51세인 주인공 헨리가 23세인 그의 아들에게 쫓기는 장면이 나온다. 여기서 젊은 윌 스미스의 모습은 딥페이크 기술을 활용해 만들어냈다.

딥페이크 기술은 또한 영화나 광고 영상 더빙에도 활용할 수 있다. 영국의 신디시아Synthesia라는 회사는 2019년 4월 축구 스타 데이비드 베컴David Beckham이 출연한 말라리아 퇴치 홍보 영상 제작 작업에 딥페이크 기술을 적용해 중국어, 아랍어, 힌디어 등 9개 언어로 더빙하는 데 성공했다. 또 미국 기업 스페이스150은 딥페이크 기술을 이용해 힙합 가수 트래비스 스콧Travis Scott의 가사와 멜로디를 학습한 뒤 신곡 'Jack Park Canny Dope Man'의 뮤직비디오를 만들었다.

역사 속 인물 재현

몇 년 전 홀로그램으로 가수 김광석의 콘서트 장면을 재현해 많은 관심을 받은 적이 있다. 김광석이 다시 살아나서 공연하는 듯한 모습에 많은 팬이 크게 감동했다. 물론 기술적 한계로 다소 어색한 모습이 눈에 띄었다. 그럴듯하긴 해도 현실 속 인물이라고 착각할 정도는 아니었다.

그렇다면 딥페이크로 그 프로젝트를 다시 하면 어떤 결과물을 만들어낼 수 있을까? 훨씬 더 실감 나는 영상을 만들 수 있을 것이다. 지금 다시 공연하는 시나리오를 만든 뒤 그가 남긴 여러 영상을 활용해 현재형 딥페이크 영상물을 만들어낼 수도 있다.

김광석 같은 현대 인물뿐만이 아니다. 역사 속 인물도 불러올 수 있다. 실제로 구글은 프랑스 방송사의 의뢰를 받아 루이 14세의 목소리를 만들어내는 데 성공했다. 당시 구글은 루이 14세의 건강 기록 등을 토대로 실제에 가까운 목소리를 재현하는 데 성공했다. 이 영상물은 넷플릭스 드라마 〈베르사유〉 홍보용으로 활용되기도 했다.

물론 역사 속 인물은 사진이나 영상 자료를 구하기 힘들다. 딥페이크를 제대로 구현하려면 수천 장의 사진이 필요한 점을 고려할 때 간단한 작업은 아니다. 하지만 최근 들어 사진 한 장만으로 딥페이크를 만들어낼 수 있는 기술이 연이어 개발되고 있어 이 문제도 조만간 해결될 것으로 보인다.

새로운 사실 창조의 가능성

그동안 딥페이크는 주로 얼굴이나 다른 영상을 바꿔치기하는 방식으로 구동됐다. 그런데 최근 들어 존재하지 않는 새로운 영상을 만들어내는 기술도 나오고 있다. 대표적인 것이 그래픽 칩 전문 업체 엔비디아NVIDIA의 '스타일GAN StyleGAN'이다. 엔비디아는 2018년 12월 스타일GAN을 논문으로 발표한 뒤 2019년 2월 소스 코드를 공개했다.

그런데 이 기술은 그동안 딥페이크가 구동하던 GAN과는 조금 다른 방식으로 작동한다. 스타일GAN은 여러 사람의 사진을 학습한 뒤 완전히 새로운 얼굴 사진을 만들어낸다. 원본 영상 일부를 바꿔치기하는 방식으로 가짜를 생성하던 기술이 이제는 아예 '존재하지 않는 새로운 현실'을 창조해내는 수준으로 발전한 것이다.

모스크바에 있는 삼성전자 AI연구센터가 2019년에 공개한, 얼굴 이미지 사진을 토대로 '말하는 얼굴 동영상'으로 변환할 수 있는 기술도 흥미롭다. 러시아 첨단기술의 산실로 불리는 스콜코보 과학기술연구소와 공동개발한 이 기술은 별도의 3차원 모델링 과정을 거치지 않아도 되는 것이 특징이다. 사진 한 장만 있으면 그 사람의 동영상을 만들 수 있다. 이를테면 아인슈타인 사진 몇 장만 있으면 그가 실제로 강연하는 영상을 만들어낼 수 있는 것이다. 이 기술은 역사 속 인물을 실제 영상으로 재현하려는 시도의 실마리가 될 수도 있다.

딥페이크와 탈진실 그리고 포스트모더니즘

2016년 미국 대통령 선거 당시 많은 가짜 뉴스가 유통됐다. 대표적인 것이 '프란치스코 교황이 트럼프를 지지해 전 세계를 깜짝 놀라게 했다'라는 뉴스였다. 물론 언론사의 보도 기사처럼 위장한 가짜 뉴스였다. 이 가짜 뉴스는 선거 직전 3개월 동안 무려 96만 건의 인게이지먼트engagement를 이끌어냈다. 인게이지먼트란 공유, 댓글, 반응 등을 합한 수치다. '힐러리 클린턴이 이슬람 국가에 무기를 팔았다'라는 뉴스도 약 79만 건의 인게이지먼트를 기록했다. 두 뉴스는 같은 기간 페이스북에서 각각 입소문 1, 2위에 랭크됐다.

가짜 뉴스들이 미국 대통령 선거 직전 소셜미디어 공간을 지배한 셈이다. 하지만 이 뉴스들의 영향력은 생각만큼 크지는 않았다. 지지하는 후보를 바꿀 정도로 큰 영향을 미치지는 못한 것으로 나타났다. 오히려 자기가 믿고 싶은 사실을 더 강하게 믿는 '확증편향confirmation bias'을 강화하는 역할을 했다는 것이 대체적인 연구 결과다.

딥페이크의 피해: 진실의 위기

딥페이크도 마찬가지다. 한때 2020년 미국 대통령 선거를 비롯한 대형 선거 이벤트에서 딥페이크가 엄청난 혼란을 몰고 올 수도 있다는 우려가 제기됐다. 하지만 여러 실험 결과에 따르면 딥페이크가 실제로 사람을 속여서 혼란을 일으키는 경우는 많지 않았다. 대표적인 것이 영국 러프버러대학교 크리스티안 바카리Cristian Vaccari 교수 등의 연구다. 이 연구팀이 2,005명을 대상으로 정치 딥페이크 영상을 보여준 결과 실제로 속아 넘어간 사람은 15%에 불과한 것으로 나타났다.[55]

이들은 딥페이크의 부작용은 오히려 다른 곳에 있다고 주장한다. 소셜미디어에서 유포되는 뉴스에 대한 전반적인 신뢰도가 낮아진다는 것이다. 대립하는 정치적 이슈에 대한 양극화가 더욱 두드러질 우려도 있다. 이는 논쟁적 사안에서 서로 협력을 꺼리는 결과로 이어졌다고 한다. 텍스트 기반의 가짜 뉴스가 몰고 온 부작용과 비슷한 결과다.

이런 상황은 절대 진리가 사라진 포스트모더니즘을 떠올리게 한다. 포스트모더니즘에서 절대 진리는 존재하지 않는다. 진실이나 객관성에 대한 의문을 제기한다. 물론 누군가 어떤 주장을 진실이라고 제시할 수도 있다. 하지만 그조차도 진실이 아니라 발화자의 정치적 이념에 불과한 것으로 받아들인다.

이런 맥락에서 《포스트트루스Post-Truth》의 저자인 리 매킨타이어Lee

McIntyre는 포스트모더니즘이 탈진실의 후견인이라고 주장한다. 뉴스가 사실이 아니라 한낱 정치적 이념이라면 필요에 따라 뉴스를 지어내지 못할 이유가 없다는 것이다. 그 결과 뉴스에 대한 신뢰도는 더 떨어지게 되었다. 이런 상황이 계속 반복되면 절대 진리나 사실 보도에 대한 믿음마저 무너져 내리는 것은 자명한 사실이다. 가짜 뉴스나 딥페이크 역시 이런 과정을 통해 탈진실을 잉태하게 된다.

〈매트릭스〉에서 우리는 이런 모습과 만날 수 있다. 매트릭스 자체가 만들어진 공간이라는 사실을 알게 된 네오는 현실 속에서 접하는 모든 것이 의심스럽다. 전부 만들어진 현실이 아닌가 의심하게 된다. 진실에 대한 믿음 자체가 상대적 가치로 바뀌게 된 것이다. 오히려 만들어진 가짜 현실에 감쪽같이 속아 넘어갔던 때보다 더 혼란스럽다. 물론 그 혼란은 새로운 진실을 향해 가는 과정이기 때문에 매트릭스 속 세계에 매몰돼 있을 때보다는 훨씬 소중하다. 그럼에도 불구하고 영화 속에서 네오가 겪는 많은 혼란은 탈진실 시대를 살아가는 우리에게는 또 다른 두려움의 대상이다.

딥페이크에 속지 않기

딥페이크의 부작용이 대두하면서 여러 가지 대책이 나오고 있다. 미국 방위고등연구계획국DARPA의 '미디어 포렌식Forensic 프로그램'이 대표적이다. 이미지나 영상 분석 같은 디지털 포렌식 기법에 초점을 맞춘 이 프로그램은 최근 딥페이크 탐지 기술 개발에 많은 관심을 쏟고 있다. 눈동자 깜박임 연구를 통해 영상 조작을 찾아내는 연구를 진행하는 학자도 있다. 그런가 하면 위치정보나 기상정보를 통해 영상의 허점을 골라내는 기법도 연구되고 있다.

이런 기술들은 AI로 AI를 추적하는 방식이다. GAN 논문을 처음 발표한 굿펠로의 표현을 빌리면 '위조화폐범을 쫓는 경찰' 기술이다. 그렇다 보니 딥페이크 기술도 함께 발전하고 있다. 기업이나 연구자들이 선한 목적으로 개발한 기술이 악의를 가진 사람들의 범죄 활동에 쓰이는 경우도 있다.

딥페이크와의 전쟁을 위한 입법 활동도 활발하다. 우리나라에서도 2020년 3월 '성폭력 범죄의 처벌 등에 관한 특례법'(이하 '성폭력 처벌법') 개정안에서 딥페이크 관련 규정을 추가했다. 딥페이크 편집, 제작 또는 유포 행위에 가담할 경우 5년 이하의 징역 또는 5,000만 원 이하의 벌금에 처한다는 처벌 규정을 신설했다. 성폭력 처벌법 개정안은 제작 의뢰자나 소지자에 대한 처벌 규정이 빠져 있어 반쪽이란 지적을 받고 있다. 그래도 딥페이크 현상을 처벌할 근거 조항을 신설했다는 점은 그 의미가 작지 않다.

물론 이런 노력만으로는 탈진실의 위기를 극복하기 힘들다. 탈진실 시대를 살아가는 사람들의 역할이 더 중요하다. 그런 점에서 탈진실 현상을 키운 것은 대부분의 사람들이 갖고 있는 확증편향적 성향이란 점에 주목할 필요가 있다. '믿고 싶은 것'을 무비판적으로 받아들이기보다 참된 진실이 무엇인지 끊임없이 질문하고 합리적 의심을 제기하는 노력이 무엇보다 중요하다. 그것이 딥페이크가 만들어내는 새로운 탈진실 시대를 살아가는 지혜다. 〈매트릭스〉에서 가상 세계 속에 빠져 있던 앤더슨이 진실과 마주하면서 네오로 거듭나게 된 것도 그런 비판적 자세와 노력 덕분이었다.

유전자 리프로그래밍
시대의 인간

━━━━━━━━ 코로나19는 경제적으로 2008년 금융위기를 뛰어넘는 수준의 충격을 안겨주었을 뿐만 아니라 우리의 생활 모습까지 바꾸고 있다. 코로나19의 충격 여파가 장기화할 전망이지만, 한편으로는 몇몇 치료제와 함께 코로나 백신 임상시험에서 나오는 긍정적 신호들도 있다. 백신 후보 물질로는 미국의 바이오 기업 모더나Moderna의 mRNA 와 옥스퍼드대학교에서 개발한 아데노바이러스 기반 ChAdOx1을 꼽을 수 있다. 이 두 백신 후보의 공통점은 바로 유전물질을 이용한 개발이라는 점이다. 기존 방식(재조합 단백질, 약독화, 사백신 등)이 아닌 유전물질을 주입해 면역화를 유도하는 방식이다. 의학의 두 큰 축은 치료와 예방인데, 치료에 이어 예방 측면에서도 유전물질을 이용한 유전자 리프로그래밍을 시도하고 있는 것이다. 인간이 아직 갖추고 있지 못하거나 불완전한 유전자 체계를 일시적 또는 영구적으로 리프로그래밍함으로써 인간

의 건강과 방어 체계를 바꾸려는 것이다.

인간의 유전자는 완전하게 프로그래밍되어 있는가

수만 년 전만 해도 인간은 자연계의 먹이사슬 체계에서 여우와 늑대 사이 정도의 자리를 차지하는 생물종에 불과했다. 하지만 우수한 지능을 기반으로 언어 체계를 구축하고, 도구를 사용하는 능력 등을 통해 이제는 먹이사슬의 최상위에 도달했다. 인간의 지능은 달나라를 다녀오고, 전 세계를 하나로 연결하고, 미지의 세계와 우주로의 확장까지 모색하게 하는 원동력이 되었다. 그런데 인간의 우수한 능력만큼 우리의 유전자가 완전하게 프로그래밍되어 있을까?

이러한 질문은 타당한 질문이 아니다. 생물학적 관점에서 '완전함'이란 상대적 개념이지 절대적 성질의 것이 아니기 때문이다. 현재는 좀 더 완전한 것 같지만 환경이 바뀌면 그것은 열등한 것으로 전락한다. 그리고 인간의 유전 체계는 생물학적으로 볼 때 다른 척추동물의 것과 큰 차이도 없다. 코로나바이러스나 다른 유해 미생물의 공격에 성공적으로 방어하지 못하고 있고, 생각보다 빈번하게 발생하는 유전자변이로 인해 심각한 질병을 경험해야 하며, 정신적으로 불안과 질투, 공격성이라는 부조화의 감정을 느껴야만 한다. 지금까지는 인간의 불완전한 유전 체계를 숙명으로 받아들였다면, 이제는 다양한 기술의 발전으로 이를 주체적으로 개선하려는 움직임이 일어나고 있다.

트랜스휴머니즘과 운명적 패러다임의 전환

인간은 기술과 문명을 통해 새로운 것을 구현할 수 있는 능력이 매우 높음에도 불구하고 신체적·정신적 능력은 매우 유한하다. 이러한 한계를 극복하고자 공학적·생물학적 기술을 이용해 신체적·정신적 능력을 향상하려는 움직임을 트랜스휴머니즘Transhumanism이라 부른다. 그리고 그 과정에 있는 인간을 트랜스휴먼Transhuman으로 지칭한다. 우리는 이미 교통수단, 인터넷, 전자기기 등의 사용을 통해 트랜스휴먼의 영역을 어느 정도 경험하고 있다. 시간과 공간의 제약이 허물어졌고, 자연적 재해로부터 자유로워졌다. 나노기술, 정보통신기술, 기계공학 기술 등 도구의 힘을 통해 이러한 것들이 이뤄졌다면 인간 자체를 바꾸어 초월적인 힘과 능력의 향상을 꾀하려는 생각은 최근 생명공학 기술을 통해 구현 가능한 영역 안으로 들어왔다.

트랜스휴먼, 다시 말해 증강된 인간을 구현하는 도구로서 유전자 가위는 핵심적 기술로 인식된다. 인간 능력의 증강은 세 가지 측면을 포함한다. 첫째는 건강 증진과 수명 연장이다. 다양한 유전질환과 감염병, 대사질환으로부터 해방됨과 동시에 수명의 획기적 연장을 의미한다. 둘째는 현대를 살아가는 삶에 적합하지 않은 정서적 부조화의 극복 문제다. 경계심이나 불안과 같은 감정은 수렵과 채집을 하던 과거에 생존을 유리하게 했던 정신적 요소로 작용했고, 이것이 우리의 DNA에 내재되어왔을 것으로 해석된다. 하지만 지금의 문명사회에서는 경계심보다 협력심과 신뢰감이 생존에 더욱 필요한 감정이다. 그러나 이러한 감정들을 진화 차원에서 유전자에 녹여내기에는 진화 시간이 충분하지 않았다. 생물학적 시간과 문명화 및 물질적 환경이 변화해온 시간과의 괴리를 생명공학 기술로 해결하려는 노력을 포함할 수 있다. 셋째는 인지능력의 증감이다. 지금까지 인간 인지능력의 비교 대상은 동물이었다. 이를 통해 인간은 만물의 영장이라는 지위를 확보하고, 자찬하며 즐겨왔다. 하지만 그런 비교 대상의 자리를 AI가 차지하기 시작했다. 도구 정도로 생각하던 AI가 이제는 인간을 대체하는 자리로 올라가고 있다.

그렇다면 이런 도전들에 대한 응전은 가능한 것일까? 최소한 기술적 관점에서 보면 불가능한 것이 아니며, 점점 기술적 장벽이 허물어지고 있다. 'SIRT6', 'ATCN3' 등 수명이나 신체 능력에 관련된 유전자들이 알려지기 시작했다. 그리고 다양한 유전자 기능에 대한 종합적 이해로 뇌의 인지기능에 대한 실마리가 하나씩 풀리고 있다. AI의 도움을 통해 이러한 이해의 폭은 폭발적으로 늘어났다. 유전자에 대한 기능적 이해와 이를 리프로그래밍하는 도구인 유전자 가위로 적어도 기술적 차원에서는 증강된 트랜스휴먼의 구현은 가능 범위 안으로 들어오고 있다.

손쉬운 일이 되어가는 유전자 가위 기술

크리스퍼 유전자 가위는 자르고자 하는 목표 유전자 부위를 정확하게 찾아낼 수 있는 가이드 RNA와 DNA를 변형시키는 역할을 하는 카스 단백질CAS protein이 짝을 이뤄 효율적으로 유전자를 편집하고 교정한다. 하지만 크리스퍼 기술을 진정한 유전자 가위 기술이라고 부르기에는 한계가 있었다. 원하는 DNA 서열을 인식해 정확하게 절단해내는 능력은 매우 우수하나, 원하는 서열로 바꾸는 능력은 떨어지기 때문이다. 이를 극복하기 위해 베이스 에디팅Base Editing 기술이 개발되었으나, 이 또한 바꿀 수 있는 DNA의 범위에 한계가 있었다. 예를 들어 A를 T로 바꾼다거나 C를 G로 바꿀 수는 없었다. 더욱이 몇 개의 DNA가 빠진 곳deletion을 채운다거나, 아니면 불필요하게 덧붙여진 곳insertion을 제거해 다듬는 일은 더더욱 할 수 없었다.

그런데 2019년 말, 미국 하버드대학교 데이비드 리우David R. Liu 교수 연구팀이 전통적인 크리스퍼 유전자 가위 기술과 베이스 에디팅 기술이 지닌 단점을 모두 해결한 프라임 에디팅Prime Editing 기술을 개발하는 데 성공했다. 가이드 RNA에 이른바 답안지 서열을 추가해 카스 단백질에 붙어 있는 역전사효소가 적극적으로 이에 맞춰 교정하도록 만든 장치다. 이렇게 하면 효율이 높을 뿐만 아니라 유전자를 치환 또는 넣거나 뺄 수 있어 웬만한 유전자변이가 가능해진다. 또 '인티그레이트Integrate'나 '크리스퍼-연관 트랜스포사제CAST, CRISPR-Associated Transposase' 같은 기술을 통해 DNA를 원하는 위치에 효율적으로 삽입하는 기술도 최근 보고되었다. 이러한 기술적 도구로 유전자 편집은 점점 손쉬운 일이 되어가고 있다.

유전자 가위 기술의 활용과 논쟁점

유전자 가위 기술을 인체에 활용하는 데는 크게 두 가지 쟁점이 있다. 하나는 유전자 가위를 치료 목적 외에 인간을 강화하는 목적으로 사용할 수 있는가의 문제다. 또 하나는 유전자 편집을 체세포가 아닌 생식세포에 적용할 수 있는가의 문제다. 결국 유전자 가위를 인간의 능력 증강에 이용할 수 있을 것인가와 관련되어 있다. 그리고 이 두 질문은 서로 연관되어 있다.

생명체는 외부 환경 자극이나 특정 물질에 의해, 또한 자발적이고 우연한 사건에 의해 지속적으로 DNA가 변화하는 특징을 보인다. 이는 생물다양성과 진화의 근원적 힘이다. 하지만 생명체의 정상적인 생명 활동에 지장을 초래하는 변이, 즉 유전자 돌연변이는 인간에게 치명적인 희귀 유전질환의 원인이 된다. 현재 유전자 돌연변이에 의한 희귀 유전질환의 종류는 정확히 알려지지 않았지만, 국내에만 1,066종이 등록되어 있고 50여만 명의 환자가 고통받고 있다. 유전질환은 근본적으로 유전자가 잘못 쓰인 변이로 발생하므로 잘못된 변이의 '고쳐 쓰기'를 통해 근본적 치료가 가능하다고 할 수 있다.

지금까지 유전자는 그것이 정상이건 비정상이건 우리가 죽을 때까지 그대로 가지고 가야 하는 숙명과도 같은 대상이었다면, 이제는 고쳐 쓰기가 가능하다. 물론 이전의 유전자 재조합 기술과 같이 제한적 형태의 기술은 존재했으나, 세포가 살아 있는 상태에서 매우 정교하고 효율적으로 고쳐 쓰기가 가능해졌다는 점에서 유전자 편집 기술은 종래의 기술과 근본적으로 차이가 있다.

첫째, 인류는 유전자 가위 기술을 유전질환이나 암과 같은 희귀·난치 질환에 사용하기로 합의한 상태다. 현재 미국과 중국을 중심으로 유전자 가위 임상시험이 10여 건 진행되고 있다. 주로 헌터증후군, 혈우병 같은 유전질환이거나 면역 관문을 억제해 면역 치료 효과를 높이려는 항암 임상 연구들이다. 향후 더욱 정교하고 효율적인 유전자 가위 도구와 함께 전달 기술의 혁명이 이뤄진다면 의료 사각지대에서 고통받는 환자들에게 희망을 줄 수 있는 치료 기술이 개발될 것이다. 그리고 유전자 가위 기술의 존재 가치는 그러한 의료적 혜택에서 찾아야 할 것이다.

우리 사회가 유전자 가위 기술뿐 아니라 어떤 약물이나 의료 행위를 통한 인간의 증강을 금기하고 있기 때문이다.

둘째, 체세포가 아닌 생식세포를 대상으로 유전자 편집을 할 수 있는가. 정답은 반은 맞고 반은 틀렸다. 일부 국가에서는 생식세포나 배아를 대상으로 한 유전자 편집은 허용하고 있으나, 이를 자궁에 이식해 사람으로 태어나게 하는 행위는 금지하고 있다. 우리나라에서는 생식세포 편집 자체를 금지하고 있다. 즉 그것이 치료 목적이건 증강 목적이건 사람을 태어나게 하는 행위는 금지된 상태다. 다만 이러한 규제가 모호한 국가들이 있다. 러시아를 비롯한 유럽의 일부 국가와 아프리카의 대다수 국가, 남미 등지의 경우 관련된 조항이 모호하다. 중국에 이어 러시아에서도 두 번째 유전자교정 아기 시술을 시행하려고 계획하고 있으나, 현재 모호한 규제에 따라 당국의 결정을 기다리고 있다. 생식세포를 대상으로 하는 유전자 편집의 장점은 기술적으로 훨씬 쉽다는 것이다. 체세포에서 유전자교정이 이루어지려면 골격과 신경망, 근육, 매트릭스로 얽힌 장벽 너머 목표 조직으로의 전달이 이뤄져야 하는데, 이것이 쉽지 않아 치료 효율이 낮을 수밖에 없다. 면역반응의 문제도 있다. 이러한 이유로 현재 유전자 가위 기술을 통한 치료가 활발한 분야도 혈구 세포 관련 질환이다. 조혈모세포를 체외로 분리해 에이즈에 대한 저항성을 갖게 한다거나 베타글로빈의 유전자변이로 발생하는 악성빈혈인 겸상적혈구빈혈증 치료 등에 활용되고 있다.

유전자 편집 기술의 허용과 규제

만약 똑같은 유전자 시술을 생식세포에 적용하면 어떻게 될까? 성공한다면 유전질환을 후대에 단절시키는 효과를 거둘 수 있을지 모른다. 2018년 중국 남방과학기술대학교의 허젠쿠이賀建奎 교수가 세계 최초로 유전자 편집 아기를 출산하는 데 관여한 이유도 이러한 목적이었을 것이다. 허젠쿠이 교수는 에이즈 저항성을 갖도록 CCR5 유전자를 제거한 아기를 출산하는 실험을 단행했으며, 실제로 에이즈 질환을 앓고 있는 아버지와 건강한 어머니와의 사이에서 얻은 수정란을 편집해 쌍둥이 여아를 탄생시켰다. 하지만 많은 국가가 이에 대해 강력한 저항감을 표현했고, 생식세포 편집 연구의 모라토리엄을 선언했다. 또한 향후 최소 5년간 인간 배아의 유전자 편집과 착상을 전면 중단하고, 이를 관리·감독할 국제기구를 만들어야 한다는 내용의 공동성명을 국제 학술지 〈네이처〉에 발표했다. 그러나 이러한 선언이 구속력을 지닌 것은 아니어서 관련 연구의 시도는 계속 이어질 수 있다.

우리나라의 경우 생명윤리법 제47조 제3항에서 생식세포, 배아, 수정란의 유전자 편집 연구 자체를 엄격히 금지하고 있다. 일각에서는 유전자 편집 기술 활용을 과도하게 규제하는 측면이 있다고 주장한다. 중국의 사태처럼 과학자의 과학 윤리에만 맡겨둘 것이 아니라 근본적 규제를 해야 한다는 의견과 아기의 탄생까지는 막되 배아나 생식세포의 교정 연구는 기술 발전을 위해 허용해야 한다는 의견이 맞서는 상황이다.

미래 사회와 유전자 가위 기술의 건강한 접목

유전자 가위 기술을 치료 목적으로 사용하든 강화 목적으로 사용하든 기술을 적용하는 데 고려할 것이 있다. 첫째, 기술의 안전성 측면이다. 의학적 치료제로서 승인을 얻으려면 임상 연구가 선행되어야 하며, 치료 효과에 앞서 치료제의 안전성 검증이 우선적으로 이뤄져야 한다. 안전성 검증은 치료 시점에 발생할 수 있는 독성이나 부작용에 대한 고찰 외에도 약물이나 치료가 미치는 장기적 영향에 대한 분석을 포함한다. 1960년대에 개발된 홍역 백신의 경우 백신 주입 시 항체는 생성되었으나, 이후 홍역 병원균에 감염되었을 때는 병이 더 악화되었다. 의학적 처치에 대한 장기적 모니터링의 필요성을 단적으로 보여주는 사례다. 그렇다면 유전자 가위 기술의 안전성에 대한 우리의 정보 수준은 어떠한가? 아마도 이 부분이 현재 유전자 가위 기술을 사용할 수 없는 요인일 것이다. 대부분 세포나 일부 동물 수준에서 단편적으로 안전성 연구가 이뤄졌다. 유전자 가위 기술의 역사가 짧아 장기적인 추적 연구도 수행되지 못했다.

둘째, 인권 문제다. 만약 생식세포에 유전자 편집을 시행해 아기가 태어났다고 가정하자. 그러한 시술을 결정한 사람은 부모거나 그에 상응하는 법적 권리를 지닌 제삼자일 것이다. 하지만 그 영향이 미치는 사람은 바로 태어난 아기 당사자다. 이 경우 행위 결정자와 대상자의 불일치가 발생하며, 이는 인간이 갖는 자기결정권의 문제와 충돌한다. 심각한 질환을 예방한 행위라면 이해가 좀 더 쉽겠지만, 능력 강화라면 그렇지 않을 가능성이 농후하다.

셋째, 사회적 합의의 문제다. 한 사회에서 통용되는 윤리와 도덕의 근간에는 사회적 합의라는 뿌리가 작용한다. 사회적 합의에 따라 한 시대에서는 비도덕적이거나 비윤리적인 준거가 후대에서는 일반적으로 받아들여질 수 있고, 또 그 반대 상황도 벌어질 수 있다. 일부다처제는 어떤 집단 내에서 합의된 것이었으나 다른 시간과 공간의 집단에서는 악으로 받아들여질 수 있듯 유전자 가위 기술의 적용은 사회 구성원의 인식에 따라 상대적 가치를 지닌다. 하지만 현 인류는 아직 이에 대한 충분한 논의 과정을 거치지 못했다. 사회적 논의가 충실하고 풍성해지려면 기술이 가진 혜택과 위험에 대한 충분한 정보를 손에 쥐고 있어야 한다. 그리고 기술이 사회적으로 미칠 수 있는 영향을 다각적으로 고찰할 수 있는 거버넌스의 출현도 이뤄져야 한다. 기술이 가져다줄 동전의 양면을 취사선택할 인류적 지혜를 갖춰나가야 한다.

데이터 알고리즘이 이끄는
나만 옳다는 생각

━━━━━━━━ 그리스 신화에 '프로크루스테스의 침대'라는 일화가 있다. 프로크루스테스는 노상강도였는데, 지나가는 나그네를 붙잡아 자신의 침대에 눕히고선 키가 침대보다 크면 튀어나온 다리와 머리를 잘라내고, 키가 침대보다 작으면 억지로 늘려서 죽였다. 이렇게 잔인한 이야기가 있을까 싶지만, 확증편향의 덫에 걸린 사람들을 설명하는 데 이보다 더 적합한 예화는 없을 것이다. 확증편향에 빠진 사람들은 자신이 정한 기준과 생각에서 조금이라도 벗어나면 참지 못하고 프로크루스테스처럼 잘라내거나 늘려서라도 침대의 틀에 맞추려는 성향을 가지고 있다.

왜곡되거나 성급한 결론, 확증편향

사람은 자신의 선호도에 따라 일정 부분 특정 방향으로 치우치는 성향을 가지고 있다. 모두 어느 정도는 자신만의 렌즈를 통해 보고 판단한다. 그러나 사람과의 접촉, 책, 강의, 인터넷 등의 매개체를 통해 자기 생각의 틀에 맞는 내용만 받아들일 때 편향적 사고에 빠질 수 있다. 중독 수준의 강한 편향과 왜곡이 생기면 다시 제자리로 돌아오기 어렵게 된다. 더구나 본인의 취향에 맞는 내용만 찾아 보여주는 데이터 알고리즘을 따르다 보면 정상적 사고를 수행할 수 없게 마련이다. 데이터의 어두운 면이 인간에게 내재된 편향성을 극단까지 증폭시키고 확증편향에 빠지게 하는 것이다.

그렇다면 편향은 어떻게 발생하는 것일까? 편향은 빠른 의사결정을 하기 위해 모든 요소를 고려하지 않고 성급하게 결론을 내릴 때 발생한다. 즉 숙고 없이 일부 요소를 의도적으로 무시한 채 결정할 때 편향이 일어나기 쉽다. 때로는 생존을 위해 빠른 결정이 필요하다. 차량이 인도로 돌진하고 있는데 주변의 여러 요소를 모두 살펴보고 생각해서 움직일 수는 없다. 순간적으로 몇 가지 중요한 요소만 판단해 즉각적으로 결정하고 움직여야 한다. 그러나 고려해야 할 요소를 충분히 살펴보지 않고 생략한 채 결정하는 방식이 반복되면 편향이 일어나기 쉽다.

'낯선 사람은 위험하다'라는 생각 역시 약간의 편향성을 내포한다. 낯선 사람이 위험한 경우도 있지만 그렇지 않은 경우도 분명 있는데, 본인의 안전을 고려한 의사결정을 하기 위해 불가피하게 성급한 결론을 내린 것이다. 현실 세계에서 완전한 객관성은 존재하지 않으며, 이러한 사례처럼 약한 편향과 왜곡이 존재하는 것은 정상 범위 안에 포함되는 것이라고 할 수 있다.

그러나 다음과 같은 사례로 넘어가면 정상 범위를 넘어선 편향이 된다. 길을 가다가 몇몇 무례한 흑인을 만난 경험을 한 사람이 '흑인은 모두 무례하다'라는 성급한 결론을 내린다면 이는 인종차별이나 편견이 된다. 당연히 백인 중에도 무례한 사람이 있고 흑인 중에도 예의가 바른 사람이 있는데, 이와 같은 요소를 고려하지 않고 성급하게 내린 결론이다.

문제는 AI로 대변되는 데이터 알고리즘 시대에 들어서면서 구조적 차원에서 확증편향이 확산되고 있다는 것이다. 이는 일상생활에서 데이터 알고리즘의 영향을 가장 많이 받는 소셜미디어의 작동 원리와 밀접하게 연관되어 있다.

확증편향의 발생

데이터 알고리즘은 '정확성, 효율성, 속도'의 세 가지 측면에서 인간이 따라갈 수 없는 성능을 보여주고 있으며, 그 격차는 점점 더 벌어지고 있다. 예를 들어 은행에서 대출 심사를 할 때, 대출을 받으려는 사람이 대출금을 갚을 수 있을지 없을지 신용도를 판단하는 것은 은행 입장에서는 중요한 문제다. 그런 다음 은행은 대출자의 신용등급에 따라 위험도를 고려해 대출금리를 책정한다. 그전에는 대출 신청자가 각종 서류를 준비해서 제출하고, 이를 은행 담당자가 점검하고 결재를 받아 대출금리를 산정했다. 현재는 비대면으로 본인 인증만 하면 데이터 알고리즘이 대출 신청자의 신용과 관련된 데이터를 모아서 순식간에 대출 여부와 금리까지 산정한다. 사람이 직접 수행할 때보다 정확성, 효율성,

속도 면에서 비교할 수 없는 성과를 낸다. 이런 방식으로 데이터 알고리즘은 안면 인식, 신용 결정, 모기지, 보험료 산정, 범죄 통계 등 많은 부분에서 활용되고 있다.

데이터 알고리즘은 딥러닝의 학습 과정을 통해 고도화된 지능을 요구하는 업무에서부터 인간을 대체해나가고 있다. 증권 투자분석가, 재무설계사, 보험계리사 등은 불과 몇 년 전만 해도 금융권 유망 직종이었지만 이제는 미래에 사라질 직종으로 분류된다. 미국 증권사 골드만삭스는 투자분석가가 40시간 넘게 걸리는 일을 단 몇 분 내에 처리해주는 금융 분석 프로그램을 도입한 이후 대부분의 증권 중개 업무를 사람이 아닌 데이터 알고리즘에 맡겼다.

데이터 알고리즘은 네이버와 구글 같은 검색 포털과 페이스북, 유튜브, 트위터, 인스타그램 등 이제 현실 생활에서 떼려야 뗄 수 없게 된 소셜미디어에서도 중요한 역할을 한다. 그런데 고도의 정확성이 필요한 복잡한 수식을 계산해낼 때처럼 사람들은 데이터 알고리즘이 인간보다 훨씬 더 정확하고 효율적이며, 신속하다고 의심 없이 신뢰한다는 것이 문제다.

예를 들어 소셜미디어는 다음과 같은 세 주체가 함께 움직인다.

① 소셜미디어 사용자: 소셜미디어 플랫폼의 콘텐츠를 소비하는 사람
② 콘텐츠 작성자: 자신의 견해와 기사를 배포하기 위한 플랫폼으로 소셜미디어를 활용하는 사람
③ 소셜미디어 회사: 소셜미디어 구독자가 플랫폼 내에 오래 머물게 해 광고 등의 수단으로 돈을 버는 소셜미디어 소유자

이 세 주체가 활동하면서 데이터 알고리즘을 통한 확증편향이 강화되는 구조적 취약점을 파악하려면 다음 두 가지 사항에 대한 고찰이 선행되어야 한다. 첫 번째는 개인에게 특화된 '추천' 기능을 통해 개인의 선호에 부합하는 내용만 보여줄 때 발생한다. 앞서 언급한 것처럼 편향은 일부 요소를 의도적으로 무시한 채 성급하게 결론을 내릴 때 일어난다. 소셜미디어에서 제공하는 개인별 맞춤 정보는 결국 객관적으로 조명할 수 있는 많은 데이터를 보여주는 게 아니라 개인의 선호에 부합하지 않는 여러 데이터를 제외한 채 제공된다. 인터넷 검색 결과 혹은 소셜미디어에서 보는 추천 데이터에 대해 보편적 '객관성'을 확보하지 못할 수도 있다는 것을 항상 염두에 두어야 하지만, 대다수 사람은 이런 부분을 소홀히 한다.

두 번째는 소셜미디어에서 제공하는 데이터의 '신뢰성'이다. 한국에서 구글 지도를 연 다음 독도가 있는 부근의 바다 이름을 보면 '동해'로 명기되어 있다. 그러나 일본에서 구글 지도를 열면 '일본해'로 표기되어 있다. 마찬가지로 인도와 파키스탄의 분쟁 지역인 '카슈미르' 지역은 인도에서 보는 구글 지도에는 인도 땅으로 되어 있고, 파키스탄에서 보는 구글 지도에는 파키스탄 땅으로 되어 있다. 같은 사물이나 지역의 이름은 모든 사람에게 똑같이 보여야 데이터의 객관성을 확보할 수 있는데, 데이터 알고리즘에 따라 결과가 조정됨으로써 데이터의 보편적 '신뢰성'을 확보할 수 없는 세상이 된 것이다.

소셜미디어 사용자는 본인의 취향에 부합하는 데이터만 계속 접하게 됨으로써 스스로 인식하든 못 하든 편향에 빠진다. 결과적으로 데이터 알고리즘에 대한 인간의 신뢰성과 소셜미디어에서 소비하는 데이터의 편향성이 반복되며 확증편향이 발생할 수밖에 없다.

맞춤형 데이터로 강화되는 확증편향

사용자의 결정에 영향을 주는 것에 강한 관심을 가진 주체들은 사용자의 편향을 자신의 이익을 위해 이용하고 싶은 유혹을 받게 된다. 대표적인 것이 소셜미디어다. 사용자의 선호를 강화하고 이를 이용해 각자의 이익을 극대화하고 있다.

대개 사람들은 확신하며 결정한 사항과 모순되는 증거와 마주하면 불편함을 느끼게 된다. 인지부조화cognitive dissonance 현상 때문이다. 소셜미디어는 정교한 데이터 알고리즘 모델을 통해 접속한 사용자가 인지부조화로 불편함을 느끼지 않고 즐거움을 느끼며 가능한 한 오랫동안 머물 수 있도록 최선을 다한다. 관심을 끌기 위해 사용자의 구미와 성향에 맞는 맞춤형 데이터를 보여줌으로써 소셜미디어 체류 시간을 늘리려 한다. 예를 들어 사용자를 세분화해 맞춤형 광고를 제공하는 마이크로 타기팅Micro-targeting 광고 전략도 이러한 메커니즘을 활용한 방식이다. 상품정보든 정치정보든 이 과정을 통해 소셜미디어 사용자들은 한 번 선택한 적 있는 정보에 맞춰 제공되는 맞춤형 데이터만을 점점 더 많이 보게 되는 것이다.

영국은 극심한 정치 대립 속에서 국민투표를 거쳐 브렉시트를 결정했으나, 그 이후에도 계속되는 논쟁 속에 있다. 영국과 같은 고도화된 민주주의 체계도 양 진영의 이해관계를 조정하지 못하고 있다. 이 과정에서 소셜미디어를 통해 미국 대통령 선거에 영향을 미친 '케임브리지 애널리티카Cambridge Analytica'가 다시 등장한다. 페이스북의 '좋아요' 클릭을 통한 사용자 정보를 취합해 브렉시트의 정치적 혼돈 과정에서 사용자에게 영향을 미칠 수 있는 정확한 '트리거trigger'를 끌어낸 광고(트럼프 캠페인 지원 역시 동일한 방식으로 진행했다)를 내놓았다. 사용자의 편향을 이용한 대표적 사례다.

지구촌 곳곳에서 이전과는 다른 수준의 정치적 반목과 대립이 벌어지고 있다. 양측의 정치세력은 인터넷과 소셜미디어를 이용해 지지 세력의 편향 의식을 강화해나간다. 그 결과 의견이 다른 상대방과의 정치적 협의나 토론으로 접점을 찾아가는 과정은 점점 더 불가능하게 되는 측면이 있다.

이 모든 것이 데이터 알고리즘과 소셜미디어의 폐해 때문이라고 할 수는 없다. 그러나 사용자의 선호에 맞춰 관련 콘텐츠를 집중적으로 보여주는 맞춤형의 또 다른 얼굴인 소셜미디어가 주요한 원인 가운데 하나라는 것과 앞으로도 큰 영향을 미치게 될 것이라는 점은 분명하다. 소셜미디어의 데이터 가동 모델은 수많은 데이터를 거르고 여과시켜 사용자의 믿음과 선호에 부합하는 내용을 폭포수처럼 쏟아내면서 사용자의 확신을 강화하고 편향의 깊이를 더한다. 이렇게 되면 인종차별주의자, 여성 혐오주의자, 극우와 극좌, 테러리스트 등 극단주의자들은 점점 더 자기 확증에 가까운 생각을 갖도록 유도된다. 이런 방식의 데이터 알고리즘 운영은 극단주의자들의 병적인 상태를 심화하는 데 이용될 여지가 크다.

그런데도 소셜미디어나 포털 검색 사이트 등은 사용자로부터 획득한 다양한 데이터를 어떻게 활용하고 폐기하는지 정확하게 밝히지 않는다. 따라서 사회적 감시와 통제를 통해 데이터 기반 플랫폼이 불법적인 데이터나 편향성이 존재하는 데이터 알고리즘을 사용하고 있는지 점검해야 한다. 데이터 알고리즘이 모든 사람의 삶은 물론이고 공동체의 건강성에도 결정적 영향을 미칠 수 있기 때문이다.

데이터 시대의 확증편향 예방 전략

데이터 알고리즘은 편향을 만들거나 강화할 수 있지만, 또 다른 차원에서는 편향을 줄이거나 아예 없애는 방법이 될 수도 있다. 수천 명의 사람을 교육하는 것보다 데이터 알고리즘 코드 변경이 더 쉽기 때문이다. 따라서 사회적 관심을 통해 데이터 알고리즘의 중심을 잡아나가야 한다. 그러지 못하면 알고리즘을 만드는 극소수의 조직이 삶을 통제하고 왜곡할 것이다.

이를 위해서는 첫째, '사회적 데이터'라는 개념 정립이 필요하다. 데이터 알고리즘을 사용하는 기업이나 기관은 데이터를 자신의 소유로 여긴다. 돈을 주고 사거나 플랫폼을 만들어 확보한 것이라는 이유에서다. 그러나 데이터는 사회의 많은 구성원이 만들어낸 결과물이다. 개별 기업이 소유할 수 없으며, 사회적 공공재의 성격을 가진다는 점을 사회 구성원들이 명확하게 인식할 필요가 있다.

둘째, 데이터 알고리즘의 '공개'가 이뤄져야 한다. 자동차는 안전을 위해 매번 정기 검사를 받아야 한다. 이와 비슷한 사회제도가 많다. 다른 사람에게 치명적인 해를 끼칠 수 있어 점검을 통해 위험을 줄이려는 시도들이다. 데이터 알고리즘 역시 우리의 현재 삶과 미래세대에 큰 영향을 미칠 수 있다는 점에서 사회적 감시와 점검을 받아야 한다. 그러기 위해서는 '공개'가 전제되어야 한다. 정보 공개 청구와 같이 '데이터 알고리즘 공개 청구'가 가능해야 한다. 만약 데이터 알고리즘에 편향을 유도하거나 불평등을 유발하고, 개별 기업이 사적 이익을 위해 규범을 위반하며 사용한 것이 의심되면 데이터 알고리즘 공개 청구를 할 수 있어야 한다.

이런 측면에서 2019년 미국 의회에서 발의된 '알고리즘 책임법Algorithmic Accountability Act'이 시사하는 바가 크다. 이 발의안에서는 불투명한 데이터 알고리즘의 위험에 대응하기 위해 한국의 공정거래위원회와 같은 미국의 연방거래위원회Federal Trade Commission에 다음과 같은 권한을 부여하고 있다.

- 데이터 알고리즘의 작동 원리를 모니터링한다.
- 데이터 알고리즘이 공정하고 정확하게 작동하는지 감시한다.
- 연간 매출이 5,000만 달러 이상인 기업에 적용한다.
- 개별 기업의 데이터 알고리즘이 지식재산권 유출 문제와 관련이 있어도 공개적으로 감사를 진행할 수 있어야 한다.

셋째, '복수'의 데이터 알고리즘을 함께 가동하는 것이 필요하다. 이것은 아마도 공공기관에서 먼저 시행할 수 있을 것이다. 예를 들어 연구소에서 연구자를 채용하는 데 하나의 데이터 알고리즘만 가동하는 것이 아니라 여러 개를 함께 가동해 최적의 조합을 찾아나가는 것이다. 연구자를 채용할 때 지금까지의 학문적 성과를 측정하는 부분이 있을 수도 있고, 심층 인터뷰 과정을 통해 여러 측정치를 얻을 수도 있다. 그리고 평판을 조회하는 등 여러 가지 가동 모델이 있을 수도 있다. 이처럼 데이터 알고리즘을 개별적으로 혹은 조합해 가동함으로써 어떻게 하면 가장 객관적이고 공정한 결과를 도출할 수 있을지 확인해볼 수 있다.

데이터 알고리즘이 현실 세계에서 가동되기 전에, 마치 신약의 임상시험처럼 정밀한 테스트 단계를 거치고 보고서를 작성해 점검 기관에 제출하는 것이다. 그러면 신약의 약효와 위험성을 검증한 뒤 허가하듯,

독립 기관에서 데이터 알고리즘의 객관성과 유효성을 검증해 사용 허가를 내주는 방식을 생각할 수 있다. 인증 후에 사회적 편향을 유도하지 않는다는 '무편향bias-free' 표지도 줄 수 있다. 모든 영역에서 이런 방식을 적용하기는 어렵겠지만, 사회적 영향이나 파급효과가 큰 부분에서부터 단계적으로 시행한다면 큰 효과를 볼 수 있을 것이다.

넷째, 중립적인 감독기관을 만들어야 한다. 데이터 알고리즘의 가동 모듈 속에 사회적 합의와 어긋나는 편향이 들어 있는지 확인하고 점검할 수 있는 중립적인 기관이 있어야 한다. 영국의 동물행동학자 리처드 도킨스Richard Dawkins의 주장처럼 확증편향은 인간의 정신에 감염되는 바이러스와 같다. 데이터 알고리즘의 편익도 크지만, 데이터 알고리즘에 의해 확증편향이 증폭될 경우 인류 사회에 큰 위험이 될 수 있다. 사회적 감시와 통제가 필요하다.

최근 페이스북은 대내외의 비판에 대응하기 위해 '콘텐츠 감독위원회'를 구성했다. 그러나 거대 테크 기업의 압도적인 시장지배력과 통제력은 날이 갈수록 강해지고 있어 개별 기업의 자정 능력에 맡기기보다는 중립적인 기관에서 데이터 알고리즘에 대한 모니터링과 점검이 이뤄질 수 있도록 해야 한다. 점점 더 고도화되어가는 데이터 알고리즘이 사회의 통제나 감시 없이 가동되고, 사람들이 부지불식중에 데이터 알고리즘이 제시하는 틀에 자신의 삶을 최적화시켜 살아가는 것이 진정 우리가 바라는 삶인지 생각해보아야 한다.

새로운 4대 계급의 출현과 불평등

■━━━━━━━━━ 2020년 세계는 엄청난 돌발 변수를 경험하고 있다. 중국에서 시작된 코로나19가 전 세계를 공포에 빠뜨렸다. 믿을 수 있는 백신이 언제 나올지 모르는 상황이고, 백신이 나오더라도 제2, 제3의 바이러스가 발생할 수 있다는 위기감이 증폭하고 있다. 코로나19 위기는 사회적 불평등을 유발하는 요인이기도 하다. 사회적 불평등 연구의 석학으로 꼽히는 미국 캘리포니아대학교의 로버트 라이시Robert Reich 교수는 이러한 불평등 심화 상황을 꿰뚫으며 코로나19로 미국 사회에 새로운 4개 계급이 출현했다고 주장한 바 있다.[56] 첫 번째 계급은 원격근무가 가능한 노동자the remotes들이다. 전체 노동자의 35%에 해당하는 이들은 전문직과 관리 인력으로, 노트북으로 장기간 업무를 하고 코로나19 이전과 거의 동일한 임금을 받는다. 두 번째 계급은 필수적일을 해내는 노동자the essentials들이다. 전체 노동자의 30%를 차지하는

이들은 의사, 간호사, 재택 간호사, 음식 배달자, 트럭 운전기사, 위생 관련 노동자, 약국 직원, 경찰관, 소방관, 군인 등 위기 상황에 꼭 필요한 일을 하는 노동자들이다. 세 번째 계급은 임금을 받지 못하는 노동자the unpaid들로, 소매점·식당·제조업체 노동자에 해당한다. 이번 코로나19 사태로 무급휴직에 들어가거나 일자리를 잃은 경우다. 네 번째 계급은 잊힌 노동자the forgotten들로 감옥, 이민자 수용소, 노숙인 시설 등에 있는 사람들이 이에 해당한다. 이들은 물리적 거리 두기가 불가능해 감염 위험에 상시 노출되어 있다고 할 수 있다.

코로나19 사태가 유발하는 사회적 불평등 중에서도 기술 요인은 더욱 커질 것으로 보인다. 인류가 생존하기 위한 유일한 방법은 접촉을 최대한 줄이는 것, 즉 언택트 사회로의 전환에 관심이 쏠리고 있다. 언택트 상황에서도 업무·학습·여가 생활 등이 이전과 같이 이뤄지려면 이를 가능하게 하는 다양한 기술이 부상할 수밖에 없으며, 지금보다 더 일상생활 깊숙이 자리하게 될 것이다. 새로운 기술들이 만들어내는 불평등 또한 더욱 심해질 위험이 있다는 얘기다.

기술과 불평등

인류의 역사는 기술의 역사라고 할 수 있을 만큼 기술은 인간이 생각하는 방식, 서로 관계를 맺는 방식, 생산과 소비하는 방식, 정치에 참여하는 방식, 문화를 접하는 방식 등 거의 모든 부분을 변화시켜왔다. 기술은 인간이 해야만 하는 일들을 대신 수행하면서 편안한 삶을 영위하도록 만들어주었다. 자동차·항공기·인터넷·스마트폰 등 모든 기술은 인간에게 더 많은 경험을 하도록 해주었으며, 이로 인해 인간은 자신의 테두리를 벗어나 더 다양한 경험과 행복을 누리고 있다.

그러나 기술은 '상품'이다. 그 어떤 기술도 무료로 제공되지 않는다. 어떤 기술을 사용하기 위해서는 비용을 치러야 한다. 비용을 낼 능력이 있는 사람들에게는 앞에서 언급한 행복한 일들이 벌어지지만, 그럴 수 없는 사람들에게는 그런 일들이 벌어지지 않는 것이 냉혹한 현실이다. 또 비용을 얼마나 내느냐에 따라 얼마나 좋은 기술을 사용할 수 있는지가 결정되기도 한다.

한편 비용과는 상관없이 기술에 이미 익숙한 세대는 그 기술을 최대한 활용해 더 편한 삶을 영위할 수 있지만, 그 기술을 어떻게 사용하는지 모르는 세대에게는 그러한 편한 삶이 가능하지 않다. 심지어 과거에는 편하게 사용했던 것들이 사라져 더욱 불편한 삶을 살아갈 수도 있다. 예를 들어 스마트폰 사용이 능숙한 젊은 세대는 기차 예매를 위해 스마트폰 앱을 사용한다. 반면 디지털 기기에 익숙하지 않은 노인들은 직접 기차역을 찾아가 열차표를 예매하는 경우가 많다. 다행히 코레일 측에서 정보 기기 활용이 어려운 노인을 대상으로 전화 예약 서비스와 경로 우대자 전용 좌석을 늘리겠다고 밝혔지만, 일상 속 기술의 침투는 곳곳에 사각지대를 만들어내고 있다. 이렇게 기술은 인간의 삶과 행복에 기여하는 동시에 인간의 경제적·문화적 조건에 따라 불평등의 원인이 되기도 한다.

언택트 기술이 가져올 불평등

기술이 가져오는 불평등은 크게 '기술 접근성에 따른 불평등'과 '기술 일상화로 인한 불평등'으로 나눌 수 있다. 기술 접근성에 따른 불평등은 그 기술 제품을 살 수 있는지 혹은 그 기술 제품을 잘 사용할 줄 아는지에 따라 불평등이 생겨나는 것을 의미한다. 기술 일상화로 인한 불평등은 어떤 기술이 그 사회에 널리 퍼지면서 새로운 불평등이 생겨나거나 기존의 불평등이 더욱 심화하는 것을 의미한다.

일자리 불평등

국제노동기구International Labor Organization에 따르면 코로나19로 전 세계 노동인구의 절반 정도가 생계 위협을 받게 됐고, 고용 여건에 영향을 받는 노동인구는 훨씬 많은 것으로 알려졌다. 코로나19에 앞서 지속된 경기침체는 이미 각종 고용 문제를 낳아왔다. 여기에 더해 코로나19 사태가 더 많은 인력 감축을 야기하고 있다. 문제는 코로나19가 가라앉은 다음에 일자리를 잃었던 사람들을 다시 고용할지의 여부다. 전망은 밝지 않다. 경제위기 속에 언택트 사회가 부상하면서 인건비를 줄일 수 있는 기술의 사용도 늘어나고 있다. 소상공인들이 키오스크 주문 시스템을 도입해 운영비를 줄여보려는 시도도 이러한 맥락이다.

4차 산업혁명 기술은 언택트 사회에서 핵심 역할을 할 것이다. 여기서 더 큰 문제는 다시 일터로 돌아오지 못할 사람들이 대부분 비정규직 노동자라는 점이다. 이들은 코로나19 사태로 경영난을 겪을 때 가장 먼저 해고되었고, 코로나19 사태가 끝나더라도 자신들의 자리가 신기술로 대체되는 것을 목격할 것이다.

그 결과 언택트 사회는 노동시장에서 약자와 강자 간의 불평등을 심화시킬 수밖에 없다. 또 새롭게 고용시장에 진출하려는 취업 집단에서도 불평등이 발생할 것이다. 언택트 사회에서는 입사 면접도 온라인 면접으로 바뀔 것이다. 그렇게 되면 피면접자가 스크린 안에 구현되는 모습이 대단히 중요해진다. 면접이 일종의 연극 무대처럼 퍼포먼스 효과가 극대화되어야 하는데, 끊김 없는 통신 환경과 공간 확보 면에서 경제적 조건에 따른 차이가 발생할 수 있다. 기술 이해도와 숙련도에 따라서도 불평등이 발생할 가능성이 있다.

교육 불평등

과거에는 교육이 사회적 불평등을 줄여줄 수 있는 통로였다. 그러나 사교육 활성화와 함께 교육은 오히려 경제적 조건의 차이에 따라 불평등을 더 심화시키고 있다. 이러한 상황에서 코로나19 사태는 교육 부문의 언택트 방식을 확산시켰는데, 기술 접근성에 따라 불평등을 낳고 있다. 초등학교부터 대학교까지 디지털 기기를 활용한 온라인 수업이 진행되면서 노트북 등 디지털 기기의 유무에 따라, 가정 내 무선통신 장비 설치 여부에 따라, 그리고 평소에 습득한 디지털 역량에 따라 격차가 발생하고 있다.

언택트 교육에는 적잖은 신기술 장비가 동원된다. 최소한 스마트폰만 있어도 가능하지만, 여러 고가의 장비를 사용하면 더 좋은 질의 교육이 가능해진다. 성능이 좋은 컴퓨터, 화소가 높은 웹캠, 목소리를 정확하게 인식할 수 있는 마이크, 손 필기가 가능한 모니터 장비 등을 모두 활용하면 교육 효과는 더욱 높아진다. 이는 교육을 전달하는 교사와 그 내용을 흡수하는 학생 모두에게 불평등이 발생한다는 것을 의미한다. 온라인 수업 유형 중에서 가장 효과적인 형태로 평가되는 실시간 수업의 경우 소득수준이 높은 지역에서는 잘 이뤄졌지만, 소득수준이 낮은 지역에서는 제대로 이뤄지지 않았다는 미국 내 조사 결과도 있다.[57] 한국에서도 일부 사립학교는 이미 구축된 최신 기술을 활용한 실시간 수업을 진행했고, 학생들의 만족도도 높았다. 반면 이러한 장비를 구축할 예산이 없는 대다수 공립학교에서는 단순히 수업 자료와 음성만 들어간 동영상을 재생하거나 EBS 또는 유튜브 자료를 보여줌으로써 학생들의 불만을 샀다.

역설적이지만, 이번 코로나19 사태는 온라인 수업의 가능성을 확인시켜준 것만은 분명하다. 따라서 더 좋은 수업을 가능하게 할 새로운 기술들이 계속 등장할 것이며, 이는 이 기술들을 확보할 수 있는 경제적 여유와 디지털 역량을 갖춘 이들과 그렇지 못한 이들 사이에 교육 불평등이 더욱 커지는 결과를 가져올 것이다.

문화 불평등

코로나19로 여러 분야가 큰 타격을 입었지만, 그중에서도 문화예술 공연 분야의 타격은 극심하다. 문화예술 공연 분야는 기본적으로 사람들의 운집을 전제로 한다. 관객이 있어야 하기 때문이다. 그러나 관객이 모일 수 없는 상황이다 보니 예정되어 있던 문화예술 공연과 행사 대부분은 취소되었다.

그렇다면 대규모 콘택트를 전제로 하는 문화예술 공연 분야는 언택트 사회에서 어떻게 될까? 관객들과 직접 접촉하지 않는 상황에서도 실제처럼 경험하게 하는 기술을 도입할 수밖에 없을 것이다. 홀로그램 기술뿐 아니라 증강현실, 혼합현실, 딥페이크 등의 기술을 활용한 공연 콘텐츠가 많아질 것으로 예측한다. 예술계의 화두는 공연예술의 온라인화를 본격화할 것이냐 말 것이냐다. 그러나 이러한 신기술을 활용하는 데는 경제적·기술적 장벽이 존재한다. 전통적 극장에 영상 인프라를 구축해야 하는데 영세 제작사, 학교, 학원, 소규모 공연 무대의 경우 제작 비용을 확보하기 어려운 것이 사실이다. 문화 콘텐츠 대기업과 경제적으로 열악한 영세 콘텐츠 제작사 간에 격차가 벌어질 또 다른 요인이다. 소규모 제작사가 줄어들면 문화예술의 다양성이 훼손될 위험이 있다. 대량생산과 대량소비가 아닌, 각자의 개성과 특색을 살린 다양한 방식과 형태의 풍성한 문화예술이 존재해야만 진정한 문화예술을 꽃피울 수 있다는 점에서 생각해볼 부분들이다.

삶의 질 불평등

맥도날드와 같은 패스트푸드 음식점을 비롯해 기차역, 공항, 쇼핑몰 등지에서도 이미 대면 서비스가 줄어들고 있다. 신기술을 이용할 수 있는 이들은 더욱 편하게 주문하고, 더 저렴하게 표를 구매하며, 더 빨리 일을 처리할 수 있다. 그러나 기술에 익숙하지 않은 노년 세대에게는 이러한 상황이 전혀 편리하지 않다. 기기를 제대로 작동하지 못해 주문이나 구매를 포기하거나 불이익을 감수해야 한다. 앞서 사례를 든 것과 같이 온라인으로 기차표를 구매하는 방법을 몰라 역으로 직접 가서 한참을 기다린 후에 표를 사고, 심지어 표가 매진된 줄도 모르고 갔다가 헛걸음을 하는 경우가 다반사다. 공항에서도 모바일 체크인을 사용할 줄 몰라 긴 줄에서 장시간 대기하기도 한다. 이렇듯 언택트 사회에서는 대면 서비스를 비대면으로 바꾸는 신기술이 더욱 다양하고 고도화될 것이며, 이를 활용하지 못하는 이들은 더욱 소외될 것이다.

그런가 하면 모든 관계성이 기술을 기반으로 이뤄지는 언택트 사회에서는 오프라인 차원의 사회적 관계망이 약해질 수밖에 없다. 그로 인해 온라인 연결이 원활하지 않을 경우 상대적으로 더 큰 고독과 외로움을 느낄 가능성이 있으며, 사회가 제공하는 정책의 혜택도 제대로 받기 어려울 수 있다. 결국 제도의 사각지대에 빠져 사회·경제적으로 열악한 상황에 놓일 것이다.

생활 편의와 사회적 관계 차원만이 아니다. 언택트 사회에서 구현될 원격의료나 코로나19와 같은 안전 문제 대응 과정에서도 신기술의 활용은 필수다. 언택트 사회에서 수준 높은 삶의 질을 누리려면 신기술의 접근성과 활용성을 모두 갖춰야 한다는 것을 시사한다. 그 어떤 이유에서건 신기술에 접근하기 어려운 상황에서는 기술 불평등이 발생할 것이다.

4차 산업혁명 기술은 지금까지의 기술이 그래왔듯이 이를 활용할 수 있는 이에게는 행복한 삶을, 그럴 수 없는 이에게는 소외된 삶을 선사할 것이다. 특히 언택트 사회에서는 이러한 불평등을 더욱 심화시킬 위험이 크다. 이를 방지하기 위한 논의와 정책적 대안을 마련해야 한다.

언택트 사회에서의 불평등 해소 방안

코로나19는 언택트 사회를 현실화했고, 앞으로 더욱 심화시킬 것이다. 따라서 기술 접근성이나 활용 능력의 격차로 빚어지는 불평등에 관심을 쏟고 이를 줄이려는 노력이 이뤄져야 한다. 이전에 논의해오던 디지털 격차 정도의 문제가 아니라 이제는 삶과 직결된 문제가 되었기 때문이다. 사회적 격차를 해소하기 위한 제도 마련과 사회적 안전망 구축이 필요해진 상황이다.

무엇보다 언택트 사회의 일자리 불평등을 해소하기 위해서는 4차 산업 기술로의 전환 교육을 제공해야 한다. 서비스 기반의 저숙련 노동 일자리는 기계 도입이 늘어날수록 줄어들 수밖에 없다. 국가 차원의 인적 관리 측면에서도 기술 기반의 지식노동자로 전환하는 교육 전략은 중요하다. 과학기술정보통신부와 서울시가 공동으로 소프트웨어 인재를 양성하기 위해 설립한 '이노베이션 아카데미'와 같은 교육기관이 사례가 될 수 있다. 2020년 2월 첫 교육에 들어간 이노베이션 아카데미는 프랑스의 IT 교육기관 에콜 42École 42를 모델로 삼아 출범했다. 자기 주도적 프로젝트 추진 체계로서 무료의 비학위 과정이다. 44 대 1의 입학 경쟁률이 보여주듯이 전문 기술 교육에 대한 수요는 매우 많다. 첨단기술을 익힐 수 있는 교육기관이 다양해지고, 의지가 있는 사람은 누구나 교육을 받을 수 있는 기관이 되어야 한다.

교육 불평등을 해소하기 위해서는 공공 디지털 인프라 구축을 생각해볼 수 있다. 초·중·고등학교 내에 디지털 인프라를 구축하고, 취약계층을 대상으로 가정 내 디지털 기기 보급도 이뤄져야 한다. 과거에는 사회안전망과 복지 차원에서 현금과 현물 중심으로 지원이 이뤄졌다면, 이제는 와이파이와 같은 디지털 인프라도 사회안전망 차원에서 지원해야 한다. 오프라인 수업이 정상화되려면 상당한 시간이 걸릴 것이다. 또 이번 코로나19 사태로 경험한 온라인 교육은 코로나19 사태가 종식된 후에도 주요한 교육 방식이 될 수 있다. 따라서 그 어떤 경우에도 학생들이 사회적 격차를 느끼지 않도록 해야 한다. 특수교육 대상자에게도 일반 학생들과 동등한 교육을 제공할 수 있도록 세심한 맞춤 정책을 시행해야 한다. 단순히 인프라를 제공하는 것을 넘어 가정 내 교육이 원활히 이루어질 수 있도록 지도사를 파견하는 등의 지원 형태를 포함해야 한다.

언택트 사회를 처음 경험해보는 만큼 언택트 사회가 가져올 혜택과 문제점을 모두 예측하기는 어렵다. 변화에 따라 파생되는 문제점에도 지속적 관심을 기울여야 하며, 사회적 불평등이 생겨나지 않도록 인식과 제도의 전환이 수반되어야 할 것이다.

KAIST Future Strategy 2021

2
새로운 세상을 위한
STEPPER 전략

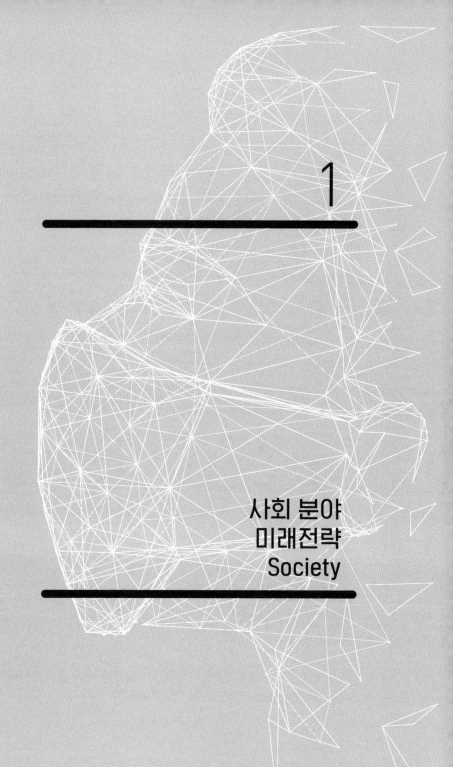

1

사회 분야
미래전략
Society

KAIST Future Strategy 2021

+

+

+

+

+

+

+

AI 시대의 교육:
왜, 무엇을, 어떻게?

━━━━━━━━ 우리가 미래 사회라고 상상하던 AI 사회가 눈앞에 펼쳐지고 있다. 그동안 미래를 대비하는 교육에 대해 다양한 방식으로 논의해왔지만, 실제 학교 현장에서는 큰 변화가 일어나지 않았다. 챗봇, 증강현실과 가상현실, 자연어 처리 기술 등의 첨단기술이 교육 분야에서 활용되고 있으나 혁신적이고 시스템적인 변화가 일어난 것은 아니다. 급격한 환경 변화 속에서도 교육은 크게 변하지 않았다.[58]

그러나 코로나19의 급속한 확산은 교육에도 변화의 바람을 몰고 왔다. 온라인 수업의 가능성을 깨달았고, 동시에 공교육이 지식 전달 이상의 역할을 해왔다는 것도 깨닫게 되었다. 좀처럼 바뀔 것 같지 않던 교육 방식에 '역대급 실험'이 시도되고 있다. 이제 학교는 교육의 목적과 사명감을 되짚어볼 것이다. 온라인 교육 효과를 토대로 에듀테크에 대한 사회적 관심 또한 더욱 커질 전망이다.

미래의 교육 시스템, 무엇을 고민할 것인가

AI 시대의 교육 전략에 관해서는 세 가지 측면을 고려해야 한다. 첫째, 미래 사회의 변화에 따라 교육 시스템이 '왜' 변화해야 하는가이다. 저출산과 고령화로 인한 인구구조 변화 그리고 양극화에 따른 사회적 약자의 증가와 교육 격차의 심화는 우리 사회의 구조적 문제다. 또 대량생산 시스템 시대는 지나고 AI를 필두로 한 혁신 기술들이 사회 변화의 원동력이 되고 있다. 이는 교육에 대한 사회의 요구가 변화하고 있음을 의미한다. 둘째, AI 시대에는 '무엇'을 가르쳐야 할 것인가이다. 사회 변화에 따라 시대적 인재상이 바뀌고 있다는 점을 주목할 필요가 있다. 미래세대를 미래 사회의 주인공으로 길러내기 위해서는 교육의 내용이 근본적으로 바뀌어야 한다는 것을 의미한다.[59] 셋째, AI 시대에는 '어떻게' 가르치고 배울 것인가이다. AI의 활용을 포함한 교수 방법의 변화로 좀 더 효과적인 교수와 학습 형태를 구현할 수 있을지에 대한 부분이다.

왜 미래 교육인가: 근대식 학교교육 시스템의 한계

사회 각 영역에서 비대면 소통 방식이 일상화되면서 비대면이 뉴노멀로 자리 잡고 있다. 새로운 방식에서 오는 불편함에 적응하고 편리함을 발견하면서 교육 분야에서도 큰 변화가 나타나고 있다. 2020학년도 1학기에 대다수 대학에서는 3월 셋째 주부터 원격 강의를 시작했고, 초·중학교에서는 4월부터 순차적으로 온라인 개학이 이뤄지면서 학생 540만 명과 교직원 50만 명이 원격 수업을 소화하는 교육 실험이 진행되었다. 그러나 원격교육이 시행되면서 학생과 학부모들 사이에 원격교육에 대한 불만이 제기되었다. 원격교육을 경험해보니 교사와 학생, 학생과 학생 사이에 소통과 협력이 이뤄지지 않는 것이 문제였다. 하지만 이는 원격교육의 문제라기보다는 학교교육 시스템의 근본적 문제라고 할 수 있다.

근대식 학교 제도는 상당히 효율적인 시스템으로 산업사회 인력 양성을 이뤄냈다. 특히 해방 이후 우리나라는 근대화 과정에서 세계가 주목할 만큼 빠른 속도로 교육의 양적 성장을 이룩했다. 학교 시스템은 많은 학생을 효율적으로 가르치기 위한 교육제도로서 2차 산업혁명의 대량 생산 시스템과 닮은 대량 교육 시스템이다.[60] 하지만 2차 산업혁명의 산물인 표준화, 전문화, 관료제, 분업 등의 방식이 그대로 녹아 있는 학교 제도는 여러 가지 문제를 드러내왔다.

학생들은 각자 고유한 소질과 적성을 지니고 있으며, 다양한 경험을 통해 학습 결과가 체화되어 있음에도 불구하고 학교 제도는 학생들의 다양성을 꽃피우지 못하고 있다. 학년제의 기본적인 운영 방식은 공장의 벨트컨베이어와 같은 원리라고 할 수 있는데, 실제 운영 과정에서 개별 학생의 학습 관리는 이뤄지지 못하고 있다. 학년제 교육과정은 학년별로 학습 내용이 표준화되어 있고, 학생들의 학습 수준과 무관하게 진도라는 형태로 수업을 진행하고 있다. 평가는 교육적 성장보다 사회적 선별을 위해 이뤄진다. 대표적 형태가 집단 내 서열을 매기는 상대평가 방식이다. 학교의 시설과 구조는 학습자의 자유로운 학습보다 효율적 관리 위주로 설계되었고, 전국적으로 거의 유사하다.

그동안 학교 시스템을 개선하기 위한 노력은 세계적으로 이어져왔다. 하지만 "유토피아를 향한 어설픈 땜질tinkering toward utopia"[61]이란 표현이 지적하는 것처럼 학교교육의 근본적 문제를 해결하지는 못했다. 특히 우리나라 교육개혁의 실패는 '부분 최적화 전략의 한계' 때문이라고 할 수 있다. 학교 시스템은 하위 시스템들이 유기적으로 연계되어 있는데, 이러한 시스템 간의 연계를 고려하지 않고 하위 시스템별로 최적화하려는 시도는 결과적으로 전체 학교 시스템에 긍정적 변화를 가져오기 어렵다는 것을 의미한다.[62]

미래 사회를 대비하기 위해 교육은 맞춤형 지원을 통해 모든 학생이 학습에 성공하도록 도와야 한다. 저출산으로 학령인구가 감소하고 있는 상황에서, 한 명의 학생도 놓치지 않고 모든 학생이 학습에서 성공하도록 기회를 제공하는 것이 더욱 중요한 과제가 되었다. 맞춤형 교육을 위한 기본적 과제는 학생의 소질과 적성에 대한 정확한 진단과 처방이다. 나아가 꼭 필요한 학습이 이뤄지도록 교육 시스템을 설계하는 것이다.[63]

무엇을 가르쳐야 하는가: 6C 핵심 역량

우리 사회는 점점 고령화되고 있으며, 그와 동시에 직업 세계의 변화 속도가 빨라지면서 우리는 평생 동안 여러 직업을 갖게 될지도 모른다. 미래 사회가 요구하는 인재나 역량이 달라질 수 있다는 얘기다. 더군다나 AI 로봇이 일자리를 대체하는 사례가 속출하여 AI의 파괴적 속성에 대한 불안감이 매우 커진 상황이다. 그럴수록 미래에는 전문성이 있는 분야를 넓혀갈 수 있는 메타인지metacognition 역량을 갖춰야 한다.

현재의 교육과정은 개별 과목의 모든 내용을 학생에게 주입하는 방식이다. 그러나 온라인으로 쉽게 검색하고 활용할 수 있는 시대에 암기하느라 대부분의 학습 시간을 사용하는 것이 바람직할까? 핵심 원리와 개념 중심의 교육과정으로 개편해야 한다. 그러면 학생들이 각 분야의 핵심 원리를 내면화하여 복잡한 문제를 해결해나갈 수 있을 것이다. 개념 지식을 제공하지 못하는 내용은 배제하고 실제 세계의 다양한 측면을 이해하는 데 도움이 되는 내용을 포함해야 한다.

이처럼 AI 시대에 무엇을 가르칠 것인지에 대한 질문은 미래의 인재 상에 대한 논의로 귀결된다. 최근 강조되는 미래 인재의 역량을 요약 하면 '6C'로 제시할 수 있다. 6C는 가장 핵심적인 '개념 지식conceptual knowledge', '창의성creativity', '비판적 사고critical thinking', '컴퓨팅 사 고computational thinking', '융합 역량convergence', '인성character'이다. 여섯 가지 핵심 역량의 내용을 구체적으로 살펴보면 다음과 같다.

첫째, 6C의 중심을 차지하고 있는 '개념 지식'은 교과의 핵심 내용이 다. 학습 결과의 전이, 즉 단순한 정보에 그치는 것이 아니라 다른 범주 와 상황에 적용할 수 있는 지식을 뜻한다. 창의적 학습을 위해서는 교과 의 핵심적 개념을 이해하는 것이 필요하다.

둘째, '창의성'은 새로운 생각이나 개념을 찾아내거나 기존의 생각이 나 개념을 새롭게 조합해 문제를 해결하는 역량이다. 개인 수준의 문제 해결을 넘어 사회적 수준의 창의성은 문제를 새롭게 인식하고 해결 과 정을 찾아가면서 사회적 수준의 보람을 만들어나가는 것이다.

셋째, '비판적 사고'는 어떤 상황이나 내용을 판단할 때 편향되지 않 는 분석을 하거나 사실적 증거를 토대로 평가하는 역량이다. 정보를 얻 을 수 있는 형태와 매체가 더욱 다양해지는 미래 사회에서 무엇보다 중 요한 역량으로 논의되고 있다.

넷째, '컴퓨팅 사고'는 효과적인 해결을 위해 문제를 정의하고 그에 대한 답을 찾아나가는 사고 과정 일체를 일컫는다. 다양한 문제 상황에 서 문제의 분석·자료 표현·일반화·모형화·알고리즘화 등이 가능한 역량을 말하며, 최근 데이터 리터러시나 디지털 리터러시 등으로 표현 되고 있다.

다섯째, '융합 역량'은 문제해결을 위해 내용과 방법 측면에서 여러 학문과 실제 영역의 지식과 정보를 통합적으로 적용할 수 있는 역량이다. 내용적 측면에서는 학문과 학문 간의 융합, 새로운 학문의 창출, 학문과 실제 생활과의 융합이 이뤄질 수 있으며, 방법적 측면에서는 AI·VR·AR 등을 활용한 혁신적 융합이 가능하다.

여섯째, '인성'은 동양에서는 인간 본연의 성질을 의미하며, 서양에서는 사회 정서 역량과 같은 비인지적 역량을 의미한다. 사회 정서 역량이란 자기 인식, 자기 관리, 사회적 인식, 관계 기술, 책임 있는 의사결정으로 구성되며, 글로벌 문제와 공동체 의식이 강조되는 미래 사회에서 더욱 중요시될 역량이라 할 수 있다.

어떻게 가르쳐야 하는가: 에듀테크를 활용한 창의적 학습 지원 방안

AI 기반 에듀테크를 활용하면 개인별 맞춤 학습이 가능하다. 즉 학생의 학습 이력과 속도에 맞추어 학습 목표를 설정하고 과정을 안내해주는 적응적 학습adaptive learning이다.[64] 해외에서는 대학 연구소와 기업 등이 협력해 적응적 학습이 가능한 '지능형 튜터링 시스템Intelligent Tutoring System'을 개발해 활용하고 있다. 미국도 많은 학교에서 지능형 튜터링 시스템을 도입해 학생들이 무료로 활용할 수 있도록 지원하고 있다. 지능형 튜터링 시스템을 활용하면 교사는 학생별로 개별화한 진도를 나갈 수 있고, 학생은 학습이 부족한 부분에 대해 언제든지 보충학습을 할 수 있다.

지능형 튜터링 시스템은 초·중학교 교육뿐만 아니라 고등교육과 평생교육에도 활용되고 있다. 이 밖에도 AI를 활용한 다양한 교육 프로그램이 등장하고 있는데, 대화 방식의 DBTS Dialogue-Based Tutoring

System, 학생에게 더 적극적으로 지식을 구성하기 위한 환경을 제공하는 ELE Explanatory Learning Environments, 바벨Babbel과 듀오링고Duolingo 같은 언어학습 AI, 작문을 자동으로 채점하는 AWE Automatic Writing Evaluation 등이 그것이다.

지능형 튜터링 시스템의 알고리즘은 크게 세 가지를 축으로 한다. 첫째는 학습해야 할 내용적 지식을 토대로 한 '도메인 모델domain model', 둘째는 가르치는 데 효과적인 접근법에 대한 지식을 토대로 한 '교수 모델pedagogical model', 셋째는 학생에 대한 지식을 토대로 한 '학습자 모델learner model'이다. 학습 활동의 순서를 개별 학생에게 맞춤화하기 위해 이러한 세 가지 모델을 활용한다.

한편 맞춤형 교육을 위해서는 교수-학습 활동에서 학교 급에 맞추어 차별화differentiated, 개인화individualized, 개별화personalized 교육을 다양하게 활용해야 한다. 또 교육 평가 측면에서는 학습 과정에서 모든 학습자가 성공을 경험할 수 있도록 절대평가로의 전환을 검토해야 한다. 학습 결과에 대한 평가보다는 학습을 위한 평가가 중요하기 때문이다.

또한 교원의 역할 변화도 요구된다. 표준화된 교육과정을 정해진 대로 가르치는 지식 전달자에서 학생의 성공적 학습을 지원하는 학습 멘토나 코치 또는 컨설턴트가 되어야 한다. 학생이 새로운 지식을 창출해내는 능동적 학습자로 성장할 수 있도록 지원하는 창의적 교원이 필요하다. 미래 교육을 이끌어갈 창의적 교원을 양성하기 위해서는 교원의 자격, 양성 과정, 임용, 연수 체제에 대한 전반적인 재설계가 이뤄져야 할 것이다.

AI를 활용한 교육의 효과와 윤리 문제

미래에는 AI를 활용한 교육용 프로그램이나 애플리케이션이 더욱 다양해질 것이다. 그만큼 학생, 교사 그리고 사회에 미칠 영향력 또한 더욱 커질 것이다. AI를 교육적 차원에서 더 폭넓게 활용하기에 앞서 예상되는 다양한 문제들을 고민해야 한다.

우선 AI를 활용한 프로그램의 효과를 더욱 면밀하게 연구할 필요가 있다. 지금까지 다양한 교육 프로그램이 개발되었지만, 교육 현장에서 많이 활용되지 못한 것은 교육 성과가 검증되지 않았기 때문이다. 이미 활용하고 있는 지능형 튜터링 시스템도 창의적 교육에 효과가 있는지 다시 살펴봐야 한다. 지능형 튜터링 시스템은 무엇을 어떤 순서로 학습할 것인지를 시스템 설계자가 결정한다. 학생은 지능형 튜터링 시스템의 결정대로 학습 경로를 따라가야 한다. 교사의 역할도 매우 제한적이다. 학생이 무엇을 배워야 할지에 대한 결정권을 교사가 아닌 시스템이 갖고 있기 때문이다. 협력 학습, 탐구 학습, 블렌디드 러닝blended learning, 생산적 실패 등 다양한 학습 방식이 충분히 고려되어 있지 않은 점도 개선이 필요한 한계점이다.

알고리즘은 이를 만드는 사람의 편견이나 만드는 사람도 인지하지 못하는 데이터의 편견에 영향받을 수 있어 윤리적 문제를 갖고 있다. 컴퓨터 알고리즘이 사회적 편견을 포함한 데이터로 훈련받은 경우 편견을 증폭시킬 가능성이 있다. 이미 개발된 지능형 튜터링 시스템은 사회적 편견이나 윤리적 문제를 스스로 개선하기 어려우며, 이것을 활용하는 교사나 학생도 이러한 부분에 개입할 수 없다는 문제점을 안고 있다.

우리는 지금 하얀색 도화지에 새로운 미래 교육의 시스템을 디자인해야 하는 상황이라고 할 수 있다. 데이터 편견이 사회적 편견을 강화할 수 있듯이 성급하고 무리하게 미래 교육의 그림을 그려서는 안 될 것이다. 무엇을 어떻게 가르칠 것인지 밑그림이 그려졌다고 해도 더 정밀하고 다양한 스케치를 통해 계획을 세우고 예상되는 문제는 사전에 대처해나가야 할 것이다.

팬데믹 시대의
디지털 라이프스타일

━━━━━━━ 코로나19 위기로 4차 산업혁명이 주창해오던 삶의 방식에 한결 더 가까워지고 있다. '강제적'으로 도입을 앞당긴 원격근무나 언택트 서비스가 대표적이다. 사실 AI, IoT, 빅데이터 등 4차 산업혁명의 기반이 되는 디지털 첨단기술은 코로나19 사태가 발생하기 이전부터 생산방식과 산업생태계에 영향을 끼쳐왔다. 그러나 예기치 못한 코로나19의 습격은 인류의 삶 전반에 걸쳐 이러한 변화를 가져오고 있다. 인간의 일하는 방식에도 영향을 주고 있으며, 궁극적으로 일의 의미는 물론 삶의 방식도 바꾸고 있다. 원격근무가 '의외로 더 효율적인 방식이며, 물리적 공간에 있을 때보다 오히려 소속감을 더 느낀다'라는 조사 결과도 나왔다. 그러나 자유로움의 또 다른 얼굴은 불안정성이다. 새로운 기술이 삶을 풍요롭게 만들 것인지, 아니면 반대로 인간 소외를 더 부추기게 될 것인지에 대해서는 진지한 성찰과 준비가 필요하다.

생산방식에 따른 일의 공간적 의미 변화

생산방식에 따른 사회 변화는 인간의 노동 공간 측면에도 변화를 가져왔다. 일하는 직장과 주거지를 별개의 공간으로 인식하는 것이 통상적이지만, 오랜 역사를 뒤돌아보면 인간의 노동 공간과 주거 공간은 하나였다. 그러나 생산방식이 인간의 일하는 방식은 물론, 일의 공간적 의미도 변화시켜왔다. 산업 시대가 유형자산의 시대라면 디지털 시대는 무형자산, 즉 데이터와 알고리즘의 시대다. 네트워크를 매개체로 하는 이합집산과 협업을 통한 업무 진행으로 작업의 시공간 개념이 사라지고 있다.

산업혁명 이전의 일과 생활 공간: 직주일치

약 30만 년 전 지구에 출현한 호모사피엔스는 수렵과 채집으로 생존을 이어갔다. 그들은 일정 구역을 이동하면서 사냥과 전투, 취사와 육아 등 생존을 위한 모든 활동을 병행했다. 또 끊임없이 이동하는 유랑생활의 특성상 작업 공간·주거 공간·휴식 공간 등의 개념이 분화될 수 없었고, 생활 도구도 휴대할 수 있는 최소한의 도구만 만들어 사용했다. 그러나 농경시대로 접어들면서 정착 생활이 시작되자 축적과 분업의 개념이 나타났다. 파종과 추수의 주기가 생겨나고, 미래를 위한 생산물 축적이 가능해져 건물을 짓고 살게 되었으며, 도구와 기술도 발달하게 되었다. 생활 공간의 분리도 일어났다. 일상생활을 하는 주거 공간, 가축을 키우는 외양간, 도구를 보관하는 창고, 일하는 작업 공간 등으로 구별하게 된 것이다. 그러나 농경시대의 공간 구분은 생활 공간의 근접 확장 개념이었다. 도보 중심의 이동 방식에서는 경작지와 주거지의 거리가 확연히 멀어질 수 없었기 때문이다. 따라서 농경사회 시대에는 거주지와 작업장이 인접한 상태에서 제한된 공간의 기능을 나누어 생활 편의성과 이용 효율성을 높이는 단계였고, 농토를 중심으로 생활 공간이 고정되었다. 간단히 말해 일터와 삶터가 같은 '직주일치職住一致'의 시대였다.

산업혁명 이후의 일과 생활 공간: 직주분리

18세기 중반에 진행된 산업혁명의 핵심은 증기기관의 사용과 그에 따른 분업의 심화다. 동력으로 가축과 물레방아 등을 사용하던 시대에는 농사는 물론, 수공업자의 작업 공간도 소규모로 분산되었다. 하지만 증기기관을 사용하면서 많은 인원이 같은 공간에 모여 작업하는 방식의 장점이 생겨났다. 또 정교한 분업으로 구성된 작업 방식은 근대의 기본이 되었다. 그 결과 산업혁명은 작업 공간과 주거 공간의 분리를 가져왔다. 공장 시대가 본격화되면서 근로자는 집에서 작업할 수 없게 되었다. '직주분리職住分離'의 필요성이 커진 것이다. 공장에서만 일하고 집에서는 생활하는 구조로 변했고, 이러한 변화는 산업화와 도시화가 가속화되고 증기기관차·자동차 등 대중교통수단의 발달로 원거리 통근이 가능해지면서 더욱 확대되었다.

디지털 혁명으로 일과 생활 공간의 재결합

20세기 후반에 시작된 정보화 물결은 21세기 디지털 격변으로 이어지면서 일과 생활 공간을 다시 합치는 방향으로 나아가고 있다. 산업혁명 시대는 유형의 원재료를 투입해 공장에서 제품을 제조하는 방식이었다면 디지털 시대는 무형의 데이터를 네트워크를 통해 공유하고 소프트웨어와 알고리즘을 개발하는 구조로 바뀌었기 때문이다. 공장은 지능형으로 변모해, 현장 인원이 최소화되고 중요한 공정 제어는 원격으로 이뤄진다.

소프트웨어는 작업자가 위치한 장소나 일하는 시간과 무관하게 분업과 협업을 진행해 가치를 만들어낼 수 있다. 물론 호모사피엔스의 특성상 특정 공간에서 서로 교류하고 친밀감을 나누는 것이 중요하지만, 이는 부차적 사항으로 밀려났다. 대신 언제 어디서나 접근이 가능한 유비쿼터스 컴퓨팅 기술을 토대로 소위 원격근무나 재택근무가 콜센터의 외주화와 같은 단순 업무를 넘어 전방위적으로 확산되고 있다. 특히 네트워크 기반의 플랫폼 경제가 확대되고 1인 기업이 늘어나면서 노동과 주거 공간에는 산업화 시대 이전처럼 다시 합쳐지거나 근접하는 등의 변화가 일어나고 있다.

이러한 변화 속에 발생한 코로나19 사태는 일과 생활 공간의 재결합을 더욱 앞당기는 모양새다. 그동안 미래의 직무 환경으로 예상하기만 했던 재택근무를 시행하는 기업이 늘어났는가 하면, 재택근무를 일시적 형태가 아닌 새로운 근무 형태로 전환하려는 기업도 생겨나고 있다.

디지털 시대의 고용과 일하는 방식

이처럼 디지털 기술의 발달에 따른 원격근무나 재택근무의 실현은 일과 생활 공간의 경계선을 모호하게 만들고 있다. 일하는 방식의 변화가 공간의 변화를 가져왔겠지만, 일하는 공간의 변화는 다시 일하는 방식의 변화를 더욱 가속화하고 있다. 온라인 가상공간은 놀이와 커뮤니케이션을 위한 공간에서 출발했지만, 이제는 실질적인 경제활동이 이뤄지는 공간으로 바뀌고 있다.

또한 AI와 로봇으로 대체되어 일자리가 줄어들 것이라는 비관적 전망과 새로운 일자리가 양산될 것이라는 낙관적 전망이 공존하지만, 누구도 정확하게 예측하기 어려운 상황이다. 단순 반복적인 업무뿐 아니라 지적 노동, 중급 사무 업무, 정밀한 육체노동까지 자동화되어 고용구조의 양극화가 우려되는 반면, 지능 정보통신기술 분야에서 산업 인력 수요가 증가해 새로운 직업이 창출될 것이라는 의견이 팽팽하게 맞서고 있다.

고용 형태 역시 달라질 전망이다. 디지털 플랫폼을 통해 물류, 제조, 마케팅 등 기업의 기능이 산업 간 경계가 약해지면서 고용 또한 산업 전문성보다 기능 전문성 중심으로 전환될 가능성이 크다. 계약이나 프로젝트를 기반으로 지식 노동을 제공하는 고용 형태로 전환되는 속도도 빨라질 것으로 예측한다. 정규직이라는 개념이 모호해지고 대부분의 일자리가 계약직 형태로 변화하며, 1인 기업가나 전문직 프리랜서가 크게 늘 전망이다.

긱 이코노미의 확산

일하는 공간으로부터 자유로워지면서 일은 물리적인 업무 공간에 도착하는 순간이 아니라 자신의 컴퓨터를 켜는 순간 시작된다. 일과 휴식과 생활이 단일 공간으로 통합되는 흐름은 다양한 분야의 1인 기업가들에게서 주로 나타나고 있다. 이들은 자신의 역량과 전문성을 요구하는 수요자를 인터넷에서 물색해 계약하고 결과물을 전달한다. 글로벌 차원에서도 시공간의 제약 없이 작업을 진행하고, 품질은 스스로 책임진다.

그에 대한 고객의 피드백과 시장수요에 따라 금전적 보상 수준이 변동한다.

프로젝트에 따라 계약직·임시직으로 고용 관계를 맺는, 이른바 긱 이코노미Gig Economy는 이러한 현상이 글로벌 노동시장 차원으로 확산된 것이다. 긱 이코노미 시대에는 네트워킹 능력이 필수적이며, 프로젝트별 업무 추진을 위해 개방적이면서도 협력적인 관계 맺기 능력이 중요해지고 있다. 2019년 미국 증권가에서는 업워크Upwork와 파이버Fiverr가 프리랜서에 대한 수요와 공급을 연결해주는 매칭 플랫폼 기업으로서는 처음으로 상장에 성공하기도 했다.

정보 접근 패러다임의 변화

일과 노동의 의미가 변화한 것은 개인이 인터넷을 통해 전 세계의 정보와 지식에 폭넓게 접근할 수 있고, 동시에 이를 쉽고 빠르게 활용할 수 있게 되었기 때문이다. 도구 역시 발전해 고성능 컴퓨터만 있으면 언제 어디서나 업무 수행이 가능하다.

중세 유럽의 대표적 도서관이던 스위스 장크트갈렌Sankt Gallen의 베네딕트 수도원 부속 도서관이 9세기 후반에 소장하던 서적은 겨우 500권 정도였다. 인쇄본 서적이 등장하기 이전인 15세기 영국에서 가장 많은 장서를 보유하고 있던 캔터베리 대성당의 도서관 장서도 2,000권이었고, 케임브리지대학교의 도서관 장서도 300권에 불과했다. 당대 최대 도서관의 장서가 이렇게 적은 것은 비싼 책값 때문이었다. 성경 한 권을 필사하는 데 숙련된 수도사 한 명이 대략 2년간 작업해야 했고, 제작하는 데 필요한 수도사 한 명의 인건비와 양피지, 기타 재료의 가격을 환산해보면 최소한 오늘날 돈으로 2억 원 이상이 드는 셈이었다. 500권의 책이 현재 가치로 따지면 1,000억 원 규모인 만큼 당시에 책은 귀중품이었고, 높은 신분의 귀족일지라도 성경 한 권을 소유하는 것은 대단한 명예이자 부귀의 상징이었다.

비싼 필사본을 읽어야만 하던 시절에는 종교 경전이나 국가 기록 정도만 책으로 만들었다. 20세기 중반까지도 학술, 문학, 교육 등 사회적으로 중요한 분야에서만 책을 출간했다. 하지만 이제는 평범한 사람들의 이야기도 공감을 얻고 책으로 출간된다. 나아가 정보 혁명은 이러한 제한을 사실상 없애버렸다. 누구나 언제 어디서든 인터넷에서 제한 없이 정보와 지식에 접근할 수 있게 되었다. 정보 격차는 여전히 존재하지만, 과거와 비교하면 정보 접근성이 월등하게 커진 것이다.

저렴한 원격교육이 발전하면서 체계적 지식 교육의 전달 구조도 변하고 있다. 미국을 중심으로 급성장하고 있는 온라인 공개수업 '무크MOOC, Massive Open Online Course'는 전 세계 수강생들에게 첨단 지식을 빠르고 쉽게 전달하고 있다. 지식의 생산과 유통 과정에서 시공간의 개념이 사실상 사라진 것이다. 이는 코로나19로 오프라인 교육이나 회의, 발표 등이 온라인 방식으로 대체되면서 한국은 물론 전 세계가 경험한 것이기도 하다.

개인으로의 권력 이동

정보와 지식에 대한 접근과 함께 개개인이 디지털 네트워크로 연결되면서 글로벌 차원의 P2Ppeer to peer 생태계가 다양한 분야에서 중층적으로 형성되고 있다. 이는 디지털 시대에 개인으로의 권력 이동으로 나타난다. 미래학자 앨빈 토플러는 1990년에 출간한 《권력이동》에서 정보화의 진전에 따른 개인으로의 권력 이동을 예견한 바 있다.

가령 블록체인 기술이 출현하기 전에는 중앙 서버를 통해 개개인이 연결되었고, 네트워크의 주도권은 중앙 관리자에게 있었다. 그러나 이제는 블록체인 기술로 글로벌 차원에서 분산된 개개인이 상호 연결되어 자생적 질서를 형성하고 있다. P2P 장터 '오픈바자OpenBazaar'에서는 거래가 비트코인으로 결제된다. 구매자와 판매자들이 이렇게 직접 연결되면 거래비용을 대폭 절감할 수 있다. 음악 저작권 관리 분야도 블록체인 기술을 적용한 P2P 방식으로 투명하고 정확하게 저작권자의 로열티를 산정할 수 있다. 금융 분야에서는 물리적 연계가 전혀 없는 개개인이 자발적으로 모여들어 가치를 교환하는 암호화폐Cryptocurrency라는 사이버 통화 질서를 형성하고 있다.

그런가 하면 아날로그 미디어인 종이 신문, 라디오, 공중파 TV 시대에는 콘텐츠의 생산과 유통에 드는 막대한 비용과 기술적 어려움 때문에 일반인은 오직 수용자가 될 수밖에 없었다. 그러나 이제는 개인이 손쉽게 콘텐츠를 생산하고 페이스북, 트위터, 유튜브, 블로그 등의 플랫폼을 통해 전 세계에 유통할 수 있게 되었다. 동영상 플랫폼에서 활동하는 개인 중에는 아날로그 시대의 메이저 미디어를 능가하는 구독자를 보유한 사람도 있다. 페이스북, 트위터 같은 소셜미디어에서도 과거 유력 언론사의 유명 기자보다 더 영향력을 행사하는 개인이 대거 등장하고 있다.

새로워지는 라이프스타일:
코워킹, 코리빙, 취향 커뮤니티

일과 생활 공간의 물리적 경계와 거리가 사라지고 일의 방식이 변화하면서 라이프스타일도 변하고 있다. 이미 컴퓨터 기능이 더해진 스마트폰과 IoT, 5G 등의 기술은 초연결을 지향하고, 일상생활과 융합한 가상·증강현실 기술은 서로 떨어져 있는 사람들과의 소통을 더욱 원활하게 만들며, 기존의 고정적 업무 공간으로부터 기술적 이탈의 가능성을 높이고 있다. 이러한 변화는 디지털 장비를 활용해 일과 주거에서 자유로운 디지털 노매드digital nomad도 대거 양산하고 있다.

하지만 직주일치의 의미가 과거 산업화 시대 이전과 같지는 않을 것이다. 개인의 가치와 취향을 중시하는 밀레니얼 세대Millennials[65]는 코워킹co-working이나 코리빙co-living과 같이 직주 공간의 일치를 추구하면서도 공간을 타인과 공유하는 새로운 개념의 일터와 주거지의 공유 문화를 만들어갈 것으로 보인다. 나아가 일과 여가의 경계가 모호해지면서 다양한 취향 커뮤니티와 취향 경제도 늘어날 것으로 전망한다.[66] 이미 원하는 제품과 서비스를 찾아 맞춤형 서비스를 제공하는 관심 경제가 빅데이터와 AI 기술을 기반으로 확장되고 있으며, 소비자 차원에서도 비슷한 취향의 타인과 온·오프라인 커뮤니티를 구성하며 새로운 취향 문화를 형성해가고 있다. 독서·여행·요리·음악 등 다양한 영역에서 나타나고 있는, 같은 취향과 경험을 공유하며 주고받는 취향 공동체가 여기에 속한다. 결국 대량생산된 제품이나 다수가 열망하는 명품이 아니라 자신의 개성에 맞춘 취향 소비의 시대가 이어질 것으로 보인다.

한편 이러한 변화가 전방위적으로 나타나고 있는 시대에 우리 사회나 개인 모두 대응 전략이 필요하다. 예를 들어 고용 유연성은 긱 이코노미의 장점이지만, 국가나 사회적 차원에서는 불안정성과 열악한 노동 조건에 대비해야 한다. 일과 생활 공간이 분리되지 않음으로 나타날 수 있는 심리적 불안감이나 오랜 시간 동안 가족과 한 공간에서 생활하면서 겪는 갈등 등의 문제도 불거질 수 있다. 정신적 휴식의 중요성 또한 디지털 라이프스타일이 낳는 문제로 부각될 수 있다. 이러한 문제들을 예상하고 대응책을 고민해야 할 것이다.

치료에서 예방 중심의
헬스케어 시대로

■■■■■■■■ 보건의료 제도와 예방접종이 없던 1840년에는 평균수명이 40대 초반에 불과했지만, 의학과 생명과학의 비약적 발전으로 현재는 80세에 이른다. 그러나 아무리 건강한 사람도 나이가 들면 늙고 약해지게 마련이다. 오늘날 현대인이 겪는 각종 질병은 어쩌면 고령화 시대의 피할 수 없는 도전이다. 기대수명 연장보다 건강하게 오래 사는 웰니스wellness가 현대인의 보편적 욕망이 되었다. 늙어가면서 아프게 될 운명에 슬기롭게 대처할 수 있는 예측·예방의 헬스케어 시스템이 부상하는 배경이다.

또 한편으로는 우리나라를 포함한 글로벌 선진국 대부분이 고령화사회에 진입함에 따라 노화에 따른 질병관리와 의료 체계에 대한 국가 차원의 부담이 점차 커지고 있다. 의료 및 치료 기술의 발달로 심장마비, 뇌졸중, 암에 의한 사망률은 점차 줄어들었으나 각종 노인성 만성질환이 늘어나 의료비와 사망률은 오히려 증가하고 있다. 따라서 국가 의료 시스템이 치료 중심에서 질병을 미리 예방하고 관리하는 방향으로 전환해야 한다.

헬스케어 3.0

통상적으로 헬스케어라는 개념의 시작점은 산업혁명 무렵 대규모 인구가 도시로 유입되어 각종 감염병이 잦았던 18~20세기 초반으로 보고 있다. 헬스케어 1.0(공중보건)이라 불리는 이 시기에는 백신이 개발되고 상하수도 시설 등 도시 인프라가 정비되면서 질병 예방이라는 사회 서비스가 처음 등장했다. 20세기에 들어 의약품과 의료기기 등이 발달하면서 세계 각국은 제도적으로 의료 서비스 공급 체계를 갖춘 헬스케어 2.0 시대(질병 치료)를 열었다. 새로운 시대가 도래함에 따라 질병으로 인한 사망률은 감소하고, 기대수명이 비약적으로 늘었다.

현대 의료 서비스는 의약품과 시술에 집중한다. 그 덕분에 상당히 수준 높은 헬스케어 서비스의 혜택을 받게 됐다. 그러나 암과 퇴행성 신경 질환 같은 난치성 질환은 물론, 당뇨와 같은 대사질환의 경우 의료 서비스를 받더라도 중요한 시기를 놓쳐 고통스러운 삶을 지속하는 일이 매우 빈번하다. 이를 해결하고자 건강검진이 보편화되었으나, 병의 유무를 판정하는 수준이라 실질적인 예방의학이라고 보기는 어렵다. 저출산과 고령화라는 현시대의 상황에 맞춰 기존의 치료 중심 의료 서비스에서 건강 증진과 예방 중심 의료 서비스로 패러다임이 전환되는 헬스케어 3.0 시대(건강 수명)를 맞이하고 있다.

4P 의학: 예측·예방·맞춤·참여

2013년 미국의 생물학자 리로이 후드Leroy Hood 교수는 "복잡한 인체 시스템 연구는 유전자와 같은 개별적 분야가 아니라 다양한 분야의 과학자들과 협업을 통해 총체적 접근 방식이 필요하다"라고 역설했다. 이러한 접근은 시스템 생물학과 4P 의학systems biology & 4P medicine이라는 학문 분야를 낳았다.

4P는 1) 질병 발병률 판단이 가능한 예측의학predictive medicine, 2) 질병을 최소화하는 예방의학preventive medicine, 3) 개인의 유전적 특성을 고려한 맞춤의학personalized medicine, 4) 환자와 의사가 함께 의학적 결정을 내리는 참여의학participatory medicine을 뜻한다. 이러한 접근법의 의학은 유전체학과 유전학을 통합해 신속하게 질병 유전인자를 발견한다. 각 개인에게 초점을 맞춰 능동적으로 대응하고, 질병 치료에 앞서 질병 예방에 방점을 둔다. 4P 의학을 통해 증상이 나타나기 전에 질병을 치료할 수 있어 건강을 최적화하는 것이다. 시스템 의학의 융합으로 예측, 예방, 맞춤, 참여로 이어지는 미래 디지털 헬스케어는 건강관리 개선, 건강관리 비용 절감, 새로운 혁신 산업 창출로도 이어질 전망이다.

디지털 헬스케어

산업사회는 연결성connectivity을 중심으로 발전해왔다. 증기기관을 통해 인간과 인간이, 벨트컨베이어를 통해 기계와 인간이, 그리고 정보화 혁명을 통해 AI와 사람이 연결되는 시대에 도달했다. 생명공학 분야에서도 첨단기술과의 융·복합이 활발하게 이뤄지면서 디지털 헬스케어digital healthcare가 부상하고 있다. 개개인의 의료정보를 비롯해 생활 습관, 외부 활동, 유전체 정보 등의 분석을 통해 건강 상태를 정확하게 판단하는 것은 물론, 효과적인 질병 치료와 예방 등 맞춤형 의료 서비스가 가능해지고 있다.

첨단기술과의 연계

최근에는 AI 알고리즘을 통해 최적의 빅데이터 분석 플랫폼을 제공하는 것이 가능하며, 이는 모니터링·관리에서 진단·예측·치료 분야로까지 확대되고 있다. 이에 따라 글로벌 기업을 중심으로 웨어러블 디바이스를 통한 데이터 측정, 유전체 정보 분석, 헬스케어 데이터 플랫폼 등의 분야에 투자와 연구개발이 이뤄지고 있다. 예를 들어 구글 핏Google Fit과 애플의 헬스 킷Health Kit은 웨어러블 단말기 기반 헬스케어 플랫폼을 통해 사용자의 건강정보를 수집하고 가공해 디지털 의료를 구현하고 있다. 개인의 생체정보를 수집하고 분석하는 삼성전자의 '사미SAMI'와 웹 기반 헬스케어 솔루션을 제공하는 마이크로소프트의 '헬스볼트Health Vault' 등이 대표적 사례다. IBM의 '왓슨 헬스 클라우드Watson Health Cloud'의 경우 클라우드로 수집한 의료정보를 의료기관에 제공함으로써 기존 의료 시스템과의 통합을 가능하게 만들었다. 'GE 헬스 클라우드GE Health Cloud'는 50만 대 이상의 의료 영상장비를 연결해 언제 어디서나 의료정보 활용이 가능하도록 했으며, 필립스의 '인텔리스페이스 포털IntelliSpace Portal'은 68개의 애플리케이션을 탑재해 의료영상 정보를 종합적으로 분석한다. 이처럼 의료기기를 통해 발생한 빅데이터를 AI로 처리한 후, 이를 다시 건강 증진을 위한 제품과 서비스에 연결하는 기술들이 개발되고 있다.

맞춤형 의료 시스템

디지털 헬스케어 기술과 웨어러블 디바이스를 이용하면 원격의료 시스템을 갖출 수 있다. AI 의사가 맞춤형 처방과 진단 서비스를 제공하는 형태의 시스템도 구축할 수 있을 것이다. 이를 위해서는 온라인에서 질병의 진단과 처방이 통합적으로 이뤄지는 융·복합형 의료산업으로의 변화가 필요하다.

디지털 헬스케어는 데이터 측정·분석, 이를 활용한 처방과 치료 단계로 구성된다. AI 기술의 발달로 헬스케어 분야에서도 디지털 트위닝 기법을 이용해 다양한 상황을 부여하고 시뮬레이션을 진행한다. 이를 통해 모니터링과 진단의 정확도를 높이고, 돌발 사고와 오진을 최소화하는 효과를 얻을 수 있다. 머신러닝과 딥러닝을 통해 최적의 생체지표와 유전체 데이터 분석 알고리즘을 만들어 진단의 정확성도 높이고 있다. 의료 전문가의 판단과 의료 빅데이터를 축적한 AI를 '제2의 의사secondary opinion doctor'로 삼아 헬스케어와 융합하면 직접 병원에 가지 않고도 진단과 처방이 가능한 개인 맞춤의학과 참여의학을 완성할 수 있다.

의사의 처방 없이 의료 수요자가 직접 요청하는 '소비자 직접 의뢰DTC' 유전자 검사 서비스는 질병과 관련 없는 항목에만 허용되지만, 예방과 예측 명목으로 허용될 경우 예방의학과 예측의학을 실현할 수 있을 것으로 보인다.

특히 고령화사회가 되면서 해결해야 할 문제 중 하나는 노인 의료비의 증가다. 고령자 대상 의료에는 만성질환 관리 부분이 큰 비중을 차지하는데, 현재의 의료보험 체계에는 포함되지 않아 개인의 부담이 크다. 따라서 헬스케어 신기술이나 신제품 관련 의료보험을 적용하는 등 고품질의 헬스케어 서비스를 적절히 제공할 수 있도록 만들어야 한다. 고령자의 만성질환 관리는 기존의 의료 시스템보다 원격의료 형태의 생활형 ICT 융합형 디지털 헬스케어 시스템 안에서 진행하는 것이 더 효과적일 수 있다.

비대면 의료 진단 시스템

코로나19에 대응하기 위해 한시적으로 원격의료가 이루어졌다. 의료영상 공유 플랫폼과 스마트 측정 장비, 환자 모니터링 시스템, 재택 의료용 앱 등을 활용해 비대면 의료 진단을 진행했다. 이번 코로나19 사태로 디지털 병원의 핵심인 비대면 의료 진단 시스템이 대안으로 떠올랐다. 특히 신종·변종 감염병이 2~3년마다 한 번씩 올 가능성이 크다는 전문가들의 전망에 따르면 이에 대응하기 위한 의료 체계 구축은 불가피하다. 비대면 의료 진단 시스템을 통해 상시적으로 국민의 건강을 관리하고, 감염병과 같은 재난 상황에서 방역 의료와 연계할 수 있다면 효율적인 의료 관리와 대응이 가능해질 것이다.

글로벌 디지털 헬스케어 시장 확대

글로벌 디지털 헬스케어 시장 규모는 2019년 1,064억 달러(약 130조 원)에서 연평균 29.6% 성장해 2025년에는 5,044억 달러(약 600조 원)에 이를 전망이다.[67] 이와 더불어 코로나19 사태 속에 K-헬스케어의 글로벌 위상이 높아지고, 코로나19 진단 키트·방역 제품·바이오헬스 등에 대한 선호도도 높아지고 있다. 2020년 3월 사상 처음으로 한국의 의약품 월 수출액이 10억 달러를 돌파했으며, 5월에는 전년 동월 대비 59.4% 증가해 수출 품목 8위에 오르기도 했다.

그러나 글로벌 헬스케어 시장에서 한국의 시장점유율은 1%대 수준으로, 세계 순위 20위에 불과하다. 높아진 글로벌 위상만큼 K-헬스케어의 글로벌 시장점유율을 높이고, 신성장동력으로 자리매김할 수 있도록 관련 산업구조와 지원 제도를 확대해야 한다.

수요자 중심으로 변화하는 헬스케어

기존의 보건의료는 의료기관에 소속된 의료 전문가를 통해 진단과 처방이 이뤄지는 방식이다. 환자는 의사의 처방에 따르는 수동적 역할을 할 수밖에 없다. 진단에서 치료에 이르는 과정에서 생성되는 정보를 저장하고 관리하는 것 또한 제한적이다. 그러나 미래 헬스케어에서 주목하는 의료 서비스는 연결 의료connected healthcare에 바탕을 둔다. 질병 진단부터 치료와 관리에 이르는 전체 의료 서비스를 통합한 데이터를 통해 투명하고 개인 맞춤형으로 이뤄지게 되며, 의료 전문가와 수요자가 동등한 입장에서 의료 데이터를 공유할 수도 있다. 의료 수요자에게 충분한 정보를 제공하는 것은 물론, 의료 수요자의 요구와 선호도를 존중해 의사와 함께 건강 관련 의사결정에 참여하는 것도 가능하다.

이러한 의료 패러다임에서는 의료 수요자가 예방, 관리, 진단, 예측, 치료 등 의료 시스템을 적극적으로 활용할 수 있다. 수요자 중심의 헬스케어 서비스가 이뤄지는 선진국에서는 병원에 가지 않고도 의료 서비스를 받을 수 있다. 그러나 우리나라의 경우 의사와 환자 간의 비대면 의료 행위는 불법으로 규정되어 있다.

디지털 헬스케어를 막는 규제의 개선

우리나라의 영상정보 관리 시스템Picture Archiving Communication System과 개인병원 전자의무기록Electronic Medical Record 보급률은 디지털 세계를 선도할 수 있는 수준이다. 정보통신기술과 의료 체계를 기반으로 의료 정보의 호환성과 융합을 촉진할 개방 플랫폼 등의 기술 개발이 잇따라야 하지만, 정부의 규제로 더 높은 수준의 의료 서비스를 구현하지 못하고 있다.

따라서 변화하는 시대에 적합한 제도가 필요하다. 헬스케어 분야도 변화의 흐름에 맞춰나갈 수 있도록 합리적인 규제 개선이 필요하다. 단순히 비대면 의료를 허용해야 한다는 수준이 아니라 그에 따른 의료 수가 제도, 대형 병원 집중화 현상 등 우리나라의 의료 체계와 현실을 고려해 설계해야 한다.

디지털 헬스케어 활성화에 맞춰 준비할 사항도 적지 않다. 디지털 헬스케어로 생성되고 축적될 의료 데이터(생체 지표, 유전체 데이터 등)의 보관과 소유권, 활용권 문제가 대표적이다. 의료 데이터에는 민감한 개인 정보가 담겨 있다. 이를 활용하는 과정에서 불거질 수 있는 여러 법적 상황에 확실하게 대비하지 않는다면 정보의 오남용 문제로 디지털 헬스케어가 퇴보할 가능성도 있다. 헬스케어는 공공 차원에서 취약계층 등 의료 사각지대의 비율을 최소화하기 위한 사회안전망으로 기능하도록 하는 것도 반드시 고려해야 한다.

기술 진보에 따른
노동의 미래

━━━━━━━━ 기술의 진보는 새로운 일을 창출하는 한편, 구태의연한 기존의 방식을 대체하기도 한다. 이러한 기술의 진보에 일하는 사람들이 원활하게 적응할 수 있도록 제도를 어떻게 설계할 것인가가 중요한 문제로 대두하고 있다. 사회 변화와 함께 풀어야 할 노동 문제는 다양하지만, 특히 4차 산업혁명과 관련해 뜨거운 주제 중 하나는 기술의 진보가 일자리에 미치는 영향에 관한 것이다. 전문가 토론 현장에서조차도 여전히 유토피아와 디스토피아를 비교하는 이분법적 논의가 이뤄지고 있다.

올바른 미래전략과 대응 방안을 마련하기 위해서는 현상을 제대로 이해하고, 직면한 도전을 잘 정의해야 한다. 과연 로봇과 AI로 일자리가 줄어드는 것이 우리가 당면한 도전의 요체일까? 그렇지 않다면 로봇과 AI는 그동안 인간이 힘들고 귀찮아하던 일을 대체하는 동시에 새롭고 흥미로운 일을 할 수 있도록 부담을 덜어주는 걸까? 기술의 진보는 직업 세계와 일자리에 어떤 변화를 가져올까? 변화의 요체는 무엇이고, 그에 대한 노동 분야의 대응 전략은 어떠해야 할까?

기술 진보와 일자리 변화의 요체

기술의 진보로 일자리에 무슨 일이 일어나는지를 이해하기 위해서는 기술의 진보가 직무(업무, 일), 직업, 고용(일자리)에 미치는 영향을 구분해서 들여다보아야 한다. 디지털 기술에 더해 지능 정보통신기술의 발전은 상품과 서비스의 전통적 가치사슬을 해체했다. 자동화 범위도 현저하게 확대되었다. 가치사슬의 해체는 기업들의 경쟁 우위 패러다임을 변화무쌍하게 바꾸고 있으며, 그 과정에서 일하는 방식과 직무와 업무의 변화가 일어나고 있다.

직무, 직업, 고용에 미치는 상이한 영향

자동화에 의한 노동 대체는 어떤 '직무'의 대량 소멸을 의미할 수 있다. 또 일부 단순 반복적인 일자리routine jobs를 파괴할 수도 있다. 하지만 전반적 고용 파괴를 의미하지는 않는다. 하나의 직업은 여러 직무로 이루어져 있기 때문이다. AI가 직무와 직업과 고용에 미치는 영향도 이러한 자동화 영향의 연장선 위에 있다.

기술이 어떤 일자리의 직무 일부를 대체하더라도 다른 일부와 보완 관계에 있는 경우가 일반적이다. 기술과 보완되는 업무가 있다면 기술이 업무 일부를 대체하더라도 보완 관계에 있는 업무의 생산성은 늘어난다. 그렇게 해서 해당 일자리의 생산성이 올라가면 그 일자리는 없어지지 않는다. 오히려 수요가 늘어날 수도 있다. 그러므로 일자리가 줄어드는 것은 자동화 기술에 달려 있지 않다. 사람과 제도가 변화에 어떻게 적응하느냐에 달려 있다.

변화는 정책적·제도적 적응의 결과

AI가 특정 직무를 대체한다면 그런 직무로만 이루어진 직업은 기계로 대체될 가능성이 크다. 하지만 대부분의 직업은 그 안에 기계와 협업해 생산성을 높일 수 있는 직무 또한 포함하고 있다. 기술이 내 업무의 일부를 대체하더라도 내가 하는 다른 업무가 그 기술과 보완 관계에 있다면 그 일자리의 생산성은 향상되고, 이러한 직업들은 일반적인 예상과 달리 소멸하지 않을 것이다. 정형화된 업무로 이루어진 직업은 줄어들겠지만, 이러한 일자리도 해당 직업의 직무가 변화하면 살아남을 수 있다. 오늘 내가 하는 일의 자동화 확률이 50%쯤 된다고 하더라도 내년에 내 일의 자동화 가능성이 반드시 50%를 넘는 것은 아니다. 기술의 진보에도 불구하고 자동화 가능성은 오히려 떨어질 수도 있다. 그 이유는 바로 기술의 진보와 함께 해당 직업의 직무가 변화하기 때문이다. 이런 점에서 일자리의 양이나 질 모두에 결정적 영향을 미치는 요인은 기술 자체라기보다 변화를 수용하고 대응하는 정책과 제도라고 할 수 있다.

노동의 미래

기술의 진보에 대해 어떠한 제도적·정책적 대응을 하느냐가 일자리의 양과 질을 좌우 한다는 사실은 노동정책에 중요한 시사점을 던져준다. 지난 10년을 돌이켜보면 정부는 새로운 비즈니스 활동이 활발해지는 데 적합한 규제 방식을 마련하지 못했다. 대기업들은 스타트업에 효과적으로 플랫폼을 제공하지 못했고 근로자들은 지나치게 수동적이거나 지나치게 장기적 이익에 무심했다. 노사가 상호 간의 신뢰를 구축하지 못했다. 지난 시기에 대한 반성은 정부와 기업과 노조가 앞으로 해야할 일을 자연스럽게 정의해준다. 노동시장 제도 개혁의 시급성을 인식하고 공동의 노력을 기울여야 한다는 점이다.

인간과 기계의 협업

기술의 진보가 미치는 영향은 단순히 직무 변화에 그치지 않는다. 기술의 진보를 생산성 향상으로 이어지게 하는 과정에서 작업 조직은 신기술의 잠재력을 충분히 활용하는 방식으로 변화할 것이다. 테일러리즘Tailorism이나 포디즘Fordism은 기술 변화가 장인匠人을 저숙련 공장 노동자로 대체하는 과정에서 과학적 관리 시스템으로 정착되었다.

AI 시대의 작업 방식은 인간-네트워크, 인간-기계 사이의 역동적 협력 형태를 포함하는 방식일 것이다. 이미 '인간과 함께 일하는 로봇'의 개념을 구체화한 제조용 로봇이 개발되고 있다. 이뿐만 아니라 네트워크에서 빅데이터를 생산하고 가공해 부가가치를 만들어내는 과정에서 인간과 AI가 협업하고 있다. 제조 과정에서도 마찬가지로 인간과 기계(전통적 공장에서 보던 기계설비는 물론, AI 알고리즘을 체화하고 있는 로봇을 포함한다)가 협업할 것이다.

고용 형태와 근로 형태의 다양화

디지털 기술의 발전은 생산방식의 거래비용을 혁명적으로 낮추었다. 특히 프로젝트형 고용계약 형식이 늘어나면서 외부 자원 거래비용이 크게 줄었다. 거래비용 감소를 기반으로 많은 스타트업이 비즈니스 모델을 혁신하고 있기도 하다.

확산되고 있는 비즈니스 모델에서 주목할 만한 특징 중 하나는 취업 형태가 다양화하고, 비전통적 고용계약 형태가 늘어나고 있는 점이다. 온디맨드on-demand(주문형) 거래의 확산으로 임시직, 파견직, 재택근무, 파트타임 등 다양한 취업 형태가 나타나고 있다. 지난 10년간 미국에서 창출된 일자리는 바로 이러한 대안적 근로 형태alternative work arrangement 에서 많이 나왔다.[68] 이러한 대안적 근로 형태 중 디지털 기술을 활용한 온라인 디지털 플랫폼을 통해 고객의 수요를 충족시키는 제품과 서비스를 공급하는 노동을 플랫폼 노동이라고 한다. 최근 한국고용정보원이 수행한 '플랫폼 경제 종사자 규모 추정과 특성 분석 연구'에 따르면 국내 디지털 플랫폼 노동자는 47만~54만 명 정도로 추정된다.

디지털 기기가 실시간으로 연결되면서 시간과 장소에 얽매이지 않고 일하는 클라우드 워커cloud worker처럼 온라인 근로·재택 근로·원격 근로 등이 확산되어 근로시간과 여가의 구분이 모호해지고, 근로 공간과 비근로 공간의 구분이 모호해지는 것도 변화의 일부다. 근무일과 휴일의 구분이 모호해지고, 모여서 일하는 것이 아니라 각자 맡은 업무를 장소와 상관없이 알아서 완성하는 방식이 늘어나고 있다. 한 사람의 근로자가 여러 고용주를 위해 일하는 사례도 늘어나고 있어 전통적 고용 관계가 느슨해지거나 해체되고 있다. 지휘와 명령을 받는 고용 관계가 아니라 상호 약속한 업무를 스스로 결정하고 통제할 수 있는 관계로의 변화도 적지 않다. 특히 기술의 변화 속도에 비해 변화가 적었던 근로 형태는 2020년 코로나19 사태를 겪으면서 원격근무, 재택근무 등으로 다양해지며 변화의 국면에 놓여 있다.

이에 따라 산업화 과정에서 확립된 기업조직과 노동 규범(예컨대 1일 근로시간, 휴게 시간, 감시·감독 등의 근로 기준)의 변화도 불가피해지고 있다. 기업조직이 핵심 인력 중심으로 축소되고 임금근로자-자영업자의 성격이 혼합된 계약 형태가 확산되는가 하면 감시·감독, 보안, 사생활 침해가 모두 새로운 차원에 직면하고 있다. 2018년부터 시작된 주당 근로시간 52시간 상한제는 일과 가정의 양립 및 조직적 노동으로부터 직무 중심 노동을 유인하는 계기가 되고 있으며, 코로나19 대응 과정에서 나타난 다양한 원격근무 형태는 더욱 본격화될 것이다.

비즈니스 패러다임의 변화

현재 선도적인 기업 중에는 ICT 서비스업이 압도적이다. 기업가치로 세계 10대 기업의 대다수가 ICT 서비스업이다(애플, 알파벳, 마이크로소프트, 아마존, 페이스북 등). 이처럼 시장에서 인정받고 있는 기업의 상당수가 정보통신기술을 이용한 비즈니스와 관련이 깊다. 예를 들어 유통 기업 아마존이나 동영상 스트리밍 서비스 회사 넷플릭스는 빅데이터에 주목해 사업을 성장시킨 대표적 기업이다.

나이키, 아디다스와 같은 스포츠용품 기업도 데이터를 이용한 비즈니스 생태계를 구축하고 있다. GE의 스마트팩토리는 높은 생산성을 자랑하면서도 자동화보다 빅데이터를 활용해 생산 과정에 응용하는 것이 특징이다. 이처럼 정보통신기술을 활용한 새로운 비즈니스 모델을 만들거나 이를 적용한 기업의 경쟁력이 두드러지고 있는 점은 향후 인력 양성 측면이나 고용시장 전망에서 고려해야 할 사항이다.

노동 미래전략

4차 산업혁명은 물론, 전 세계를 공포에 빠뜨린 코로나19는 우리가 살아가는 방식 전반에 걸쳐 패러다임의 변화를 몰고 오고 있다. 이런 급격한 변화 속에서 적응력을 높이려면 단순히 공장에 로봇 자동화 시스템을 얼마나 빨리 도입할 것이냐의 문제에 머물러서는 안 된다. 사람과 로봇, 사람과 AI가 어떻게 협업할 것인지 등 변화에 대한 전망과 향후 전략에 대한 논의가 선행되어야 한다.

논의 플랫폼과 이해당사자의 신뢰 구축

독일에서 '인더스트리Industrie(산업) 4.0' 이니셔티브가 시작된 후 노조가 그에 맞는 '아르바이트Arbeit(노동) 4.0'이 필요하다며 관련 논의의 필요성을 제기하고 기업들과 함께 논의를 시작한 사례를 참조할 필요가 있다. 정부 주도의 논의 플랫폼이 아니라 기업과 근로자가 협의하고 중앙정부와 지방정부가 협의하는, 상호 신뢰에 기초한 이해당사자의 협의체 방식으로 전환할 필요가 있다. 안타깝게도 노사 협의의 전통이 미흡한 한국적 상황에서는 노사정위원회, 경제사회노동위원회, 일자리위원회를 중심으로 논의 플랫폼을 확장하고 신뢰를 구축하는 것이 무엇보다 급선무라고 판단된다.

대안적 노동 규범의 모색과 합의

근로 형태와 방식의 변화로 기존 제조업 중심 노동 규범의 존립 근거가 송두리째 흔들리고 있는 상황에 대한 인식이 필요하다. 사회보험의 경우 복수의 사업장에서 일하는 임금근로자나 한 사업장에서 월 60시간 미만 일하는 단시간 근로자들이 적용 대상에서 제외되지 않도록 기존의 단일 사업장 내 고용 중심의 행정 방식을 보완할 필요가 있다. '종속성을 갖고 일하는 1인 자영업자'에 대한 대처 규범 마련과 해당 범주의 노동시장 참여자를 포함하도록 사회보장 시스템을 확대·재구축해야 할 것이다.

근로기준법 등 그동안의 노동관계법은 모두 임금근로자를 대상으로 하고 있다. 그러나 기업은 인건비를 절감하기 위해, 또는 급변하는 산업 환경 변화에 대응하기 위해 아웃소싱을 활용하는 경향이 강해지고 있다. 이러한 노동시장의 구조적 변화를 고려해 근로기준법의 획일성과 경직성을 보완해야 한다. 근로계약법으로 노동시장 내 노무 거래 일반을 규율하되, 고용·근로 형태의 다양화에 대응해 사안별로 계약 관계의 공정성, 투명성, 예측 가능성을 확보할 수 있을 것이다.

복합적이고 다양한 고용 관계를 모두 규율하는 것에는 한계가 있다. 기업, 지역, 산업, 국가 수준에서 노·사·정이 대화와 사회적 협약을 이루는 데 매진하고 사회적 자본social capital을 늘려가기 위한 여건을 조성해야 할 것이다.

창의·융합 인재를 위한 인력 양성 제도의 혁신

미래 인재에게 요구되는 역량을 길러주기 위해서는 기존의 지식을 답습하거나 정답을 암기하는 교육이 아니라 창의성을 길러주는 교육, 즉 질문할 줄 아는 교육, 나아가 가설적 주장을 할 줄 아는 교육으로 전환해야 한다. 또한 구인 구직을 어렵게 만드는 인재와 노동의 미스매치(전공 분야 간, 학력 수준 간)를 해소하고, 사회에 필요한 인재를 기를 수 있는 교육 여건을 마련해야 한다.

4차 산업혁명의 또 다른 특징은 생산의 개방화로 소프트웨어 기술을 가진 사람은 누구나 하드웨어를 생산할 수 있다는 점이다. 플랫폼만 갖춘다면 소프트웨어 개발자가 하드웨어 개발자의 역할도 동시에 할 수 있기에 모든 산업에서 소프트웨어 인재의 양성이 중요해질 것이다.

일자리 감소에 대비한 로봇세 논의

과거에는 하드웨어인 기계가 노동을 대체했지만, 미래에는 소프트웨어인 AI가 노동을 대체할 가능성이 높다. 그러나 하드웨어와 달리 소프트웨어 생산에는 추가 노동이 거의 들어가지 않으므로 일자리 문제를 다각적으로 논의해야 할 것이다. 실업자가 늘면 납세자가 줄어든다. 세금 수요를 충당하기 위해 세율을 높일 경우 나타날 수 있는 저항, 즉 납세자들의 불만에도 대처할 필요가 있다.

최근의 '로봇세' 신설은 새로운 세원을 발굴하는 하나의 방안으로 제시되고 있다. 인간의 노동을 대체하는 로봇에 세금을 부과하고, 정부는 이렇게 마련한 돈을 기본소득 재원으로 삼아 실업자 부양 자금으로 활용한다는 제안으로 볼 수 있다. 그러나 이러한 로봇세는 얼핏 이상적으로 보이지만, 실제 입법 및 정책 실행 과정에서 생각하면 복잡한 문제다. 어느 선까지를 로봇으로 볼 것인지 조세 대상 및 범위를 설정하는 것에서부터 기존 제도들과의 충돌을 방지하는 데 이르기까지 여러 가지 난제를 해소해야 현실화될 수 있을 것이다.

기술 변동과
문화 변동

━━━━━━━ 우리는 급속한 기술 변동의 시대를 살고 있다. 4차 산업혁명이라는 이름으로 불어닥친 기술혁명이 AI를 필두로 우리가 살아가는 방식을 바꾸고 있고, 여기에 코로나19 사태는 기술 변동을 가속화하는 또 다른 요인이 되었다. 코로나19 감염 위험에서 벗어나기 위해 첨단기술을 활용하는 언택트 문화가 미래 전망서의 한 페이지가 아닌 사회 전면에서 확대되고 있다. 기술 변동은 우선 산업구조나 직업 세계에 변화를 가져오지만 거기서 끝나지 않는다. 사람들이 기술을 수용해 일상에서 사용할 때 그것은 문화가 된다. 기술에서 변화가 시작되어도 인간에게 더 의미 있는 것은 문화 변동이다. 인간의 가치나 인식, 생활 방식과 관련되기 때문이다.

기술 변동과 사회 변동 그리고 문화 변동의 관계

독일의 대문호 괴테는 《파우스트》에서 "모든 이론은 회색이고, 오직 영원한 것은 저 푸른 생명의 나무"라고 말했다. 영원불멸한 것은 없다. 인간도, 사회도 영원할 수 없다. 흐르는 물속에 발을 담갔다 꺼낸 뒤 다시 담그면 이미 전의 그 물이 아니듯이 만물은 시간과 함께 흘러가고 변화한다.

사회도 끊임없이 변한다. 사회는 어떻게 변화하고, 그 변화의 요인은 무엇인가. 사회 변동은 사회과학에서 다루는 중요한 주제 중 하나다. 사회학에서는 사회 변동과 문화 변동을 구분한다. 제도, 질서 등 외형의 변화를 사회 변동이라 하고 가치관, 생활 방식 등 비물질의 변화는 문화 변동이라고 한다. 하지만 이 둘은 동전의 양면처럼 불가분의 관계다. 사회 변동 또는 문화 변동의 요인으로 보통 세 가지를 꼽는다. '발명', '발견' 그리고 '문화 전파'다. 이 가운데 중요한 것은 발명과 발견이다. 과학 연구를 통한 발견 그리고 과학 원리를 바탕으로 이루어지는 발명은 사회와 문화를 변화시키는 일차적 요인이다. 현대로 올수록 발명과 발견이 사회 변화에 기여하는 비중이 점점 커진다. 가령 컴퓨터와 인터넷, 스마트폰의 발명은 단순한 기술적 발명이 아니다. 사람들 간의 소통 방식, 삶의 방식, 업무 방식까지 바꿔놓는다. 그렇기에 신기술은 문화 변동으로까지 이어지는 것이다.

현생인류가 출현한 지는 약 30만 년이나 된다. 오랜 기간 인류는 스스로 의식주를 해결하고, 도시와 사회를 건설하고, 제도와 가치 그리고 사상을 만들며 살아왔다. 인류학자 에드워드 타일러Edward Tylor는 문화를 "지식, 신앙, 예술, 법률, 도덕, 관습 그리고 사회 구성원으로서의 인간에 의해 얻어진 모든 능력이나 관습을 포함하는 복합적 총체"라고 정의했다. 과학기술도 문화의 한 부분이다. 그러나 과학기술이 문화가 되기 위해서는 사회 구성원이 그것을 인지하고 수용하고 활용함으로써 사회 속에 뿌리를 내려야 한다.

코로나19로 전면에 부상한 언택트 기술뿐 아니라 4차 산업혁명의 첨단 기술도 기술 변동에서 그치지 않고 인간의 삶과 문화에 크고 작은 영향을 미치면서 변화를 일으킬 것이다. AI가 노동을 대체하면 직업에 대한 인식이 변하고, 자율주행차가 상용화되면 운전한다는 개념이 작동한다는 개념으로 바뀔 것이다. 혁명은 관습이나 제도, 방식 따위를 무너뜨리고 질적으로 새로운 것을 급격하게 세운다는 의미다. 그리고 혁명적 변화에는 반드시 문화적 변화가 수반된다.

기술 변동으로 우리가 살게 될 세상의 단면

첨단기술을 무한대로 확장하고 있는 연결의 기술은 인간과 인간 사이의 연결 방식에도 큰 변화를 가져왔다. 우리는 트위터와 페이스북 같은 소셜미디어를 이용해 물리적 접촉을 하지 않고 클릭 한 번으로 사람들과 소통한다. 소셜미디어는 많은 시간과 노력을 들이지 않고도 친구 관계를 맺고 인맥을 형성할 수 있는 편리성을 제공한다. 가상공간의 경박단소輕薄短小형 인간관계가 실제 공간의 인간관계를 대체하고 있는 셈이다. 과학기술과 인간관계를 연구해온 셰리 터클Sherry Turkle은 "기술에 의한 단순하고 손쉬운 연결이 친교로 정립될 경우 사이버 친교는 서서히 사이버 고독cyber solitude으로 변할 수 있다"라고 경고했다.[69] 로버트 퍼트넘Robert Putnam은 미국 사회에서 교회, 자치단체, 자원봉사, 이웃과의 만남과 같은 '전통적인' 사회적 조직과 모임의 참여가 크게 줄어든 것에 대해 사회적 자본의 감소라고 정의한 바 있다. 사회적 자본은 친구, 이웃, 친척 등과 감정과 정보를 교환하는 '네트워크 자본'과 정치와 자원봉사 단체 참여와 같은 '참여 자본' 그리고 커뮤니티 참여와 같은 '공동체 자본'으로 구성되는데, 그는 이러한 사회적 자본이 감소하는 원인이 가상공간에서의 인간관계와 관련이 있다고 보았다.[70]

또 다른 한편으로 지속적 경쟁에 지친 현대인들은 이웃과의 연대를 꺼리며, 전통적인 가족공동체를 형성하는 것조차 주저하고 있다. 코로나19가 가져온 비대면 관계에도 익숙해지고 있다. 이런 상황에 AI는 물리적 유대감을 잃어버린 사람들에게 외로움을 잊을 수 있다는 기대를 갖게 만들고, 인간의 소외감을 달래주는 방향으로 진화할 것이다. AI와 대화하며 인간은 점점 그 AI를 단순히 기계나 프로그램이 아닌, 친구 또는 애인과 같은 실존적 존재로 여기게 될지도 모른다.

기술혁명은 문화 영역의 기회

이렇듯 기술이 바뀌가고 있는 새로운 세상에서 기술혁명은 문화적 관점에서 보면 오히려 새로운 기회가 될 수 있다.[71] 문화예술은 창의성과 감성의 영역이므로 첨단기술로 인한 자동화나 지능화의 위험이 상대적으로 적다. 미래 예측 보고서들에 따르면 대체로 단순 반복적인 작업·연산·금융·행정 등과 관련된 일자리는 자동화 위험이 크지만, 문화예술 분야는 상대적으로 덜 위험하다는 분석이 많다. 또 기술 문명이 발전하면 인간은 변화로 인한 문화적 충격을 겪게 되고, 문화에 대해 더 많은 관심을 둘 가능성도 크다.

기술이 지배하는 세상이 오면 인간은 '기계 대 인간'이라는 갈등 구도에서 자존감이 위축되고 소외감이 커질 수 있으며, 가치관과 윤리 의식의 혼란을 느낄 수 있다. 이런 사회심리적 위기에서는 자아 성찰을 위한 인문학과 인간적 가치에 기초한 문화에 주목하게 될 것이다. 마음의 안정과 행복감은 기계의 편리함에서가 아니라 문화예술이 가져다주는 여유에서 찾을 수 있다. 더욱이 최근의 기술혁명은 특정 기술 하나가 이끄는 변화가 아니라 여러 가지 기술이 융합되어 일으키는 혁신이다. 문화콘텐츠나 문화 기술은 콘텐츠와 기술, 문화와 기술, 하드웨어와 소프트웨어의 융합으로 이뤄지므로 가장 창의적인 영역이며, 변화의 트렌드에도 걸맞다.

기술혁명에 대처하는 문화 전략

모든 것이 촘촘히 항시적으로 연결되는 초연결 사회에서는 하나의 노드가 감염되거나 파괴될 경우 그 노드와 연결된 수많은 노드(인간 또는 기계)가 피해의 대상이 될 것이다. 이때의 파급효과는 사실상 무한정이다. 이러한 위험들은 사회학자 앤서니 기든스Anthony Giddens가 강조한 후기 산업사회에서 기술의 과잉이 가져올 돌이킬 수 없는 위험들이다. 대단히 효율적이고 이성적인 것들을 맹목적으로 추구하여 발생하는 비이성적인 상황이다. 첨단기술이 촉발한 혁명적 변화가 기술 변동에서 그친다면 그 의미는 반감될 수밖에 없다. 인간이 발명하고 개발한 모든 기술의 궁극적 목표와 지향점은 인간이어야 한다.

사람 중심의 문화 어젠다에 대한 지속적 관심과 투자

무엇보다 문화의 관점과 어젠다를 지속적으로 가져가야 한다. 과학기술이나 정보통신 영역에서 취약한 부분은 연구개발이 아니라 문화다. 과학기술에는 과학기술 문화가 필요하고, 정보통신 영역에는 정보통신 문화가 필요하다. 과학기술 기본 계획에는 과학 문화 계획이 포함되어야 하고, 4차 산업혁명 전략에는 기술 문화 전략이 포함되어야 한다. 문화를 어젠다로 삼는다는 것은 단순히 문화 과제를 포함한다는 의미가 아니다. 기술 중심이 아니라 사람 중심의 관점으로 기술 변동을 바라봐야 한다는 것이다.

문화 지체를 막는 제도와 인프라 정비

기술 발전에 따른 문화 전략을 세우고, 사회가 기술 변화를 수용할 수 있도록 문화 제도와 인프라를 잘 정비해야 한다. 기술이 발전한다고 사회문화가 저절로 변화하지는 않는다. 보통 기술 같은 물질의 변동보다 제도, 인프라, 의식, 가치관 같은 문화의 변동은 속도가 더디다. 물질적인 것과 비물질적인 것의 변동 속도 차이로 나타나는 부조화 현상을 사회학자 윌리엄 오그번William Ogburne은 '문화 지체cultural lag'라고 불렀다. 기술 변화가 빠르면 문화 지체 현상도 빈번하게 일어난다. 예컨대 바이오기술은 빠르게 발전하는데 여기에 걸맞은 생명윤리는 제대로 확립되지 않았다. 기계가 인간의 일자리를 대체하면서 실업이 발생하지만, 대응 정책은 충분하지 않다. 이런 현상들이 문화 지체로 나타나는 사회 문제들이다.

기술 변동이 더 빨라지면 문화 지체는 더욱 심각해질 수 있다. AI, 드론, IoT 등 첨단기술의 도입에 따른 법과 제도의 정비, 변화에 대한 사람들의 이해와 가치관 확립 등이 제대로 이뤄지지 않으면 첨단기술은 삶에 뿌리내리지 못할 것이다. 기술이 지속적으로 발전하려면 기술 발전을 뒷받침해주는 제도와 문화가 수반되어야 한다.

기술에 대한 인문학적 성찰

기술 문명 시대에는 인문학 진흥이 필요하다. 영국의 과학자이자 소설가 찰스 스노우Charles Snow는 '두 문화'를 이야기하면서 현대 서구문화는 과학적 문화와 인문학적 문화 간의 단절이 매우 심각하다고 경고한 바 있다. 한쪽 끝에는 문학인이, 다른 한쪽 끝에는 과학자가 있는데, 몰이해와 적의, 혐오로 틈이 크게 갈라진다고 우려했다.[72] 기계 대 인간, 과학 대 문화예술의 대립과 긴장이 격화되는 것은 문명의 발전 때문이 아니다.

따라서 기술 발전이 빠를수록 그만큼 인문학 진흥이 동시에 이뤄져야 한다. 인문학이란 인간은 어디에서 왔고, 누구이며, 어디로 가는가에 대한 질문과 성찰이다. 인문주의가 싹텄던 르네상스 시절에도 인문학은 과학기술과 균형을 이루며 발전했다. 지금의 기술 격변 시대에도 첨단기술이 인간과 사회에 미치는 영향과 의미에 대한 성찰이 필요하다. 그것이 바로 인문학의 역할이다.

인간의 행복에 기여하는 문화 기술의 발굴과 지원

똑같은 기술이라 하더라도 기술의 관점으로 보느냐, 문화의 관점으로 보느냐에 따라 그 의미와 가치가 달라진다. 기술이 경제활동에 사용되면 산업 기술이자 부가가치 창출의 원천이 될 수 있지만, 문화 활동에 사용되면 문화 기술이 되어 인간의 행복에 기여할 수 있다. 인간은 근력과 에너지로 활동하는데, 이를 돈을 버는 데 사용하면 노동이지만 즐기는 데 쓰면 레저 활동이다. 문화 기술은 감성적일수록 좋으며, 인간의 오감을 만족시킬 수 있는 기술을 개발하는 것이 좋다. 사회학자이자 문명 비평가인 마셜 매클루언Marshall McLuhan은 과학기술의 산물인 미디어는 결국 '인간 감각의 확장'이라고 정의했다. 망원경, 현미경은 시각의 확장이고 전화기는 청각의 확장이다. 과학기술을 통해 시각, 청각, 미각, 후각, 촉각을 더 많이 활용하고 감각의 한계를 넘어설 수 있다면 문화 기술은 인간의 본능적 욕망을 충족시키는 데 기여할 것이다.

놀고 즐기는 것을 산업화하는 데도 문화 기술이 기여해야 한다. 인간은 호모사피엔스(지혜로운 인간)이자, 호모파베르(도구를 사용하는 인간)이면서 호모루덴스(놀이하는 인간)이기도 하다. 놀고 즐기는 것은 문화의 관점에서 본 인간의 속성이다. 미래 사회에서 기계가 더 많은 일을 하게 될 경우 인간의 노동시간이 줄고 여가가 늘면서 엔터테인먼트 분야의 일자리와 산업 창출 기회가 더 많아질 것이다.[73] 문화 기술은 새로운 여가 산업과 유희 활동의 발굴에 주목할 필요가 있다. 또 문화 콘텐츠 산업은 창구효과, 파급효과가 큰 '원 소스 멀티 유즈OSMU, One Source Multi Use' 산업이다. 재미있는 웹툰 하나만 잘 만들면 이것이 드라마도 되고, 영화도 되고, 캐릭터 산업도 될 수 있다. 이런 문화 기술의 속성을 잘 활용해야 한다.

앨빈 토플러는 "현대사회에서는 과학기술 발전의 가속도로 인해 과학기술은 기하급수적인 속도로 발전하는 것에 비해 인간의 적응력은 이를 따라가지 못해 미래의 충격이 발생한다"고 말했다. 그가 말한 미래의 충격은 기존 문화에 새로운 문화를 중첩할 때 나타나는 문화적 충격을 뜻한다. 오랜 세월 동안 환경에 적응하며 진화해온 호모사피엔스는 적자생존에 능한 존재다. 복잡한 기술에 대한 적응보다 오히려 문화적 충격에 대한 적응이 더 어렵다. 지금의 기술 변동이 미래에 가져올 충격도 문화의 충격일 것이다. 문화 변동에 대한 전략과 대비책을 갖추지 못하면 아무리 선한 의도를 가진 기술혁명이라도 성과를 거두기 힘들 것이다.

2

기술 분야
미래전략
Technology

KAIST Future Strategy 2021

+

+

+

+

+

+

+

패러다임 전환에 따른
국가 연구개발 전략

━━━━━━━━ 4차 산업혁명으로 상징되는 혁신 기술의 등장은 산업 지형에 큰 변화가 오고 있다. 농경사회와 산업사회 그리고 정보사회로 이어진 인류의 발전은 기술의 진보에 의한 것이었으며, 미래 또한 기술 혁신으로 이루어질 것이다. 이런 관점에서 보면 세계적 기술경쟁 속에서 연구개발 전략은 더욱 중요하다. 특히 우리나라는 인구 감소에 따른 생산력 저하와 정보통신기술의 발달로 인한 사회구조 변화와 같은 현안 과제를 떠안고 있다. 이러한 문제들을 해결하고 국가의 미래 성장동력을 확보하기 위해서는 연구개발 전략을 재점검하고 혁신하는 것이 절실하다. 연구개발은 축적된 지식을 바탕으로 현재의 기술적 난제를 풀어가는 과정의 연속이며, 이는 곧 미래를 만들어가는 과정이다.

연구개발의 목표

미래 메가트렌드 중 연구개발과 직접 관련이 있는 것은 인구구조의 변화, 에너지·자원 고갈, 기후변화와 환경 문제, 과학기술 발달과 융·복합화 등이다. 연구개발을 통한 기술 혁신으로 미래 메가트렌드에 얼마나 잘 대처하느냐에 대한민국의 미래가 달려 있다.

패러다임 전환이 필요한 연구개발

우리나라 1인당 국민총소득GNI은 1953년 67달러에 불과했으나, 2006년 2만 달러를 돌파하고 2017년에는 3만 달러를 넘어섰으며, 2019년에는 3만 2,000달러 수준을 기록했다. 이렇게 압축 성장이 가능했던 배경에는 수출 주력, 중화학공업 우선, 과학기술 우대, 추격자 전략 등의 정책과 전략이 있었다.

연구개발 분야에서도 이러한 전략은 유효했다. 1962년 제1차 과학기술 진흥 5개년 계획이 발표될 당시 1963년 우리나라 총 연구개발 투자(정부+민간)는 12억 원에 불과했다. GDP 대비 0.25% 규모였다. 그러나 2019년 GDP 대비 연구개발 투자(정부+민간) 비중은 4.81%로 세계 1위를 기록했다. 2020년 정부 투자 연구개발비는 24조 874억 원에 이른다.

연구개발에 대한 집중적인 투자는 우리나라의 위상을 높이는 데 주요한 영향을 끼쳤다. 하지만 복지 수요나 경제 상황 등을 고려할 때 지금까지와 같은 성장은 쉽지 않을 전망이다. 우리나라의 연구개발비 중 4분의 1에 해당하는 정부 연구개발비의 추이를 보면 증가율의 감소세가 뚜렷하게 나타나고 있는데, 2010년까지 10% 이상이던 증가율은 2016년 1.1%, 2017년 1.9%, 2017년 2.4%, 2018년 1.1%를 기록했다.

물가상승을 고려할 경우 사실상 정체 또는 감소하고 있다고 볼 수 있다.

한편 GDP 대비 투자 규모나 외형적 성과와 달리 실제로 국민이 체감하는 연구 성과가 낮은 것이 더 큰 문제다. 현안 과제들을 해결하고 국민의 삶을 개선하는 데 그동안의 연구 성과가 얼마나 기여해왔는가에 대한 문제의식을 가져야 한다. 경제 분야 곳곳에서는 이미 추격형 전략의 한계를 여실히 드러내며 선도형 전략으로의 전환이 요구되고 있다. 4차 산업혁명에서는 기존 제조업과 달리 플랫폼 주도 경쟁으로 먼저 개발하면 시장을 장악하는 '올 오어 낫싱all or nothing', 즉 전부 아니면 전무의 특징이 점차 뚜렷해지고 있다. 이는 곧 급격한 변화 속에서는 연구개발 또한 선도형 전략으로 나아가야 함을 의미한다.

세계 유수의 기관들이 발표한 미래 사회에 대한 전망을 종합해보면 사회갈등의 심화, 인구구조 변화, 문화적 다양성의 증가, 에너지·자원 고갈, 기후변화, 과학기술의 발달과 융·복합화 등으로 요약된다. 여기에 예기치 못한 팬데믹 위기가 더해졌다. 게다가 우리나라는 저출산과 고령화 추세가 그 어느 나라보다 빠르며, 남북 분단 문제까지 고려해야 하는 특수한 상황에 놓여 있다. 이는 모두 위기 요인이다. 따라서 위기를 기회로 만드는 지혜를 발휘해야 하며, 그 핵심에는 정보통신기술을 기반으로 한 혁신이 자리해야 한다.

과학기술 연구개발 과제

2050년 우리나라 인구는 통일이 되지 않았을 경우 4,200만 명으로, 2020년 6월 기준 약 5,178만 명보다 줄어들 전망이다.[74] 2026년에는 65세 이상 고령인구가 전체의 20%를 넘는 초고령사회가 될 것으로 예측된다. 그러나 2019년에 사망자 수가 출생아 수를 뛰어넘어 인구 자연 감소가 시작된 추세를 고려하면 초고령사회 진입 시기도 앞당겨질 것이다. 65세 이상 고령자 가구 비중은 2017년 20.4%에서 2047년 49.6%로 증가할 것으로 예상된다. 인구 감소는 구매력 감소, 시장 축소, 일자리 감소, 경쟁력 저하로 이어진다. 또 고령화는 생산성 저하, 복지·의료 비용 증가 등을 가져올 것이다. 이를 해결하기 위해서는 로봇 기술, 첨단 제조 기술, 바이오 융합 기술, 맞춤형 의료 기술 등의 기술 혁신이 필요하다.

에너지 부족 문제도 심각하다. 전력 수요 증가, 화석에너지 고갈, 중국의 급격한 산업화는 자원이 부족한 우리나라에 에너지 안보 위협으로 발전할 수 있다. 특히 원자력발전의 존폐를 둘러싼 논의가 진행되고 있는 과정에서 대체에너지, 재생에너지 등 새로운 에너지원에 대한 연구개발도 더 적극적으로 추진해야 한다.

기술 혁신을 통해 실현해야 할 대한민국의 모습을 구체적으로 제시하면 건강한 장수 사회, 신에너지원 확보를 통한 에너지 독립국가, 4차 산업혁명 시대를 선도하는 글로벌 혁신 네트워크 중심 국가로 요약해볼 수 있다.

건강한 장수 사회란 저출산, 고령화, 인구 감소에 따른 생산력 감소를 극복하고 지속 가능한 스마트 제조·생산 시스템을 갖춘 사회를 뜻한다. 고령인구가 건강하고 행복한 생활을 영위할 수 있는 사회 시스템을 구축하는 것이다. 에너지 독립국가가 되기 위해서는 신에너지원을 확보하고, 이를 안정적이고 효율적으로 사용 및 공급할 수 있는 제로 에너지 빌딩과 홈 네트워크, 에너지 네트워크를 구축해야 한다. 태양광발전, 조력발전, 해양, 풍력 그리고 스마트그리드smart grid와 같이 친환경적이고 지속 가능한 에너지의 비중을 확대해나가야 한다. 미래 가치와 잠재적 위험을 동시에 지닌 원자력발전에 대한 논의도 충분한 시간을 가지고 합리적으로 풀어나가야 한다. 이러한 미래의 대한민국을 구현하는 기초는 IoT, 빅데이터, AI 등 4차 산업혁명에 기반한 지능형 정보통신기술이 담당할 것이다.

포스트 코로나 시대의 과학기술 전략

과학기술은 장기적 안목을 가지고 지속적이고 안정적으로 지원해야 하는 분야다. 특히 코로나19로부터 얻은 교훈을 기회로 삼아야 한다. 이를테면 이번에 입증한 K-방역 시스템을 체계화해 향후 신종 감염병 대응 체계를 강화해야 한다. 나아가 글로벌 표준으로 만드는 것은 물론, 세계 각국에 노하우를 공유해 지구촌 문제 해결에도 기여해야 한다. 코로나19 위기가 던진 또 다른 시사점은 첨단기술과 헬스 분야의 융합이다. 감염병 대응 과정에서 원격의료 도입의 필요성뿐 아니라 바이오헬스 분야에 관한 관심도 고조되었다. 바이오헬스 분야는 단골 메뉴처럼 미래 성장동력으로 꼽혀왔지만, 기대만큼 성과로 이어져온 것은 아니다. 관련 연구개발 정책과 컨트롤타워 등을 재점검하고, 이번 기회를 통해 전폭적으로 지원해나가야 한다.

언택트 문화가 사회 전면으로 확대되면서 관련 기술과 실용화에도 그 어느 때보다 관심이 쏠리고 있다. 코로나19로 오프라인 수업과 회의 등이 온라인 방식으로 대체되는 과정에서 주목받은 기술이나 제품이 무엇이었는지 생각해볼 필요가 있다. 특히 언택트 기술은 순식간에 국경을 넘어 전 세계를 공략할 수 있는 분야인 점에서 관련 기술의 연구개발, 생태계 조성, 실용화 등을 위해 중점적 지원이 이뤄져야 한다. 아울러 디지털 전환은 디지털 격차나 정보 보안 문제와 같은 부작용도 더 많이 가져올 수 있다. 따라서 기술 개발 초기 단계부터 이러한 문제를 종합적으로 고려하는 방향을 수립해야 할 것이다.

연구개발 전략의 원칙

실용화 기술 혁신은 민간이 주도하고, 정부는 공공 분야와 기초연구 분야 및 전략 산업 분야의 연구개발 투자를 확대해 상호 보완적 연구개발 전략을 추진해나가야 한다. 연구개발에 대한 적절한 투자와 지원이 있어야 미래 기술을 선도하거나 추격이 가능할 것이다. 또 정부 출연 연구 기관과 공공 연구개발은 새로운 지식과 산업의 출현을 가능하게 만드는 토대로, 혁신 생태계 전체를 새로운 방향으로 이끄는 역할을 담당해야 한다.

기초 융합 연구를 위한 '선택과 집중'

선택과 집중은 자원이 부족한 우리나라에서는 불가결한 전략이다. 그간의 연구개발 투자도 전체 60% 이상을 기초연구가 아닌 '산업 생산 및 기술 분야'에 투자할 수밖에 없었다. 기초 및 원천 기술의 토대가 취약해졌다는 비판은 있으나, 한정된 자원을 효율적으로 활용해 주력 산업을 육성해야 하는 한국의 상황에서는 최선의 선택이었다. 그러나 추격자 모델은 이제 더 이상 국가의 전략에 부합하지 않기에 선도형 모델로 전환해야 한다. 이를 위해 정부는 '선택과 집중'을 하되, 선택된 분야의 기초연구를 촉진하는 역할을 해야 한다.

미국의 대표적 기초연구 지원 기관인 국립과학재단National Science

Foundation은 정부의 전체 연구개발 예산 중 약 15%를 기초연구에 투자하고 있으며, 새로운 분야를 창출할 만한 아이디어가 주도하는 변혁적 연구를 강조하고 있다. 우리나라도 경쟁에 뒤처지지 않기 위해서는 지능형 정보통신기술에 관심을 기울이되, 창의적인 기초연구에 집중함으로써 미래 기술을 선점해야 한다. 2020년 정부 연구개발 투자 세부 내용 가운데 기초연구와 혁신 인재 양성 부분은 전년도보다 늘어난 것을 알 수 있다. 기초 및 원천 기술 분야의 언구를 촉진하고 연구 인력을 확보하기 위해서는 정부와 민간 부문의 역할을 나누어 상호 보완해가는 지혜가 필요하다.

도전 연구, 질적 평가, 자율 연구로의 개혁

최근 10여 년 동안 많은 투자에도 불구하고 연구개발 성과가 미흡하다는 비판이 적지 않다. 이러한 문제의 원인은 크게 세 가지다. 이러한 문제의 해결이 곧 미래전략 수립의 원칙이 되어야 한다.

첫째, 연구자들의 도전 정신이 부족하다. 연구는 해보지 않은 것에 대한 도전이다. 그런데 한국의 연구는 90% 이상이 성공으로 기록되어 있다. 이는 너무 쉬운 것에 도전하고 있다는 뜻이기도 하다. 90%가 성공하는 연구는 말이 안 된다. 정부는 실패를 용인해주는 분위기를 만들고, 연구자는 과감하게 도전해야 한다. 둘째, 연구 평가 제도를 바꾸어야 한다. 논문과 특허 건수 중심의 양적 평가를 지양하고 질적 평가로의 전환이 필요하다. 연구가 실제로 어떤 결과를 창출했느냐는 것보다 논문 수로 평가하면 그 연구의 성공은 수월해지나 실질적으로 유용한 연구 결과는 나오기 힘들다. 셋째, 연구자 지원 정책을 개선해야 한다. 선진국처럼 연구에만 몰두할 수 있는 연구 환경을 조성해야 한다. 연구자들의 기본적인 생활, 고용구조 등 연구 환경의 안정성이 생산성에 영향을 주기 때문이다. 이는 곧 해외로 유출되는 인재를 국내로 되돌리게 하는 변수가 될 수 있다. 넷째, 정부의 간섭을 줄여야 한다. 눈에 띄는 연구 결과가 나오지 않으면 정부의 역할을 촉구하는 사회적 압력이 있는 것도 사실이다. 이에 정부는 실적을 내놓으라고 독촉한다. 대형 장기 연구도 빨리 가시적 성과를 보여주지 않으면 중단될 위험에 놓인다. 독촉하게 되면 단기 성과를 목표로 하게 되고, 단기 성과에 매달리다 보면 최종적으로 큰 결과는 나오지 않는다. 악순환이 계속되는 것이다.

실행 전략

일각에서는 결과가 나오지 않는 분야에 대한 연구개발 투자는 축소하는 것이 당연하다고 말한다. 이러한 시각은 위험하다. 연구개발은 대한민국의 미래를 밝혀주는 등불이다. 연구개발 성과가 크지 않다고 비판하는 경우도 많지만, 연구 제도와 환경을 개선해 좋은 결과가 나오게 해야 한다. 기초 과학기술은 금방 연구개발 성과를 도출하거나 상업화하기 쉽지 않은 분야다. 장기 계획을 가지고 접근해야 한다. 또 대학들을 각각의 특정 분야 연구 거점으로 키우는 방법도 인재의 분산과 교류, 경쟁 분위기를 만들어 과학기술 발전으로 이어지게 할 것이다.

정부는 기초 및 원천 기술 연구, 민간은 기술 상용화 연구
- 연구개발의 효율성을 높이기 위해서는 정부와 민간의 역할 구분이 필요

- 정부는 민간 차원에서 시도하기 어려운 기초연구와 파급효과가 큰 원천 기술 연구에 집중
- 민간 부문에서는 기술의 실용화, 상용화, 사업화에 집중하고 상용화 아이디어에 대한 글로벌 지식재산권 확보
- 정부 출연 연구 기관은 중소기업 기술 지원이 아니라 민간이 할 수 없는 원천 기술 연구와 공공 연구에 몰두
- 대기업에 대한 연구개발 지원 규모는 축소하고 중소기업과 벤처기업에 대한 지원 확대
- 대학과 정부 출연 연구 기관에서 확보한 글로벌 지식재산권의 기술 이전 및 공동 상용화를 위한 개방형 혁신 연구개발 확대

평가 체계의 다양화로 도전적인 연구 문화 장려

- 논문 수와 국내외 특허등록 건수는 꾸준히 증가했으나, 기술 사업화 실적은 저조. 이러한 역설적 상황을 개선하기 위해서는 연구 평가 제도 개선 필요
- 특허의 질적 가치와 인용 추이를 정확히 평가하고, 가치가 낮은 특허의 양산 방지
- 연구 분야에 따라 양적 지표와 질적 수준 평가를 교차하는 평가 체계의 다양화
- 연구와 개별 사업 특성을 반영한 질적 지표 개발 및 전문가 정성 평가 확대
- 과제 평가 시 중간·연차 평가 폐지 및 간소화
- 실패를 용인하는 평가를 통해 독창적이고 도전적인 연구 우선 지원
- 도전적 연구를 위해서는 연구 아이디어의 우수성, 신진 연구자의

독창성 등을 고려하는 과제 선정 및 지원

개방형 연구개발 생태계 구축

- '실험실에서 시장으로Lab to Market'라는 슬로건을 내세우며 실험실에 머물러 있는 기초연구 성과들을 빠르게 시장으로 이전해 가치를 창출할 수 있도록 사업화 정책을 적극적으로 추진하는 미국 등 선진국의 창업 생태계 현황 반영 필요
- 공공기술 기반 창업 지원 사업(한국형 I-Corps)과 기존 창업 지원 사업의 연계를 강화해 대학 및 국책 연구 기관에서 나온 공공기술을 실용화함으로써 시장에 수용될 수 있는 체계 필요
- 공공기술 기반 창업 지원 사업에서 초기 비즈니스 모델 설정과 실용화 가능성을 고도화한 후 본격적인 창업 지원 사업 트랙으로 연계
- 기술 개발 속도가 빨라지면서 기업 단독의 연구개발로 상용화하기까지는 많은 시간과 비용이 소요. 따라서 산·학·산·연 개방형 협업 연구개발 생태계를 통해 대학과 연구소는 글로벌 지식재산권을 확보하고, 기업들은 이러한 연구 성과를 효과적으로 연계 활용하는 정책 방안 확대
- 국가과학기술지식정보서비스와 국가기술은행 등의 특허 기술 정보 DB 개선과 민간 이용 효율 활성화를 통한 국가 연구개발의 개방형 연구개발 혁신 생태계 구축

파급효과를 지닌 군사기술 연구 추진

- 군사·우주 분야는 기술 자체가 중요한 경우가 많아 도전적 연구 추진 경향이 있으나, 경제성 문제로 민간이 추진하기 어려운 부분이

있음

- 미래 전쟁은 인간보다 AI 로봇이 싸우는 전쟁으로 기술 패러다임이 전환될 전망. 인간과 기계의 유인·무인 복합 전투 개념과 기술 연구
- 군사용 드론의 성능을 향상하고, 사이버 전쟁을 대비하는 초연결 네트워크 기반의 미래 국방 과학기술 연구
- 지식재산권 문제의 재점검. 정부 투자를 받아 개발한 군사 관련 지식재산은 민간이 소유하지 못하게 되어 있어 기술을 개발해도 특허 출원을 하지 못하고 흐지부지되는 상황. 민간 소유를 인정해 특허 관리의 동기부여 필요. 동시에 국가 관련 지식재산을 적시에 권리화해 국가 재산으로 관리하고, 외국 특허 등을 선제적으로 방어하는 것도 필요
- 정보 보안이 필요하지 않은 기술 분야는 민간으로 확대해 활용하는 스핀오프spin-off 방식의 민군 기술 개발
- ICT 융합 등 민간이 앞서 있는 기술 분야는 이를 국방 기술에 적용하는 스핀온spin-on 방식의 연구 및 기술 개발

4차 산업혁명을 선도할 수 있는 범용 핵심 기술 확보

- 4차 산업혁명 시대 경쟁력 확보를 위해 IoT, 빅데이터, AI 등에 연구 집중
- 경쟁력을 확보할 수 있도록 국제표준을 염두에 둔 디지털 기술 혁신 필요
- 비메모리 반도체 설계 분야와 공정·양산 분야에서도 세계를 선도할 수 있도록 전략적 연구

- 핵심 하드웨어 개발에 맞물린 임베디드embedded 소프트웨어, 빅데이터와 AI 기반의 소프트웨어 역량 육성
- 바이오 관련 산업은 뇌 인지공학을 중심으로 재편 가능성이 큼. 따라서 바이오 연구, 뇌 연구, 인지과학 연구 등 뇌 인지 분야 선도 전략이 시급

고령화사회 대응 기술

- 건강한 장수 사회는 고령자가 건강하고 행복한 삶을 살 수 있는 시스템을 갖춘 사회
- 단순히 복지정책만 의미하는 것이 아니라 생명공학과 의료 기술의 융합, 수명 연장과 장수 과학의 혁신을 통해 만들어지는 시스템 사회
- 원격치료, 헬스케어 애플리케이션, 웨어러블 헬스케어 디바이스, 개인 맞춤형 치료제 등의 기술 개발
- 전염성 바이러스에 대응할 수 있는 진단 기술, 백신, 항원·항체 기반 치료제 연구 시스템 구축

에너지원 확보 기술

- 세계적으로 대체에너지, 신재생에너지 등 새로운 에너지원 개발 경쟁 심화 추세
- 에너지 수입국인 한국은 태양광발전, 조력발전, 풍력발전 등 대체에너지 개발 필요
- 전력 저장 시스템 기술 개발 및 혁신
- 에너지원 확보와 함께 지속 가능한 에너지 네트워크 구축

- 중국, 러시아, 일본, 북한 등과 남는 에너지를 사고파는 네트워크 구축

식량안보 대응 기술

- 코로나19로 인해 항공·선박 등 물류망 마비로 식품 공급망에 비상이 걸리고 수출 봉쇄, 식량안보 문제 부상
- 한국의 식량자급률은 쌀을 제외한 곡물 대부분을 수입에 의존
- 노동력은 절감하고 생산력은 높이는 스마트팜 등 첨단 농업기술 개발
- 배양육 등 대체식품 연구개발로 미래의 식량 위기에 대응할 수 있는 원동력 확보

새로운 인증 · 보안 기술, 생체인식

━━━━━ 코로나19 사태로 마스크 착용이 일상화되면서 얼굴 인식이 어려워지거나 감염 우려로 지문 인식을 활용하기 어려운 상황이 속출하고 있다. 이에 따라 마스크로 얼굴을 가리거나 일정한 거리를 두고 있어도 인식이 가능한 귀 인식 기술이 새로운 대안으로 떠오르고 있다. 귀의 구조와 모양은 개인마다 다른 특징을 지니고 있기 때문이다. 딥러닝을 통해 최근 귀 인식 정확도가 높아져 현실에 적용 가능한 수준에 이르고 있다. 이렇듯 본인 인증이 필요한 다양한 맞춤형 서비스가 증가할수록, 패스워드의 관리에 어려움을 겪을수록, 개인정보 유출 위험에 노출될수록, 더 높은 보안성과 편리성을 지닌 인증 기술이 요구될수록 생체인식 기술이 새로운 보안 기술로 주목받고 있다.

생체인식 기술과 보안

생체인식 기술은 인간의 신체적·행동적 특징을 자동화된 장치로 추출해 개인을 식별·인증하는 기술이다. 바이오 인식 기술 또는 바이오메트릭스Biometrics라고도 한다. 사람마다 변하지 않는 고유한 생체 특성이 있고, 센서로 획득할 수 있으며, 정량화가 쉽다는 점에서 생체인식 기술은 활용도가 높아질 것으로 보인다. 특히 사람마다 다른 신체 정보를 이용한 인식 방법은 분실이나 망각의 위험이 없고 쉽게 복제할 수 없어 신분증이나 암호 코드와 같은 기존의 인증 방식을 대체할 차세대 보안 산업의 핵심 기술로 주목받고 있다.

생체인식 방식

생체인식은 신체적 특징을 활용하는 방식과 행동적 특징을 활용하는 방식으로 구분된다. 현재 생체인식 기술을 적극적으로 도입하고 있는 분야는 모바일뱅킹, 전자상거래, 핀테크Fintech 분야다. 공인인증서 의무 사용이 폐지되고 보안성을 강화한 새로운 인증 수단의 개발이 요구되는 상황에서 생체인식 기술의 활용도가 커질 것으로 예측한다.

- 신체적 특징을 활용하는 방식으로는 각 개인의 얼굴 모양과 얼굴 열상thermal image을 이용하는 얼굴 인식을 비롯해 홍채, 지문, 망막, 정맥, 손 모양 등의 특징을 활용한 인식이 있음
- 행동적 특징을 활용하는 방식으로는 음성인식을 비롯해 걸음걸이나 서명 등을 활용한 인식이 있음
- 최근에는 생체인식의 정확도와 보안 능력을 높이기 위해 신체적 특

징과 행동적 특징을 복합적으로 접목한 다중 생체인식 방법을 활용하고 있음

- 향후 지문, 심전도, 심박수 등 다중 생체신호 인증 플랫폼이 개발되면 웨어러블 디바이스를 통한 생체신호 측정을 토대로 차세대 인증 기술이 될 가능성이 큼

생체인식 기술 현황

생체인식 방식은 기존의 인증 방식과 비교했을 때 ID와 패스워드를 암기해야 하는 불편함이 없고, 공인인증서 사용을 위한 별도의 인증 수단을 소유하지 않아도 된다는 점에서 편리하다. 또 사용자의 고유한 신체정보를 사용하기 때문에 복제가 어려워 보안성이 높다는 장점이 있다. 특히 최근 생체인식용 센서의 소형화가 이뤄지면서 활용 분야가 빠르게 확대하고 있다. 하지만 인터넷 사용 환경이 컴퓨터에서 모바일로 이동하는 상황에서 보안 위협은 더욱 커졌다. 생체 인식 기술 또한 보안 위협으로부터 아직 완벽하지 않다. 해킹을 통한 신원 도용 등의 문제점이 야기되고 있기 때문이다. 이에 따라 미국 국립기술표준원NIST은 2015년 생체정보 위변조 방지를 위한 표준 기술을 제정했으며, 국내에서도 한국인터넷진흥원과 한국바이오인식협의회를 중심으로 관련 기술에 대한 국가표준 제정과 생체인식 위변조 방지 기술을 개발하고 있다.

새로운 인증 기술의 필요성

지금까지 국내에서 새로운 인증 수단의 도입이 활성화되지 못한 것은 정부의 공인인증서 사용 의무화와 같은 관련 법규 때문이었다. 그러나 2015년 공인인증서 사용 의무화가 폐지되었다. 또 비대면 실명 확인

방식이 허용되었고, 금융회사들은 금융 보안 수단을 자율적으로 결정할 수 있게 되었다. 이에 따라 본인 인증·거래 인증·상호 인증·지급결제 등에 다양한 인증 기술이 도입되고 있으며, 대표적인 예가 파이도FIDO, Fast Identity Online다. 생체인증은 보안성과 편리성을 동시에 갖는 장점이 있으나, 인증 과정에서 서버에 개인정보를 저장하는 방식을 사용할 경우 서버 해킹 문제와 정보 유출 우려가 있다. FIDO의 경우 지문, 홍채, 음성 등을 활용하면서도 인증의 프로토콜과 수단을 분리함으로써 보안 문제를 강화하고 있다.

생체인식 기술 시장 현황

전 세계 생체인식 기술 시장 규모는 예측 기관에 따라 규모의 차이는 있지만, 매년 큰 폭의 성장률을 보일 것이라는 전망에는 이견이 없다. 시장조사 기관 마켓리서치퓨처Market Research Future의 2018년 보고서에 따르면 생체인식 시장은 2023년까지 연평균 성장률 15% 수준으로, 약 330억 달러 규모로 커질 전망이다. 한국과학기술정보연구원도 2016년 국내 생체인식 시장 규모가 전 세계적 추세와 마찬가지로 매년 약 15%씩 성장할 것으로 전망했다.

생체인식 시스템 시장을 선도하는 주요 업체로는 SA(프랑스), NEC Corporation(일본), Fujitsu Ltd.(일본), BIO-key International(미국), Precise Biometrics AB(스웨덴), Secunet Security Networks AG(독일), Thales SA(프랑스), Aware, Inc.(미국), Cognitec Systems GmbH(독일), Cross Match Technologies(미국) 등이 있다.

| 표 6 | 생체인식 기술의 주요 활용처

활용 분야	세부 활용 분야	예시
보안 액세스· 개인 인증	• 컴퓨터·스마트폰 접근 권한	• 패스워드를 대체한 본인 인증 수단. 아이폰의 Face ID 등
	• 모바일 결제	• 마스터카드의 셀피페이(Selfie Pay)는 모바일 앱에서 신용카드로 결제할 때 얼굴 인식으로 본인 확인
	• 보안 분야의 출입 통제	• 지문, 홍채, 얼굴 인식 기술을 통한 출입 통제 및 근태 확인
	• 항공기 탑승	• 저가 항공사 제트블루(JetBlue)는 탑승권의 대체 수 단으로 얼굴 인식을 사용하는 실증 실험을 진행. 탑승구에 셀프 탑승 단말을 마련해 승객의 얼굴과 미국관세국경보호청이 가지고 있는 여권 사진을 대조하는 방식
안전 보안	• 소매점	• 서점 등 소매 매장에서 절도를 방지하기 위한 목적 으로 얼굴 인식 소프트웨어를 갖춘 방범 카메라 시 스템 운용
	• 카지노	• 알려진 도박 사기범이나 범죄 조직원 등을 식별하 기 위해 사용
	• 아파트	• 공동 현관에서 얼굴 인식 시스템으로 주민과 비주 민을 식별하고, 개별 현관에서 거주자 확인
마케팅	• 전자 간판	• 방문객의 성별과 연령대 등을 추정해 그에 따른 광 고 제시. 향후 고객을 식별하고, 구매 이력 및 기타 개인정보 기반 타깃 광고
의료	• 기억 보조	• 기억 보조 앱을 통해 안면실인증 환자 등에게 면회 자의 성명 등을 알려주는 데 활용
	• 전자 처방전	• 무인 시스템으로 환자 본인 인증 후 전자 처방전 발급
	• 도박 의존증 치료	• 캐나다에서는 환자의 자가 보고로 직접 등록한 얼 굴 사진을 카지노에 제공한 후 출입 통제

생체인식 기술 확산 과제

생체인식 기술은 간편한 데다 개인정보 보호에 대한 요구가 커질수록 금융, 의료, 보안, 공공 등 다양한 부문에서 활용될 것으로 보인다. 그러나 편리함을 확대하고 보안과 안정성을 높이기 위해서는 지속적인 기술 혁신과 대응 전략이 필요하다. 특히 2019년 미국 샌프란시스코에서는 시민들의 사생활과 자유 침해 등 프라이버시 이슈로 출입국과 항만 등을 제외하고는 법 집행기관에서 안면인식 기술을 사용하지 못하게 하는 조례안을 통과시키기도 했다. 생체인식 기술의 활용 범위가 급속도로 확대되면서 기술 남용 우려도 커지고 있음을 보여준다.

또 AI 기술로 인식 성능은 점점 고도화되고 있지만, 동시에 딥페이크와 같이 위변조나 복제 기술도 점점 고도화되고 있어 창과 방패의 싸움이 치열해질 전망이다. 최신 스마트폰에 적용되고 있는 생체인식 기반의 인증 수단에서 위변조를 통한 잠금 해제 사례가 발생해 인식 기술의 안전성에 대한 우려는 여전히 존재한다. AI 기술을 적용해 편리성, 정확성, 보안성을 지닌 생체인식 기술을 더 발굴해나가야 한다.

- 신체 상태(노화, 체중 변화, 건강 상태 등)에 따라 달라질 수 있는 점을 고려한 생체인식 기술 개선
- 사용자 경험, 인지공학 등 관련 기술의 연구개발을 통해 생체정보 등록에 대한 사용자의 심리적 거부감 및 불안감 해소
- 생체정보 보호를 위한 기술적·정책적 제도 마련
- 생체정보 외부 탈취 시 오남용을 방지할 수 있는 강화된 암호화 기술 개발

- 센서, 소자, 보안, 소프트웨어, 통신 등 다른 기술과의 융·복합
- 전후방 산업과의 연계. 즉 모바일 인증, 지문 자동식별 시스템 등의 전방산업과 홈 네트워크, 텔레매틱스 등 후방산업과의 연결
- AI 적용 등 복합 인증을 통한 인식의 정확도 및 안정성 제고
- 세계적 경쟁력을 확보하기 위한 정부의 연구 지원과 관련 법규 및 제도 정비
- 사생활 침해에 대한 대응 전략 수립

AI 시스템의 부작용과
블록체인

AI를 토대로 고도의 지능화 시스템이 곳곳에서 구현되고 있다. 사람과 기계의 공존이 필수가 되고 있다. 중요한 것은 AI 시스템으로부터 부정적 영향을 받거나 생명을 위협받는 것이 아니라, 생명 존중과 안전성 확보를 보장받아야 한다는 점이다. 그동안 우리는 로봇과 드론의 산업화, 자율주행차의 상용화, 의료 장비의 지능화 과정에서 시행착오를 통해 이미 다양한 혜택과 부작용을 경험한 바 있다. 미래에는 미국의 공상과학 드라마 〈배틀스타 갤럭티카Battlestar Galactica〉에서처럼 로봇과 인간 사이에 전쟁이 일어날지도 모른다. 특이점singularity에 도달할 것으로 예상되는 2035년 이후에도 안전한 세상이 될 수 있도록 사전에 대비해야 한다.

AI 시스템의 문제 사례 1: 생명윤리 기준과 적용

AI는 지능의 강도에 따라 약한 인공지능Weak AI, 강한 인공지능Strong AI, 초인공지능Super AI으로 다양하게 구분하며, 기술의 융·복합을 통해 그 활용도를 넓혀가고 있다. 문제는 로봇·자율주행차·의료기기 등에 AI가 탑재되면서 생명윤리를 점검해야 하며, 위변조나 해킹 등의 우려에서 벗어나야 한다는 점이다.

기계 윤리 논의와 한계

만약 AI 자율 시스템이 오작동을 일으키거나 해킹당하면 어떻게 될까? 자율주행차의 오작동으로 보행자를 해치거나 의료용 로봇이 환자를 병들게 하는 상황도 생길 수 있다. 또 AI 자율 시스템은 불가피하게 한 가지만 선택해야 하는 상황에 놓일 수도 있다. 이러한 문제에 대응할 생명윤리 의사결정 기준은 국가, 문화, 종교마다 차이가 있으므로 합당한 공통 규범이 필요하다.

전통적인 생명윤리 규범은 인간의 행위에 관한 사항이기에 의식·인지·자유의지·도덕·양심·공정·권리·책임 등이 공리주의Utilitarianism 원칙을 따르지만, 피해자가 당사자 또는 이해관계자일 경우 개인주의Individualism가 드러나는 것이 현실이다. 생명윤리 문제를 트롤리 딜레마Trolley Dilemma와 연계해보면 '불가피한 상황에서 철도 인부 5명을 살리느냐, 행인 1명을 희생시키느냐'라는 공리주의 대 개인주의의 개념으로 해석할 수 있다.

몇 차례의 설문조사 결과 약 90%는 철도 인부 5명을 구하는 공리주의적 선택에 동의했다. 그러나 피해자가 가족이나 본인일 경우에는 그

비율이 낮아져 현실적으로 개인주의가 나타나는 것을 알 수 있다.

한편 MIT의 연구팀도 자율주행차의 교통사고 시 어떤 보행자를 먼저 살릴 것인가에 대해 전 세계 233개 국가에서 조사한 결과를 논문으로 발표한 바 있다.[75] 조사 결과 소수보다 다수, 동물보다 사람, 상대적 약자(유모차, 소녀 등)와 능력자(의사, 운동선수, 경영인 등) 순으로 응답했지만 문화권별로 차이를 보였다.

생명윤리 문제는 개인뿐 아니라 인류의 생존과 직결되기 때문에 전 세계가 적극적으로 대비책을 모색해오고 있다. AI가 탑재된 전투용 로봇과 드론은 사람을 해칠 수 있어 '치명적 자율 무기 시스템LAWS'에 대한 규제가 2015년부터 논의돼오고 있다.[76] 글로벌 기업들도 2016년 '파트너십 온 AIPartnership on AI'를 조직해 AI가 인류와 사회에 미치는 부작용을 방지하고, 인간과 AI의 공존에 관한 모범 사례를 공유하거나 기술 개발 방향을 제시하는 등 의사소통 활동을 강화하고 있다.[77] 2018년에는 '국제 AI 연합 컨퍼런스'에서 90개국 약 2,400명의 전문가가 킬러용 LAWS를 만들지 않겠다고 서명한 바 있다.[78]

MIT 미디어랩의 경우 AI의 행동을 다루기 위한 연구 그룹Scalable Cooperation을 조직해 자율주행차의 사회적 딜레마,[79] 기계 행동[80] 등 AI 시스템의 생명윤리와 알고리즘을 구현하기 위한 연구를 폭넓게 수행하고 있다.[81] 의료 분야에서도 진단과 수술에 로봇과 AI를 활용하면서 환자의 안전을 강화하고 있다. 그 밖에도 국제연합United Nations(이하 '유엔') 이러한 이슈가 안건으로 상정되기도 했으며, 인권 운동가, 과학기술 전문가, AI 전문가, 종교 지도자들이 킬러 로봇 개발 금지 캠페인을 세계적으로 전개하고 있다. 그러나 이해관계가 복잡하고 법적 구속력이 없어 근본적인 해결 방안을 제시하는 데는 한계가 있다.

| 표 7 | AI 시스템의 생명윤리 현안과 블록체인을 통한 문제해결 방안

구분	문제	대안
생명윤리 현안	• AI가 탑재된 자율 시스템은 유용하고 편리함. 그러나 데이터 해킹, 위치 추적, 조작 공격 등으로 생명을 위협할 수 있고 안전 우선순위도 왜곡 가능	• 기존 보안 시스템으로 AI의 위험을 제어하기에는 한계가 있음. 생명윤리 규범을 임의 조작할 수 없는 안전장치 마련
	• 윤리와 책임의 기준이 국가 및 사회마다 다양함. AI 시스템에 트롤리 딜레마 문제도 있어 공통 규범 마련 한계	• 범용성 기계 윤리는 불가능. 그러나 생명윤리 관련 알고리즘은 사회적 합의에 따른 기준을 엄격하고 공정하게 적용
	• 천부인권보다 상해, 사망 등 결과론적 생명윤리로 접근해 처벌, 보상 등에 현실적 괴리 발생	• 인간 존엄성, 문화 다양성, 행복추구권 등을 추구하는 생명윤리 규범을 제정하고 상황 인지 AI 알고리즘에 반영
블록체인 사례	• 싱귤래리티넷(SingularityNet): 탈중앙의 블록체인에서 AI 연구를 연동시키는 플랫폼. 상호운용성의 표준 프로토콜을 개발하여 API를 통해 제공. 누구나 AI 관련 제품·서비스 개발과 활용에 참여하고 보상(AGI 토큰)받을 수 있음. 세계 최초 로봇 시민권자인 소피아의 인간 존엄성 AI 개발과 지능 업그레이드 수행 • 큐브코인(Cubecoin): 자율주행차의 네트워크 해킹 위험을 방지해 탑승자와 차량을 보호하는 블록체인 플랫폼. 자체 하드웨어 장치(Cubebox)와 AI 엔진을 통해 데이터 생성·패턴 인식·트래픽 예측 등을 수행. 큐브토큰은 자동차 수리·타이어 교환·주유·카셰어링·마일리지 보험 등에 사용 가능 • 네뷸러 지노믹스(Nebula Genomics): 암호화된 개인의 유전체 정보를 네뷸러 블록체인 플랫폼을 통해 제약 회사, 병원 등에 제공하여 연구 목적으로만 사용하게 하고 디지털 토큰으로 보상받음. 개인은 의료 관련 민간 정보의 익명성을 보장받고 의료기관은 생명윤리를 존중하는 유전체 AI 분석 가능	
문제해결 방향	• 기계에 AI가 탑재된 자율 시스템은 자체 알고리즘에 의해 작동되어 때로는 사람을 해칠 수 있으며, 또는 해킹으로 알고리즘을 변경시켜 위험한 상황을 만들 수 있음. 위변조가 불가능한 블록체인으로 생명윤리 규정을 인증해 해결 • 인간 존엄성 및 생명 보호와 관련한 모든 AI 시스템은 최상위 알고리즘에 강력한 블록체인으로 인증하고 사회적으로 합의된 생명윤리 규정을 반영해 적용 • 건강, 진료, 처방, 수술, 유전체 등 의료 데이터와 병력, 신상, 신체 등 개인정보를 구분해 치료와 신약 개발에 AI가 안전하게 활용될 수 있도록 블록체인으로 시스템을 구축·관리. 보상 체계를 통해 개인정보 보호와 생명윤리 구현	

• 자료: 임명환, 〈지능화 시대의 블록체인과 거버넌스 및 생명윤리 현안〉, 《ETRI Insight Report》 15, 2019.

안전성을 확보하기 위한 블록체인 활용 사례

오작동이나 생명윤리 알고리즘 기준 등의 문제로 나타날 수 있는 AI 시스템의 부작용과 블록체인을 활용한 해결 방안을 정리하면 〈표 7〉과 같다. 그러나 AI와 블록체인은 만병통치약이 아니다. 다른 첨단기술과 솔루션을 다학제적으로 연구하고 보완해야 한다. 인문학 기반의 규범윤리와 법·제도가 뒷받침되어야 실효성을 거둘 수 있다는 점도 유념해야 한다.

AI 시스템의 문제 사례 2: 플랫폼 시대의 거버넌스

4차 산업혁명 시대의 핵심인 5G, IoT, 센서, 빅데이터, 클라우드컴퓨팅 등과 AI가 고도화되면 시스템(장치, 단말, 서비스)의 운영·관리에 거버넌스 문제가 야기될 수 있다. 거버넌스는 국가나 기업의 관리 체계로서 조직의 생존과 번영을 위해 구성원의 권한과 책임을 균형 있고 공정하게 유지해야 한다. 그러나 정보통신기술 기반 조직들은 플랫폼을 통해 거버넌스 지배력을 높여 독과점을 행사하고 있으며, AI를 시스템에 탑재해 권한과 부의 편재, 시장 왜곡을 일으키고 있다.

글로벌 기업의 독과점 현황

시가총액 기준 글로벌 톱 10 기업 중에 플랫폼 기업은 2009년 2개(마이크로소프트, 알파벳)였으나, 2019년에는 7개로 확대되었다. 플랫폼화는 이제 글로벌 기업의 대세다.[82] GAFA(구글, 아마존, 페이스북, 애플)가 세계 시장을 주도하고, BATH(바이두, 알리바바, 텐센트, 화웨이)가 중국권 시장을 지배하고 있는 가운데 저마다 AI를 도입해 경쟁력을 강화하고 있다. 2018년 기준 상위 7대 기업이 세계 20대 기업 전체 시장의 약 82%를 점유한 채 분야별·지역별 독과점이 가속화되는 상황이다. 아마존은 미국 전자책 판매의 93%를, 구글은 전 세계 검색시장의 약 90%를 차지하며 거의 독점하고 있다. 이처럼 플랫폼 기업의 독과점은 지능화 시대에서 당면한 거버넌스 현안으로 대두하고 있다.

그러나 이해관계 및 비즈니스 문제 등으로 공통 규범과 본질적인 해결 방안을 마련하는 데 한계가 있다. 오히려 글로벌 기업들은 중앙화된 플랫폼으로 망외부網外部 경제 효과와 양면시장Two Sided Market을 통해 독과점을 더욱 심화시키고 있다. 이에 대해 공정거래법, 저작권법 등을 강화하고 공유경제Sharing Economy 도입과 디지털 주권 제도화로 독과점을 완화하기 위해 노력하고 있지만, 오히려 AI를 활용한 기업들이 지배력을 높이고 있어 성과는 미미한 형편이다.[83]

거버넌스 현안과 블록체인 적용

이러한 플랫폼 기업의 거버넌스 독과점을 완화하는 방법 중 하나로 블록체인을 고려해볼 수 있다. 4차 산업혁명의 대표적 기술들이 주로 시스템의 성능과 편의를 개선하는 데 쓰인다면, 블록체인은 위변조와 해킹을 원천적으로 차단하는 데 활용된다. 블록체인의 핵심 기능은 탈중앙화·보안성·투명성·확장성·상호운용성·스마트계약·인센티브 제공 등이며, 이를 통해 AI 시스템의 부작용과 문제점을 어느 정도 극복할 수 있다. 플랫폼 시대의 거버넌스 현안을 해결하기 위해 블록체인으로 접근하는 것은 단순히 특정 기업의 불공정을 제거하는 것이 아니라 공정경제의 가치를 현실과 디지털 세상에서 모두 지켜주는 방안이 될 것이다.

| 표 8 | 거버넌스 현안과 블록체인 사례 및 문제해결 방안

구분	문제	대안
거버넌스 현안	• 중앙집중형 거버넌스는 독점적(또는 우월적) 권력(또는 권한)을 행사할 수 있고, AI를 오남용하면 이를 더욱 심화시킬 수 있음	• 분권화 및 분산화를 통한 탈중앙화 추구 • 수평적인 다자간 상호작용으로 거버넌스 구축 • AI 시스템을 통제할 수 있는 장치 마련
	• 민주주의 방식을 도입해도 다수결에 의해 가치 있는(또는 징의로운) 소수 의견을 반영하는 데 한계	• 직접민주주의 등 원칙적으로 제한 없는 참여와 합의 의사결정 방식을 도입하고 사람, 노드, 지분 등을 동시에 고려
	• 의사결정 참여, 과정, 결과의 신뢰성 문제를 원천적으로 해결할 수 있는 법·제도의 한계 및 시스템 부재	• 참여(검증) 인센티브 및 처벌, 투명성 및 공정성, 위변조 및 해킹 등을 전반적으로 수용하는 안정된 시스템 구축
블록체인 사례	• 마인드 AI(Mind AI): 인간과 유사한 추론 엔진(Reasoning Engine)으로 작동하는 블록체인 기반 AI 시스템. 글로벌 보상 시스템, 투명한 민주주의를 지향하며, 공정한 거버넌스를 통해 데이터 학습 추적과 어뷰징을 색출할 수 있고, 양질의 데이터는 보상 제공(OMAI 토큰) • 코어텍스(Cortex): AI 기반의 블록체인 플랫폼. AI를 스마트계약에 포함시켜 블록체인에서 AI 추론 합의 기능을 사용할 수 있음. 이용자들은 민주적인 분산형 거버넌스 체계에서 AI 댑(AI DApp)을 함께 개발하고 보상받음(CTXC 코인) • 스팀잇(Steemit): 가입 단계부터 엄격한 실명제하에 탈중앙화된 거버넌스로 운영되는 DPoS(위임지분증명) 계열의 블록체인 SNS. 보상 배분(증인 10%, 스팀파워 15%, 저자 56.25%, 추천인 18.75%)이 비교적 공정하며, 다양한 보상 체계(스팀파워, 스팀코인, 스팀달러)와 교환 주기(즉시~13주)를 설정해 급격한 가치 변동 방지	
문제해결 방향	• 블록체인은 본질적으로 탈중앙화를 추구하는 분산형 구조로 퍼블릭의 경우 누구나 노드로 참여할 수 있고, 프라이빗인 경우에도 허가받은 노드가 검증에 참여하므로 ICT와 AI 플랫폼 권력(권한)의 거버넌스 분권화 및 분산화에 매우 유효한 수단임 • 개인정보 및 자산 보호를 위해 영지식증명(ZKP) 등의 방식을 도입하고 의사결정에 스마트 컨트랙션을 적용하면 익명성, 투명성, 공정성을 동시에 달성 가능 • 블록체인 알고리즘은 참여(검증) 인센티브(코인·토큰, 자산·지분)를 제공하므로 ICT와 AI 거버넌스의 안정성과 확장성에 적합. 특히 블록체인 DID를 도입하면 거대 플랫폼 사업자들의 AI 데이터 거버넌스 독과점을 방지하는 데 기여	

• 자료: 임명환, 〈지능화 시대의 블록체인과 거버넌스 및 생명윤리 현안〉, 《ETRI Insight Report》 15, 2019.

뇌공학과 만난 원격수업, 뉴로에듀케이션

━━━━━━ 테슬라의 대표이사 일론 머스크는 2017년 새로운 회사 '뉴럴링크Neuralink'를 설립했다. 회사 이름에서도 알 수 있듯이 뉴럴링크는 인간의 뇌 신경계를 무언가와 연결한다는 의미다. 뉴럴링크가 연결하려는 대상은 여러 가지다. 컴퓨터와 연결하면 생각만으로 마우스 커서를 제어할 수 있고, 로봇 팔과 연결하면 생각만으로 물건을 집어 올리거나 그림을 그릴 수도 있다. 자동차와 연결하면 생각만으로 원하는 곳에 갈 수도 있을 것이다. 하지만 뉴럴링크의 궁극적 목표는 인간의 뇌와 AI를 연결하는 것이다.

일론 머스크는 뉴럴링크의 설립을 발표하는 인터뷰 자리에서 다음과 같이 말했다. "인간이 AI에 맞설 수 있는 유일한 방법은 인간의 대뇌피질 위에 또 하나의 층을 만드는 것입니다. 바로 AI 층AI layer을 만드는 것입니다." 그가 꿈꾸는 뉴럴링크의 비전은 인간의 자연 지능과 AI를 연결함으로써 초지능을 구현하는 것이다. 그는 인간 뇌의 모든 활동을 읽어들이면 우리 생각을 컴퓨터에 저장하거나 혹은 반대로 뇌에 특정 지식을 주입하는 것도 가능할 것이라고 말한다. 물론 현재 기술로는 불가능한 일이다. 그렇다고 해서 앞으로도 불가능할 것이라는 예측은 섣부른 결론일 수 있다.

머릿속 마이크로칩을 통해 지식을 주입할 수 있을까

이론적으로 우리 뇌에서 발생하는 신경 신호를 완벽히 해독해 개개인의 생각을 읽어낼 수 있다면, 반대로 지식을 신경 신호 형태로 바꾸어 뇌에 주입하는 것도 불가능하지는 않다. 만약 그렇게 된다면 외국어를 따로 학습할 필요 없이 신경 신호 형태로 변환된 외국어 정보를 직접 뇌에 주입해 순식간에 언어를 익히는 상황도 상상해볼 수 있다. 〈매트릭스〉에는 주인공 네오의 머리에 기다란 바늘 형태의 전극을 꽂고 뇌에 주짓수 프로그램을 업로드하는 장면이 등장한다. 업로드가 완료되자 네오는 곧바로 쿵푸 고수가 된다.

수많은 불가능을 현실로 바꿔온 일론 머스크의 도전은 대중에게 영화 속 이야기가 머잖아 현실이 될지도 모른다는 생각을 갖게 하지만, 그의 계획을 부정적으로 보는 사람도 많다. 그러나 일론 머스크는 대중의 비판 따위에는 관심이 없다. 일론 머스크의 발표 직후, 뉴럴링크의 홈페이지에는 직원 채용 공고가 게시됐다. 전기공학, 재료공학, 디지털공학 등 기술 분야 전문가뿐만 아니라 신경과학자, 생화학자, 수술 전문가에 이르기까지 다양한 분야의 전문가를 모집하는 공고였다.

하지만 뉴럴링크의 홈페이지는 이후 2년간 직원 채용 공고 이외에 어떤 업데이트도 이뤄지지 않은, 버려진 사이트로 남아 있었다. 뉴럴링크가 어떤 연구를 하는지에 대한 언론의 뉴스도 없었다. 그렇게 뉴럴링크는 사람들의 뇌리에서 잊히는 듯했다.

그런데 2년여 지난 2019년 여름 어느 날, 뉴럴링크 홈페이지에 작은 변화가 나타났다. 2019년 7월 16일, 뉴럴링크가 지금까지 진행한 연구를 소개하는 공개 발표회를 개최하겠다는 공지였다. 대대적 홍보가 없었음에도 유튜브 라이브 방송에는 20만 명이 넘는 동시 접속자가 몰려 일론 머스크의 발표를 숨죽이고 지켜봤다.

일론 머스크의 기조 강연을 포함한 100분 동안의 발표회 하이라이트는 바로 초고해상도 신경 신호 측정 기술을 소개하는 장면이었다. 뉴럴링크를 설립할 당시에 발표한 '뉴럴 레이스Neural Lace'라는 기술은 두개골에 작은 구멍을 뚫고 주사기로 액체 그물망 형태의 전극 망을 집어넣은 뒤 대뇌피질을 덮은 전극 망으로부터 고해상도의 신경 신호를 읽어내는 방식이다. 하지만 주사기로 전극 망을 집어넣는다고 해서 이것이 저절로 펼쳐져 대뇌피질에 부착될 리가 없기에 많은 연구자가 의문을 가졌다.

뉴럴링크가 발표회에서 선보인 '신경 실'이라는 기술은 4~6μm(마이크로미터, 100만 분의 1미터) 굵기의 가느다란 실에 32개의 전극을 코팅한 뒤 이 실을 뇌 표면에 바느질하듯이 박아 넣겠다는 개념이다. 새끼손톱 5분의 1 정도 크기의 센서로 무려 3,072개의 신경 신호를 동시에 읽어들일 수 있는 초고해상도를 자랑한다. 뉴럴링크는 실 형태의 전극을 뇌 표면에 이식하기 위해 초정밀 수술 로봇도 만들었다. 이 로봇은 출혈을 최소화하면서 자동으로 분당 192개의 전극을 뇌 표면에 이식할 수 있다. 이 방법이 성공적으로 이뤄진다면 역사상 가장 정밀한 신경 신호 데이터를 얻게 될 것이다.

물론 이 기술이 완성된다고 해서 일론 머스크의 궁극적 목표인 '지식 업로드'를 구현할 수 있는 것은 아니다. 우리는 여전히 신경세포가 만들어내는 '신경 코드neural code'를 이해하지 못하기 때문이다. 실제로 뉴럴링크 발표회에서 가장 많이 등장한 단어 중 하나가 '추측speculation'이라는 단어였다. 우리는 우리 뇌를 완전히 이해하기 위해 얼마나 더 큰 노력을 기울여야 할지조차 알지 못한다. 하지만 한 가지 분명한 사실은 뉴럴링크의 연구를 통해 뇌 활동을 더욱 정밀하게 관찰할 수 있게 된다면 '뇌의 언어'를 이해하기 위한 단서를 발견할 수 있을지도 모른다는 점이다.

AI 선생님이 강의하는 미래의 교실

코로나19는 사회, 경제, 교육 등 많은 분야에 큰 변화의 바람을 몰고 왔다. 화상회의와 온라인 쇼핑은 코로나19 이전에도 있었지만, 이제는 누구나 즐겨 사용하는 도구가 됐고, 언택트라는 신조어가 생겨나기도 했다. 교육 분야도 예외는 아니다. 코로나19 이전에도 온라인 학습은 있었지만, 이제는 필수적인 교육 수단 중 하나가 되었다.

그런데 인터넷을 통해 제공되는 동영상 강의는 대면 상태에서의 학습과 분명한 차이가 있다. 기존의 인터넷 강의는 단순한 일방향의 동영상이다. 동영상 속에 등장하는 선생님과 학습자 사이에는 그 어떤 상호작용도 없다. 그런데 만약 개별 학습자의 현재 뇌 상태, 다시 말해 집중도, 이해도, 지루함과 같은 정보가 AI 선생님에게 직접 전달될 수 있다면 어떨까? 학생의 현재 상태를 반영해 자율적으로 강의의 난이도를 바꾼다거나 학습 콘텐츠를 바꿔줄 수도 있지 않을까? 예컨대 학생이 지루함을 느낀다거나 집중력이 떨어지면 관심을 끄는 영상 콘텐츠를 보여주고, 이해도가 떨어진다면 다른 방식으로 내용을 설명하는 영상을 제공하는 식이다. 이러한 소위 '뉴로에듀케이션neuro-education(신경 교육학)' 기술이 개발된다면 개인 교습의 필요성이 현저히 줄어들 것이다. 우리가 개인 교습을 받는 이유는 선생님이 학생의 이해도나 집중도 등을 그때그때 반영해 맞춤형 교육을 할 수 있기 때문인데, 이처럼 뉴로에듀케이션을 이용한다면 보다 낮은 비용으로 맞춤형 교육이 가능할 것이다.

실제로 이러한 효과가 보고된 실험이 있다. 한양대학교 임창환 교수 연구팀이 최근 학생들에게 1시간 분량의 동영상 강의를 보게 한 후 측정한 비교 실험이다. 15명씩 구성한 세 그룹 중 한 그룹의 학생들에게는 뇌파로 집중력을 추적하면서 집중력이 일정 기준보다 떨어지면 집중력을 올리기 위한 콘텐츠를 보여주는 식의 뉴로에듀케이션 방식을 적용했다. 반면 다른 두 그룹의 학생들에게는 동영상 강의만 틀어주거나 집중력 상태와 관계없이 임의로 집중력 향상 콘텐츠를 틀어주었다. 실험 결과 대조군에 속한 학생들의 평균 시험 점수는 50점대였지만, 실험군에 속한 학생들의 평균 시험 점수는 80점대 후반을 기록했다.

이러한 학습 방식과 유사한 방법은 영화 분야에서 이미 적용한 사례가 있다. 미국의 영화감독 리처드 램천Richard Ramchurn은 2018년 〈더 모멘트〉라는 제목의 영화를 발표했다. 이 영화는 다른 영화들과 조금 다르다. 우선 극장에서 상영할 수 없다. 개개인이 랩톱이나 컴퓨터를 통해 영화를 봐야 한다. 이뿐만 아니다. 관객들은 뇌파 측정을 위한 뇌파 헤드셋을 머리에 착용하고 영화를 봐야 한다. 뇌파 헤드셋은 관객들의 집중도와 심신 안정도를 실시간으로 측정해 그때그때 가장 적합한 배경음악, 등장인물, 스토리를 생성한다. 램천은 27분 분량의 이 영화를 만들기 위해 75분 분량의 영상을 촬영했다고 한다. 램천의 설명에 따르면 이런 방식으로 101조 개에 달하는 다른 버전의 영화가 만들어졌다.

이처럼 뇌공학과 인공지능이 결합한다면 교육의 패러다임이 바뀔지도 모른다. 언젠가는 애플의 '아이-런'과 삼성의 '갤럭시-에듀'가 뉴로에듀케이션 분야의 주도권을 잡기 위해 경쟁하는 날이 올 수도 있지 않을까 상상해본다.

뇌 자극을 통한 지능 증폭

머리를 좋아지게 하는 기계가 있다? 믿기 어렵겠지만 미국의 인터넷 쇼핑몰에서는 20만 원이면 '머리가 좋아지는 기계'를 살 수 있다. 바로 '경두개직류자극tDCS'이라는 장치다. 경두개직류자극은 말 그대로 우리 뇌에 약한 직류전류를 흘려 넣어주는 방식인데, 양(+)의 전극 아래의 뇌 활동을 증가시키고 음(−)의 전극 아래의 뇌 활동을 억제하기 때문에 전극을 어디에 부착하느냐에 따라 뇌의 상태를 자유롭게 조절할 수 있다. 뇌 활동의 억제가 필요한 뇌전증이나 중독 질환은 뇌에 음의 전류를 흘려주고, 반대로 뇌 활동의 증가가 필요한 우울증이나 뇌졸중은 양의 전류를 흘려주면 치료 효과를 볼 수 있다. 뇌공학자들의 관심은 뇌를 자극해 인간의 인지능력을 증강할 수 있을 것인지에 다다랐다. 일례로

2010년 영국 옥스퍼드대학교 연구팀은 경두개직류자극으로 다른 인지 기능에는 영향을 주지 않고 수학 능력만 증강할 수 있다는 연구 결과를 발표했다. 그런가 하면 2011년 호주 시드니대학교 연구팀은 뇌 전기자극을 통해 직관력이나 통찰력을 높일 수 있다고 보고했으며, 2010년 영국 유니버시티칼리지런던 연구팀은 경두개직류자극이 인간의 의사결정에 영향을 줄 수도 있음을 증명했다. 이 외에도 경두개직류자극을 통하면 집중력 유지 능력이나 단기 기억 능력이 크게 향상된다는 연구 결과도 많다.

물론 수많은 연구를 통해 효과가 입증됐다고는 해도 대중적 보급에는 신중해야 한다는 목소리도 적지 않다. 장기간 사용에 따른 부작용 가능성이 있기 때문이다. 특히 미국 식품의약청Food and Drug Administration에서는 청소년이나 아동에게 경두개직류자극을 적용하는 것을 엄격히 금지한다. 성장기 청소년의 뇌 발달에 영향을 줄 수도 있다는 이유에서다. 그러나 뇌공학자들은 인지 강화에 더 효과적인 뇌 자극 기술을 개발하기 위한 노력을 멈추지 않고 있다.

2013년 세계 수면학계는 저명한 학술지 〈뉴런Neuron〉에 실린 한 편의 논문을 주목했다. 독일 튀빙겐대학교의 신경과학자 얀 보른Jan Born 교수 연구팀은 사람이 잠을 자는 동안에 약한 소리를 들려주면 기억력이 향상된다는 연구 결과를 발표했다. 사람은 잠들면 보통 1시간 30분 정도의 주기로 깊은 잠과 얕은 잠을 반복한다. 가장 깊은 잠에 빠져 있을 때 뇌파를 측정하면 1Hz 미만의 느린 진동이 관찰되는데, 느린 뇌파가 발생하는 수면이라고 해서 '서파 수면Slow Wave Sleep'이라고 한다. 서파 수면 때는 뇌에서 기억의 통합이 일어난다고 알려져 있다. 서파 수면 시간이 길어지면 그만큼 깨어 있는 동안의 기억이 상기 기억으로 전환될 기회가 증가한다는 의미다. 보른 교수는 잠든 피실험자의 뇌에서 느린 뇌파 신호가 발생할 때 그 신호의 오르내림에 맞춰 약한 순음의 소리 자극을 주었다. 그러자 놀랍게도 서파 수면의 지속 시간이 더 길어지는 것을 관찰할 수 있었다. 전날 암기한 내용을 다음 날 아침에 더 잘 기억하게 된 것은 물론이다.

미래에는 사람들이 머릿속에 작은 마이크로칩을 삽입해 필요할 때마다 특정한 뇌 부위의 활동을 조절할 수도 있을 것이다. 수학 문제를 풀때는 대뇌의 두정엽에 삽입한 마이크로칩에 전류를 흘려 수학 계산 능력을 일시적으로 향상시킬 수 있다. 영어 시험 때는 언어 영역인 좌측 베르니케Wernicke 영역의 마이크로칩에 전류를 흘려 독해 능력을 향상시킬 수도 있다. 인위적으로 인간의 인지능력을 높이는 것이다. 놀랍게도 이러한 기술은 수년 내에 인간에게 적용할 수 있을 정도로 진척되어 있다. 문제는 사람들이 단지 '인지 증폭'을 위해 자신의 두개골을 열고 뇌에 마이크로칩을 삽입하겠느냐는 데 있다. 전 세계에는 이미 10만 여명이 머릿속에 뇌 심부 자극 장치를 삽입한 채 생활하고 있다지만, 그들은 '위험을 감수할 만큼' 심각한 뇌 질환을 지닌 상황이므로 직접적인 비교 대상이 아니다. 따라서 이러한 인지 증폭 기술을 보급하기 위해서는 수술을 최소화하면서도 뇌를 효과적으로 조절할 수 있는 기술의 개발이 필요하다.

그런데 과연 인위적으로 인간의 지능을 높이는 것이 인류의 행복을 위해 바람직한지에 대한 진지한 논의가 필요하다. 모두가 마이크로칩을 이용해 똑똑해진다면 인간의 다양성이 훼손될 수도 있지 않을까? 또 우리가 뇌에 대해 완전히 이해하지 못한 상황에서 뇌를 조절한다면 예기치 못한 부작용이 발생할 가능성도 있다. 세계적 연구 성과를 내고 싶은 욕심에 전두엽에 인지 증폭을 위한 마이크로칩을 이식한 수학자가 있다고 가정해보자. 그는 뇌 전기자극을 통해 얻은 통찰력과 향상된 수학 능력을 이용해 많은 수학 난제를 풀어내겠지만, 전두엽 기능의 과도한 활성화로 인해 감정이 메마른 차가운 수학자가 되거나 정신질환에 걸릴 수도 있다. 뉴로에듀케이션 기술은 인류의 보편적 복지에 이바지하는 방향으로 개발되어야 할 것이다.

스마트 모빌리티와
AI의 역할

━━━━━━━━━ 초지능화와 초연결성으로 대표되는 4차 산업혁명의 큰 물결이 모빌리티 분야에서도 구현되고 있다. 자율주행차가 운전을 대신하고 있고, 전동 킥보드가 보행을 대체하고 있다. 최근에는 탑승이 가능한 플라잉 카도 선보였다. 다양하고 새로운 모빌리티 수단이 기존의 교통체계에 본격적으로 편입되면 복잡성 또한 커질 것이다. 특정 공간에서 다양한 이동 수단을 효율적으로 운영하려면 각각의 이동 수단에 관한 방대한 데이터를 수집하고 분석해야 하며, 교통체계의 운영 목표, 각종 외부 환경, 이용자의 특성과 선호도 등에 따른 이동 수단의 제어가 탄력적으로 이뤄져야 한다. 이를 위해서는 사전 노선 계획이나 정형화된 알고리즘의 기능을 넘어 복잡한 모빌리티 시스템 안에서 효율성, 안전성, 이용 편의성을 높이는 스마트한 AI 모빌리티 체계를 만들어야 한다.

모빌리티의 복잡성 증가

2020년 소비자가전전시회Consumer Electronics Show에서 현대자동차가 플라잉 카를 선보인 것처럼 모빌리티 수단이 다양해지고 있다. 최근에는 기존의 버스나 지하철과 같이 정해진 시간에 정해진 노선을 운행하는 형태가 아니라 이용자가 원하는 시간과 장소에 맞추어 대중교통을 탄력적으로 운행하는 서비스도 등장했다. 이처럼 미래 모빌리티 환경은 기존의 자동차를 포함해 자율주행차, 플라잉 카, 퍼스널 모빌리티 등 다양한 수단이 하나의 시공간에 위치하게 되면서, 안전하고 효율적인 제어의 문제가 더 복잡해질 것이다.

이러한 복잡성의 증가는 기존 모빌리티 체계의 한계를 의미하기도 한다. 모빌리티 체계가 복잡해질수록, 그리고 기계(시스템)가 제어하는 자율주행 패러다임이 가속화될수록 데이터를 바탕으로 최적의 솔루션을 제시하는 AI의 역할이 선택이 아닌 필수가 될 것이다.

스마트 모빌리티의 개념과 효과

스마트 모빌리티는 차량, 도로, 사람을 정보기술로 상호 연계해 똑똑하고, 편리하며, 친환경적인 모빌리티 서비스를 제공하는 개념이다. 기존의 지능형 교통체계보다 모빌리티 수요자에게 더 최적화된 서비스라고 할 수 있다.

이 네트워크에서는 단거리 전용 통신, 광대역 통신 등의 무선통신 기술, 디지털 방송 기술을 통해 이용자-차량-도로 긴 정보를 상호 유기적으로 연계함으로써 교통 이용자가 목적지까지 최적의 경로로 도착할 수 있도록 하는 스마트 통행 계획을 제공하는 것이 가능하다. 스마트 통행 계획은 모든 교통수단을 실시간으로 연계하는 정보를 제공해 자가 운전 대신 대중교통이나 자전거를 타게 하거나 또는 걷도록 유도하는 똑똑한 통행 비서 역할도 할 수 있다.

차량-ICT 네트워크를 구성하는 요소는 크게 인프라(도로, 빌딩 등), 차량, 정보센터, 정보 단말로 나뉜다. 이렇게 연결된 유기적 관계는 곧 가치사슬상의 정점인 인간을 위한 요소로 합쳐진다. 교통정보센터에서는 복합 교통수단과 통행자의 정보를 연계·통합해 교통정보를 제공하는 것뿐만 아니라 도시의 탄소 배출 상황을 모니터해 실시간으로 도시의 수요 관리에 적용하도록 지원하게 된다.

기존 대중교통으로는 원하는 시간에 '도어 투 도어door to door'로의 이동성이 보장되지 못하므로 자가용 선호도가 높을 수밖에 없었다. 그러나 앞으로 교통 시스템이 스마트 모빌리티 서비스로 통합되면 기존 대중교통으로 연결할 수 없던 라스트마일까지 연계할 수 있으므로 자가용 이용에 버금가는 편리성을 얻을 수 있다. 또 차량 이용이 줄어 대기 오염 같은 문제를 해결하는 데도 도움이 될 것이다. 더 나아가 승용차의 감소는 도로의 효율성을 높여 대중교통 흐름을 원활하게 하는 등 사회적 비용을 절감하고, 남는 주차 공간은 다른 용도로 활용할 수 있어 도시 인프라 사용과 관련한 부가가치도 높아질 것이다.

스마트 AI 모빌리티 시대

모빌리티 분야에서 AI는 자율주행차의 인지·판단·제어를 가능하게 하고, 이용자의 수요와 통합 모빌리티 인프라를 매칭해 사용자 맞춤형 대중교통 서비스를 가능하게 할 것이다. 물론 이를 위해서는 모빌리티 수단별 궤적뿐 아니라 교통카드 이용 자료, 무선통신 인프라 수집 데이터, 이동통신사 통신 데이터, 교통사고 데이터 등 다양한 종류의 데이터가 연계되어야 한다.

수요 응답형 모빌리티 서비스

고정된 노선과 시간 계획에 의해 운영되는 대중교통 체계가 이용자의 실시간 수요에 따라 탄력적으로 제공하는 수요 응답형 대중교통 서비스로 진화하고 있다. 수요 응답형 모빌리티 서비스란 산발적으로 나타나는 이용자들의 대중교통 서비스 수요와 이용자들이 원하는 탑승 지점 및 목적지를 분석해 최적의 노선과 적정한 규모의 차량을 배차하는 것이다. 최적의 운영 계획을 산출하기 위해서는 AI와 같은 초지능 데이터 분석 기술이 필요하다.

수요 응답형 서비스는 아직은 도심에서의 특정 시간대 혹은 농어촌 지역 등지에서 제한적으로 사용되고 있다. 국내에서는 현대자동차가 사내 인공지능 전문 조직인 '에어랩AIR Lab, Artificial Intelligence Research Lab'을 신설해 실시간 최적 경로 설정AI Dynamic Routing 기술 기반의 수요 응답형 서비스를 개발했다. 또 KST모빌리티와 함께 2020년 상반기에는 수요 응답형 서비스 '셔클Shucle'을 서울 은평뉴타운에서 시범적으로 운행한 바 있다. 경로가 유사한 승객을 함께 태워 이동하는 국내 킷 '라이드 풀링Ride Pooling', 즉 합승 서비스였다. 시범 서비스 종료 후 이용자들이 응답한 주된 이용 목적은 장 보기, 등하교, 병원·은행 방문 순이었다. 시범 서비스를 통해 축적한 데이터와 노하우를 바탕으로 최적 경로 생성 기술 등을 고도화해나갈 것으로 보인다.

AI 교차로 서비스

교차로는 도로에서 가장 복잡하고 안전 측면의 주의를 요구하는 곳이다. 교차로의 대표적 형태는 교통신호를 통해 방향별 접근 차량을 제어하는 신호 교차로이며, 신호제어는 기본적으로 방향별 고정 신호시간을 부여하는 방식과 교통량 검지 데이터에 기반해 신호시간을 일부 연장하거나 줄이는 등의 감응식 신호제어 방식으로 이뤄진다. 최근에는 신호 교차로의 안전성과 효율성을 높이기 위해 AI 기술을 활용한 사례가 증가하고 있다. 가령 AI의 패턴 인식을 통해 CCTV 영상으로부터 차량의 종류(승용차, 승합차, 화물차, 버스 등)와 보행자, 자전거 등을 구분해 정보를 수집한다. 또 실시간으로 수집한 방향별 교통량 데이터를 활용해 최적의 신호 운영 계획을 산출하기도 한다. 다만 실생활에서는 안전상의 우려와 AI 기술 자체에 대한 사회적 수용성이 미흡해 적용이 늦어지고 있다. AI 기술이 고도화되고 사회적 수용성이 일정 수준 이상으로 높아지면 가까운 미래에 AI 기반 교차로 운영이 현실화될 것으로 보인다.

이용자 맞춤형 통합 모빌리티 서비스, 마스

최근 퍼스널 모빌리티, 카셰어링, 라이드셰어링 등 새로운 모빌리티 서비스가 도입되면서 이용자들이 선택할 종류도 다양해졌다. 이에 따라 이용자의 선호 수단과 이동 시간 등 이용자 맞춤형 통합 모빌리티 서비스를 표방한 '마스MaaS, Mobility as a Service'의 개념이 도입되었다. 마스는 모든 운송 수단(버스, 택시, 지하철, 공유 자동차, 전동 킥보드 등)을 연결하는 서비스형 모빌리티를 뜻한다. 핀란드 벤처기업 마스 글로벌MaaS Global이 출시한 '윔Whim'이 이러한 개념의 모빌리티 서비스를 세계 최초로 적용한 사례다. 이 앱은 버스나 기차 같은 대중교통은 물론 택시, 렌터카, 공유 차량, 자전거까지 조합해 가장 저렴한 가격에 목적지까지 신속하게 도착할 수 있는 수단을 하나로 묶는다. 스웨덴의 '유비고Ubigo'도 대중교통과 공유 차량, 택시, 자전거의 시스템을 연결한 서비스다. 국내에서 마스 서비스는 아직 초기 단계다. 패키지형 서비스는 아니지만, 카카오 모빌리티는 한국철도공사, 대한항공 등과 업무 협약을 통해 실시간 구매, 결제, 발권 등의 서비스를 구현하고 있다. 서울시도 개인의 이동 특성을 분석해 맞춤형 서비스를 추천하는 '마이데이터My Data'를 선보인다. 예를 들면 신용카드 등에 남아 있는 통행·이동 궤적 데이터를 토대로 AI가 개인의 선호도를 고려해 실시간 맞춤 경로를 찾아주는 서비스다.

이처럼 AI는 이용자의 다양하고 개별화된 요구에 맞추는 모빌리티 플랫폼의 운영에도 더욱 활용될 전망이다. 마스 체계에서의 AI는 이용자 개인이 가지고 있는 특성과 이동 수요에 기초해 최적의 수단을 조합하고 경로를 제시하게 된다. 다른 이용자들의 이동 패턴까지 분석한 이용자가 생각하지 못한 최적의 이동 솔루션을 제시해줄 수도 있을 것이다.

창의적 모빌리티 서비스 창출

미래에는 AI가 스스로 학습하고 진화하는 과정을 거치면서 창의적인 아이디어를 제시할 것으로 기대된다. 예를 들어 자율주행차의 각종 센서로부터 수집한 정보를 분석해 운전자에게 알려주는 것을 넘어 AI가 자율주행차를 직접 제어하고, 스스로 학습하는 단계로 역할을 확대해 나갈 것이다. 자율주행차의 기술이 고도화됨에 따라 초기 운전자 경고 서비스에서 자율주행 셔틀 서비스와 같은 무인화된 대중교통 서비스를 가능하게 했다. 또한 기존에는 대중교통 이용자들의 과거 데이터를 활용해 대중교통 노선을 계획했다면, 최근에는 수요 응답형 서비스 이용자들의 실시간 호출 내역(목적지, 탑승 시간, 선호 이동 수단 등)을 분석해 복수의 사람 모두가 만족할 수 있는 최적의 차량 배차 및 노선 설정 솔루션을 제시하는 서비스를 시도하고 있다. 이처럼 AI의 발전은 그동안 상상했지만 구현하지 못한 서비스를 가능하게 하고, 상상하지 못한 창의적 서비스를 발굴할 수 있는 원동력이 되고 있다.

교통사고 감소

AI는 데이터 분석에 근거한 상황 인지와 그동안 발생한 사고의 정보를 학습함에 따라, 사전에 사고 가능성을 예측해 운전자에게 알려주거나 차량을 직접 제어함으로써 교통사고를 줄이는 데 도움이 될 것이다. 인간의 실수나 인지능력 부족으로 인한 교통사고도 줄여줄 것으로 기대한다. 교통안전 인프라 확충과 자동차 기술 발전에도 불구하고 교통사고는 계속 발생하고 있다. AI는 과거 교통사고 데이터를 학습해 사고 원인을 세밀히 분석하고 사고가 잦은 지역에 대한 경고, 사고 요인에 대한 사전 경고, 주변 차량의 움직임에 기초한 사고 위험도 분석 등으로 교통사고 위험을 줄이는 역할을 할 것이다.

미래의 3차원 교통 네트워크

수십 년간 전 세계적으로 도시화가 빠르게 진행되고, 그로 인한 인구 밀도의 집중으로 초고층 빌딩이 급속도로 늘어났다. 도시의 구조는 수평적 기반에서 수직적 기반으로 전환되었다. 이렇게 도시가 수직형 구조로 전환되면 교통 인프라도 수직 이동이 가능하도록 바뀌어야 한다. 3차원 공간 교통 네트워크는 도로·철도 등 수평 교통 인프라 기반에 지하, 지상, 공중의 입체화된 인프라와 교통수단을 새로이 포함한다. 자율주행차, 수직이착륙차량, 개인비행차량 등 새로운 교통수단이 입체화된 공간 안에서 이동할 수 있도록 3차원 교통 네트워크 기반의 인프라를 준비해야 한다.

3차원 교통 네트워크의 모습은 차량, 전자통신, 제어 시스템 등의 기술 발전 수준에 따라 다르게 나타날 것이다. 영화에서처럼 첨단기술을 갖춘 모든 차량이 자체적으로 정적·동적 장애물을 회피하면서 원하는 목적지까지 자동으로 이동할 수 있다면 아마도 궁극적으로 최고 수준의 3차원 교통 네트워크가 될 것이다.

그러나 이를 구현하기 위해서는 단계적으로 모든 기술을 응용해야 한다. 차량에 정보통신기술을 융합한 소위 차량-ICT를 기반으로 차량과 차량 간의 연결v2v, 차량과 교통 인프라 간의 연결v2I이 가능하고, 지하-지상-공중을 모두 포함하는 3차원 공간구조의 인프라와 연계가 가능해야 한다. 수직·수평 수송 체계 기반의 3차원 교통 네트워크에서는 효율적인 공간 이동이 가능하도록 고가도로나 케이블카 등 기존의 물리적 인프라를 진공 튜브나 신개념의 교량, 터널 등으로 대체해야 한다. 이 경우 차량은 다양한 형태의 수직 이착륙 차량으로 발전하거나 자기장 진공 튜브를 운행할 수 있는 무가선 모노레일 형태로 진화할 것이며, 건물의 출발 지점과 도착 지점도 동적 수송에 따라 수직·수평 이동이 가능하도록 운영될 것이다.

초고층 빌딩 간 이동이 어떠한 형식으로 발전하게 될지는 아직 알 수 없지만, 도시의 공간구조 변화에 따라 새로운 형태의 통행 수요가 발생할 것이고 그러한 통행 수요에 맞는 새로운 교통 시스템이 필요한 것은 분명하다. 즉 지표면에 기반을 두지 않은 3차원 교통 시스템이 등장할 것이다.

3

환경 분야
미래전략
Environment

KAIST Future Strategy 2021

+

+

+

+

+

+

+

녹색 한반도를 설계하는
환경 생태 전략

━━━━━━ 코로나19의 전 세계적 확산은 인간이 야생동물 서식지를 훼손한 것이 하나의 원인이라는 지적이 나오고 있다. 이렇게 생태계의 파괴와 무분별한 사용에 따른 부작용은 부메랑이 되어 인간에게 되돌아오고 있다.

환경 생태의 중요성이 새삼 커지고 있는 가운데, 첨단기술이 환경 생태 분야에 적용될 경우 생물다양성, 기후변화, 생태계 서비스, 생태 복지 등에도 긍정적 영향을 끼칠 것이다. 이는 구체적으로 사전 예방적 환경 관리(센서 및 로봇 기술로 미세먼지나 수질 변화 등 상세 환경정보의 측정·예측 능력 향상, 로봇과 연계한 실시간 단속), 환경정보 쌍방향 소통과 협업 기반 확대(ICT·빅데이터·AI 등으로 정보·에너지·모빌리티의 초연결, 스마트폰·IoT 등을 활용한 정보 수집·시민참여 기반의 다양화), 그리고 환경산업 혁신을 통한 고부가가치 창출(태양광 등 재생에너지의 생산 단가 하락, 초고효율 전기차 배터리나 수소연료전지차 등 에너지·교통 분야에서 혁신적 신기술 등장) 등의 효과로 이어질 것이다.

환경 생태 분야에서 고려해야 할 또 하나의 과제는 남북 협력이다. 남한의 환경 생태뿐 아니라 한반도 전체를 염두에 둔 장기적 전략을 마련해야 하기 때문이다. 북한 지역의 산림 황폐화와 같은 환경 문제는 기후변화에 따라 더욱 심각해지고 있지만, 식량과 에너지 문제가 해결되지 않는 한 산림 황폐화는 계속될 것으로 보인다. 따라서 남북 간 협력 전략이 필요하다.

환경 생태계의 현황

환경 문제는 오염물질 배출에 따른 환경오염과 무분별한 자원 사용에 따른 생태 파괴라는 두 가지 방향으로 나타난다. 이러한 문제들이 기후에 영향을 미치고, 기후변화의 영향으로 생물다양성이 감소하는 악순환이 나타나고 있다. 해결책은 생물자원을 균형 있게 이용해 생태계를 보호하고 지속가능성을 확보하는 것이다.

생물다양성 감소 위기

생물다양성이 중요한 이유는 생태계가 에너지와 자원을 공급해주는 것은 물론, 환경을 정화하고 조절해주기 때문이다. 인간은 생물을 이용해 생산품을 만들고, 생태계 서비스를 제공받고 있다. 인간이 제공받는 생태계 서비스에는 '유지, 조정, 공급, 문화'의 네 가지가 있다. '유지'는 광합성에 의한 산소 생산, 토양 형성, 영양 순환, 물 순환 등 모든 생물종이 존재하기 위한 환경을 유지하는 것을 말한다. '조정'은 각종 오염과 기후변화, 해충의 급격한 발생 등의 변화를 완화하거나 홍수가 발생하기 어렵게 만드는 등 환경이 인간 사회에 미치는 영향을 완화하는 효과를 말한다. '공급'은 식량, 목재, 연료, 의복, 의약품 등 인간이 일상생활을 누리기 위해 생태계에서 얻는 자원을 의미한다. '문화'는 정신적 충족, 미적 즐거움, 사회제도의 기반, 환경 학습 기회 등 생태계로부터 얻는 문화적·정신적 윤택함을 뜻한다.

우리나라에는 약 10만 개의 생물종이 존재하는 것으로 알려졌다. 이 가운데 5만 827종(2018년 기준)을 관리하고 있다.[84] 서식지 훼손·기후변화·환경오염·남획 등으로 1970~2014년 사이 전 세계의 척추동물 개체 수가 60% 감소했는데, 이런 추세로 가면 2050년까지 육상 생물의 10% 추가 감소가 예상된다.[85]

1인당 녹지 면적은 2005~2018년 사이 286.79㎡에서 265.32㎡로 7.5% 감소했다.[86] 또 전국 산림의 4.13%(1999~2010년), [87] 갯벌의 2.7%(2003~2018년)[88]가 줄어들었다. 생물종의 서식지가 빠르게 사라진다는 얘기다. 산림 면적은 1961년 675만 2,933ha로 최대치를 기록한 후 계속 감소해 2018년에는 630만 5,962ha에 불과했다. 사라진 산림 면적은 44만 6,971ha로, 산악형 국립공원 중 가장 넓은 지리산국립공원(약 4만 8,300ha)의 약 9배에 달하는 수치다.[89] 생물이 이동하는 경로인 생태축이 단절된 곳도 987개소다. 이동이 원활하지 못하게 되면 생존 역시 어려워진다.

생물다양성의 감소는 생물종의 일부가 사라지는 것이 아쉽다는 데서 그치는 단순한 문제가 아니다. 국가적 측면에서는 생물자원의 손실이고, 인류 문명 측면에서는 생존 기반의 약화를 의미한다. 생물다양성 훼손은 생태계 서비스와 같은 복합적 기능의 훼손을 뜻한다.

기후변화에 따른 생태계 변화의 심각성

지금까지는 생물다양성의 손실 원인으로 산림 훼손과 같은 환경 요인이 지목되었으나, 앞으로 2050년까지 추가적인 생물다양성 손실의 40% 이상은 기후변화에서 기인할 것이다.

'기후변화에 관한 정부 간 패널IPCC, Intergovernmental Panel in Climate Change'에 따르면 온실가스로 대기 중 이산화탄소의 농도가 2040~2050년 사이에는 자연적 농도의 2배 수준인 550ppm에 달할 것으로 예측한다. 또한 온실가스의 영향으로 21세기 말에는 현재보다 기온이 1.8~4℃ 증가할 것으로 추측하는데, 기온 상승은 기후 시스템을 구성하는 대기·해양·생물·빙하·육지 시스템 등 다양한 경로에 영향을 준다. 이미 생태계 자원의 60%가 악화 또는 고갈된 상태에서 더 나빠질 것으로 전망하고 있다.[90]

지구온난화는 평균기온의 상승뿐 아니라 생물 서식지의 북상도 초래한다. 현재 우리나라의 남해 지역이 아열대성으로 바뀌면서 어류와 해조류의 분포도가 달라지고 있다. 제주도 해역에서 잡히던 자리돔을 이제는 독도 해역에서 볼 수 있다. 남해에서는 이전에 볼 수 없던 아열대 어종인 청새치, 귀상어, 노랑가오리를 볼 수 있다. 아열대기후와 비슷한 양상이 나타나면서 애플망고, 파파야, 구아바 같은 열대 과일의 재배도 가능해졌다.

각국의 대응

지구상에 존재하는 생물 종의 다양성을 보전하기 위한 국제적 노력으로 '생물다양성 협약Convention on Biological Diversity'이 있다. 생물종의 보전, 지속 가능한 이용, 이익의 공정하고 공평한 공유가 생물다양성협약의 목표다. 세계 각국도 생물다양성의 보호와 관리를 위해 적극적으로 전략을 추진하고 있다. 미국 대통령 직속 국가과학기술위원회the National Science and Technology Council는 2014년 '국가 식물 게놈 계획National Plant Genome Initiative'을 발표한 바 있다. 식물 게놈의 체계와 기능에 대한 기초 지식을 토대로 식물에 대한 이해도를 높이기 위한 것이다. 2017년에는 워싱턴 D.C.에서 개최된 '바이오지노믹스BioGenomics'에서 '지구상의 모든 생물체 DNA 염기서열 분석' 프로젝트를 제안했고, 그 결과 2018년 세계 10개국의 과학자 60여 명으로 구성된 '지구 바이오게놈 프로젝트'가 공식 출범하기도 했다.[91]

유럽연합은 2011년 생물다양성 전략을 수립했다. 생물다양성을 보호하기 위한 관련 법안 실현, 녹색 인프라 사용 증대, 지속 가능한 농업·임업 및 어류에 대한 체계적 관리, 외래종에 대한 엄격한 통제, 생물다양성 보전을 위한 국제 활동 강화 등의 내용을 포함하고 있다.

일본은 '국가 생물자원 프로젝트'를 추진하고 있다. 세계적 생명과학 연구 기반 정비, 생물자원의 수집·보전·제공과 기술 개발을 위한 프로그램 간 연계, 사람과 자연 관계의 재구축, 과학 기반 정책 강화 등의 방안을 포함하고 있다. 중국도 '국가 생물다양성 전략(2011~2030년)'을 세우고 관련 정책과 시스템 개선, 생물다양성 보전 역량 강화, 생물자원의 지속 가능한 개발과 이용을 위한 전략 과제를 추진하고 있다.[92]

한편 생물다양성에 경제적 개념을 접목한 프로그램도 있다. 생물다양성 상쇄 전략과 생태계 서비스 지불 제도가 대표적이다. 생물다양성 상쇄 전략이란 어쩔 수 없이 생태계가 파괴되었을 경우 훼손 정도를 정량화해 이를 다른 곳에서 회복·창출·개선·보전하는 방식으로, 파괴를 상쇄시켜 생물다양성(서식지, 종, 생태학적 상태, 서비스 등)의 실제적 감소가 없도록 만드는 것이다. 생태계 서비스 지불 제도는 자발적 계약에 근거해 특정 생태계 서비스 수혜자가 공급자에게 서비스 이용에 대해 일정액의 대가를 치르는 형태의 계약을 총칭한다. 보이지 않는 자연의 가치를 시장경제에서 수치화했다는 점에서 중요한 의미를 지닌다. 생태계 서비스가 이뤄지려면 서비스 수혜자와 공급자 간의 자발적 매매, 서비스의 명확한 정의, 지속적인 서비스 공급 보장이 필요하다. 이 제도는 1990년대 중반에 도입되어 300개 이상의 프로그램이 전 세계에서 운영되고 있다.

환경 생태 미래전략

환경의 변화가 기후변화를 가져오고, 다시 기후변화가 환경 변화를 일으키는 양방향의 상관관계에 대한 고찰을 통해 국토의 생태적 기능 증진, 생활환경 관련 이슈 해결 그리고 환경 변화에 대응한 회복력 확보 전략이 필요하다.

국민과의 소통
- 동식물과의 공생이 주는 혜택에 대한 공감대 형성을 위해 강연, 방송 등을 적극 활용
- 국립생태원, 환경보전협회 등 관련 기관과 국민이 함께 참여해 급변하는 기후 환경 속에서의 지속 가능한 방안 논의

생물다양성 모니터링 및 사전 예방적 관리 시스템 구축

- 한반도의 자생 생물종 적극 발굴 및 DB 구축
- 생태계 교란종 침입 예방 및 통제 강화, 외래생물 정밀 조사 및 정보 시스템 구축
- 한국생명공학연구원의 국가생명연구자원통합정보시스템KOBIS과 국가적 차원에서의 생물다양성 정보 공유 체계를 연계해 통합 시스템으로 확장
- 인간의 생산, 소비, 여가 활동이 생태계에 미치는 영향을 구체적 수치로 환산한 지표인 '생태발자국Ecological Footprint'을 작성해 생물다양성 훼손 모니터링

생물자원 보전과 생물자원 다양성 활용

- 자연환경 보호지역 확대 및 규정 강화 등 적극적인 보호 정책 수립
- 멸종위기종 복원 사업뿐 아니라 생물다양성 증진을 위한 서식처 복원 사업 본격화
- 기후변화에 따라 유입되는 외래종에 대해 다양성 측면에서 긍정적 태도로 접근해 새로운 활용 방안을 찾는 노력 병행
- 생물다양성과 국가 생명 연구 자원 정보에 대한 통합 DB 구축, 해외 DB와 연계한 유전자원 접근 및 이익 공유

생물자원 관련 4차 산업혁명 과학기술 접목

- 정보통신기술 및 재생에너지(지열 등)를 활용해 화석연료·비료·물 사용을 최소화할 수 있는 스마트팜 보급
- 생물자원 이용에 대한 연구개발과 다양한 생산품의 고부가가치화

를 위한 기술 개발
- 유전자변형생물체LMO, Living Modified Organism 기술 개발이 바이오경제의 핵심 영역으로 부상하는 상황을 고려해 LMO 안전성 연구 및 다각적 대처 방안 마련
- 생물다양성에 관한 빅데이터 기반의 과학적 관리 능력 제고
- 나노기술과 바이오기술 기반의 유전자원에 대한 접근과 이익 공유 체제 구축

통합적 정책 추진과 규제의 적절한 활용
- 기후변화에 대응하기 위한 법·제도 기반 강화
- 부처별로 나뉜 생물자원 보전 관리와 활용 정책을 통합·조정하는 제도적 장치 필요
- 중앙정부와 지방정부 간의 업무에서 일관되고 효율적인 거버넌스 체제 구축
- 정부, 비영리단체, 민간기업, 대학 등의 정보 공유 및 다양한 이해관계자와의 논의 확대
- 시민사회 조직과 협업하는 생물다양성 관련 사업을 확대해 시민참여 유도

국제 협력 및 협약 대응체계 구축
- 온실가스 장기 배출목표 설정과 주기적 갱신
- 저공해 자동차의 확산 등 탈내연기관 자동차로의 전환
- 플라스틱 폐기물에 대한 규제 강화
- 인접 국가 간 협력을 강화하는 국제 생태 네트워크 개념 정립 및 활동

- 국제적 차원에서 생물다양성 전략 수립과 집행에 필요한 과학기술 정보 공유
- 공적개발원조를 통한 개발도상국 자원의 공동 발굴 사업 참여

남북 협력을 통한 녹색 한반도 전략 마련

- 한반도 생태 네트워크 연결 및 복원 사업 이행
- 수자원, 기상 기후, 환경 변화에 관한 정보 교환 및 공동 연구
- 미세먼지, 백두산 화산활동과 같은 재해에 대응하는 자연재해 공동 연구
- 임진강, 북한강 등 남북한 공유 하천에 대한 협력(수문 관측망 설치, 홍수 예보·경보 시스템 구축, 농경지 정비 등)
- 남북한, 나아가 동북아시아의 환경·경제 공동체 논의 및 구상 구체화
- 비무장지대 자원 발굴과 지역 발전을 위한 연구개발

한국형 그린 뉴딜 구상

- 2050년 탄소 제로 사회의 실현을 위한 중장기 로드맵 마련
- 저탄소 수소경제 활성화를 위한 지원 정책 수립
- 에너지 제로 빌딩 건축 시 용적률 등의 인센티브 추가 방안 검토

신기술을 통한 기후변화 대응의
가능성과 위험

━━━━━━━━ 환경 위기와 과학기술의 상호 관계에 대한 논쟁
은 오랜 역사를 갖고 있다. 예나 지금이나 환경 담론의 양극단을 차지하
고 있는 것은 현대 과학기술이야말로 환경 위기의 근원이라는 '과학기
술 비관주의'와 과학기술은 환경 위기를 해결할 수 있는 유일한 수단이
라는 '과학기술 만능주의'다. 최근에는 4차 산업혁명 논의가 활발해지
면서 비관론보다 낙관론이 우세해지고 있다. 인류가 AI, 빅데이터, IoT,
지구공학 등을 활용할 경우 기후변화에 대한 해법을 찾을 수 있다는 주
장이 대표적이다.[93]

기술은 기후 위기의 해결사인가

신기술이 기후변화 문제의 해결사가 될 수 있다는 희망은 두 갈래로 나뉜다. 첫 번째는 AI로 자동화와 연결성이 극대화되어 나타나는 사회경제 시스템의 변화에 기대를 거는 것이다. 두 번째는 기후 시스템에 인위적으로 개입하여 지구온난화의 속도를 늦추려는 지구공학적 방법이다.

AI를 활용한 기후변화 대응

이것은 기후변화를 유발하는 에너지 시스템을 비롯해 각종 사회 · 경

| 표 9 | AI를 활용한 기후변화 대응

청정 전력	• 재생에너지의 발전 • 첨단 에너지 저장 • 청정 화석연료 • 차세대 전력망 관리 • 탄소 · 포집 · 저장 및 이용	• 에너지 효율 • 재생 열에너지 • 차세대 핵분열 • 핵융합
스마트 수송 시스템	• 청정 액체 · 가스 연료 • 시스템 효율 솔루션 • 청정 장거리 수송 • 고효율 엔진	• 차세대 배터리 • 에너지 고밀도 가스 연료 저장 • 기술 인식 수송 시스템

지속 가능한
생산 · 소비
	• 순환경제 재활용 해법
	• 공유경제
	• 폐기물 감량 및 에너지 생산
	• 화학물질, 철강, 시멘트, 종이의
	  청정 생산체제
		• 에너지 집약적 제품 및 원료의 내구
		  력 강화
		• IT · 데이터 센터의 초고효율화
		• 공급망의 투명성
		• 제조 과정에서 이산화탄소 추출

지속 가능한 토지 이용	• 토지 이용의 투명성 • 탄소 저배출 농업 • 산림관리의 신기술 • 공급망 내 손실 최소화	• 토양 저장 • 탄소 저배출 단백질원 • 축산 부문 배출 저감 • 산림 전용 방지
스마트 도시와 주택	• 연계형 스마트홈 • 고효율 냉난방, 조명, 가전기기 • 고효율 창호 및 단열재	• 건물 에너지 저장 • 기술 인식 도시계획 및 건물 디자인 • 차세대 상업용 건물 관리

제 시스템에 초지능성을 구현해 기온 상승을 막거나 억제하려는 방안이다. 여기에는 전력, 수송, 생산 및 소비, 토지 이용, 도시, 가정 등 다양한 부문에 적용하는 스마트 기술이 포함된다.

지구공학을 통한 기후변화 대응

한편 자연의 기후 순환 시스템을 인위적으로 조작하는 지구공학을 통해 지구온난화의 속도를 늦추려는 시도도 이어지고 있다. 지구공학은 일각에서 '지구 해킹'이라 부를 정도로 논란이 많은 신기술이다. 이는 '태양복사 제어'와 '온실가스 제거'의 두 가지 유형으로 구분된다.

| 표 10 | 지구공학을 통한 기후변화 대응

태양복사 제어	• 지표면: 극지방 해빙 또는 빙하의 인위적 확장, 해양의 밝기 조절, 반사율이 높은 작물의 대규모 재배 등 • 대류권: 구름층을 백색으로 변화시켜 반사율을 높이기 위해 바닷물 분사 • 대기권 상층: 성층권 황산염 에어로졸과 자기부상 에어로졸처럼 태양복사를 반사하는 물질을 인위적으로 형성 • 우주: 거대한 거울을 우주 궤도 위에 쏘아 올려 햇빛을 반사하는 '우주 거울' 등
온실가스 제거	• 비옥한 흑토(terra preta)와 혼합할 수 있는 바이오 숯(biochar) 활용 • 바이오에너지 탄소 포집·저장 • 주변 대기 중 이산화탄소를 제거하는 탄소 공기 포집 • 이산화탄소 흡수를 위한 조림, 재조림 및 산림 복원 • 이산화탄소를 흡수하는 식물플랑크톤을 증식할 목적으로 바다에 철 성분 살포

국내에서 논의되는 기후변화 대응 기술

2016년 미래창조과학부(현재 과학기술정보통신부)는 '기후변화 대응 기술 확보 로드맵'을 발표한 바 있다. 이 로드맵은 탄소 저감, 탄소 자원화, 기후변화 적응의 3개 부문에서 10대 기후 기술을 제시한 후 총 50개의 세부 기술군으로 분류하고 있다. 총 718개 세부 연구과제의 진행 현황과 계획, 주요 예상 성과 및 도출 시점, 연구 결과 활용 계획 등의 내용도 포함하고 있다. 당시 정부는 개발 중인 기후변화 대응 신기술의 실증·사업화 계획을 성공적으로 완료할 경우 2030년 총 4,400만 톤의 감축 효과가 기대된다고 밝혔다. 기후변화 대응의 3개 부문과 10대 기술은 다음과 같다.

- 탄소 저감: 태양전지, 연료전지, 바이오 연료, 2차전지, 전력 IT, 탄소 포집·저장
- 탄소 자원화: 부생 가스 전환, 이산화탄소 전환, 이산화탄소 광물화
- 기후변화 적응: 공통 플랫폼

또한 2019년 5월, 정부는 포용적 녹색 국가를 구현하기 위한 '제3차 녹색성장 5개년 계획(2019~2023년)'을 발표했다. 이 계획에 따르면 저소비·고효율 스마트 에너지 기술 등 4차 산업혁명 녹색기술, 온실가스 저감 기술 등 10대 기후 기술, 미세먼지 솔루션 기술 등 국민 생활 밀착형 녹색기술의 개발이 추진된다. 이와 함께 태양광발전 적용 입지의 다변화, 대형 해상풍력발전 시스템, 재생에너지 계통 연계의 안정화, 분산 자원 통합 가상 발전소 시스템, 충전 인프라에 연결된 전기차의 충전 전

력을 수요 자원으로 활용할 수 있는 전기차 V2G Vehicle to Grid 운영 플랫폼 등 녹색기술의 실증과 상용화도 포함되어 있다.

신기술을 통한 기후변화 대응 가능성과 편익

2015년 12월 12일 파리기후변화협약이 타결되기 전까지 국제사회에서 합의된 목표는 지구의 평균기온 상승 폭을 산업화 이전에 견주어 2℃ 이내로 억제한다는 것이었다. 이 목표를 66% 이상의 확률로 달성하려면 2050년까지 온실가스 배출량을 2010년 대비 40~70% 줄이고, 늦어도 21세기 말까지 '탄소 중립'을 실현해야 한다.[94]

그런데 파리기후변화협약에는 이보다 더 강력한 목표가 추가되었다. 21세기 말까지 기온 상승 폭을 2℃보다 '훨씬' 아래로 억제해 1.5℃를 넘지 않도록 노력한다는 것이다. 1.5℃의 목표를 달성하려면 2050년 온실가스 순배출량이 제로에 도달해야 하며, 에너지·토지·도시 인프라(교통과 건물)·산업 시스템의 급속하고 광범위한 전환이 요구된다.[95] 1.5℃ 경로에서 재생에너지는 2050년에 필요한 전력의 70~85%를 공급하게 될 것이다. 2050년 산업 부문의 이산화탄소 배출량은 2010년 대비 75~90% 감소해야 하는데, 이는 지속 가능한 바이오에너지와 대체재, 탄소 포집·저장 및 이용 등 새로운 기술이 상용화되어야 달성 가능한 목표다.

2020년 2월 IEA가 발표한 자료에 따르면 2019년 세계 이산화탄소 배출량은 330억 톤으로 이전 연도와 비슷한 수준을 보였다. 같은 기간 경제성장률은 2.9% 증가했다는 점에서 상대적 탈동조화 relative decoupling

에 의해 배출량이 정점에 도달했다는 희망적 관측도 나온다. 하지만 국가별로 살펴보면 미국, 독일, 영국, 일본 등 선진국의 석탄 화력 발전량 대폭 감소에 따른 이산화탄소 배출량 감소가 중국, 인도 등 신흥 개발도상국에서 증가한 이산화탄소 배출량을 상쇄하고 있다.[96] 2020년에는 코로나19의 영향으로 전력 소비는 5%, 이산화탄소 배출량은 8% 감소할 것으로 전망한다.[97]

세계 에너지 시장에서 청정에너지 투자액은 매우 빠른 속도로 증가해 왔다. 하지만 최근에는 투자 여건의 변화에 따라 투자액 증가 속도가 둔화하는 경향을 보인다. 2019년 총투자액은 3,633억 달러를 기록해 전년의 3,625억 달러와 비슷한 수준이었다.[98] IEA에 따르면 2020년 세계 에너지 부문 투자는 코로나19의 영향으로 20% 감소할 것으로 예상된다.[99] 하지만 총투자액의 변화에도 불구하고 재생에너지 신규 투자액이 화석연료와 원자력을 합한 액수의 2배를 웃도는 현실은 재생에너지 주도의 에너지 전환이 이미 돌이킬 수 없는 흐름이라는 사실을 말해주고 있다.

재생에너지 신규 투자액의 증가는 발전 비용 하락과 무관하지 않다. 2018년 세계 전력 비용 분석에 따르면 집광형 태양열발전 비용은 전년 대비 26%, 바이오에너지는 13%, 태양광과 육상풍력은 각각 13%, 수력은 12%, 지열과 해상풍력은 각각 1% 하락했다.[100] 급격한 기술 비용 하락은 재생에너지의 경쟁력 상승과 에너지 탈탄소화의 핵심 동력으로 평가된다.

재생에너지가 주도하는 저탄소 경제의 편익에 대해서도 국제사회의 관심이 커지고 있다. 기후변화와 경제성장 간 관계 규명 연구를 주도하는 국제단체 '신기후경제The New Climate Economy'는 2018년 보고서를 통해 2030년 저탄소 경제의 총편익을 26조 달러로 전망했다. 여기에는 6,500만 개의 일자리 창출, 약 70만 명의 조기 사망자 수 감소, 탄소 가격 제도 도입 및 화석연료 보조금 제도 개혁으로 공공 영역에 2조 8,000억 달러 규모의 투자, 여성 고용 증가 등이 포함된다.[101]

신기술 적용의 위험과 한계

IPCC가 2018년 발간한 〈지구온난화 1.5℃ 특별 보고서〉는 지구공학 중에서도 '바이오에너지 탄소 포집·저장BECCS'을 핵심 기술로 제시했다. 지구공학을 옹호하는 쪽에서는 그 근거로 사람들의 행동 방식은 쉽게 변화하지 않으며, 변화하더라도 지구온난화를 멈추게 하기에는 역부족이라는 점을 꼽는다. 또 지구공학의 해결 방식은 파리기후변화협약처럼 많은 시간이 필요하지 않기 때문에 기후변화의 긴급성에 부합한다고 주장한다. 하지만 여기에 많은 비판과 우려가 제기되고 있는 것도 사실이다. 지구공학은 기후변화의 근본적 원인 제거와 무관하며, 실험실 수준에서만 그 효과를 평가했기 때문에 검증되지 않은 기술이라는 것이다. 실제로 식물플랑크톤을 증식할 목적으로 바다에 철 성분을 살포하는 것이 어떤 부작용을 가져올 것인지, 에어로졸을 성층권의 오존층에 유입시키면 환경에 어떤 변화가 올 것인지 누구도 답을 내놓지 못하고 있다.

이처럼 신기술 활용은 기후변화 대응과 지속 가능한 발전에 엄청난 잠재력을 지니고 있지만, 많은 위험을 동반하는 것도 사실이나. AI를 적용했을 경우 예상되는 위험은 성과·안전·제어·윤리·경제·사회의

6개 분야로 구분해 살펴볼 수 있다.[102]

성과 리스크

AI 시스템의 최종 결과물은 대부분 '블랙박스' 안에서 결정되기 때문에 투명성과 신뢰도 문제를 동반한다. AI 알고리즘은 특성상 이해하기 쉽지 않고, 모든 사람에게 설명하는 것이 불가능하므로 성과의 정확도와 적절성을 확신하기 어렵다. 자연재해 조기 경보 시스템의 기계적 학습은 과거의 기상 데이터에 기초해 이뤄진다. 하지만 과거의 기상 데이터는 기후변화가 초래하는 뉴노멀의 현실을 반영하지 못한다. AI 모델 훈련에 사용되는 정보가 과거의 데이터일 경우 위험을 과소평가하면서 경보 시스템의 오작동을 초래할 수 있다.

안전 리스크

해킹을 통해 이뤄지는 AI의 오용은 자동화 무기 개발 등 지구공동체의 안전을 심각하게 위협하는 결과를 초래할 수 있다. 딥러닝 알고리즘이 갖는 불확실성은 '적대적 공격'에 의해 모델의 투입과 산출 요소를 왜곡하기도 한다. 해킹은 자동화된 재난경보 시스템이나 수송 플랫폼에 접근해 시스템을 붕괴시킬 수 있다.

제어 리스크

자율적으로 일하거나 상호작용하는 AI 시스템은 기계 중심의 피드백 장치를 새롭게 만들어내면서 예기치 않은 결과를 초래할 수 있다. AI 챗봇은 인간이 이해할 수 없는 그들만의 언어를 생성하기도 한다. 개별 건물의 에너지 소비에 최적화된 의사결정은 지역 에너지 시스템과 상호

작용할 경우 예기치 않은 결과에 직면하게 할 수 있다.

윤리 리스크

윤리적이고 책임 있는 AI 활용은 필연적으로 빅데이터 이용, 업무와 의사결정에서의 알고리즘 의존도 증가, 인간 역할의 점진적 감소 등의 문제와 직면하게 한다. 이런 문제들은 공정, 책임, 평등, 인권 존중, 프라이버시와 밀접한 관련이 있다. 예를 들어 자율적인 재난 구호 전달 체계는 과거의 수요 패턴에 기초해 이뤄지므로 특정 지역 선호와 같은 우선순위 설정의 오류를 초래할 위험이 있다.

경제 리스크

기업이 AI를 활용할 경우 시장의 생태계가 변하는 과정에서 승자와 패자가 결정될 수 있다. AI의 도움으로 의사결정 개선에 성공하는 기업들은 수익을 확대할 수 있지만, 그러지 못한 기업들은 경쟁에서 뒤처지게 된다. 자동화가 수반하는 생산성 증대, 개인화, 제품 디자인, AI 기반 마케팅 개선에 따른 소비 증가는 자원 소비, 폐기물 발생량, 에너지 수요 등을 증가시킬 수 있다.

사회 리스크

자동화는 수송·제조·농업·서비스 부문에서 고용 감소를 초래할 수 있으며, 높은 실업률은 사회적 불평등을 증폭시킨다. 특정 인구 집단에 편향된 데이터를 기반으로 알고리즘이 디자인될 경우 무의식적 편견에 노출되어 사회적 소수자와 약자를 주변화할 위험이 있다. 자율주행차와 IoT 등은 다양한 편익을 제공하지만, 동시에 고용 감소 원인으로 작용할 수 있다.

신기술 활용을 위한 과제

예상되는 위험이 초래하는 결과가 돌이킬 수 없다는 점에서 지구공학은 실현 가능성, 효과, 환경 영향에 대해 엄격한 기준을 적용할 필요가 있다. 4차 산업혁명은 세 차례의 앞선 산업혁명과 달리 생태적 혁명이될 것이라는 낙관적 전망이 많다. 자율주행차는 대기오염물질 배출을 획기적으로 줄일 수 있는 잠재력이 있다. AI 시스템은 재활용 쓰레기를 눈 깜짝할 새에 선별하고, 전력 송전과 배전을 한 치의 오차도 없이 정확하게 해낼 것이다.[103] 하지만 기술의 진보가 자동으로 기후 위기 탈출의 보증수표가 되는 것은 아니다. 최근에는 기술이 기후변화를 막을 수있다는 낙관적 믿음이 오히려 더 강력한 대응과 실천을 미루는 결과를낳고 있다는 지적도 있다.[104] 신기술이 기후변화 시대의 해법이 될 수 있을지는 다음과 같은 과제의 해결 여부에 달려 있다.

과학기술의 사회적 책임 강화

신기술은 현대 문명이 맞닥뜨리고 있는 위험을 낮출 수 있는 잠재력이 있지만, 반대로 증폭시킬 수도 있다. 앞에서 살펴본 것처럼 기후변화에 대응하기 위한 신기술은 오작동과 시스템 붕괴, 자동화와 효율 개선에 따른 리바운드 효과rebound effects,[105] 고용 감소와 불평등 심화, 프라이버시 침해 등의 문제를 일으킬 수 있다. 따라서 기술 적용 과정에서 투명성을 강화하고 신기술의 편익을 소수가 독점하지 않도록 공정한 규칙을 마련하는 것이 중요하다. 특히 사회안전망 확충, 직업훈련과 재고용 기회 확대, 신산업 육성, 정보통신 정책 실행 및 평가에 관한 시민 참여를 통해 고용 감소와 인권침해 문제에 대비해야 한다.

사회 혁신과 경제 혁신의 병행

수백 년간 다양한 분야에서 기술이 비약적으로 발전했지만, 온실가스 배출이 지구 생태계에 가하는 환경 부하負荷는 줄지 않았다. 기술의 쓰임새, 더 나아가 기술 발전의 방향과 속도는 사회·경제적 제도의 영향 아래 놓여 있다. 신기술이 등장했을 때 기술 자체보다 중요한 것은 그것을 생산 및 생활 영역에 활용할 수 있는 사회적 준비가 되어 있는지의 여부다. 따라서 과학기술의 문제해결 능력을 과신하기보다는 에너지 이용 시스템의 전환과 사회·경제의 구조적 혁신을 통해 신기술의 효용성과 사회적 수용성을 높일 필요가 있다. 또 기후변화에 대응하기 위한 신기술에 연구개발 투자를 확대하고, 저감 및 적응 설비투자에 대한 금융 지원을 강화해야 한다.

동반 편익과 상충성에 대한 고려

기후변화에 대응하기 위한 신기술은 보건·고용·복지·경제·생태계에 긍정적 영향을 미쳐 추가적 편익을 가져올 수 있다. 이는 신기술의 개발과 적용에서 대기오염물질 저감에 따른 조기 사망자 수 감소, 일자리 확대, 지역 경제 활성화, 생태계 서비스 확대와 같은 동반 편익co-benefit과 지속 가능한 발전의 시너지 효과를 고려해야 한다는 시사점을 의미한다. 상충성 여부도 면밀하게 살펴야 한다. 신기술은 사회적 불평등을 심화시킬 수 있으며, 보건 환경을 약화하고 자연 생태계를 잠식할 수 있다.

바이오에너지는 토지 이용과 경쟁하며, 식량 시스템·생물다양성·생태계 서비스에 해를 입힐 수 있다. 신기술 정책은 동반 편익을 극대화하고 상충성을 최소화하는 방향으로 추진해야 한다.

도시 문제 해결을 위한
지능형 시스템, 스마트시티

━━━━━━━━ 2000년대 초반에 개념적으로 제안되었던 스마트시티는 이제 세계가 주목하는 도시 패러다임이 되고 있다. 도시화율이 2050년 70%에 이르고, 아시아와 아프리카에서 폭발적인 도시 인구 증가가 예상되는 점에서 더욱 중요하다. 도시화로 기반 시설 부족, 교통 체증, 에너지 소비 증가 같은 다양한 문제가 발생하기 때문이다. 이러한 도시 문제를 해결하기 위한 수단으로 정보통신기술을 활용하는 스마트시티가 4차 산업혁명의 물결과 함께 더욱 주목받고 있다. 지금까지의 산업혁명이 그러했듯 4차 산업혁명 역시 공간적 배경은 도시가 될 것이다. 스마트시티는 4차 산업혁명이 진행되는 플랫폼으로도 이해할 수 있다. 안드로이드나 IOS 같은 스마트폰 운영체제가 다양한 서비스의 개발을 유도했듯이 스마트시티가 플랫폼이 되어 사물들의 연결과 데이터의 재구성을 통해 새롭고도 다양한 서비스를 만들어낼 수 있다.

스마트시티 시장 전망

IT 시장조사 기관 가트너Gatner는 도시를 미래 기술의 중요한 플랫폼으로 판단하고, 향후 10년 이내에 자율주행차, 커넥티드 홈을 구현할 수 있을 것으로 전망했다. 스마트시티 최고의 브랜드파워와 기술력을 가진 IBM, 지멘스Siemens, 시스코Cisco, 구글 같은 기업들도 AI 컴퓨팅, 빅데이터 솔루션, IoT 기반 기술에 집중하고 있다. 스마트시티가 이렇게 첨단기술의 경연장이 되고 있다.

프로스트앤드설리번Frost & Sullivan이나 ABI리서치ABI Research, 마켓앤드마케츠Market and Markets, 파이크리서치Pike Research 등 글로벌 시장조사 기관들이 내놓은 전망을 종합해보면 2025년까지 전 세계 스마트 시장은 3조 3,000억 달러 규모로 급성장할 것으로 보인다. 부문별로는 정부 및 교육, 에너지, 헬스케어, 보안, 인프라, 건물, 교통 순으로 스마트 에너지 분야의 성장률이 가장 높을 것으로 내다봤다.

스마트시티 국내외 동향

2008년 무렵부터 추진되기 시작한 스마트시티 초기 프로젝트는 초고속 통신망 등의 기반 시설 구축 사업과 새로운 ICT 검증을 위한 소규모 테스트베드 사업 중심이었다. 반면 최근에는 국가나 지방정부 주도의 대규모 투자를 동반하는 것이 특징이다. 선진국들은 정보통신기술을 활용해 기존 도시의 재생 및 에너지 효율화를 추진하고 있다. 아시아 지역은 대규모 자본 투입을 통한 신도시 개발로 스마트시티를 구현하고 있다. 세계 스마트시티 가운데 아시아 지역 비중은 2016년 28.6%에서 2025년에는 33.9%로 확대될 전망이다.[106]

중국

중국은 국가 차원의 신형 도시화 일환으로 2012년부터 다양한 부처에서 스마트시티 정책인 '지혜성시智慧城市'를 추진하고 있다. 2,000년이 넘는 역사를 자랑하는 중국의 고도古都 가운데 하나인 항저우가 스마트시티로 탈바꿈하고 있는 대표적 사례다. 항저우는 알리바바의 본사가 있는 곳이기도 한데, 항저우는 알리바바가 개발한 '시티 브레인City Brain'이라는 AI를 활용해 각종 도시 문제를 해결하고 있다. 중국의 통신장비 업체 화웨이도 정저우, 난징 등 주요 대도시에서 교통망과 도시 인프라 관리 시스템을 운영 중이다. 화웨이는 또한 2017년 발표한 '스마트시티 신경망 전략'을 통해 다양한 스마트시티 기술을 개발하고 있다.

일본

일본은 신성장 전략 및 스마트시티 정책의 하나로 '그린 이노베이션 환경·에너지 대국 전략'을 추진하고 있다. 요코하마 등 4개 지자체를 시범 지역으로 지정해 가변 전기 요금제, 교통 데이터 관리 시스템 등을 도입했다. 그 밖에도 빅데이터, AI 등의 기술을 활용하는 스마트시티 건설 계획을 통해 재난·재해 예방을 비롯한 에너지 이용 효율화, 고령자 돌봄 등 생활 지원 시스템까지 포함하고 있다.[107]

미국

2015년 미국 연방정부는 '뉴 스마트시티 이니셔티브New Smart City

Initiative'를 발표하고, 약 1억 6,000만 달러의 연구개발비를 지원하고 있다. 교통 체증 감소, 범죄 예방, 기후변화 대응을 통한 일자리 창출을 목표로 1) 테스트베드 지역 선정, 2) 민간 기술 분야 및 도시 간 협력 강화, 3) 스마트시티 기술 지원, 4) 국제 협력 추진 4대 추진 전략을 설정했다. 공공 와이파이, 도시 데이터 개방, 공유 자전거, 자동원격검침 시스템 구축 등으로 데이터 중심의 스마트시티를 구현해가고 있다.

네덜란드

암스테르담은 유럽연합 최초로 스마트시티를 추진했으며, 이는 2006년에 수립한 '지속 가능한 발전을 위한 환경 도시계획'에 기초하고 있다. 본격적인 추진은 2009년부터이며, 시민과 정부와 기업이 공동으로 200여 개 프로젝트를 진행하고 있다. 암스테르담 스마트시티를 주도하는 곳은 암스테르담스마트시티ASC로, 민간 부문이 주도하는 구조다. 정부가 주도하고 필요한 부분을 민간 부문이 조달하는 방식과 달리 네덜란드는 민간이 주도하고 정부가 이를 지원하는 방식이다. ASC는 인프라와 테크놀로지·에너지·물·쓰레기·교통·순환 도시·거버넌스와 교육·시민과 생활 등의 분야에서 스마트시티 프로젝트를 진행하고 있다.

영국

영국은 스마트시티를 본격적으로 추진하기 위해 2007년 기술전략위원회TSB를 설치한 이래 세계 스마트시티 산업 분야에서 시장점유율 10%를 목표로 'Open Data, Future Cities Demonstrator(오픈 데이터, 미래 시범도시)' 정책을 추진해오고 있다. 스마트시티 관련 정보통신기술

표준화에 집중 투자하고 있으며,[108] 교통·범죄·에너지·환경 등의 도시 문제 해결에 활용할 계획이다.

싱가포르

서울과 면적이 비슷한 싱가포르는 2014년 국가 차원의 '스마트 네이션Smart Nation 프로젝트'를 출범시켰다. 이는 IoT 센서 네트워크를 통해 빅데이터를 공유하는 시스템이라고 할 수 있다.[109] 또 스마트시티 정책을 포괄적으로 추진하기 위해 총리 산하에 프로젝트를 주도하는 정부기구를 설치했다. 싱가포르 국립대학교, 싱가포르 국립디자인기술대학교뿐만 아니라 MIT에서도 기술을 지원받고 있으며, 정부 투자 기업인 싱텔Singtel과 IBM 등의 기업이 참여하고 있다.

스페인

바르셀로나는 도시 전반의 활력을 높이기 위해 각종 도시 데이터를 민간에 개방해 창조적 서비스의 개발을 유도하고 있다.[110] 생태·환경·에너지 분야 등에 정보통신기술을 활용해 편의성을 높이고, 에너지 절감과 정책적 비전을 달성하는 것을 목표로 한다. 바르셀로나의 스마트시티는 유기적 생태 구조로 이뤄진 인간의 몸처럼 도시 기능을 유기적으로 분류하고, IoT 기술을 활용해 복합적 성장을 추구하고 있다.

한국

우리나라는 2000년대 초반부터 세계적 수준의 ICT 인프라를 기반으로 스마트시티의 전신인 유시티U-City를 추진해왔다. 유시티는 언제 어디서나 시민이 편하게 행정·교통·복지·환경·방재 등의 도시정보를 활용할 수 있는 여건을 제공한다는 차원에서 유비쿼터스ubiquitous 도시 환경을 강조한 개념이다. 2003년 인천경제자유구역IFEZ의 '송도 정보화 신도시 유시티 모델 연구'와 한국토지주택공사의 '홍덕 디지털 도시 연구'가 시초가 되었으며, 실제 구축은 화성동탄지구(2004년)가 최초다. 2008년에는 '유비쿼터스 도시 건설 등에 관한 법률'을 제정했으며,[111] 2009년에는 국가 차원의 장기적 청사진과 발전 방향을 종합적으로 제시하는 '유비쿼터스 도시 종합계획'을 수립한 바 있다.

그동안 국내 지자체 중에서는 서울, 부산, 대전이 스마트시티 사업을 비교적 활발하게 진행해왔다. 서울의 경우 휴대전화 기지국 통화량, 택시요금 결제 정보 등의 빅데이터 분석을 토대로 심야버스 노선을 신설했고, 서울 북촌한옥마을 지역의 'IoT 실증 단지'에서 불법주차와 쓰레기 문제를 IoT 기술로 해결하기도 했다. 화재감지 센서를 통한 화재 예방, 공공 와이파이 제공, 스마트폰 앱 다국어 관광 안내 등도 실시하고 있다. 부산은 해운대 지역에서 IoT 시범 단지를 운영 중이며, 자체 IoT 플랫폼 '모비우스'를 개발해 적용하고 있다. 그뿐 아니라 스마트 가로등, 시민 안심 서비스, 스마트 건널목 등도 추진하고 있다. 대전은 광역시 최초로 스마트시티 통합 센터를 구축했으며, 스마트시티 통합 플랫폼을 활용한 안전망 연계 서비스를 운영하고 있다.

정부는 또한 스마트시티 국가 시범도시 사업을 추진하고 있다. 입지로 선정된 세종과 부산에 조성될 스마트시티는 기반 생활 혁신, 도시 행정과 관리의 지능화, 스마트 교육빙, 스마트 헬스, 스마트 모빌리티 등 다양한 부문의 융·복합 서비스 구현을 목표로 한다.

한국의 유시티와 스마트시티 비교

유시티와 스마트시티의 차이점을 꼽는다면 우선 유시티는 도시의 기능을 통합하고 관제하는 데 가장 큰 목적이 있었고, 이를 위해 각종 서비스의 연계가 핵심이었다고 할 수 있다.

반면 스마트시티는 도시를 하나의 유기적 플랫폼으로 생각한다. 데이터 기반의 서비스를 오픈 데이터 및 개방형 생태계 중심으로 제공하고, 이를 바탕으로 도시의 기능을 데이터 중심으로 연계하는 데 그 핵심이 있다고 할 수 있다. 사업 추진 주체와 서비스 대상 측면에서 비교해보면 유시티는 공급자 중심이었고, 스마트시티는 이용자 중심이라는 시각도 있다.

스마트시티 미래전략

미래 도시 전망에서 공통된 키워드는 저출산·고령화, 개인화, 기후변화 등으로 요약되며, 이를 위한 대응 전략으로 포용적 성장, 회복탄력성, 시민참여 등이 제시되었다. 이러한 국제적 추세와 유엔의 노력은 2015년 유엔지속가능발전목표UN-SDGs와 2016년 해비타트 3차 총회에서 채택된 '새로운 도시 어젠다New Urban Agenda'에서도 확인할 수 있다. 스마트시티 국내외 동향, 미래 도시 전망, 우리나라의 스마트시티 흐름을 고려해 향후 발전 전략을 제시하면 다음과 같다.

통합적 운용 시스템 기술 우선 개발

- 통합적 운용 시스템 기술보다 최종 소비 단계의 서비스에만 아이디어와 기술 개발이 집중되는 것은 바람직하지 않음
- 스마트시티가 도시 문제를 해결하기 위해서는 솔루션으로 제시된 서비스들을 통합적으로 관리하고 제어할 수 있는 운영 기술이 필요함
- 100만분의 1초로 쏟아지는 다양한 데이터의 통합과 고속 처리 및 분석 기술이 밑바탕이 되어야 함
- 수많은 정보를 체계적으로 수집하고, 이를 가공·분석해 혁신적인 융·복합 솔루션을 만들어내는 노력이 필요

스마트 시티즌Smart Citizen과 리빙 랩Living Lab의 필요성

- 미래의 스마트시티에서는 주체인 시민의 능동적 역할 필요
- 궁극적 도시 운영 목표는 삶의 질과 지속가능성이라는 인식 필요
- 시민은 단순한 수혜자가 아닌 스마트 시티즌이 되어야 하고, 사용자 주도 개방형 혁신 생태계가 리빙 랩이 됨. 즉 리빙 랩은 생활 현장 속의 실험실을 의미
- 스마트시티 리빙 랩은 스마트시티가 실증되는 플랫폼으로서 역할
- 시민(사용자)과 기업(생산자)이 개발 및 운영 주체로 함께 참여하는 PPPP Public-Private-People-Partnership 방식 필요
- 스마트시티의 서비스는 포용 도시 개념에서 시민들에게 공평하게 제공되는 것이 기본적이지만, 보편적인 서비스만으로는 미래 사회 시민들을 만족시키기 어려움
- 개인화되는 생활 밀착형 서비스 발굴 및 확장

코로나19 같은 감염병 재난 대처 시스템 구축[112]

- 바이러스 전파를 막기 위해 도시 간 이동을 통제할 경우 스마트시티 자체가 통째로 봉쇄될 수 있는지에 대한 의학적 고찰과 대응체계 필요
- 코로나19 위기를 슬기롭게 극복한 세계 각국 도시들의 사례를 수집해 스마트시티에 효과적으로 적용
- 언택트의 확산을 고려해 도시 내 연결 시스템 등 제고

스마트 도시재생

- 도시재생 사업에도 스마트시티 적용
- 스마트 안전·방범(스마트 가로등, CCTV 등), 스마트 파킹, 스마트 에너지 그리드(전력, 수자원 등), 스마트 리사이클링(음식물 처리, 생활 쓰레기 등), 사회적 약자 지원(미아, 치매 환자, 독거노인 등), 크라우드펀딩을 활용한 공공시설물 확대 등을 도시재생 지역에 적용할 수 있는 스마트시티 솔루션

맞춤형 해외 진출

- 도시개발 기술도 해외로 진출하는 추세
- 2018년 발족한 한국해외인프라도시개발지원공사를 중심으로 국가 차원의 체계적인 행정적·재정적 지원 강화
- 기획 단계부터 세계화를 염두에 두고 국제표준화와 기업 생태계 조성을 고려하는 해외 사례를 참조해 시사점 발굴 및 적용
- 시민들이 불편을 겪고 있는 주요 도시 문제의 우선순위를 정하고, 이를 해결하는 맞춤형 스마트시티 프로젝트로 도시별 특성화

- 국내 인증 제도를 국제표준 지침에 맞게 정비해 지속 가능한 발전 주도
- 스마트시티 엑스포나 컨퍼런스 참여를 통해 국제 파트너십 및 네트워크 확장[113]

사이버 보안
- 플랫폼과 서비스 개발 단계부터 개인정보 보호를 고려한 개발
- 데이터 생성·저장·가공·제공 전 단계에 인증 및 암호화 등 단대단end-to-end 보호 대책 마련
- 도시정보 보호 관리의 지속성을 확보하기 위한 스마트시티 사이버 안전센터 설립 및 관련 인력과 예산 확보[114]

디지털 위험에 대응하는 사이버 보안

디지털 기술의 눈부신 발전은 사이버 공간과 현실 공간의 희미한 경계마저 무너뜨리고 있다. 얽히고설킨 네트워크와 각종 기기의 연결은 이전과 비교할 수 없는 생산성 향상을 가져다주지만, 반대로 가늠하기조차 힘든 위협으로 다가올 수도 있다. 디지털 혁명의 역기능이라 할 수 있는 사이버 위협은 정보 유출과 금전 탈취의 범죄 수준을 뛰어넘는다. 네트워크의 고도화로 여러 서비스가 합쳐지고 여기에 자율 기능이 더해지면서 특정·불특정 사이버테러에 의한 폐해의 범위가 예측하기 어려울 정도로 광범위해지고 있다. 국가적 차원에서 대응 역량을 확보해야 하는 이유다.

보안 패러다임 변화

세계 각국은 사이버 위협을 국가의 부수적 위협 수준에서 생존 차원으로 끌어올리고 있다. 지구촌에서 사이버 분쟁이 가장 치열하게 전개되고 있는 국가를 꼽으라면 미국과 중국, 유럽연합과 러시아, 이스라엘과 아랍 국가 그리고 열강에 둘러싸인 한반도다. 세계 최초로 5세대 이동통신5G 상용화에 들어간 한국은 역설적으로 통신 인프라가 고도로 집적된 만큼이나 외부 사이버테러에 취약하다. 국가 행위자의 개입이 두드러지고 있는 상황에서 적대세력의 사이버 활동을 심도 있게 관찰하고 대응해야 한다.

상상력이 무기가 되는 세상

사이버테러가 물리적 공격으로 이어지면서 상상력 자체가 무기가 되는 세상이 됐다. 원자력발전소와 같은 기반 시설을 겨냥한 악성코드는 소프트웨어를 수단으로 한 상상력의 산물이다. 테러리스트가 장난감 드론에 사제폭탄을 탑재하고 위성항법장치GPS 기능을 추가한다면 장난감이 인명 살상 무기로 둔갑하게 된다. 테러리스트가 무기를 밀수하거나 폭발물을 가지고 국경을 넘나드는 대신 현지에서 3D 프린터로 다기능 무기를 찍어내고 사제폭탄을 만들어낼 수도 있다.

네트워크와 소프트웨어 그리고 물리적 파괴력의 만남으로 지구촌은 완전히 새로운 위험에 놓이게 됐다. 우리는 머잖아 인명 살상을 결정하는 무인 시스템이 등장하고, 자율 로봇이 해킹당해 치명적 파괴로 이어지는 현상을 목격하게 될지도 모른다. 다가오는 디지털 위험은 사회공동체가 피해갈 수 없는 현실이며, 이에 대한 해결은 국가안보와 경제성장을 위해 정면 돌파해야 할 국정 과제다.

| 표 11 | 4차 산업혁명 시대의 보안 패러다임 변화

구분	현재	미래
공격 주체	• 특정 집단, 불만 세력	• 국가, 비국가, 비인간 행위자
공격 대상	• 불특정 다수	• 특정 소수(금융·국방·기반 시설)
보호 대상	• 디바이스, 네트워크 (정보 시스템과 데이터 보호)	• 디바이스, 네트워크, 플랫폼 (사람과 환경에 대한 안전)
보안 주체	• 정부, 기업	• 정부, 기업 + 전 국민
보안 정책	• 정부 규제 위주	• 시장 역할과 민간 역량 활용
정보 공유	• 부문별 제한된 정보 획득	• 민·관·군 공조 + 국제 협력
경쟁 우위	• 데이터 수집·분석	• 빅데이터 + 알고리즘
기술 개발	• (필요성) 기술 중심의 추격형 하드웨어·프로젝트 중심	• (즉시성) 사람 중심의 선도형 소프트웨어·프로세스 중심

4차 산업혁명 시대에 더욱 커질 디지털 위험

5G

5G의 초고속성, 초저지연성, 초연결성, 고신뢰성, 고효율성 등의 많은 장점이 위협으로 바뀔 수 있다. 4G보다 전송속도가 20배나 빠르다는 것은 사이버 공격의 속도가 그만큼 빨라진다는 것이며, 네트워크와 연결되는 다양한 디지털 기기의 폭발적 증가는 대규모 디도스DDOS 공격에 악용될 수 있는 우려 또한 커진다는 것을 의미한다.

IoT

모든 사물을 온라인 네트워크로 연결하는 IoT의 오작동은 사람의 생명도 위협할 수 있으며, 어느 하나의 부실한 접점이 해킹의 경로가 될 수도 있다. 의도적 공격뿐 아니라 부주의나 관리 소홀에 의한 비의도적 사고에도 대비해야 한다. IoT 서비스의 설계 단계에서부터 보안을 고려해야 하며, 공급망 전 단계에 위험관리 체계를 구축해야 한다.

자율 로봇

임무 수행을 위해 로봇에 설치한 프로그램, 즉 알고리즘을 아무리 훌륭하게 설계하고 광범위한 확인 절차를 거쳐도 로봇이 지금껏 보지 못한 사건에 맞닥뜨리면 예외적 사건이 발생할 수 있다. 인간보다 더 빠르고, 더 저렴하고, 더 정확한 로봇의 알고리즘이 누군가에 의해 악의적으로 변조된다면 돌이킬 수 없는 재앙을 불러올 수 있다.

AI

자율화된 악성코드는 시스템 침투력을 크게 늘리고 백신 프로그램을 역공격할 수도 있다. 스스로 표적 시스템의 취약점을 찾아내는 과정에서 수없이 많은 돌연변이를 만들어낼 수 있으며, 엄청난 속도로 영특해지면서 인간이 개입할 여유를 주지 않을 수 있다.

스마트시티

스마트시티는 삶의 질을 개선하려는 혁신적 도시지만, 핵심 기술인 5G, IoT, 빅데이터, 클라우드, AI 등의 쓰임새가 자꾸 늘어나고 여러 첨단 서비스가 유기적으로 연동되기 때문에 그 빈틈을 메워나갈 전략을 마련해야 한다. 안전성을 담보할 수 있는 통신 보안·인증과 소프트웨어 보안 기술 정책이 전제되어야 한다.

| 표 12 | 사이버 공격 유형과 주요 내용

유형	주요 내용	사례
사이버 범죄	• 사이버 공간 범죄 활용 → 금전 탈취	• 2018년 북한, 전 세계 은행·암호화폐 거래소 해킹 • 2016년 북한, 고객 정보 인질 삼아 암호화폐 요구
사이버 첩보	• 국가 주요 정보 훼손 → 기밀 절취	• 2016년 북한, 남한 국방망 해킹해 군사기밀 절취 • 2015년 중국, 미국 공무원 신상정보 대량 유출
사이버 테러	• 국가 기반 시설 마비 → 사회 혼란	• 2016년 러시아, 우크라이나 전력 시설 마비·정전 야기 • 2013년 북한, 남한 방송·금융기관 시스템 파괴
사이버 교란	• 거짓·기만 정보 유포 → 국론 분열	• 2017년 러시아, 유럽 국가 선거개입 및 여론조작 • 2010년 북한, 천안함 폭침 사실 왜곡 전파
사이버 작전	• 물리전과 연계한 공격 → 군사작전	• 2014년 러시아, 크림반도 점령 시 사이버 공격 병행 • 2010년 미국·이스라엘, 이란 핵시설 악성코드 침투

사이버 공격의 유형

사이버 공간의 끝없는 확장으로 범죄·테러·전쟁 간의 개념적 구분이 점점 어려워지고 있다. 국경이 따로 없는 사이버 공간은 공격자에게 더 많은 수단과 기회를 제공한다. 가장 손쉽게 획득할 수 있는 도구는 악성코드다. 이를 거래하는 암시장이 있고, 여기에서는 사이버 청부 공격도 가능하다. 값비싼 정규군을 규정에 얽매이지 않고 더욱 저렴한 용병이 대체하듯이 용병을 고용해 사이버 공격을 감행할 수 있다.

국가의 지원을 받는 해커들의 활동이 속속 드러나고 있다. 이들은 사이버 공간을 자유자재로 활용하면서 추적을 따돌리고 주어진 임무를 수행한다. 2010년 미국과 이스라엘은 이란 핵시설에 악성코드를 침투시켜 통제 시스템을 오작동시킴으로써 전폭기를 동원한 공습에 버금가는 효과를 거뒀다. 2016년 러시아는 우크라이나 수도 키예프의 정전 사태를 일으킨 바 있다. 물리적 충격만이 아니다. 2014년 러시아의 크림 공화국 합병과 우크라이나 동부 지역 분쟁 개입은 다차원적 복합 전쟁으로 진행됐으며, 사이버 여론조작으로 정치적·사회적 혼란을 가중시켰다. 사이버 공격 유형과 내용은 〈표 12〉에서 보듯이 다양하다.

사이버 안보 대응 전략

사이버 공격의 주요 표적은 정부 기관을 비롯해 극심한 사회 혼란을 불러올 수 있는 금융, 에너지, 교통과 같은 국가 기반 시설이다. 기술적 요소와 심리적 요소가 복합적으로 맞물려 경제적 피해와 심리적 충격을 함께 노린다. 하지만 공격은 이렇게 기습적이고 무차별적인 데 반해 대응 수단은 상당히 제한적인 실정이다.

이러한 상황에서 청와대 국가안보실은 2019년 국가 사이버 안보 정책의 최상위 지침서인 '국가 사이버 안보 전략'을 공표하고 이행 방안을 마련했다. 이 지침서에 따르면 국가 간 정치·경제·군사적 분쟁이 사이버상의 충돌로 이어지면서 사이버 군비 경쟁을 불러오고 있으며, 각국은 사이버 역량을 국가안보에 큰 영향을 미치는 전력으로 인식하고 있다.

전략을 차질 없이 수행하려면 무엇보다 법적 근거가 있어야 한다. 그러나 아직도 대통령 훈령인 '국가 사이버 안전 관리규정'이 기본법 역할을 하는 상황이다. 사이버테러를 당할 때마다 사후 약방문식으로 보완하다 보니 숱한 법규가 생겨났고, 이마저도 일관성이 부족해 유사시 혼선이 우려된다. 기본법 제정과 함께 관련 법을 재정비하면서 국가 차원에서의 보안 사각지대를 해소해나가야 한다. '국가 사이버 안보 전략'에서 제시한 전략 과제를 중심으로 대응 전략을 살펴보면 다음과 같다.

- 국가 핵심 인프라 안전성 제고: 국가 핵심 인프라의 생존성과 복원력을 강화해 어떠한 사이버 공격에도 국민 생활의 기반이 되는 서비스는 중단 없이 제공
- 사이버 공격 대응 역량 고도화: 사이버 공격을 사전에 효율적으로 억지하고, 사고 발생 시 신속하고 능동적으로 대응할 수 있도록 선제적이고 포괄적인 역량 확충
- 신뢰와 협력 기반 거버넌스 정립: 개인·기업·정부 간의 상호 신뢰와 협력을 바탕으로 민·관·군 영역을 포괄하는 미래지향적인 사이버 안보 수행 체계 확립
- 사이버 보안 산업 성장 기반 구축: 국가 사이버 안보의 기반 역량이 되는 기술·인력·산업의 경쟁력 확보를 위해 제도 개선, 지원 확대 등 보안 산업 혁신 생태계 조성
- 사이버 보안 문화 정착: 국민 모두 사이버 보안의 중요성을 인식하고 실천하며, 정부는 정책 수행 과정에서 기본권을 존중하고 국민의 참여를 격려
- 사이버 안보 국제 협력 선도: 국제적인 파트너십을 강화하고 국제 규범 형성에 기여하는 등 사이버 안보 선도 국가로서의 리더십 확보를 통해 국가안보와 국익 수호

녹색소비의 확산

1972년 6월 스웨덴 스톡홀름에서 열린 '유엔인 간환경회의United Nation Conference on the Human Environment에서는 국제사회 가 지구환경을 보전하기 위해 공동의 노력을 다짐하는 '인간환경 선언' 을 발표하고, 6월 5일을 '세계 환경의 날'로 제정했다. 그리고 2020년 세 계 환경의 날에는 콜롬비아에서 생물다양성을 주제로 회의가 개최되었 다. 우리나라도 1996년부터 6월 5일을 법정 '환경의 날'로 지정했으며, 2000년대 들어서는 '저탄소 녹색성장'을 새로운 국가 비전으로 제시하 기도 했다. 이는 경제성장과 환경보호를 동시에 추진하는 패러다임을 의 미한다.

저탄소 녹색성장에 등장하는 녹색소비는 법적 측면에서 '저탄소녹 색성장기본법'에 나오는 친환경과 같은 의미로 사용되고 있다. 내용 측면에서는 1997년 세계 소비자 권리의 날을 계기로 '지속 가능한 소비Sustainable Consumption'라는 표현이 등장한 이래 우리나라에서는 '환경친화적 소비', '친환경 소비', '녹색소비' 등의 용어로 표현하고 있다.

환경 문제와 소비자

2010년 이후 미세먼지와 대기오염, 건강과 보건, 폭염, 쓰레기·폐기물 등의 환경 문제가 크게 이슈화되었다. 2016년 이후에는 특히 미세먼지 이슈로 대기오염에 대한 국민적 관심이 매우 높아졌다. 이에 따라 마스크 같은 친환경 면역 제품과 공기청정기 같은 환경 가전에 대한 소비도 늘었다. 2020년에 들어서는 마스크를 비롯해 제균 용품에 대한 관심이 크게 높아졌으며, 이와 더불어 친환경 농산물, 재활용, 과대 포장, 안전성에 대한 소비자의 관심도 연관적으로 높아지는 추세다.

기후변화는 무엇보다 탄소 경제에 의존하는 소비 습관에 경고등이 들어오게 했다. 지난 20여 년간 우리나라 전력 소비량을 보면 1인당 소비량이 2000년 5,067kWh에서 2018년 1만 195kWh로 증가했다. 화석에너지의 사용도 그만큼 증가했음을 의미한다. 연평균 기온의 경우 2005년 12.5℃에서 2019년에는 13.5℃로 상승한 것을 확인할 수 있다. 이에 따라 에너지 영역에서 지속 가능한 친환경 소비를 증대시킬 필요가 높아지면서 에너지 절약과 에너지 효율에 관한 관심도 커지고 있다. 녹색소비 영역에서 소비자의 관심과 수요가 큰 또 다른 분야는 친환경 자동차 관련 인프라다. 2030년쯤 수소차와 전기차는 신차의 20~30%, 자율주행차는 레벨 3 이상, 신차의 50% 수준에 이를 것으로 전망하고 있다.

이처럼 녹색소비는 단순히 물품을 구매하고 사용하는 활동에 그치는 것이 아니다. 환경을 중시하는 다양한 형태로 나타나고 있으며, 녹색소비를 주도하는 사람들을 그린슈머Greensumer라고 부르기도 한다.

기술 혁신과 녹색소비

4차 산업혁명은 환경 영역과 소비자 영역의 접점에서도 다양한 이슈를 가져오고 있다. 고도화된 스마트 정보통신기술이 제품, 에너지, 교통 등 다양한 영역에 접목되어 신물질과 신기술을 토대로 한 친환경 제품과 서비스 개발로 이어지고 있다. 태양광 등 재생에너지의 생산 단가 하락, 그린슈머들의 개별 에너지 생산, 초고효율 전기차 배터리, 수소연료전지차 등 에너지·교통 분야에서 혁신적 신기술이 등장하고 있다. 또 IoT 기반 전력 제어 서비스, 빅데이터 기반 실내 공기 관리 등 친환경 분야의 새로운 서비스도 늘고 있다. 실시간 환경정보 수집, 쌍방향 환경 모니터링 확산, 스마트 환경 관리 등이 확대되어 녹색소비를 촉진할 기반이 마련되는 중이다. 물론 신물질과 신기술에 대한 소비자 안전 문제, 개인정보 유출 우려, 예측하지 못한 신물질과 신기술의 환경 위험 등도 존재하는 게 사실이다. 그러나 큰 틀에서는 녹색소비를 통해 녹색성장과 녹색사회를 구현하려는 정책과 소비자의 움직임이 적극적으로 펼쳐지고 있다.

녹색소비 확산을 위한 전략 방향

파리기후변화협약 이후 우리나라는 국가지속가능발전목표와 '제2차 기후변화 대응 기본계획 수립(2019년)' 등을 통해 강도 높은 친환경 정책을 추진하고 있는데, 주요 과제 중 하나가 '친환경 소비·생산·유통'이다.

환경보전, 기후변화, 에너지 효율 그리고 환경 정의 실현 등의 분야에서 세계 각국은 다양한 차원의 친환경 정책을 쏟아내고 있다. 우리 정부 역시 한국판 뉴딜 사업에 '그린 뉴딜'을 포함했다. 그린 뉴딜이란 환경과 사람이 중심이 되는 지속 가능한 발전 정책을 의미한다. 화석에너지 중심의 에너지정책을 재생에너지로 바꾸는 등 저탄소 경제구조로 전환함으로써 기후 위기에도 대응하고, 투자와 고용도 늘리겠다는 것이다.

이런 가운데 전 세계에 팬데믹을 몰고 온 코로나19가 친환경 정책의 중요성을 다시 일깨우고 있다. 기후변화나 환경 파괴로 동물들의 서식지가 줄어들면서 동물과 인간 간의 접촉이 늘고, 그 결과 신종 바이러스가 출현했다는 설명이다. 이런 점에서 환경과 경제 문제를 동시에 해결하기 위한 녹색 정책은 이제 선택이 아닌 필수가 될 전망이다. 소비자의 참여를 유도할 수 있는 녹색 정책은 크게 '녹색제품 소비 촉진', '신재생에너지 수요 관리' 그리고 '친환경 자동차 보급 확대'로 나눠볼 수 있다.

녹색제품 소비 촉진

'녹색제품 구매촉진에 관한 법률'에 따라 수립되는 전략은 녹색제품의 생산과 유통 활성화, 녹색소비 실천 기반 확대, 녹색제품의 국제 경

| 표 13 | 녹색제품 소비 촉진 정책

녹색제품 구매 촉진 전략	세부 정책과제
녹색제품 생산·유통 활성화	• 소비자 친환경 녹색제품 인증 확대 • 인증 기업 및 재활용 산업 대상 제도적 지원 강화 • 녹색제품 유통 활성화를 위한 인센티브 마련
녹색소비 실천 기반 확대	• ICT 기반 녹색제품 정보 접근성 제고 • 일상생활 중심의 녹색제품 구매 실천 기반 확대 • 부당한 환경성 표시·광고 관리 강화
녹색제품의 국제 경쟁력 강화 및 국제협력 네트워크 확대	• 녹색제품 e 클리스디 조성 • 친환경 생산·소비 정책 경험 공유

• 자료: 환경부, 〈제3차 녹색제품 구매촉진 기본계획(2016~2020)〉.

쟁력 강화가 핵심이다. 이에 따라 친환경 인증을 확대하거나 관련 정보의 접근성을 높이고, 글로벌 협력 네트워크를 조성하는 것과 같은 세부 정책을 마련하고 있다.

구체적으로 살펴보면 첫째, 소비자의 친환경 소비 책무만 강조하는 것이 아니라 녹색소비와 생산이 공생하는 환경을 구현할 수 있도록 기업의 녹색제품 생산과 유통을 지원하는 정책을 마련하고 있다. 둘째, 녹색소비 환경 구축과 관련한 정책도 다양해지고 있다. 생산자와 소비자가 녹색제품을 직접 거래할 수 있는 온라인 플랫폼 마련, 환경 표지 인증 제품 구매에 대한 지원금 신설, 녹색제품 시장의 공정 질서를 바로잡기 위한 정보 제공 등으로 녹색소비 실천 기반을 확대하고 있다. 이 외에도 지속 가능한 소비·생산 트렌드를 공유할 수 있도록 하는 정책이 있다.

이러한 녹색소비 확산 정책에도 불구하고 여전히 해결해야 할 문제는 많다. 한 예로 '천연'이라는 용어에 대한 불명확한 정의로 소비자 피해가 나타나고 있다. 정확한 정보와 함께 친환경 표시의 신뢰성이 지켜지도록 하는 노력이 이어져야 한다. 최근에는 코로나19 여파로 비대면 거래가 늘면서 소비자의 생활양식이 바뀌고 있다. 온라인 판매 서비스, 택배·배달 등 물류 서비스, 포장 서비스의 친환경화를 위한 노력이 더욱 필요해졌다.

신재생에너지 수요 관리

OECD 국가를 중심으로 국제사회의 에너지정책 기조는 생산과 공급 중심에서 수요 중심의 분산화Decentralization, 탈탄소화Decarbonization, 디지털화Digitalization로 전환하고 있다. 최근에는 신재생에너지 중에서도 주택용 태양광발전 설치가 활성화되면서 분산형 에너지 비즈니스를 도입하기 위한 인프라가 마련되고 있다. 또 수많은 분산 전원 현황 정보를 실시간으로 수집하고 분석하는 것이 가능해져 에너지 사용의 효율성도 증대할 수 있게 되었다.

그러나 소비자 관점의 접근은 여전히 미흡하다. 디지털 전환 시장에서 소비자의 신뢰를 얻으려면 정보 공유 체계가 갖춰져야 한다. 개인정보에 대한 소비자 통제권을 부여해야 하고, 소비자 보호 규범도 마련해야 한다. 소비자와 기업이 상생하는 산업생태계를 조성하기 위한 인프라를 구축해 거래 안전성을 강화할 필요가 있다.

친환경 자동차 보급 확대

자동차 배기가스는 대기오염의 주범이자 미세먼지를 발생시키는 요인으로 꼽힌다. 전 세계가 화석연료 자동차를 전기차나 수소차와 같은 친환경 자동차로 전환하려는 까닭이다. 2004년 6,000여 대에 불과했던 우리나라 친환경 자동차는 2009년 1만 대, 2015년 18만여 대, 2019년 60만여 대(누적)로 증가했다. 친환경 자동차 점유율은 전체 자동차 대수의 약 2.5%에 해당한다.

정부는 2017년 '미세먼지 관리 종합 대책'에 따라 2022년까지 자동차 등록 대수의 약 10%인 200만 대를 친환경 자동차로 보급할 계획을 발표한 바 있다. 전기차 보급 활성화를 위해 민관 상설 협의체를 구성하고, 친환경 자동차 소비를 지원하는 운행 인센티브(자동차세·전기 요금·주차 요금·고속도로 통행료 감면)와 세금 감경(개별소비세, 교육세, 자동차 취득세 등 세금 감경 혜택)과 같은 지원책도 시행하고 있다. 친환경 자동차 충전소 등의 인프라도 조성하고 있다. 그러나 전기차 발화 사고의 주요 원인으로 꼽히는 배터리 안전성이나 배터리 수명에 대한 문제, 전기차 충전소 시설의 안전성 문제 등은 개선해야 할 부분이다.

지속 가능한 소비·생산으로 완성하는 녹색사회

소비자기본법 제4조에서는 "안전하고 쾌적한 소비생활 환경에서 소비할 권리"를 소비자의 기본적 권리로 규정하고 있다. 제5조에서는 소비자의 책무 중 하나로 "소비자는 자주적이고 합리적인 행동과 자원 절약적이고 환경친화적인 소비생활을 함으로써 소비생활의 향상과 국민경제의 발전에 적극적 역할을 다하도록 해야 한다"라고 규정하고 있다. 환경을 보전하고 친환경 제품을 사용하는 등의 소비생활은 소비자의 권리이자 의무다.

실제로 정책이나 제도만큼 중요한 것이 소비자의 인식이다. 친환경 소비의 필요성과 실행 방식을 지속적으로 공유하며 친환경 인식과 녹색소비 참여 의지를 이끌어내야 한다. 그러나 그동안 녹색소비가 소비자의 인식과 행동을 변화시키는 데 초점을 두고 있었다면, 이제는 지속가능성을 유지하기 위해 공급 정책에 대한 고민이 더욱 필요하다. 환경보호에 이용되는 신기술이나 신물질은 새로운 혁신을 가져와 우리의 삶을 더욱 풍요롭게 해주겠지만, 아직 확인되지 않은 위험이나 오용 가능성도 경계해야 한다. 친환경 제품이나 서비스를 제공하는 기업에 인센티브를 주는 것과 동시에 환경친화적이지 않은 제품이나 서비스에 관한 규제를 강화하는 것도 녹색사회를 만들어가는 데 도움이 될 것이다. 미래세대를 위한 환경보전 노력은 개별 소비자의 실천만으로 이뤄지는 것이 아니다. 녹색소비를 확산하고 지속 가능한 소비·생산 환경을 만들어가야 한다.

4

인구 분야
미래전략
Population

KAIST Future Strategy 2021

+

+

+

+

+

+

+

인구 오너스 시대의
저출산 대응

개인의 일상부터 사회와 정치까지 코로나19를 기준으로 재편되고 있다. 바이러스의 습격을 예견하기는 쉽지 않지만, 이러한 팬데믹 상황에 대한 준비가 있었다면 위기 대처 능력은 지금보다 더 높았을 것이다. 우리나라의 출산율 정책도 이러한 아쉬움을 준다. 우리나라는 1962년부터 시행한 산아제한 정책을 1996년에 폐지했다. 그런데 1983년도 출산율은 2.06명이다. 인구 유지를 위해 필요한 기준점인 2.1명보다 낮은 수준이다. 인구 유지선에 이미 빨간 경고등이 켜졌는데도 13년이나 지난 뒤에야 정책을 바꿨다는 얘기다. 1996년 출산율이 1.57명인 것을 고려하면 안일한 미래 대응의 결과를 그대로 보여주는 사건이다. 이후의 상황은 모두가 짐작하는 대로다. 전 세계에서 유일하게 합계출산율이 1명 미만인 나라가 대한민국이다. 막대한 예산을 쏟아부으며 출산율을 높이기 위한 정책을 펴고 있지만, 2019년 출산율은 0.92명, 즉 0명대로 낮아졌고 OECD 최하위를 기록했다.

인구 보너스 시대에서 인구 오너스 시대로 전환

출생아 수에서 사망자 수를 제외한 자연 인구도 이미 감소세에 접어들었다. 풍부한 인적자원을 바탕으로 경제성장을 구가하던 '인구 보너스demographic bonus' 시대가 끝나고, 반대로 생산가능인구(15~64세)보다 부양해야 할 인구가 더 많아지면서 경제적 부담이 늘어나는 '인구 오너스demographic onus' 시대가 되었다는 것을 의미한다.

출생 관련 수치도 연일 최저치를 기록하고 있다. 2019년도 출생아 수는 30만 명대로, 집계를 시작한 1970년대 이후 최저치다. 2020년 상반기 출생아 수는 14만 2,663명으로 지난해 같은 기간 대비 9.9% 감소했으며, 역대 최소로 떨어졌다. 그야말로 초저출산 현상이다. 2005년 '저출산·고령사회 기본법'을 제정한 이후 역대 정부는 막대한 자금을 쏟아부으며 저출산 대책을 펴왔다. '출산·양육에 대한 사회적 책임(노무현 정부)', '일과 가정의 양립 일상화(이명박 정부)', '청년 일자리와 주거 대책 강화 및 맞춤형 돌봄 확대(박근혜 정부)'를 표명했지만, 그 성과는 실패나 마찬가지다. 이에 문재인 정부는 2018년 일과 생활의 균형을 강조하며 '고용·주거·교육에 대한 구조 개혁 방침'을 발표했고, 2019년에는 대폭 수정한 '저출산·고령사회 정책'을 발표했다. 하지만 결혼과 출산 흐름이 정책의 개입으로 금세 바뀔 수 있는 것이 아닌 만큼 저출산 대책은 여전히 절실하고 시급한 과제다.

저출산·고령화 현상은 4차 산업혁명을 거치며 변화할 미래의 지속

가능한 발전도 저해할 수 있다. 우선 생산가능인구의 감소로 노동력이 부족해지고, 노동력의 고령화로 노동생산성도 낮아질 것이다. 고령인구의 증가는 사회보장 비용의 부담도 높인다. 국가적으로 중요하게 보아야 할 것은 저출산의 추세적 흐름이다. 초저출산 현상은 정책을 통해 구조적 변화를 꾀하기는 쉽지 않다. 이제는 저출산을 벗어나는 '극복'의 관점이 아니라 이미 현실화되어 다가오는 인구 오너스 국가로의 진입을 인정하고 대비하는 '적응'의 관점이 더 요구된다. 인구구조와 관련한 정책의 시계를 확장해, 장기적 관점에서 저출산 현상을 일으키는 사회·경제·문화적 요인들에 대한 개선이 이뤄져야 한다.

인구 현황

한국은 급격한 인구 변천을 겪어왔다. 한국전쟁 이후 베이비붐 현상이 나타나고, 보건의료 수준이 향상되어 사망률이 빠르게 감소하면서 1950년대 후반에서 1960년대 초에 인구가 매우 빠르게 증가했다. 당시 인구증가율은 연평균 3% 수준에 육박했다. 1960년대 초 경제발전을 위해 인구 증가를 억제할 필요가 있었으므로 제1차 경제개발 5개년 계획부터 가족계획사업이 시작됐다. 그 결과 경제발전과 더불어 정책의 효과로 출산율이 급격하게 낮아졌다. 1960년 당시 6.0명에 이르렀던 합계출산율은 1983년에 2.06명으로 인구 대체 수준 이하로 떨어졌으며, 1998년에는 처음으로 1.5명 미만으로 낮아졌다. 21세기에 들어서도 합계출산율은 계속 낮아져 2005년에는 1.08명으로까지 떨어졌다. 이후 합계출산율은 다소 높아졌으나(2014년 1.21명, 2015년 1.24명), 2016년에 다시 1.17명으로 하락하고 2017년에는 1.05명, 2018년에는 0.98명, 2019년에는 0.92명으로 최저 수치를 경신하는 등 초저출산(1.3명 이하)

현상을 벗어나지 못하고 있다. OECD 37개국 중 합계출산율이 0명대로 떨어진 국가는 한국이 유일하다.

출생아 수로 봐도 감소세가 두드러진다. 1970년대에는 매년 90만 명 이상이 태어났고, 1980년대에는 80만 명, 1990년대에는 60만~70만 명이 태어났다. 그러나 2000년대에는 40만 명대로 급감해 2016년 40만 6,300명, 2017년 35만 7,700명, 2018년 32만 6,900명, 2019년 30만 3,100명을 기록했다. 머지않아 30만 명대도 무너질 것으로 예측한다.

저출산 현상은 필연적으로 인구 감소와 고령화로 이어진다. 통계청의 '장래인구특별추계(2019년)'에 따르면 우리나라 인구는 2020년 6월 기준 약 5,179만 명에서 2028년 5,194만 명까지 증가한 후 감소세로 전환해 2067년에는 3,929만 명으로 줄어들 전망이다. 전체 인구 가운데 노인 인구(65세 이상)의 비율은 2018년 14.3%(고령사회)를 지나 2025년 20%(초고령사회), 2051년 40%를 초과할 것으로 예측된다. 85세 이상 초고령인구는 2017년 1.2%에서 2067년 13%로 예상되어 고령화는 더욱 심화될 것으로 보인다.

단계별 인구 전략

전문가들은 그간의 정책이 저출산의 근본적 원인을 해결하기보다 겉으로 보이는 문제를 가리는 데 급급했다고 지적한다. 산모에 대한 복지를 늘리거나 기혼 여성이 양육할 때 생기는 애로 사항을 지원하는 방식이었다. 보육시설의 부족과 여성의 경력단절 문제, 치솟는 아파트 가격, 급증하는 사교육비, 취업과 주거 문제 등 과도한 경쟁에 몰린 청년들의 부담 같은 구조적 문제를 해결하지 못하다 보니 점점 더 출산을 꺼리고, 나아가 결혼도 하지 않으려는 현상으로 이어진다는 것이다. 저출산 현상은 일차적으로는 인구학적 측면에 영향을 주지만, 결국 노동력 부족과 사회보장 부담을 촉발한다. 따라서 인구학적 접근과 경제·사회·문화적 접근이 통합적으로 이뤄져야 한다.

단기 전략

단기적 인구 전략은 출산력을 회복해 안정인구를 유지할 수 있는 수준의 합계출산율(인구 대체 수준)을 지속시키는 것이다. 한국 사회가 존속하는 한(또는 미래에 로봇 등 기술이 발전하더라도) 필요한 노동력을 항시적으로 유지하기 위해서는 적정 수준의 출산율을 유지해야 한다. 관련 연구들은 적정인구를 유지하기 위해 2045년까지 합계출산율을 1.8명으로 회복시켜야 하며, 인구 감소와 고령화를 방지하기 위해서는 합계출산율을 2.1명으로까지 높여야 한다고 강조한다.[115] 그러나 합계출산율이 단기간에 급격하게 높아진 사례는 세계적으로 거의 찾아볼 수 없다. 따라서 이 전략은 지금부터 본격적으로 시행해야 하는 단기 전략이자 장기적으로 일정한 목표 출산율에 도달하려는 중장기적 관점도 내포하고 있다.

중기 전략

중기적 관점에서는 유휴 잠재 인력인 여성과 고령자의 고용률을 높여야 한다. 한국의 여성 고용률(15~64세)은 2019년 기준 57.8%로, '30-50 클럽(1인당 국민소득 3만 달러, 인구 5,000만 명 이상)' 7개국(미국, 일본, 독일, 프랑스, 영국, 이탈리아, 한국) 가운데 6위였다. 여성의 유휴 잠재 인력을 활용하는 것은 노동력 부족 문제에 대응하는 전략으로서 매우 중요한 의미를 지닌다. 여성 고용률이 높은 선진국의 경우 출산율과 여성 고용률 간에 양의 상관관계가 나타나는 것으로 조사된 바 있다. 여성의 경제활동 참여를 진작하기 위한 정책적 노력은 출산율 회복에도 효과를 거둘 수 있을 것이다.

또 다른 전략은 고령자가 보다 오랫동안 노동시장에서 활동할 수 있도록 하는 방안이다. 대규모의 베이비붐 세대(1차: 1955~1963년생, 2차: 1974년생까지 포함)는 학력, 직무 능력, 건강 등의 측면에서 이전 세대보다 월등한 것으로 평가된다. 상당수가 노동시장에 남아 있는 가운데 청년 세대의 실업 상황과 맞물리면서 문제가 발생하고 있으나, 이 베이비붐 세대가 일을 그만두기 시작하면 노동력이 급격하게 줄어든다. 따라서 경제활동 의지가 높은 고령자 세대를 노동시장에 더 오래 남아 있도록 하는 전략이 유효할 수 있다. 고령자들이 사회보장 부담을 가중하지 않고 대신에 노동 활동을 계속 유지함으로써 노동력 부족을 완화할 뿐 아니라, 세금과 보험료를 내고 개인적으로는 육체적·정신적 건강을 유지할 수 있다는 점에서 매우 중요한 의미를 지닌다.

장기 전략

보다 장기적 관점에서 저출산 현상으로 인한 노동력 부족에 대응하기 위한 인구 전략으로 이민정책을 들 수 있다. 이 전략은 이민자 유입의 사회문화적 파급효과를 고려하면서 다른 조건들과 결부해 채택 여부를 신중하게 결정해야 한다. 중소기업의 인력난을 고려하면 지금부터라도 (이미 과거부터 산업연수제, 고용허가제 등을 통해 단기적으로 유입된 바 있는) '외국인 근로자 유입'을 추진할 필요가 있다. 그러나 이민자 유입 정책은 당장 필요한 현실적 문제라기보다 출산율 회복 수준과 국내 유휴 잠재 인력 활용도 등의 상황을 면밀하게 관찰하면서 결정해야 할 일이다.

장기적으로 고려해야 할 또 다른 사안은 통일 시대의 인구 예측과 전략이다. 통일로 가는 과정에서 시기별·단계별로 가능한 모든 시나리오에 따른 인구 전략을 지금부터 논의할 필요가 있다. 또 한국 사회를 구성하고 있는 '인구의 질'에 대한 관심도 병행해야 한다. 인구의 질은 인구의 규모 못지않게 한 나라의 국가경쟁력을 결정하는 중요한 요소다.

한편 새로운 가족공동체를 받아들이는 사회적 공감대 형성도 고려해 볼 사안이다. 1.5명까지 감소했던 합계출산율을 2018년 1.9명까지 끌어올린 프랑스가 대표적 사례다. 프랑스는 '결혼'이라는 법적인 전통적 가족제도를 넘어 이성·동성 커플이 자유롭게 동거하고 아이를 기를 수 있는 팍스PACs(시민연대계약)를 도입했다. 또 임산부 지원 제도에서 결혼 여부로 차별을 두지 않는다. 국내에서도 가족 형태가 다양해지고 있다. 법적 혼인으로 이루어진 가족을 넘어 새로운 가족공동체를 인정하고, 다양한 육아 정책을 제공하는 것이 미래를 대비하는 장기적 관점에서 고민해야 할 이슈들이다.

실행 방안

앞서 살펴본 단계별 인구 전략을 실현하기 위해서는 구체적인 실행 방안이 뒤따라야 한다. 무엇보다 적정인구 또는 안정인구를 유지할 수 있는 수준까지 출산율을 높이기 위해서는 지금부터 적극적 투자(예산 투입)가 이뤄져야 한다. 출산율 제고를 위한 재정 부담은 복지 비용이 아니라 미래를 위한 투자로 인식해야 한다.

출산은 가정이, 보육은 국가가

- 지자체 중심의 공동체 돌봄 정책 설계(돌봄 서비스 지역화 등)
- 보육시설이 부족한 지역을 파악해 보완하고, 보육의 실질적 품질 제고
- 결혼·출산을 저해하는 만혼 현상의 사회환경적 문제 대폭 개선(고용, 주택 문제 등)
- 결혼과 연계한 청년층 대상 양질의 주거안정 지원 정책 확대 및 현실화(장기 임대주택 등)
- 자녀 양육 관련 공공서비스 이용 무료화 또는 최소화
- 다자녀가정을 우대하는 다양한 아동수당 지급 방식 설계
- 다자녀 기준을 3자녀 이상에서 2자녀로 완화
- 난임 시술 지원 및 산모와 신생아에 대한 건강관리 지원
- 고용보험 미적용 취업 여성에게 출산지원금 지급 및 기간제 노동자에게 유급 출산휴가 보장
- 가계 양육 부담을 완화하기 위한 출산 친화적 세금구조 마련
- 양질의 유아교육을 제공하기 위한 관리·감독 개선으로 유치원 공공성 강화
- 아동보호 체계 재편 등 아동학대 대응 및 예방 체계 강화[116]
- 한부모가정, 미혼모·미혼부 가정에 대한 보육 및 육아 지원 확대
- 다문화가정 대상 출산·육아 정보 접근성 제고

일-가정 양립, 일-생활 균형 지원책

- 정책 대상자인 부모를 위한 맞춤 지원 정책 설계
- 유연근무제 등 비정형 근로 형태 활성화로 일·가정 양립이 가능한

환경 조성

- 결혼, 출산 및 양육을 통해 삶의 질을 높이는 고용 문화 조성
- 보육 지원 체계와 일-가정 양립 제도 간 연계 강화(정규 시간 외 아동 보육 서비스, 긴급 돌봄 서비스 등)
- 주 52시간 근무제가 기혼 남녀의 출산 의도에 긍정적 영향을 미친다는 연구 보고[117] 등을 참조해 근무 방식 다양화
- 정규 교육과정 내 일-가정 양립 프로그램을 통한 사회적 인식 변화 및 공감대 형성
- 휴직급여 인상 등으로 여성 육아휴직뿐 아니라 남성 육아휴직 제도의 정상화 노력
- 가족 친화적 조직문화 안착을 위한 기업 내 애로 사항 해소 및 인센티브 강화(육아휴직 사용 확대를 위한 보조금, 법인세 감면 등)
- 임신 기간 중 근로시간 단축, 임신 중 육아휴직 허용, 출산휴가 급여 현실화

포용적 가족문화 조성[118]

- 가족 내 평등한 관계를 확립하기 위해 가족제도와 관련한 불합리한 법제 개선
- 미혼모·미혼부의 일상 속 차별 개선, 비혼·동거 가족에 대한 사회적 차별 해소 및 인식 개선
- 가족평등지수 개발, 친·외가의 경조사 휴가 평등 보장 등 가족문화 개선

경력 단절 여성에 대한 방안

- 일·가정 양립 제도의 강화로 유자녀 여성 인력의 비자발적 이탈 방지
- 경력 단절 여성의 재취업을 위한 직무역량 강화 교육 실시
- 경력 단절 여성이 노동시장에 재진입할 경우 개인의 업무역량을 발휘할 수 있는 다양한 일자리 기회 제공(시간제, 프리랜서 등 다양한 근무 형태)
- 고용주보다 국가 중심의 지원 제도 정비
- 시간제 차별 해소 및 남녀동등 처우 보장을 위한 법제 정비

국내 유휴 인력 활용 극대화

- 여성과 고령자의 노동시장 진출을 돕는 사회문화 조성
- 기간제와 통상 근로자 전환 제도, 안정된 상용직 시간제 일자리 활성화를 위한 법제 마련
- 고령 인력 확대를 위해 기업의 연공서열 체계를 성과 중심으로 개선
- 노동력이 부족한 산업을 발굴해 관련 산업 잠재 인력과 매칭
- 세대 간 공생 발전 여건 조성
- 시간제 근로 전환 지원 등 점진적 퇴직 제도 활성화
- 퇴직(예정) 근로자에 대한 전직 교육 및 공공 전직 지원 서비스 활성화
- 개별 경력을 고려한 직업훈련, 재교육, 사회 기여 및 재능 나눔 활성화

해외 교민을 포함한 외국인 인력 활용

- 미래의 노동력 부족량에 연동해 방문 취업 체류기간 연장
- 외국인 인력 활용은 필요 인력 충원과 우수 인재 유치라는 이중적 차원에서 접근 필요
- 일원화된 외국인 인력 도입 체계 구축
- 외국인 정주를 위한 사회 인프라 개선

사회 운용 패러다임의
전환이 필요한 초고령사회

━━━━━━━━━ 대한민국이 늙어가고 있다. 우리나라의 65세 이상 고령인구는 2008년 500만 명을 돌파한 후 2017년 707만 명, 2018년 738만 명, 2019년 768만 5,000명을 기록했다. 고령인구 구성비는 전체 인구 대비 2015년 13.2%에서 2019년 14.9%, 2025년 20.3%, 2051년 40%, 2067년에는 46.5%에 달할 전망이다.

우리나라의 고령화는 세계에서 유례없이 빠른 속도로 진행되고 있다. 다른 국가의 추세를 보면 미국의 경우 고령화사회(전체 인구 대비 노인 인구 비율 7% 수준)에서 고령사회(노인 인구 비율 14% 수준)가 되기까지 73년이 걸렸고, 초고령화사회(노인 인구 비율 20% 수준)에 진입하는 데 21년이 소요되었다. 대표적 고령국가인 일본의 경우 고령화사회에서 고령사회로 전환하는 데 24년, 초고령화사회로 진입하는 데는 12년이 소요되었다. 반면 우리나라는 고령화사회에서 고령사회로 진입하기까지 17년이 걸려 세계 최고 속도의 고령화 현상을 나타내고 있다.

고령화사회의 현황과 의미

고령화는 생활 전반에 큰 파급효과를 가져오는 현상으로서 사회 운용 패러다임의 대전환을 요구한다. 한국의 인구 고령화가 세계의 다른 나라들과 같이 100여 년에 걸쳐 서서히 진행된다면 사회는 변화한 인구 구조에 맞춰 서서히 적응하고 변모할 것이다. 그러나 한국의 고령화 속도는 지나치게 빠르다. 한국은 OECD 회원국 중 노인 빈곤율 1위, 노인 자살률 1위를 기록하고 있다. 노인의 삶의 질은 OECD 평균에도 미치지 못한다. 이러한 현상들은 인구 고령화라는 새로운 패러다임 전환에 대비하지 못해 나타난 필연적 결과다.

일부 전문가들은 한국의 2050년 노인 인구 비율이 38%에 가까우며, 세계 최고령 국가가 될 전망이므로 앞으로 더 많은 문제가 등장할 것이라고 경고한다. 고령화사회는 우선 생산가능인구의 감소로 성장잠재력을 떨어뜨린다. 노인 의료비·복지비·연금 등 공적 부담의 증가, 세입 기반의 약화 등으로 재정적 부담도 커질 수 있다. 또한 국민연금·건강보험 등 주요 제도의 지속가능성에 위협을 가하고, 세대 간 갈등을 악화시키는 원인이 될 것이다.

성공적 고령사회 대응을 위한 전략

고령사회란 인구의 상당 비중이 65세 이상인 사람들이 사는 사회를 말하는데, 우리나라는 지금까지 너무 '고령자' 개개인이 갖는 삶의 애로 사항에만 집중하는 경향이 있었다. 고령사회 대응 방향은 크게 두 가지다. 첫째, 사회의 전환 과정에서 생기는 문제에 대응해야 한다. 고령 인구의 증가로 발생하는 사회적 문제에 대한 대응이 필요하다는 의미다. 노동인구의 감소로 인한 생산성 저하나 연령주의로 인한 고령자 배제 등의 문제가 예상된다. 둘째, 사회 변화 과정에서 고령자의 삶의 질이 저하되지 않도록 대응해야 한다.[119] 생산 시스템의 변화에 적응하지 못하는 저소득 고령자의 빈곤, 디지털 사회에서의 사회 활동 능력 저하, 전통적 가족 붕괴로 인한 돌봄의 약화, 독거 고령자의 안전사고 위험 등이다.

이 두 가지 방향에서 다각적 대안들이 실효를 거둔다면 고령사회에서 노인이 직면하는 '노후 4고苦(빈곤, 질병, 고독, 무위)'와 같은 문제를 시의 적절하게 해결할 수 있을 것이다. 고령화에 따른 사회구조 개선이 잘 이뤄져 새로운 기회와 발전적 가치를 발견할 수도 있다. 고령화로 삶의 화두도 양적 차원에서 질적 차원으로 이동할 것으로 보인다. 고령화사회에는 축적을 중시하는 양적인 삶보다 건강, 여가, 배움 등 질적인 삶에 주목하는 분위기가 확산될 전망이다. 노년 대비가 잘되었을 경우 노인들이 소비 주체로 등장할 수도 있다. 고령사회형 신규 일자리도 만들어질 전망이다. 실버문화 콘텐츠 개발자, 노후설계 상담사 등 지금까지 주목받지 않았던 새로운 형태의 직업이 그러한 예다.

단기적 대응 전략

단기적 차원에서는 노후소득과 고용 확충에 주력해야 한다. 노인 자살의 원인 가운데 가장 큰 부분이 경제적 어려움이다. 경제적 안정이 선결되지 않는다면 노후 생활을 윤택하게 만들기 위한 다른 노력은 무용지물이다. 노후의 경제 상황을 개선하기 위해서는 세 가지 차원의 노력이 필요하다. 첫 번째로 안정된 공적 노후소득 보장 체계를 구축해야 하고, 두 번째로 연금 수급 이전까지 안정된 경제활동을 보장할 수 있도록 중고령자 고용 관련 제도를 정비해야 한다. 세 번째로는 개인 차원에서 노후를 대비할 수 있도록 노후 준비 제도를 활성화해야 한다.

우리나라의 공적 노후소득 보장 제도인 국민연금제도의 소득대체율은 2018년 39.3%인데, 이는 OECD 평균(47.3%)보다 낮은 수준이다. 2016년을 기준으로 보았을 때 우리나라 국민연금의 소득대체율은 복지국가로 알려진 스웨덴(36.6%)보다 높은 수준이다. 하지만 이 국가들도 한때는 연금 소득대체율이 80~90%에 달했으며, 소득을 비롯한 제반 복지 여건이 튼튼하게 갖춰진 상황에서 연금개혁을 통해 소득대체율을 낮춘 것이다. 아직도 다수의 유럽 국가가 안정된 고령사회를 유지하기 위해 연금의 높은 소득대체율 수준을 유지하고 있다(프랑스 60.5%, 핀란드 56.6%).

우리나라는 2008년 기초노령연금 도입을 비롯해 퇴직연금·개인연금·주택연금·농지연금 등 다양한 노후 대비 수단을 마련해왔으나, 포괄하는 대상층이 낮아 안정적인 노후소득 보장 제도로 기능하는 데는 한계가 있다. 또 정부는 60세 정년을 법제화했으나, 법정 정년제가 제대로 이행된다고 하더라도 국민연금 수급 시기와 정년 사이에 여전히 괴리가 있어 소득 공백기가 존재한다. 따라서 중고령자들이 퇴직에 가까워진 나이에 더 안정적으로 경제활동을 할 수 있게 만드는 제도적 장치가 필요하다.

중기적 대응 전략

중기적 차원에서는 '복지'에서 '시장'으로 무게중심을 이동해야 한다. 고령화를 부담이 아닌 기회로 활용하는 것이다. 복지만으로는 한계가 있으므로 고령화를 적극적인 성장동력으로 전환할 필요가 있다. 이를 통해, 경제력을 갖춘 노인 세대가 고령자 적합형 주택시장, 금융시장 그리고 여행상품 및 여가 관련 시장 등에서 적극 소비하는 문화를 진작시킬 수 있기 때문이다.

복지 차원에서는 그동안 확립한 복지정책을 정비하는 작업이 중기 과제로 진행되어야 한다. 2000년대 중반 이후 노인과 관련된 복지정책과 인프라는 빠른 속도로 확대되어왔는데, 이처럼 급속한 팽창은 필연적으로 역할과 기능 측면에서 중첩되거나 사각지대를 발생시킨다. 따라서 노인복지 분야의 공공 인프라 기능과 역할을 종합해 재편성하는 체계 개편 작업을 진행해야 한다. 예를 들어 스웨덴의 경우 우리나라의 청년 주택과 유사한 방식으로 노인 주택을 제공하고 있다. 새로 짓거나 빈집을 구입해 노인이 거주하기 알맞은 형태로 제공하는 방식이다. 자녀나 재산과 무관하게 개인 단위로 노인복지를 디자인해 누구나 적정 비용으로 이용할 수 있도록 한 방식을 참고할 필요가 있다.

장기적 대응 전략

장기적 차원에서는 근본적 사회 시스템의 조정과 변화가 필요하다. 여기에 해당하는 대표적 영역이 교육이다. 의무교육 기간이 과연 고령사회 생애주기에 적합한 교육 시스템인지 재검토와 조정이 필요하다. 또 다른 영역은 대안적 가족공동체에 대한 고민이다. 가구의 형태는 산업화를 거치면서 대가족에서 핵가족으로 변해왔는데, 고령사회의 도래와 함께 찾아온 새로운 가구 형태는 1인 가구다. 특히 수명이 길어지면서 노인 부부 단독가구 가운데 사별 등의 이유로 노인 1인 가구는 더욱 증가할 것으로 예측된다. 기존의 혈연 중심 가족관계를 대체할 수 있는 대안적 형태의 가족공동체에 대한 진지한 고민이 필요하다. 핀란드는 일종의 노인 공동체인 코티사타마Kotisatama 장려 정책을 펼치고 있다. 이는 복지비용을 절감하고 지속 가능한 노인보호 대책이 가능하다는 점에서 높이 평가되고 있다. 또 프랑스에는 큰 집에 홀로 사는 노인과 다른 가족을 연결해주는 기관이 존재한다. 이에 따라 홀로 사는 노인과 다른 가족이 한 공간에서 새로운 공동체를 이루며 살아간다.

초고령사회에서 노인은 더 이상 소수 집단이 될 수 없다. 따라서 고령사회에 적응해가는 과정에서는 노인과 고령화에 특화된 대책이 필요하지만, 장기적 관점에서는 나이와 관계없이 지속 가능한 사회적 환경을 조성할 수 있는 구상을 마련해야 한다.

단기적 실행 방안

- 노령 근로자에 대한 재취업, 직업훈련 지원 등 노후의 경제적 안정화에 초점
- 현금의 흐름을 개선할 수 있도록 주택·농지연금 활성화
- 1인 1국민연금 체제 확립
- 기초연금의 내실화를 비롯해 국민연금 소득대체율과 연금보험료 상향 조정 논의 필요

- 공적연금 이외에 다양한 노후 준비를 위한 금융상품 개발
- 정년과 연금 수급 나이를 일치시키기 위해 정년 제도의 실효성 제고
- 국민연금공단 행복노후준비지원센터 등 개인이 대비할 수 있는 노후 준비 지원 인프라 확충
- 고령자의 질병 조기 발견 및 예방을 위한 일반 건강검진 주기 단축 검토
- 장기요양보험 도입 및 대상자 확대
- 노인 질병의 특성을 고려한 건강보험의 보장성 강화

중기적 실행 방안

- 노인 서비스 시장 육성을 위해 정부 차원의 실버산업 지원 체계 강화
- 기술 활용을 통한 지역사회 내 노인복지 전달 체계 개선 및 맞춤형 서비스 확대
- 고령자 대상의 의료 인프라 및 노인 전문 병원 등 의료 체계 확충
- 노인 주택, 방문 도우미 서비스 등 노인 지원 프로그램 마련
- 노인 커뮤니티 활성화를 위해 사회활동 장려 및 세대 간 이해 증진

장기적 실행 방안

- 민관 협력을 통해 고령화 연구센터 구축, 초고령사회에 대비한 연구 및 정책 개발
- 초고령사회에 부합하도록 생애 전체를 고려한 교육 시스템 재구조화
- 가족을 대체하는 공적지원 체계 구축 및 1인 가구를 위한 각종 법·제도 정비

- 실버 협동주택 등 비혈연 가구끼리 모여 사는 공동체 지원 정책 강구
- 고령자 고용안정법 등 관련 법안 마련

뉴노멀 시대의
미래세대 전략

━━━━━━ 2008년 글로벌 금융위기 이후 지속된 저성장은
뉴노멀이라는 얘기가 나왔다. 고성장의 시대가 올드 노멀Old Normal이
되고 새로운 질서가 등장했다는 의미다. 여기에 덧붙여 코로나19가 가
져온 위기는 보건의료만의 문제가 아니라 사회 전반적 시스템을 다시
바꾸고 있다. 위드 코로나라는 키워드로 변화에 대응하는 지금이야말로
미래세대 전략을 다시 검토·수립할 수 있는 시점이다.

미래세대를 고려하지 않는 나라는 미래가 없다. 미래세대란 현세대의
결정과 행동의 영향을 직접적으로 받으면서도 아직 미성년이거나 태
어나지 않았기에 자신의 목소리를 현실 정치에 반영할 수 없는 세대를
말한다. 이는 곧 현세대의 의사결정은 미래세대까지 포함한 장기적 관
점에서 이뤄져야 한다는 것을 의미하지만, 미래세대를 향한 관심과 투
자는 매우 미흡하다. 장기적 추세일 뿐 아니라 그 속도가 다른 어느 국

가보다도 빠른 저출산과 고령화 문제 그리고 자원 활용과 환경정책 등은 미래세대에게 막대한 영향을 끼칠 것이다. 4차 산업혁명이나 코로나19에 대한 사회적 수용 방식은 어떤 측면에서는 현세대보다 변화의 정점을 살아갈 미래세대의 일일 것이다. 따라서 미래에 영향을 미칠 수 있는 이슈의 경우 미래세대를 고려하는 정책이 동반되어야 한다.

코로나 세대, 희망이 사라지는 시대

경기침체에 따른 고용 절벽에 코로나19 여파까지 겹쳐 구직난을 겪는 코로나 세대의 삶은 더욱 힘겨워졌다. 2020년 상반기만 봐도 취업자 수는 연속해 감소했고, 일할 능력이 있지만 특별한 이유 없이 '쉬었다'라고 응답한 비율은 전년도보다 16.5% 증가했다. 특히 20대에서 32.8% 증가했다.[120] 얼어붙은 고용시장의 타격을 코로나 세대가 고스란히 받은 셈이다.

사실 코로나19 이전부터 젊은이들 사이에는 미래를 비관적으로 보는 분위기가 만연해 있었다. 'N포세대', '흙수저' 등의 신조어는 이미 그러한 삶을 자조적으로 표현하는 밈meme으로 통용되고 있으며, '헬조선'이나 '이번 생은 망했다'라는 뜻의 '이생망'이란 말까지 떠돌았다. 여기에 코로나19 사태로 기업들의 신규 채용이 축소되면서 청년 실업률은 10%를 넘어섰고, 실물경제 위축에 따라 파트타임 일자리마저 구하기 어려운 상황이 되었다. 직장인도 무급휴직 등으로 생활고를 겪는 일이 늘었다. 결혼 기피, 저출산 등 여러 가지 국가적 의제들이 이러한 현상과 직결되어 있다. 현재 대한민국이 직면하고 있는 가장 큰 과제는 어떻게 하면 청년들에게 희망을 불어넣느냐는 것이다.

현세대와 미래세대 간 형평성 문제

어쩌면 지금의 사회는 미래세대에 대해 무지하고 무관심하다. 무지와 무관심은 현재의 정치·제도·구조적 한계에서 비롯된다. 우리나라를 포함한 거의 모든 국가의 제도는 현세대의 요구에 우선 대응하도록 구조화되어 있다. 다만 환경오염으로 인한 생태계 파괴, 기후변화, 자원 고갈 등의 폐해를 미래세대가 떠안아야 한다는 데 대한 경각심이 미미하게나마 미래세대에 대한 관심의 배경이 되고 있다. 최근에는 저출산, 고령화, 복지 확대에 따른 재정 건전성 문제 그리고 코로나19로 인한 국가채무 등이 뜨거운 현안이 되면서 미래에 대한 우려를 낳고 있다.

환경 및 자원 보전과 미래세대

환경 및 자원 보전과 관련한 논의는 미래세대의 '환경권'과 직결된다. 지구의 환경과 자원은 현세대의 전유물이 아니다. 미래세대도 오염되지 않은 환경과 천연자원의 혜택을 누리고 살 권리가 있다. 현세대가 지금 수준의 자원 소비를 지속한다면 자원은 고갈될 수밖에 없으며, 환경오염이나 생태계 파괴 문제 또한 피할 수 없게 된다. 또 기후는 계속 불안정해지고 있으며, 기후변화에서 비롯한 자연 재해도 증가하고 있다. 코로나19 사태에서 확인한 것처럼 환경 파괴는 신종 감염병 발생으로 이어지며, 앞으로 이것이 일상화될 것이라는 전망도 많다.

연금과 재정 측면에서의 세대 간 분배 문제

세대 간 자원분배의 불균형을 초래하는 대표적인 것이 현행 연금제도다. 세대 간 부양의 원리를 기반으로 하는 현행 공적연금 제도는 인구구조의 변화에 매우 민감하다. 고령화가 진전되면 연금 지출은 늘어나지만, 출산율 저하와 경제활동인구의 감소로 연금 재원은 오히려 부족해지기 때문이다. 이는 오롯이 미래세대의 부담이다. 공무원·사학·군인·국민 등의 연금제도가 현재와 같은 방식으로 계속 운영된다면 연금이 재정위기를 맞을 수밖에 없다. 2018년 보건복지부는 '국민연금제도 개편 방안'을 발표한 바 있으나, 그 이후 방안 채택 등의 논의는 지지부진한 상황이다. 국민연금 고갈을 막기 위한 국민연금 개편안은 20대 국회에서 처리되지 못했고, 2020년 총선에서도 화두가 되지 못했다. 국회예산정책처가 2020년 9월에 발표한 자료에 따르면 국민연금은 현행 제도를 유지할 경우 2039년에 적자로 전환되고, 2055년에는 적립 기금이 소진될 것으로 예상하고 있다.

한편 복지 수요는 고령화의 진전과 사회적 양극화의 심화로 계속 증가할 전망이다. 현행 복지제도를 유지하기만 해도 2050년에는 복지 지출이 GDP의 15%를 넘어설 것으로 보인다. 현세대를 위한 복지 확대는 곧 미래세대의 복지를 잠식하는 결과로 이어질 수 있다. 반면 청·장년층의 고령층 부양 부담은 급격히 늘어날 수밖에 없다. 2019년 노년부양비는 약 20.4명이나 2067년에는 102.4명에 이를 것으로 예측된다.[121] 2067년 대만의 예상치 77.4명과 일본의 예상치 75.5명을 넘어선다.

미래세대를 위한 전략

정부 살림살이를 파악할 수 있는 국가재정(관리재정수지) 적자가 만성적으로 고착화하고 있고, 2020년에는 코로나19 사태로 더욱 심화되었다. 코로나19의 영향으로 재정 지출을 늘린 결과 국가채무도 역대 최대인 800조 713억 원(2020년 9월 기준)으로 늘었다. 국가의 빚은 미래세대에게 막중한 부담으로 작용하겠지만, 당분간은 확장적 재정정책이 지속될 가능성이 크다. 국가부채에 대한 경각심을 가지고 미래세대를 배려하는 전략을 추진해야 한다.

정책적 제안 사례

세대 간 형평성 문제를 다루는 문헌들에는 다양한 개혁적 제안이 있다. 헌법 개정부터 입법부 내 위원회, 독립적 행정기관, 정책 의제 설정부터 평가에 이르기까지 정책 사이클의 모든 단계를 다루고 있다. 그뿐 아니라 국내외와 지방의 개혁 사항까지 공공정책의 모든 단계를 취급하고 있으며, 민간 영역과 비영리 부문까지 포괄한다. 2020년 1월 공직선거법에서 투표권 인정 연령을 19세에서 18세로 낮춘 것도 미래세대의 권익을 보호하는 데 목적을 둔 것이다.[122]

〈표 14〉에서 보는 바와 같이 미래세대의 권익 보호와 관련해 기존에 제시된 여러 해결책을 분석해보면 중요도나 복합성의 스펙트럼이 매우 넓다. 개별 국가의 법 규정, 정부 조직, 정당 간 경쟁구조, 이념적 양극화 수준, 사회적 신뢰와 호혜성 수준, 정책 프로그램의 특성, 정책 해결책과 연관된 보상구조 등이 복합적으로 작용하기 때문이다.

| 표 14 | 미래세대의 권익 보호를 위한 해결책

1. 미래세대를 위한 글로벌 거버넌스 조직 개혁

2. 미래세대의 권익 보호를 위한 법 조항 마련

3. 미래에 영향을 끼칠 중요한 의사결정은 선출직이 아닌 독립적인 기관에 양도

4. 선거제도 및 투표권 개혁

5. 행정 및 입법 기관의 설계 변경

6. 미래 예측 메커니즘과 계획 프로세스 강화

7. 장기적 사안에 초점을 둔 새로운 전략과 계획 수립을 위한 연구 및 자문기관 설치

8. 미래세대 보호와 책임을 담당하는 새로운 기구 창설

9. 절차 및 실질적 부문에서 의사결정자들을 제한하기 위한 새로운 규칙 도입

10. 예산 및 성과 관리 기구의 책임성 강화

11. 미래 준비 및 영향 지수 개발

12. 시민사회 역량 강화

미래세대를 위한 정책 설계의 원칙

미래세대의 권익을 보호하고 세대 간 형평성을 높이려면 복합적 사고가 필요하다. 미래세대를 위한 정책과 제도들은 무엇보다 실행할 수 있고, 효과가 있어야 하며, 한국의 상황에 부합해야 한다. 정책 설계의 원칙으로 실행 가능성, 정책적 효과성, 한국적 적실성 세 가지를 염두에 둘 필요가 있다.

전략적 실행 환경 제공

• 정책결정자들이 단기 이익을 넘어 중장기 미래에 관심을 갖도록 인

센티브 제공

- 정책결정자들이 더 나은 의사결정을 할 수 있도록 데이터·분석 방법·절차 등 제공
- 입법·정책에 대한 영향 평가 시스템을 구축해 중장기 효과성 평가 및 부작용 최소화

제도적 장치를 통한 실행 방안

- 정부 예산 편성 시 미래세대에게 미칠 영향을 분석하는 '미래세대 인지 예산제' 추진
- 국가정책 의사결정에 미래세대 대리인, 청년 참여 비율 확보
- 미래세대 정책을 수립하도록 적절한 정치적 보상 구조 마련
- 미래세대를 위한 정책 입안 시 가산점 부여 등 공무원 평가 제도 개편
- 미래세대를 위한 의정 활동을 수행하는 의원에게 특별한 보상 제도 마련
- 협력적인 거버넌스를 통해 특정 정책에 대한 초당적 지지와 사회적 합의 모색
- 정부 정책이 미래세대의 권리를 침해하지 않는지 평가하는 독립된 미래세대 기구 구성
- 국민이 참여해 다양한 미래세대 문제를 논의할 수 있는 디지털 공공 플랫폼 구축

미래세대에게 희망 불어넣기

- 교육 사다리 회복: 공교육 정상화, 교육의 다양성 확보, 에듀테크를 기반으로 하는 맞춤형 학습, 정보통신기술을 활용한 교육 환경 개

선, 교사의 학습법 개선 등
- 사업 사다리 회복: 기술과 아이디어로 사업을 펼치고 성공할 수 있는 시스템 구축. 새로운 기술을 기반으로 도전적 창업을 할 수 있는 오픈형 창업 제도 활성화
- 신뢰 사다리 회복: 노력한 만큼 보상받을 수 있다는 사회적 신뢰 회복 프로세스 구축
- 청년 사회안전망 강화: 청년 주택정책, 취업 지원 등

미래 예측을 통한 사회문화적 변화 대응
- 트랜스휴먼의 등장 가능성을 포함해 기술이 바꿔놓을 미래 사회와 문화에 대한 예측과 준비
- 디지털 네트워크가 정당의 역할을 대신하는 정치체제의 가능성을 고려해 온라인 정치 시스템에 대한 이해와 준비 필요
- 기술의 지속적 발전이 삶의 질 향상에 기여하도록 하는 정책 기준 마련

미래세대를 위한 법률적 보호
- 현행 헌법에는 미래세대에 대해 구체적으로 언급한 내용이 없음. 다만 전문에서 "우리들의 자손의 안전과 자유와 행복을 영원히 확보할 것을 다짐하면서"라는 내용을 규정함
- 차후 법 개정의 경우 미래세대의 보호가 필요한 개별 분야에서 그 내용을 언급하는 것이 필요
- 독일의 경우 기본법에 대한 제22차 개정안에 "국가는 미래세대에 대한 책임을 지면서…"라고 명시함. 환경 분야에 치중한 내용이지

만, 독일 헌법상 최초로 미래세대라는 용어를 사용

- 우리나라에서도 독일의 사례를 참조해 미래세대에게 직결되는 국가의 채무 부담과 관련한 미래세대의 보호 문제 등을 법제화할 필요가 있음

국가 발전과
선순환하는 다문화사회

━━━━━━━ 오랫동안 정서적으로 동질적 구성을 유지해온 한국이 다문화사회로 변하고 있다. 변화의 직접적 원인은 이민자의 유입이다. 1980년대 후반 외국인 근로자 진입에서 시작된 이민자 유입은 1990년대 초에는 결혼이민으로, 2000년 무렵부터는 유학생으로 증가하는 모습을 보였다. 법무부에 따르면 국내 체류 외국인 수는 2007년 100만 명을 돌파했고, 2016년에는 200만 명을 넘어섰다. 2021년에는 300만 명을 넘어설 것으로 전망된다. 과거 한반도에 들어온 이민자는 대부분 중국과 일본에서 왔지만, 1980년대 말 이후 이민자의 출신국은 다양하다. 한국인과 결혼한 이민자들의 정착 또한 변화의 한 축을 이룬다. 최고 수준을 기록한 2005년의 경우 국내 전체 결혼 건수의 13.6%인 4만 2,356건이 국제결혼이었다. 이후 2016년(2만 591건)까지 하락세를 보이다가 2017년 2만 835건, 2018년 2만 2,698건, 2019년 2만

3,643건을 기록하며 다시 증가세로 돌아섰다.[123]

다른 문화권의 이민자를 수용한다는 것은 인구 보충이나 경제적 이해뿐만 아니라 문화의 도약을 위해서도 필요한 일이다. 체류 외국인 300만 명 시대를 앞둔 지금, 국민이 공감할 수 있으면서 국가 발전과 선순환하는 다문화사회 전략이 필요한 시점이다.

인구 고령화와 이민 수요

한국 사회가 당면한 저출산·고령화 문제에 따라 이민자 유입은 계속될 전망이다. 통계청 자료에 따르면 한국의 생산가능인구(15~64세)는 2017년 3,757만 명(73.2%)에서 2067년 1,784만 명, 총인구의 45.4% 수준으로 감소할 것으로 전망한다. 2019년 생산가능인구는 전체 인구에서 차지하는 비중이 72%에 그쳐 2008년 관련 통계를 집계한 이후 최저치를 기록했다. 반면 65세 이상 고령인구는 802만 6,915명을 기록해 처음으로 800만 명을 넘어섰다. 전체 인구보다 노동력이 먼저 감소하는 것이다.

인구 1,000명당 출생률 5.6%, 사망률 6.0%(2020년 3월 기준)를 고려할 때, 고령화 추세를 몇 년 안에 반전시키기는 매우 어렵다. 인구 고령화에 대응하고 인구구조 조정 시간을 벌기 위해 생산가능인구 중 여성과 이민자의 노동력을 수용하는 현실적 대안이 필요한 상황이다.

혼인적령 인구의 성비 불균형

국제결혼이 증가할 요인으로 향후 15년간 혼인적령기의 남녀 성비 (여자 100명당 남자의 수) 불균형 특성을 고려해볼 수 있다. 젊은 연령층으로 내려올수록 남성 인구 초과 현상이 나타나고 있는데, 국내 남녀 성비는 1984년생부터 1988년생까지는 105를, 1989년생부터 1999년생까지는 110을 넘는다. 혼인적령기로 볼 수 있는 25~34세로 한정해볼 때 5년 전에는 남성 인구가 여성 인구보다 약 19만 명을 초과했지만, 현재는 약 29만 명을 초과하며, 5년 후에는 약 38만 명을 초과할 것으로 예상된다. 이는 한국인 남성과 외국인 여성의 국제결혼이 늘어날 가능성을 시사한다.[124]

미래 이민정책의 방향

정부는 미래의 이민정책과 관련해 장기적 목표를 갖고 능동적 역할을 해야 한다. 이민정책을 통해 교육과 기술 수준이 높은 노동력을 다수 확보하고, 이민으로 인한 긍정적 효과를 극대화하는 동시에 부정적 효과를 최소화하기 위해서다. 외국인과 더불어 해외 거주 한인의 국내 유입을 고려해야 하며, 이 경우 국적법을 수정해 국내 이주를 활성화해야 한다. 우리나라보다 먼저 다문화사회를 경험한 선진국의 사례를 참조하는 것도 필요하다.

'나가는 이민' 정책

정부는 우선 '나가는 이민'의 중요성과 심각성을 인정하고 이를 적극적으로 관리해야 한다. 청년층과 전문 기술직 종사자의 해외 취업은 정주형 이민이나 가족 이민으로 발전할 가능성이 있다. 가족형 정주 이민으로 전환될 경우 인재를 잃어버리는 것은 물론, 인구 감소로 이어진다. 정부가 적극적으로 재외동포 정책을 추진하고 해외 인재와 기업가를 한국으로 유치하는 정책을 펴지 않는다면, '두뇌 유출'에서 '두뇌 순환'으로의 전환을 기대하기 어려울 것이다. 그러한 점에서 한국인의 해외 진출을 장려하되, 두뇌 유출을 방지하기 위한 다각적 정책도 병행해야 한다.

'들어오는 이민' 정책

'들어오는 이민'이 국내 사회와 경제에 미치는 효과를 고려해 이민정책을 정비해야 한다. 정책 논의의 초점을 이민자의 숙련도와 노동시장 상황 등을 고려해, 어느 분야에서 얼마만큼 어떤 방식으로 이민자를 받아들여야 하는지를 설정해야 한다. 저숙련 이주노동자와 전문 기술 인력 및 결혼이민자 등을 받아들이는 방식은 달라야 하며, 관련 정책에 대한 고민이 필요하다.

일반적으로 이민자 유입은 국내시장을 확대한다. 장기 거주하는 이민자들은 소비가 된다. 또 이민자들의 저임금으로 제품 공급이 증가하고, 그로 인해 제품 가격이 하락하면 내국인들은 낮은 가격으로 제품을 구매할 수 있게 된다. 그뿐 아니라 이민자 유입은 사회의 문화적 다양성을 고취하는 효과도 크다.

하지만 이민자의 노동생산성이 지나치게 낮아 노동생산성 수준이 전반적으로 낮아지거나 이민자에 대한 공적 이전지출이 급격히 늘어나면

이민자 유입에 따른 1인당 GDP의 상승효과는 기대할 수 없다. 이민자들은 보통 가족을 동반하므로 국가는 이민자 가족에게 복지 혜택을 제공해야 한다. 이민자도 은퇴하면 복지 혜택을 받아야 하므로 늘어난 기대수명을 고려할 때 정부는 이민자들이 경제활동을 하며 사회에 기여한 것보다 더 높은 비용을 사회보장비로 지출할 수도 있다. 더구나 현재 이민자들이 얻는 일자리가 대부분 저임금 직종이라는 점을 고려하면 이들의 기여도는 더욱 낮을 것이다. 이런 점에서 한국이 이민자 유입 효과를 극대화하기 위해서는 이주노동자와 같은 '교체 순환형'과 영구 정착이 가능한 '정주형' 이민정책을 병행해야 한다.

우수 인력을 확보하기 위한 이민정책

이민정책은 우수 인력을 확보하는 방안이기도 하다. 흔히 기업의 미래는 우수 인력 확보가 관건이라고 말한다. 국가도 마찬가지다. 내부 인력을 우수 인력으로 잘 길러내는 것 못지않게 외국에서 우수 인력을 유치해오는 방법도 필요하다.

이런 방법은 미국, 캐나다, 호주가 주로 활용하고 있다. 어차피 인력 부족을 해결하기 위해 이민을 받아들인다면 공부 잘하고, 성실하고, 머리 좋은 사람을 받아들인다는 전략이다.

일본은 2017년 '미래투자전략 2017'을 통해 2022년까지 2만 명의 우수 외국 인력을 활용한다는 정책을 제시했다. 일본 정부는 '인재 포인트' 제도를 통해 인력 상황(경력, 학력, 연봉 등)에 따라 출입국 관리상 우대 혜택을 제공하고, '인재 전문직' 제도를 통해 우수 전문직 외국 인력은 무제한으로 체류할 수 있게 하는 등의 우대 조치를 하고 있다.

싱가포르의 경우 외국인 우수 인력을 유치하는 고용주에게 각종 규제를 면제해준다. 또 최소 체류 기간을 채우면 영주권을 발급해주고, 일정 기간 거주하고 세금을 내면 연금도 지원한다.

우리나라도 국내의 산업적 필요에 맞게 인력을 유치하는 전략을 추진할 필요가 있다. 특히 최근에는 K-Pop의 유행과 코로나19 방역 모범국으로 언급되어 한국에 살기를 원하는 외국인이 적지 않다. 한국으로 유학오고, 대학 졸업 후에는 한국에 체류하기를 희망한다. 만약 한국 대학에서 이공계 박사 학위를 받는 유학생에게 비교적 쉽게 국적을 받아 정착할 수 있게 해준다면 선순환의 유학 이민 제도가 정착될 수 있을 것이다. 그 밖에도 다문화가정의 2세들에게 차별 없이 교육을 받을 수 있도록 제도적·사회적 분위기를 만들어간다면 더 많은 우수 인력을 길러낼 수 있을 것이다.

이민자 유입에 따른 지원과 대처

사회통합 정책을 통해 정주형 이민자가 성공적으로 정착하도록 지원해야 한다. 이민자들이 사회·경제·정치적 권리를 공정하게 누리고 의무를 이행할 수 있도록 시민권 제도부터 정비할 필요가 있다. 아울러 이민자가 유입되어 발생할 수 있는 부정적 측면을 예방해야 한다. 정주형 이민자는 내국인 노동자들의 임금 감소 및 실업, 주택, 취학 인구, 범죄, 문화와 공동체 해체, 복지 지출, 공공서비스, 공공 재정 등에 광범위하게 영향을 미친다. 이민자와 내국인 간의 갈등이 사회 문제가 되지 않도록 인종적 다양성을 문화적 다양성으로 승화시키고, 조화를 이루어야 한다.

그런가 하면 다문화가정 2세들이 그동안 학교 교실과 또래 사이에서 어려움을 겪은 데 이어 이제 군대에서도 갈등이 발생할 수 있는 상황이 되었다. 다문화 교육을 좀 더 체계화해야 한다는 의미다. 무엇보다 어릴 때부터 우리와 다른 문화도 우리 삶의 한 부분으로 받아들일 수 있는 감수성을 배양해야 한다. 미디어를 활용해 교육하는 것도 효과적일 수 있다. 미디어의 다문화 콘텐츠 모니터링과 비평을 통해 대안을 제시함으로써 다문화에 부적절한 내용을 규제하고, 좋은 프로그램이 많이 만들어질 수 있도록 유도해야 한다.

다문화사회의 통합

이질적인 문화를 가진 사람들이 상생하기 위해서는 이해와 관용의 정신으로 상대방을 존중하는 자세가 필요하다. 이민자에게 사회 적응은 힘든 경험이다. 새로운 언어와 문화, 관습을 이해해야 하기 때문이다. 정부는 이민자들이 한국 사회에서 생활하는 데 필요한 정보와 기술을 습득해 자국의 문화적 정체성을 유지하면서도 한국 사회에 적응할 수 있도록 지원해야 하며, 마찰과 갈등을 줄일 수 있도록 해야 한다. 이주민들의 출신 지역은 다양하다. 문화적·언어적 차이로 인한 어려움의 양상도 다르다. 다양한 출신의 다문화 아동을 모두 동질적인 집단으로 여겨 똑같은 교육 프로그램을 제공하는 식의 방법은 부작용을 일으킬 수 있다. 다문화 구성원을 위한 교육과 정책 지원은 다문화 속의 또 다른 다양성을 고려해 맞춤형으로 접근하는 것이 필요하다.

지방정부 차원의 다문화사회 지원

- 지역 내 다문화 가족, 외국인 주민, 지역민 간에 어울릴 수 있는 지

역공동체 사업 개발

- 다문화 감수성 교육 등 정서적 차원으로 접근하는 교육 프로그램 개발 및 확산
- 외국인 이주민들의 자발적인 문화 행사를 지원하는 프로그램 운영
- 외국인 이주민들의 관점에서 문화적 수요 파악
- 외국인 주민 대표가 '외국인주민대표자회의'를 통해 지방행정에 직접 참여하는 기회 부여
- 이주자 밀집 지역과 지역민 간의 소통을 도모할 수 있는 지역 특화 공동체 행사 활성화
- 외국인 이주노동자의 정착을 돕기 위한 주거 지원 체계 마련
- 외국인 이주민들의 초기 정착을 지원해주는 원스톱 행정 서비스 마련
- 외국인 이주민들을 위한 한국어 교육 및 문화 적응 프로그램 운영
- 우수 이민 인력이 장기 거주할 수 있도록 자녀교육 혜택 등 제공

다문화 수용에 걸맞은 기업문화 조성 및 외국인 노동자 인권 보호
- 외국인 근로자들의 전통문화와 관습을 존중하는 기업문화 조성
- 생산기능직 외국인 근로자 차별 대우와 인권침해 근절 방안 마련
- 외국인 근로자의 권리를 보호하고 신장할 수 있는 법·제도 보완 및 절차 간소화
- 법·제도 사각지대에 놓인 미등록 외국인 노동의 양성화 및 체류 지위 개선 작업

시민사회 차원의 상생 프로그램 활성화
- 인식 개선 교육 등을 통해 외국인에 대한 차별적 태도를 탈피하는

문화 조성

- 똑같은 시민으로서 '더불어 사는' 세계 시민의식 교육
- 언어 및 문화 교류 프로그램, 다문화 커뮤니티 활성화
- 영화 등 미디어 콘텐츠를 대상으로 차별적·편향적 인식에 대한 시민사회 차원의 감시 필요

국제결혼 이주여성과 다문화가정 자녀에 대한 관심과 지원

- 다문화가족지원법 내 지원 대상과 범위 개선
- 국제결혼 이주여성 실태 파악 및 인권 보호 장치 마련
- 국제결혼 이주여성의 성폭력 및 가정폭력 문제 해법 마련
- 아동기·청소년기의 다문화가정 학생들이 교육 기회를 폭넓게 보장받을 수 있는 정책 마련(아동기 기초학력 보장 교육, 중도 입국 자녀 대상의 언어교육 지원 등)
- 한국 국적을 가진 다문화가정 2세들이 학교와 사회에 적응해 안정적으로 성장할 수 있도록 다문화 특성에 맞춘 심리·정서 상담 및 진로 탐색 지원

외국인 근로자 취업 불가 업종에 대한 규제 샌드박스 제도 도입

- 외국인 근로자 고용 허가 업종 이외의 긴급 노동 수급을 위해 규제 샌드박스 도입 필요
- 선적용 후 실질적인 고용 영향을 파악하기 위해 상시 팔로업follow-up 체계 및 의견 수렴 창구 마련
- 단기 체류 외국인 노동자의 처우 개선, 고용주의 노동법 준수 여부 등 상시 관리·감독 필요

인간 중심의
기술혁명

━━━━━━━ AI로 상징되는 과학기술이 인간의 삶 전반을 변화시키고 있다. 여기에 전 세계를 공포로 몰아넣은 코로나19 사태는 기술 의존도를 더욱 높여가고 있다. 비대면의 사회문화가 확산되면서 인간과 인간의 만남이 아니라 인간과 기계의 만남이 늘어나고 있다. 기술의 진보와 발전이 막을 수 없는 변화의 흐름이라면 그 흐름의 중심에 인간이 서야 한다. 인간과 기술이 교감하고, 기술과 기계가 아닌 인간 중심으로 발전해야 한다.

과학기술의 가속적 발전은 사실 인류 역사에서 전대미문의 사건이었다. 과학기술의 발전은 인류를 빈곤에서 벗어나게 했고, 경제적 번영을 가져다주었다. 실제로 증기기관을 기반으로 일어난 1차 산업혁명과 20세기 초 전기를 기반으로 일어난 2차 산업혁명은 경제성장을 이룩하는 데 결정적 역할을 했다. 20세기 후반에 출현한 디지털 기술은 정보화 혁명, 즉 3차 산업혁명을 촉발했고, 최근 새로운 변곡점에 도달했다. 디지털 정보화로 일어난 3차 산업혁명은 4차 산업혁명으로 도약하고 있다. 여기서 중요한 것은 논의의 출발점과 종착점 모두 사람이 중심이 되어야 한다는 것이다.

낙원을 향한 기술혁명의 꿈

4차 산업혁명은 가상과 현실 세계가 상호 침투하는 가상 물리 시스템이 구축됨으로써 자동화·지능화된 생산체제가 산업과 사회의 구조를 급격히 혁신하는 과정이다. 정보화 기술은 4차 산업혁명을 주도하고 있는데, 인간과 인간의 소통을 돕는 기술 단계를 넘어섰다는 점에 주목해야 한다.

경제적 번영

정보통신기술은 이제 인간을 포함한 모든 사물에 스며들어 만물의 소통과 조작을 실현하는 사물인터넷에서 더 나아가 만물인터넷IoE, Internet of Everything 단계로 진입하고 있다. IoE는 사람, 기계, 설비, 물류, 제품 등 모든 것이 직접 정보를 교환하고 협력하는 지능형 디지털 네트워크 시스템이다.

이렇게 4차 산업혁명이 이끌어가는 미래에는 기계들이 지능화되고, 서로 정보를 주고받고, 스스로 소프트웨어를 업그레이드하면서 진화한다. 반면 기계를 지능화하는 데 필수적인 컴퓨터와 AI의 생산 비용은 빠르게 하락하고 있다. 이에 따라 기업은 지능화된 기계로 비용이 많이 드는 인간의 노동력을 대체하는 과정을 본격화하고 있다. 지능화된 기계의 전면적이고 급속한 도입은 생산 부문에만 머무르지 않는다. 경영관리에서도 딥디시전deep decision 방식으로 지능화된 AI를 도입하고 있다. 이 과정은 기존의 인간 조직이 의견 조율 과정에서 보여준 시간 지체 그리고 조직의 경직화나 관료화와 같은 문제를 극복할 것이다. 신속하고 합리적인 결정으로 운영의 오류가 줄고, 속도는 빨라질 것이다. 컴퓨터에 의해 경제 전반이 지능화되면 경제 전반에서도 거듭제곱의 속도로 발전이 일어나 경제적 풍요를 이룰 수 있을 것이다.

죽지 않는 인간, 포스트휴먼 시대

만약 4차 산업혁명이 계속된다면 인간의 시대를 넘어서는 포스트휴먼 시대가 열릴 수 있다고 전문가들은 전망한다. 포스트휴먼은 소위 트랜스휴머니스트라고 불리는 미래주의자들이 미래에 출현할 역사의 주인공으로 예견하는 새로운 존재자를 말한다. 이제 유전자 가위를 이용해 인간의 유전자를 원하는 형태로 편집할 수 있게 되었다. 배아복제 기술로 자신의 유전자를 그대로 가진 배아를 만드는 기술 또한 완성되었다. 현재 이러한 기술은 윤리와 규범의 제약을 받지만, 유전병을 자식에게 물려주지 않으려는 인간의 원초적 욕구는 기존의 윤리 규범과 충돌하게 될 것이고, 앞으로 많은 논란을 불러일으킬 것이다.

여러 가지 첨단기술이 융합해 급격한 기술 발전의 상승이 일어나는, 이른바 특이점에 도달했을 때 융합 기술로 탄생할 인간 이후의 존재자가 바로 포스트휴먼의 정체다.[125] 첨단기술로 증강된 인간 이후의 존재자가 출현하면 인간의 신체는 도태될 것이지만, 이는 꼭 불행한 사건만은 아니다. 질병과 죽음으로부터 해방될 수 있기 때문이다.

기술혁명, 누가 지휘하는가

혁명은 본래 인간이 원하는 방향으로 역사를 변혁하겠다는 역사 주체로서의 인간 선언이다. 인간이 역사를 미래로 지휘하는 새로운 단계라고 할 수 있다. 근대 이후 인간은 역사의 주인으로 나서는 혁명을 선언하기 시작했다. 그렇다면 4차 산업혁명도 그러한가? 만일 과학기술의 발전이 트랜스휴머니즘이 예고하는 방향으로 진행되고, 4차 산업혁명 역시 그 방향으로 추진된다면 혁명이 가져다줄 미래는 인간을 무기력한 존재로 만들지도 모른다.

인간이 할 일이 없는 미래

지금 진행되고 있는 AI혁명이 현재와 같은 방향으로 계속된다면 상당수의 인간이 일자리를 잃을 것이다. 물론 낙관적 전망도 있다. 기술혁명은 한편으로는 기존의 일자리를 파괴하지만, 다른 한편으로는 새로운 일자리를 창출할 것이라는 예측이다. 그러나 AI혁명은 이전의 혁명과 근본적으로 다른 점이 있다. 기본적으로 인간이 서로를 필요로 하지 않는 미래로 향하고 있다는 사실이다. 또 실질적으로 새로운 기술에 의해 창출되는 일자리 수는 사라지는 일자리 수를 상쇄하기에 턱없이 부족할 것으로 보인다. 일례로 1990년대 초 제조업 경제의 메카였던 디트로이트의 자동차 회사들은 140만 명에 달하는 인원을 고용했지만, 4차 산업혁명의 중심인 실리콘밸리에 고용된 인원은 14만 명에 불과하다.

4차 산업혁명은 제조업 노동으로부터 인간을 해방하고, 더 나은 양질의 일자리를 제공하게 될 것이라는 전망도 있다. AI가 대체할 수 없는 고도의 지적 능력을 갖춘 지식 자본가나 AI와 로봇을 소유한 물적 자본가를 중심으로 한 슈퍼리치 사회가 출현할 수도 있다. 슈퍼리치는 천문학적 규모의 부를 축적하고 그 부를 다양화된 욕망을 충족하기 위해 소비할 것이며, 이는 새로운 서비스산업의 출현을 촉진할 것이다. 하지만 과연 그럴까. 인간이 도맡아 해온 서비스조차 로봇이나 가상현실로 대체하려는 시도가 이어지고 있다. 백화점 안내, 노인 간호, 심지어 섹스까지 로봇이 담당하는 미래를 열려고 한다. 인공지능학자 데이비드 레비David Levy가 주도하는 '섹스 위드 로봇Sex with Robot' 프로젝트가 이를 증언한다. 이러한 추세가 언젠가 완성기에 도달한다면 그 누구도 섹스 상대를 필요로 하지 않는 상황이 전개될 수도 있다. 미래에는 나라는 인간도, 너라는 인간도, 그들이라는 인간도 필요 없는 존재가 될지도 모른다. 요컨대 인간이 더는 할 일이 없는 미래가 우리를 기다리고 있다.

일이 없는 인간의 삶

일이 없는 미래를 생각해볼 때 가장 먼저 예상되는 사태는 일 없는 자들의 빈곤이다. 빈곤이 만연할 경우 시장에서는 소비자가 사라져 결국 총수요 부족이라는 경제적 파국을 맞을 것이다. 이 때문에 일부 경제학자들은 포스트휴먼 경제에서는 일이 없는 사람들에게도 기본소득을 지원하는 정책을 도입해야 한다고 주장한다. 심지어 인간은 로봇에게 일을 위임하고 정부는 기업으로부터 로봇세를 징수해, 이를 재원으로 한 기본소득을 받으며 일하지 않고도 살 수 있는 시대를 예고하기도 한다. 인간이 일에서 해방된 낙원으로 향하는 길이라는 것이다.

하지만 이는 인간과 일의 관계에 대한 지극히 단선적인 사고다. 물론 기본소득은 일시적으로 경제적 궁핍과 사회의 양극화 그리고 총수요 부족을 진정시킬 수 있으며, 기본소득 제도는 사회의 기초 복지안전 망으로도 기능할 것이라는 점에서 긍정적이다. 그러나 그것만으로 일이 없는 미래의 문제를 해결할 수 있다고 생각한다면 큰 오산이다. 인간에 게 일이란 단순히 생존을 위해 먹이를 구하는 동물의 행동과는 다른 차 원이기 때문이다.

경제학의 관점에서 볼 때 노동은 생산요소와 비용에 불과하다. 그러나 인간의 삶을 전체석으로 성찰해보면 일은 인간의 품격, 개인의 사회적 가치를 실현하는 실존적 처신이다. 그러한 점에서 일이 없는 상태는 인간의 삶에 많은 문제를 일으킨다. 가장 심각한 것은 삶이 병리적 상황에 빠질 위험이다. 인간이 탈존脫存, EK-sistenz적으로 처신하며 살아가는 존재라면 일이 없는 자들에게 경제적 궁핍보다 더 위험한 사태는 미래라는 시간 국면이 상실되는 권태에 빠져 결국 중독자로 전락한다는 것이다.

중독은 단순한 질병이 아니다. 그것은 어떤 바이러스나 물질적 궁핍으로 인한 병이 아니다. 물질적 풍요 속에서도 발생하는, 인간에게만 나타나는 시간적 질병이다. 인간은 할 일이 없는 상태에서는 미래라는 시간과의 관계가 절연된 상황에 놓인다. 미래와의 관계가 단절된 상황에 있는 인간은 현재의 시간이 미래로 흐르지 않는 권태 상태에 빠지게 된다. 이를테면 게임중독은 게임을 하는 시간에 비례한 병리 증상이 아니다. 프로게이머는 게임중독자가 아니다. 그는 컴퓨터 게임을 통해 아직 오지 않은 가능성을 향해 일하는 인간이다. 프로게이머는 게임을 함으로써 미래로 향한다. 그러나 다른 가능성을 향해 갈 수 있는 일을 잃은 자들에게는 미래라는 시간이 증발한다. 오직 현재만이 있을 뿐 시간이 흐르지 않고, 따라서 떨쳐버릴 수 없는 권태에 빠진다. 이러한 권태를 일시적으로 마비시키는 수단이 오직 컴퓨터 게임이라면 그는 컴퓨터 게임중독자다.

아무리 효율성과 정확성이 높은 기술이라 할지라도 그것이 인간의 일을 박탈한다면, 그것이 지배하는 사회는 구성원들을 중독의 늪으로 침몰시켜 결국 붕괴할 것이다.

기술혁명의 인도적 전환

이러한 사실을 염두에 두면서 인간과 기술은 어떤 관계에 있는가를 생각해보자. 이때 우리가 잊지 말아야 할 사실이 있다. 일은 단순히 생존을 위해 먹이를 구하는 동물의 행동과는 다른 차원의 주권적인 처신이다. 인간만이 어떤 미래의 가치를 성취하기 위해 일한다. 기계는 작동할 뿐 일하지 않는다. 인간이 일하기 때문에 기계가 필요하고, 나아가 AI가 필요한 것이다. 여기서 또 주목해야 할 사실이 있다. 인간은 이 과정에서 몸으로 살지만, 한편으로는 맨몸으로만 살 수 없다는 점이다. 삶을 몸으로 살아내는 인간은 도구와 기술에 의탁해 살아간다. 인간의 몸은 기술과 함께 일함으로써 삶을 생동적으로 살아가게 한다. 사실 고깃덩어리에 불과한 몸이라면 도구와 기술을 필요로 하지 않을 것이다. 인간의 몸은 삶을 주체적으로 살아나갈 때 도구와 기술을 필요로 한다. 그러나 이 도구와 기술이 몸을 장식물로 전락시켜 삶으로부터 배척한다면 그 몸은 죽어갈 것이고, 결국은 삶도 죽어갈 것이다.

지금까지의 논의를 다시 4차 산업혁명과 연관시켜보자. 4차 산업혁명은 지능적 첨단기술이 전 산업에 스며들어 사업 설비와 생산기의 소비자를 연결한다. 이때 결정적 역할을 하는 것이 바로 IoT를 기반으로 모든 것에 스며드는 AI다. 그러나 만일 AI에 의해 운영되는 미래가 현재의 기술혁명을 이끌고 가는 비전이라면, 역설적으로 인간에게서 일을 빼앗아 미래라는 시간을 증발시키고 인간을 중독 상태로 몰고 갈 위험이 있다. 인간에게서 미래와 자율적 주권을 박탈하는 기술혁명이 되지 않으려면 반드시 모든 첨단기술은 인간과의 상호작용을 고려해 개발되어야 한다. 예를 들어 완전 자동화full automation와 같이 인간을 일로부터 추방하는 것이 아니라, 인간과 기계의 협업을 인간 친화적이 되도록 조율하는 적응형 자동화adaptive automation로 나아가야 한다.

과학기술 선용을 위한 전제와 전략

미래로 가는 4차 산업혁명의 도정에서 과학기술의 발전은 매우 중요하다. 그러나 그렇다고 해서 과학기술이 인간을 천국으로 이끄는 구세주는 결코 아니라는 사실도 명심해야 한다.

과학기술과 가치의 문제
- 과학기술의 가치중립성 인식 필요. 즉 선용과 악용 가능성 모두 존재
- 과학기술은 민주주의 발전에서 유용한 도구가 되기도 했지만 제국주의의 팽창에 악용되었으며, 나치의 인종주의를 정당화하고 인종청소를 자행하는 데도 악용된 바 있음
- 과학기술을 어떻게 사용할 것인지에 대한 고민 필요

과학기술 선용을 위한 신뢰의 사회적 자본 확충

- 과학기술의 발전에 대한 국가적 목표와 가치를 설정하고, 이에 대해 국민과 소통하려는 노력 필요
- 4차 산업혁명은 시장 자본market capital만으로 실현될 수 없으며, 사회적 정의, 신뢰, 상호 인정과 존중으로 활성화되는 사회적 협력 역량, 즉 사회적 자본 확충이 매우 중요
- 사회적 자본을 확충하기 위한 사회 구성원들의 자발적이고 민주적인 협력 필요

성찰적 4차 산업혁명을 위한 정책 기획 과정의 혁신

- 이상적인 미래로 나아가기 위해서는 정책 기획 단계에서도 발상의 전환 필요
- 과학기술을 발전시킴으로써 수요를 만들어 시장 자본을 축적하고, 그때 발생하는 부작용은 후순위 과제로 생각하는 식의 기존 정책 기획 방식과 과정 개선 필요
- 과학기술을 선용하기 위한 법과 제도적 방안 구축

5

정치 분야
미래전략
Politics

KAIST Future Strategy 2021

온라인 집단지성의 확산과
정치 패러다임의 변화

━━━━━━━━ 코로나19를 극복하기 위한 다양한 시도들 가운데 눈에 띄는 활동이 있다. 미국 위스콘신대학교 국립영장류연구센터의 연구원들은 기업용 메신저 서비스 슬랙slack.com에 수십 명의 동료 과학자를 초대해 '우한 클랜Wuhan Clan'이라는 온라인 연구 공간을 만들었다. 이곳에서 코로나19와 관련된 실험 내용을 실시간으로 업로드하며, 팬데믹을 극복하기 위한 공동 연구를 수행한다. 국내에서도 신약 개발 전문가들의 모임으로 시작된 '혁신신약살롱'에서 코로나19 사태를 놓고 활발한 페이스북 토론이 벌어지고 있다. 코로나19 관련 치료제와 바이러스 연구 동향 등 최신 정보와 의견을 신속하고 심도 있게 공유하며 관련 연구를 수행한다. 모두 온라인 집단지성을 보여주는 사례다.

코로나19가 확산되던 초기 한국에서 마스크의 원활한 수급이 어려워지면서 공적 마스크의 재고를 알려주는 애플리케이션이 개발될 수 있었던 것도 같은 맥락이다. 애플리케이션 개발자들이 자발적으로 구성한 '코로나19 공공데이터 공동대응팀'이 정부에게 마스크 재고 데이터를 공개해줄 것을 제안했고, 이에 한국정보화진흥원과 건강보험심사평가원이 공적 마스크 판매처와 판매현황 등을 오픈 응용 프로그래밍 인터페이스API, Application Programming Interface 형식으로 제공하면서 가능했다. 이렇듯 다양한 사회적 이슈를 온라인 공간에서 집단지성의 힘으로 해결해가면서 기존 정치사회의 패러다임도 바뀌고 있다.

디지털 시대 온라인 집단지성의 지식 생산

민주주의가 성숙하기 위해서는 정치사회 이슈에 관심을 가지고 다양한 정보를 충분히 습득하면서 합리적 판단을 할 수 있는 국민의 존재가 필수다. 일찍이 정치학자 로버트 달Robert Dahl은 개인의 부富나 경제적 수준의 불평등보다도 정보 및 지식의 불평등이 민주주의를 위협할 수 있다고 주장했다.[126] 민주주의 제도가 정상적으로 작동하려면 정보에 대한 접근과 분별이 꼭 필요하다는 것을 강조한 대목이다. 그래서 국민의 정보 분별과 여론 형성에 핵심적 역할을 하는 미디어를 '정보의 문지기gatekeeper' 혹은 '의제 설정자agenda setter' 등으로 표현한다. 그런데 인터넷과 소셜미디어는 정보와 지식에 대한 개인의 접근성을 급격하게 증대시켰다.[127] 개인이 정보를 얻기 위해 내야 하는 거래비용을 소멸시켜 그동안 정치엘리트와 주류 언론이 독점했던 정보와 지식 생산에 일반 국민들도 참여할 수 있게 되었다. 요컨대 정치사회 이슈에 대해 국민들은 온라인상에서 정보를 생산하고 토론하며, 정치적 참여도 쉽게 할 수 있게 된 것이다.

양방향의 수평적 커뮤니케이션을 표방하는 '웹 2.0' 환경의 특징은 플랫폼으로서의 온라인 공간에서 매체 사용자들이 직접 참여해 정보를 생산하고, 오픈소스open source로서 공유하며, 수많은 참여자의 집단지성을 활용한다는 것이다. 미디어 철학자이자 사회학자 피에르 레비Pierre Lévy가 인터넷 공간의 지식 생산 원리를 설명하며 사용하기 시작한 용어인 집단지성은 '어디에나 편재하는 지성'이다. 상시적으로 개선되고 조율되어 효과적 동원이 가능한 지성을 일컫는다. 소셜미디어 같은 웹 2.0에서 형성될 수 있는 종류의 지성이다.

우리가 알고 있는 지식의 합, 즉 합쳐진 '총체'로서의 지성인 집단지성은 현대의 복잡한 문제를 풀기에 매우 적합하다. 현대의 정보 커뮤니케이션 환경에서 출현하는 집단지성은 협업의 산물 혹은 공공재로서 수많은 인터넷 사용자가 만드는 '네트워크 효과'를 갖기 때문이다. 예컨대 미국 항공우주국NASA은 '클릭워커스ClickWorkers'라는 프로젝트를 진행한 바 있다. 전 세계에서 금전의 보상 없이 수많은 일반인이 자원해 화성 지형에 관한 정보를 수집했는데, NASA는 이러한 시도의 결과가 고도로 훈련된 소수의 전문가가 생산하는 정보나 지식과 다르지 않음을 확인했다.

온라인 공간에서 협업을 통해 발현되는 집단지성의 사례는 무수히 많다. 미국 정부의 비공식 정보 네트워크인 '인텔리피디아Intellipedia'는 미국의 16개 정보기관 요원들이 첩보 정보를 교류하는 웹사이트로, 미국 정보기관의 협업을 획기적으로 개선한 사례로 꼽힌다. 너무 많은 기밀 정보를 접하고 있는 첩보원들은 이러한 온라인 정보 공유를 통해 자신이 무엇을 알고 무엇을 모르는지 확인할 수 있었으며, 서로 다른 정보기

관 간의 경쟁에서 비롯되는 정보의 비공유 관습을 자연스럽게 극복할
수 있었다.

집단지성을 통한 정치사회 문제 해결

크라우드소싱crowdsourcing은 온라인 집단지성에 의한 의사결정 방식
으로서 '의사결정 2.0'이라고 일컫는다. 특정 이슈나 사안에 대한 소셜
미디어 사용자들의 신속하고 풍부한 정보 공유 활동을 의미한다. 이 방
식을 통해 특정 사회적 사안에 대한 국민 차원에서의 대응책이나 구체
적인 집단 자구책의 방향과 방법이 빠르게 제시되기도 한다. 예컨대 우
리나라의 '청와대 국민청원'이나 미국 백악관의 '위 더 피플We the People'
도 이러한 방식의 소통 범주에 속하는 온라인 청원 제도다. 이러한 청원
제도를 통해 정부는 특정 이슈에 대한 국내 여론의 향방과 일일이 파악
하지 못하는 사회 문제를 파악할 수 있으며, 국민들은 정부와 직접 소통
하면서 해결책을 제시할 수 있다.

현대 민주주의사회에서 늘어난 아래로부터의 집단적 여론 표출은 단
순한 군중심리 차원을 넘어 온라인 공간에서 대안 정보와 전문 지식에
대한 학습과 토론을 동반하는 경우가 많다. 제도적으로 해결하기 어려
운 문제에 대해 국민 차원에서 가용한 '문제해결 자구책'을 스스로 도모
하면서 집단행동이 나타나는 경우가 많다. 한국의 경우 영토의 명칭이
나 과거사와 관련된 오류를 국민이 직접 찾아내고, 해외의 다양한 기관
및 기업체로 하여금 오류를 바로잡도록 요구하기도 한다. 대중에게 잘
알려지지 않은 사안들을 국민이 스스로 온라인 공간에서 이슈화하면서

정부에 문제해결을 촉구하는 사례는 무수히 많다.[128]

국민의 자발적 문제해결책으로서 집단지성이 움직이기도 하지만, 국가가 국민의 집단지성을 활용하기도 한다. 최근에는 국가가 자국의 평판을 증진하기 위해 펼치는 '공공외교public diplomacy'가 점차 국민 스스로 온·오프라인에서 자국의 문화와 정책을 알리는 '국민 공공외교'의 형태로 변모하고 있다. 국가가 주도할 경우 선전 활동으로 치부되지만, 인간이 담당할 때는 오히려 창의적인 스토리텔링이 더해지며 타국 국민과 자연스러운 교류나 상호 이해가 가능해진다. 외교부와 한국국제교류재단이 후원하는 국민 공공외교 프로젝트 등이 이러한 사례다.

여론 양극화와 가짜 뉴스 문제

집단지성의 활동에도 불구하고 온라인 공론장이 긍정적인 모습만 보여주는 것은 아니다. 사회 구성원을 파편화시키고 비슷한 정치적 의견을 공유하는 구성원끼리만 소통하려고 하는 이념적 양극화 현상도 나타나고 있다. 특히 선거와 같은 중대한 정치적 의사결정을 앞두고 국내 여론이 양극화되는 일은 온라인 공간에서 두드러졌는데, 자신이 믿고 싶은 정보만 취하는 확증편향이 강화되는 현상이 대표적이다. 비슷한 온라인 커뮤니케이션 현상인 반향실 효과echo chamber effect 혹은 메아리방 효과는 유사한 관점이나 생각을 지닌 사람끼리 반복적으로 소통하면서 편향된 사고가 고착화되는 현상을 일컫는다.

소셜미디어를 통한 여론의 양극화 현상과 더불어 많은 사회에서 가장 문제가 되는 여론 현상은 가짜 뉴스다. 어느 국가든 선거철에 왜곡된 허위 사실이 확산되는 일은 비일비재하다. 하지만 2016년 11월《옥스퍼드 사전》이 '올해의 단어'로 '탈진실post-truth'을 꼽은 데는 최근 미국과 유럽의 선거에서 객관적 사실보다 개인의 감정이나 믿음이 여론 형성에 지대한 영향을 끼치는 일이 더욱 빈번해진 것을 강조한 측면이 있다. 가짜 뉴스와 허위·조작 정보 문제는 2016년 미국 대통령 선거와 2017년 유럽의 각종 선거, 즉 영국의 브렉시트 국민투표를 비롯해 독일 총선, 프랑스 대선 등에서 두드러졌다. 실제로 당시 유포된 가짜 뉴스는 유권자들의 투표에 결정적 영향을 끼치며 선거 결과를 좌우했다. 자극적이고 충격적인 내용을 담은 경우가 대부분인 가짜 뉴스는 주로 소셜 미디어에서 빠르게 전달되어서 정상적인 여론 형성을 왜곡하고, 민주적 절차를 통한 정치적 의사결정 과정에 영향을 끼치고 있다.

이를테면 미국 대선 캠페인 당시의 가짜 뉴스로 '피자 게이트'를 들 수 있다. 힐러리 클린턴 후보가 워싱턴 D.C.의 한 피자 가게에서 아동 성매매 조직을 운영한다는 가짜 뉴스가 퍼져 이를 믿은 한 남성이 피자 가게에 총격을 가하기도 했다. 또 프란치스코 교황이 트럼프를 지지한다고 선언했다는 가짜 뉴스가 퍼지기도 했다. 이 뉴스는 2016년 미국 대선과 관련해 가장 많이 공유된 기사가 되었고, 진짜 뉴스의 평균 공유 건수를 압도하는 수치를 기록했다.

독일도 가짜 뉴스의 확산으로 여론이 심각하게 양극화되는 상황을 경험했다. 2016년 12월 31일, 도르트문트에서 이슬람계 이민자 1,000여 명이 경찰과 시민을 공격하고 독일의 가장 오래된 교회에 불을 내기 위해 폭죽을 터뜨렸다는 보도가 확산되었다. 그러나 이 기사는 가짜 뉴스로 판명이 났다. 당시 독일 앙겔라 메르켈 총리와 셀카를 찍어 유명해진 시리아 난민 청년 아나스 모다마니Anas Modamani가 지하철역의 노숙자 옷에 불을 붙이려 했다는 가짜 뉴스도 온라인에서 급속하게 퍼진 바 있다.

인공지능 알고리즘의 정보 생산과 알고리즘 권력의 문제

가짜 뉴스와 탈진실, 허위 정보가 최근 더욱 심각한 정치사회 문제로 부상한 것은 AI의 알고리즘을 통해 가짜 뉴스의 생산과 유포가 쉬워진 디지털 환경과 관련이 있다. AI 로봇은 온라인 네트워크를 통해 수많은 사람에게 반복적으로 동일한 메시지를 전달할 수 있다. 여론의 향방과 추이가 정치적 의사결정에 결정적 역할을 하는 선거 캠페인 기간에 자극적인 내용의 가짜 뉴스가 광범위하게 확산되는 일은 정상적인 여론 형성 과정에 지대한 영향을 끼친다.[129] 따라서 AI 알고리즘을 개발한 주체의 원래 의도가 여론을 특정 방향으로 유도하는 동기를 지녔는지에 대한 정치적·법적 논란을 불러올 수 있다. 결과적으로 AI 기술과 자본을 가진 행위자가 알고리즘의 내용을 밝히지 않은 채 그러한 기술과 자본을 갖지 못한 행위자들에 대해 비대칭적 권력을 행사할 여지가 커지는 것이다. 알고리즘 권력을 갖는 주체에 대한 사회의 종속은 산업계뿐만 아니라 사회의 다양한 영역으로 확장되고 있는 만큼 AI 기술의 정보 커뮤니케이션 권력은 알고리즘에 대한 접근권과 소유권을 갖는 세력이 독점할 가능성이 크다.

최근 많은 민주국가의 선거에서 소셜봇의 광범위한 여론개입 정황이 드러나 논란이 되고 있다. 미국 서던캘리포니아대학교와 인디애나대학교의 공동 연구에 따르면 소셜미디어에서 AI 봇이 '좋아요', '리트윗', '팔로잉' 등의 기능을 활발하게 수행한다는 사실이 드러났다. 트위터에서 팔로워 수를 인위적으로 늘리는 데 소셜봇이 사용되는 것과 같다. 그런데 이번 조사에서 지적한 문제는 국민들이 특정 정치 어젠다를 지지하는 것처럼 소셜봇이 사람의 정치참여 행위를 흉내 낸다는 사실이었다. 소셜봇은 이러한 방식으로 테러리스트의 프로파간다propaganda를 지지하거나 극단주의 범죄에 악용될 수 있으며, 그러한 활동을 위해 거짓정보 댓글을 대규모로 생성하는 '봇 부대'를 운영할 수 있다. 실제로 2016년 미국 대선 당시 게시 글 가운데에는 러시아와 연결된 트위터 봇에 의해 자동으로 작성된 것이 많았다. 요컨대 알고리즘 기술을 이용한 여론 개입이 초국적으로 이뤄지고 있는 것이다.[130]

디지털 커뮤니케이션 공간에 대한 규범과 거버넌스 창출의 필요

페이스북이 그동안 유지해온 기술 중립성 정책을 폐기한 데 더해 2017년 미국 연방통신위원회Federal Communication Committee가 인터넷에 대한 접근 성격을 공공서비스에서 정보서비스로 변경하면서 망 중립성 원칙을 폐기한 일은 디지털 커뮤니케이션 공간이 더욱 정치화되는 계기가 되었다. 이제 미국의 통신사들이 특정한 트래픽 접속을 차단하거나 속도를 늦출 수 있는 법적 근거를 확보하게 된 것이다. 또 통신사들이 페이스북이나 유튜브에 게시된 뉴스와 콘텐츠를 자의적으로 차단할 수도 있다. 이렇게 권력투쟁의 성격이 강화되고 있는 디지털 커뮤니케이션 공간은 전략적 공간으로 진화하고 있다. AI 알고리즘의 다양하고 복잡한 문제를 다루기 위해 일련의 규범과 다양한 행위 주체 간 거버넌스의 창출이 요구되는 이유다.

국가 간 국제적 심리전과 프로파간다 활동이 AI의 기술적 수단을 통해 이뤄지면서 탈진실이 지배하는 사회의 도래를 가속화시키고 있다. 팩트 체크나 허위 정보를 추적하는 AI 알고리즘과 같은 기술적 해결책을 모색함과 더불어 온라인 공간에서 합리적 소통이 이뤄지도록 국내외의 다양한 주체 및 국가 간 합의를 통해 규칙과 규범을 도출할 필요가 절실해진 것이다. 특히 AI 알고리즘을 통한 여론 왜곡이 궁극적으로 파괴하고 있는 것이 다양한 의견을 존중하는 민주주의 공동체임을 고려할 때 이러한 해결책에 대한 논의는 시급하다.

디지털 기술을 만난
정치제도의 미래

━━━━━━ AI 기술이 사회 곳곳에서 변화를 일으키고 있다. 그렇다면 그 변화가 더욱 확대될 미래 사회에서도 지금과 같은 방식으로 선거를 치르고 투표를 하며 정당이 운영될까? 국민을 대표할 정치인을 뽑고 이들에게 권한을 위임하는 대의민주제가 미래 사회에서도 계속 이어질까? 정보화사회의 변화를 눈여겨본 스페인의 정보사회학자 마누엘 카스텔스Manual Castells가 지적했듯이 정보통신기술은 우리의 생활을 구성하고 변화시키는 중요한 핵심 동인이 되었다. 정보통신기술의 발달은 무엇보다 시간과 공간에 구속되지 않고 의사소통을 할 수 있게 만들었다. 여기에 AI를 비롯한 4차 산업혁명 시대의 새로운 디지털 기술과 커뮤니케이션 플랫폼은 지금까지 이룬 변화보다 훨씬 더 큰 변화를 가져올 전망이다. 정치 영역에서도 거버넌스 체계를 변화시키고 선거와 투표 방식을 바꾸는 등 전반적 변화를 몰고 올 것으로 보인다.

디지털 기술과 만난 민주주의,
디지크라시와 헤테라키

정치 영역에서 디지털 기술의 활용은 전자정부를 넘어 디지털 거버넌스로 계속해서 진화해나가고 있다. 여기서 디지털 거버넌스란 디지털 기술 융합을 기반으로 시장과 사회를 운영하는 새로운 메커니즘으로, 단지 권위적인 정부의 행정에 국한되는 개념이 아니라 정보통신기술을 활용해 국민과 정부와 기업이 새로운 관계를 형성하고, 더불어 공동체를 운영하는 메커니즘으로 정의할 수 있다.

새로운 디지털 기술의 진화는 의사결정 및 지배구조와 조직 운영의 변화를 견인하고 있다. 특히 새롭게 등장하고 있는 의사결정 및 지배구조 방식으로 디지크라시Digicracy와 헤테라키Heterarchy가 떠오르고 있다.

디지크라시는 디지털과 직접민주주의가 결합한 의사결정 방식을 의미한다. 디지크라시의 발전을 통해 앞으로 거대 정당은 설 자리를 잃게 되며, 정당은 개별 정책을 중심으로 시민사회와 연대하는 일종의 정책 네트워크 형태로 진화할 것으로 예측된다. 미래 사회에서 정당의 주역은 정치 중개인(국회의원, 시의원 등)이 아니라 정책 전문가 그룹으로 대체되고, 국민의 의사를 실시간으로 반영하는 온라인 정당으로 전환할 것이다.

기존 정당 대부분이 엘리트 중심의 대의민주주의 방식을 취하는 데 반해 헤테라키는 사회 구성원의 통합을 목표로 '다중 지배'에 중점을 두는 것을 의미한다. 헤테라키 질서에는 자기 조직화로 강화된 개인과 정부, 정당, 시민 단체 사이에 권력이 공유된다. 헤테라키는 위계적인 하이어라키Hierarchy와 구별되는 사회질서 원리이지만, 지배Archy는 존재하기 때문에 수평적이면서도 협업의 의사결정을 지향한다. 이러한 헤테라키 체제에서 디지털 기술은 매우 중요한 도구인 것은 물론, 국민들의 민주적 참여 촉진, 정치적 책임성 구현, 참여자 간 협동 촉진, 주권자로서 국민의 영향력 향상, 갈등 조정 등의 효과를 가져올 것으로 기대한다.

디지털 기술을 접목한 투표 시스템과
직접민주주의의 구현

디지털 기술이 거버넌스의 변화를 촉진하고 있다. 디지털 기술을 통해 시공간의 한계를 극복하면서 직접민주주의에 소요되는 기회비용을 급격히 낮출 수 있기 때문이다. 이에 따라 디지털 기술을 접목해 국민의 의견을 정책과 정치에 반영하는 사례들이 나타나고 있다. 특히 블록체인 기술은 정치 영역에도 적용되면서 정치 시스템에 전환기적 변화를 일으키고 있다.

제2의 인터넷 네트워크 컴퓨팅 시스템이라고 볼 수 있는 블록체인의 가장 큰 특징은 익명성, 분산성, 투명성, 보안성이다. 블록체인은 많은 독립된 거래 당사자의 컴퓨터에 똑같이 저장되는 분산장부 기술에 바탕을 둔 구조이기 때문에 신뢰성을 담보할 중앙집중적 조직이나 공인된 제삼자TTP, Trusted Third Party가 필요 없다. 블록체인 기술의 무궁무진한 활용 분야 가운데 특히 공공·정치 분야에서는 디지털 계약, 공공 기록, 전자시민증이나 전자시민권, 전자투표 등으로 구현될 수 있다.

블록체인 투표 시스템은 선거 보안의 대안으로 급부상하고 있다. 선거 유권자 모두가 감시하고 관리하면서도 효율성, 익명성, 안전성까지 담보할 수 있어 더욱 주목받고 있다. 블록체인 투표 시스템을 도입할 경우 유권자는 언제 어디서나 스마트폰에서 클릭 한 번으로 투표할 수 있으므로 투표의 장벽을 대폭 낮출 수 있다. 복잡하고 오래 걸리는 재외국민투표나 부재자투표 방식도 개선할 수 있다. 궁극적으로 투표관리에 들어가는 비용을 비약적으로 줄일 수 있다.

이것은 곧 일상 속에서 직접민주주의가 구현되는 것을 의미한다. 주요 정책에 대해 수시로 국민투표를 하거나 관련 데이터를 공개하는 것이 가능하고, 투표 이력을 영구히 보존할 수 있으며, 재검표도 매우 수월해 선거 과정 또한 투명하게 관리할 수 있다. 실제로 유럽에서는 정당 차원에서 블록체인 투표 시스템을 사용하는 곳도 있으며(스페인의 정당 '포데모스Podemos' 등), 인구 130만 명의 에스토니아공화국에서는 국가 차원에서 블록체인 투표 시스템을 활용하고 있다. 에스토니아공화국에서는 지난 2012년 집권 여당의 스캔들이 불거졌을 때 국민들이 부패한 정치인을 비판하고 정치개혁을 촉구하면서 '민회Rahvakogu'라는 특별 기구를 만들어 크라우드소싱 방식으로 선거법을 개정한 바 있다.

O2O 국회

블록체인 기술을 통해 입법부의 혁신도 가능할 것이다. 우리나라의 대의제 대표기관인 국회는 현재 '대리인의 실패'로 정책과 법률에 국민의 의견이 아닌 이해관계자의 특수한 이익을 반영해 국민과 대리인 사이의 신뢰를 무너뜨렸다. 그러나 직접민주주의를 대변할 수 있는 블록체인 의사결정 시스템을 이용하면 국민 주권 대표기관으로 '온라인 하원'을 구성할 수 있다. 이를 통해 상·하원 제도가 지닌 시간, 비용 등의 한계점을 극복하고 직접민주주의의 장점을 구현하는 시스템을 만들어 나갈 수 있을 것이다.

오프라인에서 온라인으로의 이동을 의미하는 O2O Offline to Online와 같은 맥락에서 블록체인 거버넌스 시스템을 통해 'O2O 정치'의 실험을 시도할 수 있을 것이다. 스위스와 핀란드의 사례에서 이러한 O2O 정치의 실험과 관련한 시사점을 찾아볼 수 있다. 스위스는 대의민주제를 원칙으로 하지만, 필요에 따라 발의 의결권과 부결권을 보완하는 제도를 시행하고 있다. 핀란드는 '개방 내각 Open Ministry'이라는 온라인 플랫폼을 통해 국민의 입법 참여를 가능하게 만들었다. O2O 국회가 운영된다면 가상공간에서 국회의원들의 활동을 국민이 확인하고 평가할 수 있어 여러 문제에 대한 통제가 가능해진다. 특히 규제를 통한 합리화는 강제적 통제이지만, 개방을 통한 공유는 자율적 통제를 가능하게 할 것이다.

디지털 사회 혁신을 통한 온라인 정치참여와 협치

디지털 사회 혁신이란 이전과는 다른 사회환경의 도래로 가능해진 새로운 개념이다. 광범위한 사회적 요구에 대한 지식과 해결책을 창출하기 위해 다양한 주체가 디지털 기술을 활용해 협력하는 시스템이라고 할 수 있다.

디지털 사회 혁신은 기술의 진보가 물리적으로 사회 시스템을 지원하는 1차원적 결합만을 의미하지 않는다. 협치의 의사결정, 국정 운영 원리 등 거버넌스상에서 시민의 동의와 협의 과정을 통해 거버넌스의 투명성과 효과성을 강화하는 것을 보여주는 데 그 중요성이 있다. 디지털 사회 혁신을 통해 거버넌스의 질이 크게 향상되면서 민주주의의 발전에 기여할 수 있기 때문이다.

예를 들어 유럽연합에서는 디지털 사회 혁신을 "사회 문제와 전 지구적 도전을 해결하기 위해 사람들의 참여를 이끌고, 디지털 기술을 사용해 협업과 집단 혁신을 촉진하고 이전에 상상하기 어렵던 해결책을 찾아내는 것"으로 정의하고 있다. 구체적으로 말하면 혁신의 중심에 국민(사용자)을 두고 이들이 활동할 수 있는 혁신 생태계 조성을 중시하는 새로운 혁신 전략인 '오픈 이노베이션 2.0Open Innovation 2.0'을 채택해 실행하고 있다. 오픈 이노베이션 2.0은 기존의 산업계, 연구소, 정부 등이 중심이 된 혁신 모델에서 시민을 포함한 4중 모델로 확대해 이들 간의 연계를 통한 혁신을 추구한다.

블록체인 기술을 활용한 디지털 거버넌스로의 전환 과제

블록체인은 중앙집중형 서버 없이 모든 사용자의 거래정보를 암호화 구조로 공개해 상호 검증하고, 거래 편의성과 보안 문제를 동시에 해결하는 4차 산업혁명 시대의 핵심 기술이다. 이러한 장점을 활용해 신뢰할 수 있는 거버넌스를 구축할 수 있다. 또한 기존 모바일 투표의 문제점(본인 인증과 정보 보안)을 개선해 비밀·직접 투표까지 스마트폰에서 할 수 있게 만들어 직접민주주의를 개선할 것으로 기대된다. 이 과정에서 촉발 매개체 역할을 누가 수행할 것인지가 매우 중요하다. 블록체인 거버넌스를 통해 직접민주주의를 구현한다는 맥락에서 공공 영역public sector과 민간 영역private sector을 연계하는 시민사회voluntary sector의 역할과 기능에 주목하면서 전략과제들을 제시하면 다음과 같다.

시민사회의 주도적 선도자 역할

- 시민사회는 시민단체뿐 아니라 종교계 및 학계의 다양한 주체와 국민을 아우르는 공론의 장을 의미
- 미래의 정치 리더 그룹은 거대 정당 중심의 정치 중개인(국회의원 등)이 아니라 정책 전문가 그룹이 활동하는 정책 네트워크로 재편될 전망
- 시민사회와 국민의 의사를 실시간으로 반영하는 O2O 정당의 출현 등 새로운 전환 과정에서 시민사회의 정책 선도자 역할이 중요
- 새로운 정책 플랫폼의 태동과 발전에 대응하기 위해 시민사회의 실질적 역량 강화 필요

시민사회의 융합적 연계자 역할

- 블록체인 기술을 활용한 직접민주주의 형태의 발전으로 국민은 주요 의사결정 과정에서 숙의 주체로 참여
- 양적 참여뿐 아니라 질적 참여를 통해 포퓰리즘 문제 해결
- 시민사회의 건설적인 활동과 협력의 조직화. 즉 '분산 자율 조직DAO, Decentralized Autonomous Organization'을 통해 정부 주체(중앙 및 지방정부) 및 국회와 O2O 소통·참여·협력을 효과적으로 지원하는 주력자 역할 담당

• 정치·사회·기술적 리터러시 배양

시민사회의 디지털 혁신가 역할

• 디지털 혁신('열린 민주주의', '열린 접근', '정보 확산 네트워크' 등)이 사회의 다양한 현장에서 이뤄질 수 있도록 디지털 혁신가 역할 수행
• 시민사회 주도의 정책 참여 플랫폼 구축 및 활성화
• 정책 참여 플랫폼을 시민 단체가 직접 운영하면서 플랫폼에서 생산되는 다양한 정책을 주도적으로 제시하고, 정책 결정에 적극적으로 참여
• 디센트D-CENT, Decentralized Citizens Engagement Technologies 등 유럽의 개방형 정책 참여 온라인 플랫폼의 활동과 정부와의 협력 사례에서 시사점 발굴
• 시민사회의 효과적인 정책 참여 플랫폼을 구축하기 위한 정부의 행정적·재정적 지원 필요
• 디지털 플랫폼을 통해 채택된 정책과 관련 사업에 대해 해당 시민사회단체가 직접 참여할 수 있도록 다양한 기회를 제공하고 정부와 시민사회의 협력적 파트너십 구축

인공지능과 행정

기술의 변화는 정부의 형태와 운영 시스템을 바꿔왔다. 농업혁명, 산업혁명, 정보혁명에 따라 정부의 형태나 운영 방법이 달랐던 것처럼 혁명적 변화에 비유되는 AI 시대에도 정부의 형태와 모습은 달라질 것으로 보인다. AI 기반 지능형 정부의 모습은 정보화 시대 전자정부의 발전과 연계해 이해할 필요가 있다. 초기 전자정부는 업무 효율성과 민원인의 서비스 대기 시간을 줄이는 것에서 출발했다.

1990년대 이후 정부는 네트워크로 연결되면서 각 부처 간, 중앙정부와 지방정부 간 시스템이 연계되었다. 정부의 시스템이 연계되면서 정부의 데이터가 연계되었고, 정부와 국민 간에 쌍방향 소통이 가능해졌다. 지방정부에서는 지역 빅데이터를 기반으로 AI를 민원 상담에 적용하고 있으며, 중앙정부는 보조적 의사결정 시스템이나 특정 정부 사업에 AI를 활용하고 있다. 향후 전자정부가 지능형 정부로 전환해 AI가 본격적으로 활용되는 단계에 이르면 고효율, 뛰어난 투명성, 질 높은 의사결정, 낮은 운영비용을 갖춘 스마트 정부가 실현될 것이다. 로봇과 공생하는 정부 시스템이 구현되는 것이라 할 수 있다.

인공지능이 가져올 행정 변화

AI가 행정에 미치는 영향을 거버넌스, 조직구조, 인사관리, 행정 서비스 혁신 측면에서 살펴보면 다음과 같다.

거버넌스: 데이터 거버넌스와 알고리즘 민주주의 문제

AI가 발전함에 따라 미래 거버넌스는 디지털과 직접민주주의가 결합한 디지크라시 등 다양한 형태로 나타날 것으로 예상된다. 새로운 거버넌스 유형은 행정에도 변화를 가져올 것이다. AI는 대규모 정부 데이터 처리를 통해 과학적 데이터 분석을 가능하게 하며, 신속하고 효율적인 의사결정을 돕게 된다. 복잡한 이해관계에 대한 예측 분석을 통해 주거 문제와 같은 공공정책 관련 의사결정을 최적화하는 데도 활용할 수 있다.

기계와 협업하면 일하는 방식은 변할 수밖에 없다. 공무원은 기획성과 창의성이 요구되는 업무를 담당하고, AI는 이를 지원하거나 단순하고 반복적인 보고 자료 작성 등의 업무로 대체되는 식이다. 그러나 AI가 본격적으로 적용될 경우 우려되는 문제도 적지 않다. AI가 실제 현장에서 활용될 때 행정의 자동화와 함께 AI 기술의 책임 범위라는 재량권 문제가 야기될 수 있기 때문이다. 특히 AI가 공익성, 신뢰성, 특별한 어려움과 같은 불확실한 법적 개념의 가치를 명확하게 측정하기는 어렵다. 정부가 정책 결정 등에 AI를 활용하더라도 AI의 알고리즘과 데이터를 이해하지 못하거나 일부 결정이 어떻게 이뤄지는지조차 알지 못할 수도 있다. 알고리즘의 불투명성으로 일부 플랫폼 기업이 데이터와 부를 수집할 뿐만 아니라 공공의 힘을 공유할 수 있어 기업이 정부보다 더 많은 권력을 행사할 우려도 있다.

조직구조: 네트워크 조직에서 플랫폼 조직으로 전환

지능형 정부는 '작은 정부'를 지향한다. 상당수 공무원의 업무를 AI가 대체할 것이기 때문이다. 정부의 각 조직은 하나의 네트워크로 연결되고, 유연성이 한층 높아지게 된다. 이에 따라 조직 운영은 분업 중심에서 협업 중심으로 바뀔 가능성이 크다. 조직이 클라우드 시스템으로 연계되면 모든 정보를 공유할 수 있어 분업보다는 협업이 확대될 것이다. 특히 사전에 크고 작은 의사결정을 내리는 중간관리자들의 역할이 대폭 줄어들어 축소되거나 사라질 수도 있다.

인사관리: 창의적 인재 채용, 배치, 교육

AI는 공무원의 인적자원 개발에도 큰 영향을 미칠 전망이다. 현업 공무원에게는 무엇보다 업무 맞춤형 지원을 통해 더 창의적인 업무에 집중할 수 있도록 도와줄 것이다. 또 신입 공무원 채용과 인력 배치, 공무원 교육 등에서도 AI를 활용할 수 있다. 일반적으로 AI 시대에는 복잡한 문제 해결력, 비판적 사고력, 창의성, 감성 지능, 소통 능력, 인지적 유연성, 협업 능력 등을 갖춘 인재가 요구된다. 이러한 인재를 선택하는 과정에서 AI가 활용될 수 있다. 민간기업은 이미 채용 과정에서 AI를 활용해 신입 직원을 선발하거나 평가 프로세스를 진행한다. AI는 인간의 편견을 제거하고, 후보 평가 및 선발 과정에서 커뮤니케이션의 효율성을 높일 수 있다. AI를 활용할 경우 공무원 개인의 재능과 관심을 보다 효과적으로 분석해 적합한 직무와 연결함으로써 인력 배치를 적절하게 할 수 있다. 그 밖에도 공무원 교육에 AI를 활용하면 공무원 개인의 수준, 역량 등의 평가 결과에 따라 최적화된 학습 프로그램을 추천할 수 있다. 또 공무원이 교육을 받아야 할 시기와 공무원에게 도움이 될 교육 시기 등을 AI를 통해 파악할 수 있어 교육과정을 편성할 때도 유용할 수 있다.

행정 서비스 혁신: 시민 중심의 서비스 혁신

AI를 활용해 단순히 시민 응대 서비스를 높이는 것만이 아니라 다양한 행정 서비스를 맞춤형으로 확대할 수 있다. 가령 모바일 통신 데이터와 주소지 데이터 매칭을 통해 심야버스가 꼭 필요한 곳에 노선을 신설하는 것과 같이 민원은 줄이면서 효과는 높이는 맞춤형 공공서비스 사례가 이미 알려져 있다. 코로나19 사태 때도 모바일 로밍 데이터나 위치정보를 활용해 감염경로 추적을 비롯한 예방 안내 서비스를 실시간으로 공유한 바 있다.

AI의 활용은 데이터를 기반으로 하는 거시적·미시적 정책 분석과 대응은 물론, 실시간 정책 결정을 가능하게 할 뿐 아니라 민원 업무 질의에 대한 응답 등 단순하고 반복적인 대국민 서비스를 대체할 수 있다. 특히 업무 과정이 복잡하고 검토 과정이 까다로운 영역에 AI를 결합해 국민의 높아진 기대 수준에 부합하는 서비스를 제공할 수 있다.

행정에서 인공지능의 도전과 기회

이처럼 AI는 공공부문에도 도전과 기회를 제공하고 있다. AI 시대에 정부가 어떤 모습을 갖추고 어떤 역할을 해야 할지 더 많은 고민과 논의가 필요할 것이다. 특히 한국은 전환의 시기마다 추격 전략을 통해 국가를 혁신해왔다. 박정희 정부는 경제개발 5개년 계획과 중화학공업 육성으로 한국을 농업국가에서 산업국가로 전환했으며, 김대중 정부는 외환위기 속에서 IT 산업 육성을 통해 우리나라를 산업국가에서 정보국가로 전환했다. 이제 AI 시대에 지능국가로 전환하기 위해서는 무엇을 해야 할까.

첫째, AI 행정 시스템을 개발하기 위한 데이터 거버넌스를 구축해야 한다. 여기에는 데이터의 수집·처리·가공 과정뿐 아니라 데이터 편향성 문제와 설명 가능성 등 알고리즘의 책무성까지 포함해야 한다. 또 공공기관이 AI를 개발할 때 국민의 참여를 명확하게 보장할 수 있도록 해야 한다. '사전정보공표제도'에 AI 시스템 개발의 목적·내용·기대 효

| 그림 6 | 문명사적 변화와 한국의 발전 과정

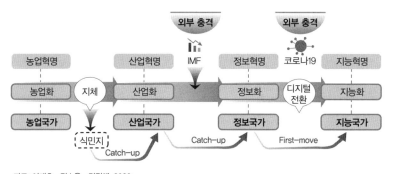

• 자료: 이재호·정소윤·김정해, 2020.

과 등을 공개하고, 국민과 이해관계자의 충분한 의견을 반영한 뒤 조달청 입찰에 들어갈 수 있도록 해야 한다. 입찰 후 알고리즘을 개발할 때 이들이 지속해서 의견을 제시하고 논의할 수 있도록 모니터링 제도의 활성화도 필요하다.

둘째, AI를 활용할 수 있는 행정 시스템의 인프라를 구축하고, 이에 맞춰 조직을 전환해야 한다. AI를 행정에 활용하기 위해서는 통합된 클라우드 시스템과 실시간 예측 분석 시스템이 필요하다. 과거의 정보와 실시간 정보를 융합해 활용함으로써 정책 환경과 국민의 반응을 즉각적으로 감지하고 대응하는 체계를 확보해야 한다. 아울러 디지털 시스템에 맞게 조직구조를 재편하는 것이 필요하다. 이를 위해서는 한국형 디지털 적합성 모델에 대한 논의가 더 이뤄져야 한다.

셋째, 공무원 대상으로 디지털 역량 강화 교육도 확대할 필요가 있다. 정부 내 AI 활성화를 위해서는 소수의 디지털 분석가를 양성하는 것만으로는 미흡하다. 새로운 시스템 안의 인력이 기본적으로 AI 시스템을 이해하고 있어야 한다. 국가공무원인재개발원, 지방자치인재개발원 그리고 각 지자체 인재개발원의 교육과정에 관련 프로그램을 신설하고, 교육 내용을 재조정하는 방안을 검토해야 한다.

미래 한반도
정치체제 디자인

━━━━━━━ 남북 관계는 급변하고, 따라서 예측도 쉽지 않
다. 통일이 가까이 다가온 미래로 여겨지다가도 어느 순간 먼 미래로 느
껴지기도 한다. 그러나 통일이 되는 미래를 전망하며 정치체제 측면에
서 고민과 상상을 해볼 필요가 있다. 남북이 조선왕조 시대의 정치체제
로 돌아가지 않는 이상 통일 후 한반도의 정치체제는 새롭게 디자인할
수밖에 없기 때문이다. 우리나라의 정치체제는 200년도 더 된 서구의
낡은 시스템일 뿐이다. 오늘날 우리가 사용하고 있는 정치체제는 18세
기에 만들어진 것으로, 21세기의 현실과 조화를 이루지 못하고 있다.
21세기의 기술·문화·사회적 현실과 가치를 반영한 정치체제를 새롭게
설계해야 한다. 이는 미래 통일 한국의 새로운 정치체제를 구상하는 일
이며, 동시에 현재 우리나라 정치체제의 문제점을 보완해 더 나은 정치
체제를 구상하는 일이기도 하다.

남북 체제의 현황과 비교

남북한의 정치체제는 이질적이고 대립적인 여러 이념을 기반으로 성립되었다. 1948년 남한에는 자유를 강조하는 자유민주주의 체제가 수립되었고, 북한에는 평등을 강조하는 사회주의 체제가 수립되었다. 경제적으로는 남한이 시장경제에 입각한 자본주의 체제라면, 북한은 생산수단의 사적 소유를 인정하지 않는 사회주의 체제를 표방하고 있다. 남한의 자유민주주의 체제는 의회민주주의를 기반으로 견제와 균형을 원칙으로 하는 대통령제를 채택하고 있으며, 북한의 사회주의 체제는 중앙집권적 공산당의 정치권력 독점을 그 특징으로 한다. 남북한 정부가 수립된 이후 남과 북은 정치적 환경 변화에 따라 지배구조에 대한 수정과 발전이 몇 차례 있었으나, 남한은 시장경제에 입각한 자유민주주의 체제를, 북한은 통제적 계획경제에 입각한 사회주의 체제를 정치체제의 근간으로 유지하고 있다.

통일 한국을 위한 새로운 정치체제의 비전

지금까지의 통일 전망은 주로 남한의 자본과 기술, 북한의 노동력과 자원을 결합할 때 커다란 시너지 효과를 볼 수 있다는 경제적 관점에 치우쳐 있던 것이 사실이다. 그러나 한반도의 통일이 실현된다면 새로운 정치체제를 설계하는 데 특별하면서도 귀중한 기회를 제공할 것이다. 통일 시점을 30년 후로 상정했을 때, 지금부터 필요한 단계별 목표와 비전을 10년 단위로 설정해본다.

1단계 목표: 미래 통일 한국의 정치체제 구상을 위한 기본 원칙 수립

미래 통일 한국의 새로운 정치체제를 구상하기 위해 세워야 할 첫 번째 기본 원칙은 공유할 수 있는 가치체계와 이념의 정립이다. 기본 이념과 가치의 출발은 무엇보다 인간으로서의 존엄과 자유롭고 평등한 삶의 보장에 있다. 이러한 원칙과 가치를 토대로 통일 헌법과 연계한 정치체제를 구상하는 것이 두 번째 원칙이다. 통일 한국의 정치체제가 절차적 정당성과 당위성을 충족하기 위해서는 통일 헌법 구상과의 연계는 필수다. 세 번째 원칙은 오랜 분단에서 비롯된 남북한의 차이에 대해 인식하는 것이다. 오랜 분단의 역사는 민족의 동질성을 떨어뜨리고 다양한 분야에서 차이를 만들어냈다. 따라서 서로 다른 가치관·세계관·기술 숙련도 등에 대한 차이를 명확히 인식하고, 이를 발전적으로 융합해 정치체제에 녹여내야 할 것이다. 마지막 네 번째 원칙은 21세기의 사상과 기술에 기초한 정치체제의 구상이다. 현재 세계 대부분의 국가와 우리나라의 정치체제는 16세기의 기술과 18세기의 사상에 바탕을 두고 있다. 통일 한국은 낡은 패러다임의 정치체제와 형태를 맹목적으로 복제할 것이 아니라 21세기의 새로운 사상과 최첨단기술을 토대로 새로이 판을 짜는 접근이 필요하다.

2단계 목표: 남북한이 공유할 수 있는 기본 이념과 가치 형성

남북한의 이념과 가치를 간단히 말하면 자유와 경쟁이냐, 평등과 분배냐의 문제로 귀결된다. 이러한 이념과 가치는 18세기 서양에서 발현한 것이다. 물론 이러한 이념과 가치는 지금도 중요하며, 향후 상호 보완적으로 통일 한국의 정치체제에 담아내야 한다. 그러나 다른 한편으로는 근대에 형성된 자본주의, 민주주의, 사회주의 모두 현재 우리가 직면한 여러 난제를 해결하는 데 많은 한계와 문제점을 드러내고 있다. 자본주의의 끝없는 탐욕과 성장 추구는 극심한 양극화와 인류의 지속가능성을 위협하고 있으며, 민주주의도 다수의 횡포와 현세대 중심의 의사결정 구조가 문제점으로 지적된다.

따라서 통일 한국의 정치체제에는 21세기가 요구하는 새로운 가치들을 반영해야 한다. 그중 하나가 바로 '지속가능성'일 것이다. 현재 인류는 기후변화, 환경오염, 자원 고갈 등 지속가능성을 위협하는 많은 요인에 노출되어 있다. 또한 고령화도 지속가능성을 위협하는 요인이다. 특히 남북한의 빠른 고령화 속도는 국가의 재정과 경제를 파탄으로 몰고 갈 수도 있다. 무엇보다도 현세대와 미래세대 간의 공평한 자원 배분에 심각한 왜곡을 가져올 수 있다. 따라서 통일 한국의 정치체제에 세대 간 정의를 포함한 지속가능성의 가치를 반드시 고려해야 한다. 이 외에도 소유에서 공유를 기반으로 하는 '공유의 가치', 사회와 공공의 행복 속에서 개인의 행복을 추구하는 '공공의 가치', 개인의 자유와 공동체적 책임을 동시에 강조하는 '공동체적 가치' 등이 통일 한국의 정치체제에 주요한 이념으로 정착할 필요가 있다.

3단계 목표: 북한 지역의 정당 형성과 선거제도의 도입

미래에는 블록체인과 같은 기술의 발전으로 정치 중개 기관인 정당과 직업정치인이 사라질 것이라는 많은 예측과 논의가 진행되고 있다. 이러한 논의는 오랜 민주주의의 역사와 대의민주제의 한계를 직접 경험한 국가에서 국민의 정치참여 욕구 증대와 함께 나타나는 현상이다. 그러나 자유민주주의를 전혀 경험해보지 못했고, 스스로 대표자를 선출해본 적이 없는 북한 주민들에게 직접민주주의를 통한 정치참여를 요구하면 많은 혼란을 가져올 수 있다. 물론 정치체제의 판을 새롭게 만든다는 측면에서 새로운 실험을 북한 지역에 적용해볼 수도 있으나, 그러기에는 북한 주민들의 민주주의 의식이 뒤처져 있다. 따라서 북한 주민들이 직접 자신들의 대표자를 선출하는 예행연습이 필요하다. 이를 위해 북한 지역에 정당 형성과 선거제도를 도입하는 것을 중장기적 목표로 설정해야 할 것이다.

통일 한국의 정치체제에 관한 미래전략

진정한 통합을 위한 미래 통일 한국의 정치체제는 남북한의 차이를 인정하는 것에서부터 시작해야 한다. 남한의 자유민주주의와 시장경제 그리고 북한의 사회주의가 지닌 각각의 장점을 조화롭게 정치체제 안에 수렴해야 할 것이다. 또 통일 한국의 새로운 정치체제 설계는 21세기의 이념과 가치 그리고 첨단기술에 기초해야 한다. 이러한 과정을 통해 지구상의 그 어느 나라도 아직 구현하지 못한 새로운 정치체제가 한반도에서 출현할 수 있어야 한다.

1단계 전략: 남북한 정치체제가 지닌 장점의 조화로운 조합

남북한 국민이 공유할 수 있는 가치체계와 이념을 정립하기 위해 사회주의가 강조하는 평등과 자유주의가 강조하는 자유를 적절하게 조화시키는 전략을 모색해야 한다. 자유와 평등은 인류의 가장 보편적 가치로 여겨지고 있으나, 한편으로는 상호 보완적이면서도 상충적이라는 딜레마를 가지고 있다. 개인의 자유가 확대되면 사회적 평등은 축소되고,

사회적 평등이 확장되면 개인의 자유는 위축되기 때문이다. 1991년 소련 붕괴 이후의 체제 전환 국가나 북유럽의 사민주의社民主義 사례들을 검토해 남북한이 공유할 수 있는 최적의 가치와 이념을 도출할 필요가 있다. 특히 남북한의 차이를 명확하게 인식하기 위해 북한 지역의 면밀한 실태조사를 선행해야 한다.

또 21세기의 사상과 기술에 기반을 둔 정치체제를 구상하기 위해서는 현재 급속하게 발전하고 있는 최신 기술들의 정치적 활용 방안에 대한 연구를 수행해야 한다. 아울러 뉴턴역학에서 파생된 기계론적 세계관과 계몽주의에서 파생된 합리주의를 대체할 수 있는 새로운 세계관과 이념을 연구하고, 이를 정치체제에 적용할 방안을 찾아야 할 것이다.

2단계 전략: 다양한 민주적 가치의 우월성 증명

북한 주민들을 포용하고 진정한 사회통합을 이루기 위해서는 남한의 경제적 우월성보다는 남한이 가지고 있는 다양한 민주적 가치를 보여주는 것이 필요하다. 이러한 가치에는 자유와 민주적 가치를 비롯해 지속가능성, 공유와 공공, 공동체, 세대 간 정의 등의 가치가 포함될 수 있다. 사회주의 주체사상에 물들어 있는 북한 주민들에게 이러한 가치들은 매우 생소할 수 있으며, 당장은 동의하거나 공유하기 어려울 수도 있다. 따라서 북한 주민들에게 다양한 가치를 확산하고 공유하기 위해서는 교육적 방안을 마련하는 것뿐 아니라 건강한 공론 문화를 조성해 토론과 합의의 기회를 확대해나가야 한다.

3단계 전략: 원만한 통합을 위한 최적의 정치체제 모색

미래 통일 한국의 정치체제와 관련해 완전한 통일부터 연방제, 내각제, 대통령제 등에 이르기까지 다양한 형태가 논의되고 있다. 남북 연합이나 연방제같이 하위 단위의 자율성을 보장하는 것도 고려할 수 있으나, 완전한 통일을 전제로 할 때 정치체제를 대통령제로 할 것인지, 의원내각제로 할 것인지 혹은 이원집정부제로 할 것인지에 대한 문제가 남는다. 의회제도 또한 단원제로 할 것인지, 양원제로 할 것인지에 대한 문제도 고려 대상이다.

그러나 어떤 방식을 채택하든 정당의 역할이 중요하다. 정당은 계층·지역·나이·성별 등 다양한 사회의 이해관계자들을 대변하고, 또 이를 정치제도권 안으로 흡수하는 역할을 한다. 문제는 북한이 정당정치를 전혀 경험해보지 못했다는 데 있다. 따라서 초기에는 남한 정당의 주도하에 북한 주민들을 기존 남한 정당에 편입시키거나, 필요하다면 북한 지역을 기반으로 한 새로운 정당을 창설하는 것도 고려할 수 있다.

한편 통일 의회를 단원제로 운영할 경우 인구가 남한의 절반밖에 되지 않는 북한은 지역 기반의 이해관계가 걸린 사안에 대해서는 절대적으로 불리할 수 있다. 따라서 양원제로 전환해 남한과 북한에 동등한 정치적 대표성을 보장할 필요가 있다. 하원은 인구수에 비례해 의원을 선출해 남북의 전반적 이해를 대변하도록 하고, 상원은 남북 동수로 의원을 선출해 북한의 지역 대표성을 강화하도록 하는 것이다. 양원제에 더해 하원, 중원, 상원으로 구성된 3원제를 운영하는 것도 또 다른 방안이다. 3원제는 '세대 간 정의'라는 가치의 정치적 실현을 목적으로 한다. 예를 들어 하원은 현세대를 대표하고, 중원은 지역을 대표하며, 상원은 미래세대를 대표하도록 하는 식이다.

최종 단계 전략: 온·오프라인 조합으로부터 '정부 없는 지배구조'로

미래 통일 한국의 정치 시스템 아래에서는 우선 온라인 시민참여 플랫폼과 오프라인 기존 정당의 조합을 구상해볼 수 있다. 이러한 정당은 기존의 규칙에 따라 행동하되 시민과 협력해 의회에서 결정을 내리는 방식을 따른다. 아르헨티나의 정당 '넷 파티Net Party(El Partido de la Red)'가 이러한 조합의 대표적 사례라고 할 수 있다. 이 정당은 토론 플랫폼을 통해 토론하고 온라인상에서 투표할 수 있다. 스페인의 정당 포데모스의 '아고라 보팅Agora Voting'도 블록체인을 기반으로 한 전자투표 시스템을 활용하고 있다.

'정부 없는 지배구조'에 대한 실험도 제안해볼 수 있다. 신뢰의 기술이라고도 불리는 블록체인 기술은 중재자 없이 거래나 계약을 진행할 수 있으며, 분산화된 장부 형태로 기록되어 중앙집중형 정부보다 안전하다. 즉 블록체인 기술을 토대로 금융거래가 이뤄진다면 중앙의 신뢰할 수 있는 기관이 필요 없게 된다. 블록체인의 작동 원리는 중앙정부에도 충분히 적용할 수 있다. 블록체인 기술을 활용한 '탈중앙화된 자율 조직Decentralized Autonomous Organization'은 경영자 없이도 회사 조직을 운영할 수 있게 하는 시스템이다. 탈중앙화된 자율 조직 방식을 정부에 적용할 경우 국가의 국정 방향을 국민이 직접 결정할 수 있게 될 것이다. 행정부가 시스템의 실행을 주관하고, 사법부가 이를 감시하는 구조가 된다면 굳이 기존 정부와 같은 거대 조직은 필요 없을 것이다. 의회와 정당이라는 정치 중개 기관도 물론 필요 없게 될 것이다. 다만 국민이 자율적 방식으로 국정 방향을 결정하는 것은 포퓰리즘의 함정에 빠질 우려를 안고 있다. 따라서 국민 모두가 합리성과 전문성을 더욱 확고하게 갖추고 있어야 한다는 전제가 있다.

포스트 코로나 시대의 안보 협력

인류 역사상 수없이 발생한 전쟁은 영토의 확장과 물적·인적 자원 확보 그리고 이를 통해 주변국과 국제사회에서 정치·경제적 우위를 달성하기 위한 패권 경쟁의 도구로 활용되었다. 그러나 근대 이후 발생하기 시작한 테러리즘은 국경선을 지키는 국토방위라는 전통적 안보 개념을 깨뜨려왔고, 시공간적 전선戰線의 불확실성을 통해 그 대상 범위의 다양성과 위협성을 드러내고 있다. 전선이 아닌 거의 무방비 상태의 도시 한복판에서 발생하는 대규모 인명과 시설 피해를 가장 상징적으로 보여주는 사례가 2001년 발생한 9·11 테러 사건이다. 이 사건은 비전투 요원인 국민이 위험에 직접 노출되는 상황으로 악화되었다. 9·11 테러 사건 이후 대량살상무기인 핵무기와 화학무기, 생화학무기에 의한 테러리즘의 공포가 고조된 것이 사실이다. 이런 가운데 코로나19 사태는 전통적 국가안보 패러다임을 또 한 번 깨뜨리며 새로운 시사점을 던져주고 있다.

전통적 국가안보 패러다임의 변화

전 세계적인 팬데믹 현상을 군사적 활동 영역에서 다시 생각해보자. 만일 특정 국가나 지역에 바이러스에 의한 공격이 발생하면 어떻게 될까? 그 행위에 대한 직접적 증거불충분으로 공격 행위자를 쉽게 확인할 수 없을 뿐만 아니라, 공격받은 국가는 단순히 군대만이 아닌 국가 시스템 자체가 마비되는 혼란에 빠질 수 있다. 이번 코로나19 사태로 인류가 체험하게 된 사실이다.

우리나라는 그동안 막대한 국방 예산을 투입해 공중 급유기 도입, 이지스Aegis 시스템 구축함 건조, F-35A 스텔스 전투기 도입 등 외형적으로는 더 높은 수준의 선진 국방력을 갖추게 되었다. 재래식 무기를 이용한 공격 행위에 대한 조기경보 및 대응능력은 어느 정도 축적했다고 볼 수 있다.

그러나 세균이나 바이러스를 이용한 공격이 발생할 경우 과연 조기경보나 대응이 똑같이 가능할까? 첨단 과학·의학 기술을 악의적으로 활용해 생물학무기를 개발한다면 어떻게 될까? 생물학전의 위험은 결코 한 지역이나 한 국가의 문제가 아닐 것이다. 생물학무기의 특성상 직간접 전파와 감염으로 피해 범위가 클 수밖에 없다는 것이 이번 코로나19 사태를 통해 충분히 증명되었다. 다시 말해 전통적 안보 개념에 머물러서는 안 되며, 이에 맞춰 국가안보 시스템도 변화해야 한다는 의미다.

국제 협력 관계의 변화 양상

국제관계에서 안보 개념은 세력 균형Balance of Power에서 집단안전보장Collective Security으로 변화한 지 오래되었다. 1990년 이후부터는 공동안보Common Security, 포괄적 안보Comprehensive Security, 인간 안보Human Security 등의 개념도 등장했다. 국가 중심의 군사안보에서 나아가 식량, 보건, 환경, 개인, 정치 등 인간의 자유를 보장하기 위한 기본 요건을 주목하면서 안보 개념이 확대된 것이다.

우리나라 역시 동아시아 권역에서 아시아태평양경제협력체APEC, 동아시아정상회의EAS, 아세안지역안보포럼ARF 등 다양한 종류의 협의체에 가입하고 있다. 그러나 각각의 국가가 처한 상황과 이해관계는 복잡하다. 인종·종교·문화 측면에서 다양하기 때문이다. 지금까지 아시아 권역 내 주요 갈등은 한중 간의 이어도 영유권 문제, 한일 간의 동해 명칭 문제와 독도 영유권 문제, 중일 간의 센카쿠열도(댜오위다오) 영유권

| 표 15 | 아시아 지역 국제 협력 기구

구분	출범 시기	참여국
APEC	1989년	• 한국, 미국, 일본, 호주, 뉴질랜드, 캐나다, 말레이시아, 인도네시아, 태국, 싱가포르, 필리핀, 브루나이, 중국, 홍콩, 대만, 멕시코, 파푸아뉴기니, 칠레, 러시아, 베트남, 페루
ASEAN+3	1997년	• ASEAN, 한국, 중국, 일본
EAS	2005년	• ASEAN+3, 호주, 뉴질랜드, 인도, 미국, 러시아
ARF	1994년	• ASEAN 대화 상대 10개국(한국, 미국, 일본, 중국, 러시아, 호주, 캐나다, 뉴질랜드, 인도, EU 의장국)+기타 7개국(몽골, 파푸아뉴기니, 북한, 스리랑카, 파키스탄, 방글라데시, 동티모르)

문제, 러일 간의 쿠릴열도 반환 문제, 그리고 남중국해의 시사군도·난사군도 등을 둘러싼 동남아시아 국가들과 중국 간의 영유권 문제 등 해양 안보 측면에서 발생해왔다. 게다가 최근 들어서는 미국의 '인도-태평양 전략Indo-Pacific Vision'과 중국의 '일대일로一帶一路, One Belt-One Road' 정책의 충돌도 가시화되고 있다.

이처럼 각국의 서로 다른 관심과 이해관계의 차이는 즉각적 대응의 한계로 이어진다. 공동 대응보다는 긴장을 낮추는 수준의 관리가 더 현실적으로 인식되는 이유이기도 하다. 그러나 코로나19는 전 세계적 공동 대응의 필요성을 다시 강조하고 있다. 한편에서는 국경 봉쇄와 같은 폐쇄정책이 나오기도 하지만, 기후 환경 관련 문제에 대응하는 것과 마찬가지로 전 세계의 공동 대응이 필요하다는 것에도 공감대가 형성되고 있기 때문이다. 비전통적 안보 분야의 협력이 필요해진 이러한 모멘텀을 놓치지 말고 글로벌 다자 협력 체계 구축에 대한 논의를 이어가야 한다.

코로나19 이후의 국경 폐쇄 또는 다자 협력

코로나19의 공격은 국가안보의 개념을 변화시키는 것은 물론, 국가 간 관계의 본질까지 되묻고 있다. 코로나19가 전 세계로 퍼져나간 데는 자유로운 이동을 가능케 한 세계화가 한몫했다. 이에 따라 국경을 폐쇄하고 각자도생의 방식으로 대응한 사례는 이번 코로나 팬데믹 사태에서도 쉽게 찾을 수 있다. 사실 자국우선주의 분위기는 코로나19 사태 이전부터 시작됐다. 미중 패권 경쟁으로 보호무역주의 노선이 강화되면서 다자 협력 체계에 균열을 만들어온 것이다. 특히 코로나19 사태 이후에는 발생의 책임을 둘러싸고 미중 간의 힘겨루기도 이어졌다. 그동안 세계질서를 주도해온 미국과 중국이라는 G2의 대결이 국제공조 체제를 흔드는 요인이 된 셈이다. 나아가 코로나19 대응 과정에서 기존에 쌓아온 선진국의 이미지를 여지없이 무너뜨린 유럽 국가들의 낮아진 신뢰도도 국제 협력의 공백을 초래하고 있다.

이렇듯 전 세계를 강타한 코로나19는 기존의 국제질서를 변화시켰다. 미중의 갈등 격화로 신냉전이 도래하고, 세계화는 후퇴되는 분위기다. 글로벌 공급사슬이 깨지며 탈세계화로 이어질 수도 있다. 국경 봉쇄가 보여주었듯 생명을 위협하는 감염병 위기 속에서 국가 간 이동과 통합이 어려울 수도 있다는 예측도 나온다. 또 국가 내부적으로는 감염병 확산을 막기 위한 '큰 정부'에 권력이 집중되면서 신국가주의가 부상하고, 국가 외부적으로는 G2의 영향력 하락과 함께 WHO와 WTO 등 국제기구의 위상 하락이 나타나고 있다.

그러나 다른 한편으로는 국가 간 다자 협력의 필요성이 더욱 강조되는 시점이라고도 볼 수 있다. 한 국가의 힘만으로는 바이러스 공격에 대응할 수 없기 때문이다. 코로나 백신 개발과 치료제 연구를 위해 여러 국가가 협력하고 있는 것은 이러한 필요성을 인식한 데서 나온 결과다. 유엔개발계획UNDP, WTO 등 관련성이 높은 국제기구 간 협력 네트워크의 구축과 함께 적십자, 국경없는이사회 등 비국가 행위자이자 다양한 이해관계를 지닌 주체들 사이에서 글로벌 거버넌스 구축에 대한 논의도 이뤄지고 있다.

우리나라는 수출 중심 구조인 점에서도 국제 협력 관계의 구축은 변함없이 중요한 부분이다. 한편으로는 이번 코로나19 위기가 국제관계 측면에서 우리나라에 새로운 기회가 될 수도 있다. 세계로부터 성공적인 코로나19 대응 사례로 평가받고 있는, 이른바 K-방역의 경험을 통해 한국 주도의 다자 협력 질서를 만들어갈 수도 있기 때문이다. 실제로 한국 정부는 이번 코로나19 방역 경험을 공유하길 희망하는 국가에 적극적으로 협력하는 것은 물론이고, 한국이 주도하는 보건 안보 우호 그룹Friends Group이 유엔에서 출범하기도 했다. 그 과정에서 중견국으로서 한국의 적극적 역할이 요구된다. 다자 협력 구조에서 선진국과는 우리나라의 정보와 경험을 공유하고, 개발도상국에는 기술을 이전해주는 식으로 협력하며 다각적 역할을 해나가야 한다.

코로나19 사태가 가중시킨 세계적 리더십의 부재나 바이러스 공격의 불확실성으로 협력적 안보 관계 구축이 더욱 어려워진 것도 부인할 수 없다. 그러나 그 어느 때보다 국제공조가 필요한 점을 인식하고 다자 협력 관계를 강화해야 한다.

안보 분야 확대와 다자 안보 협력 체계 강화

그동안 다자 안보 협력은 군사, 정치, 사회, 경제, 환경, 테러, 마약, 사이버 등 다양한 종류의 지역 분쟁 원인을 제거하는 예방외교에 치중해왔다. 지역 안보 협의체에 참여하는 국가 간 신뢰와 투명성을 쌓는 데 그 목적을 둔 것이다. 그러나 포스트 코로나 시대에는 통제 가능한 수준의 일반적 협력 분야를 뛰어넘어 세균이나 바이러스 공격에 공동 대비하는 등 인류의 생존과 연계한 다자 안보 협력 체계를 구상하는 것이 필요하다.

따라서 다자 안보 협력 정책은 실효적 국익 보호라는 점을 현실적으로 재인식하는 데서 출발할 필요가 있다. 미국 주도의 인도-태평양 전략과 중국 주도의 일대일로 정책이 충돌하는 상황에서도 완충 역할을 해내며, 우리의 국익을 극대화하는 방향으로 외교 전략을 짜야 하는 것 역시 이러한 맥락에서다.

아세안 국가들과의 다자 안보 협력 체계인 아세안+3 내에서 한국의 역할과 위상을 공고히 하는 정교한 접근 전략도 수립해야 한다. 예를 들어 K-방역 능력을 토대로 아세안 국가들에 교육 훈련, 인력 파견, 장비 제공 등을 실행하는 인도적 행위를 확대함으로써 많은 국가와 협력을 증진해야 한다. 아세안확대국방장관회의ADMM-Plus의 주요 의제에 사이버테러 위협 제거, 재난 구호 활동, 마약 퇴치, 평화 유지 활동 등 통상적 수준의 안보 협력 활동뿐 아니라 생물학전 위협에 대한 대응력 강화도 추가해 공조 체제를 만들어가야 한다. 안보 협력 차원에서 'K-방역 모델'을 국제표준으로 체계화하는 것도 적극적으로 추진해야 한다. 검사·확진 → 역학조사·추적 → 격리·치료로 이어지는 절차적 시스템이나 이동형 선별진료소와 생활치료센터 운영 모형 등을 매뉴얼로 만들 수도 있을 것이다. 새로운 국제질서의 변화를 감지하고 선제적으로 적응해가는 것은 결국 우리나라의 리더십 확보와 국가 경제 부흥으로 연결될 것이다.

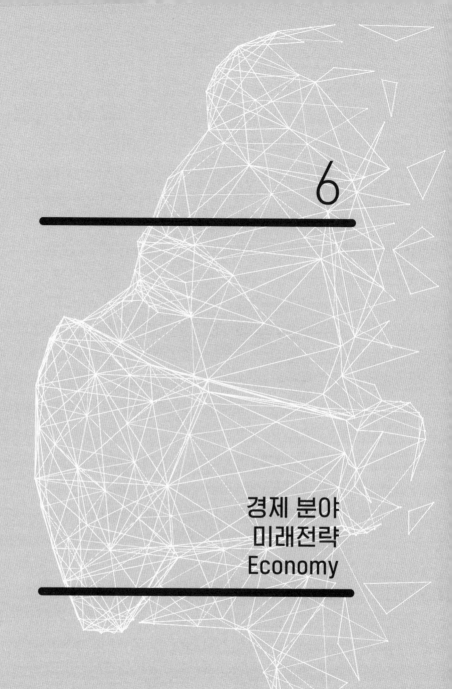

6

경제 분야
미래전략
Economy

KAIST Future Strategy 2021

+

+

+

+

+

+

+

데이터 경제의 심화

━━━━━━━━ 데이터 경제는 '데이터의 활용이 다른 산업 발전의 촉매 역할을 하고 새로운 제품과 서비스를 창출하는 경제'로 정의된다. 데이터 경제라는 개념은 시장조사 기관 가트너의 보고서(2011년)에 처음 등장한 것으로 알려져 있다.[131] 경제학 교과서에서는 생산의 세 요소를 '토지, 노동, 자본'이라 규명하지만, 이는 농경사회나 공업사회에나 어울릴 법한 이야기가 되고 있다. 우리는 현재 토지보다 '데이터'가, 노동보다 '기술'이 더 중요해진 데이터 경제 속에서 살아가기 때문이다.

데이터 시장은 비약적으로 성장하고 있다. 데이터 생태계는 1) 데이터를 생산·수집하고, 2) 가공·유통하며, 3) 활용함으로써 경제적 효용을 창출하는 가치사슬 체계로 구성되어 있다. 경제적 효용에는 기존 산업을 혁신하거나 신산업을 창출하는 것 등이 포함된다. 시장조사 기관 인터내셔널데이터코퍼레이션IDC은 국내 데이터 시장이 2022년까지 연평균 10.9% 성장해 약 2조 2,000억 원 규모에 이를 것으로 전망한 바 있다(2019년). 데이터를 활용하기 위해 요구되는 하드웨어와 소프트웨어 시장도 확대되고 있지만, 데이터를 분석하고 활용하는 서비스의 시장이 급성장할 것으로 내다봤다.

세계 주요국들의 데이터 경제 패권 경쟁

미국은 2016년 '빅데이터 연구개발 전략'과 '국가 AI 연구개발 전략'을 발표하며 세계 최고의 경쟁력을 보유하기 위한 선제적 움직임을 펼치고 있다. 구글은 AI 기반 검색 최적화, 대화형 AI, 고성능 AI 데이터 처리 칩TPU, 자율주행차 등 미래 신산업에 활용될 AI 기술을 확보하는 데 주력하고 있다. 캐글Kaggle과 같은 데이터 과학 관련 스타트업을 인수하는 등의 행보도 주목할 만한 점이다. 아마존은 고객 데이터와 AI를 기반으로 맞춤화된 자동 배송 서비스를 제공하는 새로운 비즈니스 모델을 제안하는가 하면, 스마트 스피커 '아마존 에코Amazon Echo', 무인점포 '아마존 고Amazon Go', AI 기반 클라우드 등의 사업 영역을 고도화하고 있다. 마이크로소프트는 5,000명 이상의 컴퓨터과학자와 엔지니어가 참여하는 AI 비즈니스 조직을 도입하고, 데이터와 AI 기반의 클라우드 시스템 '애저Azure'를 강화하고 있다.

유럽연합도 2017년 '데이터 경제 육성 전략'을 발표하고, 2018년에는 개인 데이터 보호를 강화하기 위해 '일반개인정보보호법GDPR' 시행에 들어갔다. 또 AI 산업을 육성하기 위해 민관 합동으로 200억 유로(약

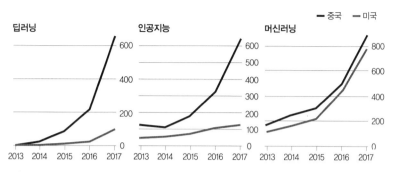

| 그림 7 | 미국과 중국의 AI 관련 특허 공개 추이(건)

딥러닝　　　　　　인공지능　　　　　　머신러닝

━ 중국　━ 미국

• 자료 : CB Insights, 2019.
• 유럽특허청에 공개된 특허의 표제 및 초록 내 키워드 검색 건수 기준.

26조 원)의 투자 계획을 이행 중이다. 일본도 2017년 '미래투자전략'을 발표하며 데이터와 AI 중심 산업을 선도할 방향성을 마련했고, 2019년에는 'AI 종합 전략'을 통해 데이터 개방 및 AI 상용화를 추진하기 위한 로드맵을 계획했다.

중국은 더 앞서가는 모습이다. 2015년 '빅데이터 발전 촉진 행동 요강'을 발표하고, 2017년 '빅데이터 산업 발전 비전'과 '차세대 AI 발전 계획'을 발표했다. 중국 정부는 2030년까지 AI 핵심 산업을 1조 위안(약 172조 원) 규모로 육성하고자 계획하고 있다. 알리바바는 빅데이터를 활용해 소비자들의 구매심리를 자극할 수 있는 최적의 광고 시간대를 찾는 등 데이터 기업으로의 성장세가 괄목할 만하다. 중국의 AI 관련 특허출원 및 공개 건수는 이미 미국을 압도하고 있다. 중국은 딥러닝과 AI 분야는 물론이고, 머신러닝 분야에서도 미국을 바짝 추격하고 있다.

한국의 데이터 경제, 어떻게 이행하고 있나

한국 정부는 2018년 8월 데이터 경제로의 전환을 선언했으며, 과학기술정보통신부는 2019년 1월 '데이터·AI 경제 활성화 계획'을 발표한 바 있다. 데이터의 수집·유통·활용에 이르는 가치사슬 전 주기를 활성화하는 한편, 세계적 수준의 AI 혁신 생태계 조성 및 데이터와 AI 간 융합을 촉진한다는 계획이다. 또한 2023년까지 국내 데이터 시장을 30조 원 규모로 성장시키고, AI 유니콘기업 10개 육성을 목표로 세웠다. AI 융합 클러스터를 조성하고, 전문 인력 1만 명을 양성하는 것도 포함하고 있다.

특히 데이터 3법, 즉 개인정보보호법, 정보통신망법, 신용정보법의 개정은 데이터 경제로의 전환에 교두보 역할을 할 것으로 보인다. 2020년 8월 데이터 3법이 시행됨에 따라 데이터 경제에 적합한 제도적 기반이 마련된 것이다. 무엇보다도 가명정보(추가 정보 없이는 특정 개인을 알아볼 수 없는 정보) 개념을 도입해 다른 데이터와 결합이 가능하도록 함으로써 데이터의 산업적 활용 가능성이 크게 높아졌다. 기업들은 금융, 소비, 의료, 에너지, 교통 등의 다양한 데이터를 결합해 마케팅, 제조, 재고관리 등에 활용할 수 있게 된다.

규제 산업으로 일컬어지던 금융산업에도 변화가 나타나고 있다. 2019년 12월 오픈뱅킹 서비스가 은행뿐만 아니라 핀테크 사업자에게까지 전면 확대되었다. 소비자 입장에서는 하나의 앱으로 거래하고 있는 모든 은행의 계좌를 관리할 수 있게 된 것이다. 아파트 관리비 앱이나 가계부 관리 앱에서도 은행 거래 내역을 확인할 수 있다. 금융위원회는 모바일과 인터넷 외에 현금자동입출금기ATM·점포 등 오프라인 채

널을 통한 오픈뱅킹 서비스를 허용하는 것도 검토 중이며, 오픈뱅킹 참여 기관도 저축은행·우체국 등 제2금융권으로 확대해나갈 것으로 보인다.

더불어 '마이데이터' 산업이 금융 데이터 활용의 핵심 축으로 부상할 것으로 보인다. 마이데이터는 데이터에 대한 권한을 정보 주체인 개인에게 부여한다는 것이 골자다. 개인은 '정보 이동권Right to Data Portability'을 가지며, 개인이 데이터 개방을 요청힐 경우 기업은 보유한 데이터를 제삼자에게 개방하는 것을 의미한다. 마이데이터 산업을 활성화함에 따라 소비자는 금융회사 등에 흩어져 있는 자신의 다양한 정보를 한눈에 파악하는 것은 물론, 쉽게 관리할 수 있게 된다. 은행, 보험회사, 카드회사, 증권회사 각각에 접근할 필요 없이 손안에서 관리할 수 있는 '포켓금융pocket finance' 환경이 조성되는 것이다. 다양한 맞춤형 금융상품도 등장할 것이다. 은행 데이터 개방에 한정된 오픈뱅킹에서 한 단계 나아간 제도로 볼 수 있다.

'마이페이먼트My Payment' 산업은 금융, 유통, 통신, 미디어, 제조 등과 같은 다른 산업과의 경계를 허물어뜨릴 것으로 전망된다. 데이터 3법 개정을 통해 마이데이터 산업을 육성하기 위한 기반을 마련했다면, 금융위원회는 전자금융거래법 개정을 통해 마이페이먼트 산업을 도입할 계획이다. 마이페이먼트는 결제 자금을 보유하지 않고도 이용자의 지시에 따라 결제 서비스를 제공하는 '지급 지시 서비스업PISP'을 가리킨다. 결제 자금을 보유한 상태에서 결제 서비스를 제공하는 신용카드업과는 성격이 다르다. IoT 냉장고가 식자재 주문과 결제를 진행하거나 AI 스피커가 송금과 결제를 이행하는 것과 같이 비금융회사의 간편결제 서비스 도입이 가속화될 전망이다.

데이터 경제를 선도하는 기업들과 데이터 자산

나이키는 IoT 기술을 토대로 운동화 깔창에 부착한 센서를 이용해 바이오 빅데이터를 수집하고, 이를 실시간으로 분석해 헬스케어 서비스로 연결시킨다. 기존의 의료기관이 질병 발병 후 진단 과정을 거쳐 치료와 처방을 해주는 서비스와는 다른 모습이다. 비자카드는 위치에 기초한 빅데이터를 이용해 소비자의 소비 패턴을 예측하고, 실시간으로 맞춤화된 디지털 쿠폰을 발급해준다. 카드 발급 시 제공하는 종이 쿠폰은 소비자에게 전혀 유용하지 않거나 필요에 부합하지 않은 경우가 많은데 이와는 다른 모습이다.

카카오뱅크는 SNS상의 비정형 데이터를 활용해 고객의 채무 상환 태도를 평가하고, 실시간에 가까운 대출 서비스를 제공한다. 기존 금융회사들이 원천징수 영수증이나 재직증명서 같은 서류를 요청한 뒤 수일 동안 채무 상환 능력과 신용도를 평가하는 것과는 다르다. 또 티맵은 속도·급가속·급감속 등의 운전 행태 빅데이터를 수집·분석해 '운전 습관' 점수를 산출하고, 소비자의 동의하에 DB손해보험·KB손해보험 등과 공유해 보험료 할인 혜택을 제공한다. 운전자의 사고율이나 주행거리 등을 무시한 채 서비스를 제공하는 보험 가입 과정과는 역시 다른 모습이다.

이 밖에도 온도·습도 등의 작황 환경 데이터를 활용해 농장을 관리하는 스마트팜은 1차 산업으로 불리는 농업의 모습을 바꿔놓았다. 작업 공정의 다양한 센서를 통해 수집한 실시간 데이터를 활용해 적정 재고 수준을 유지하고 제품 품질을 관리하는 스마트팩토리는 2차 산업, 즉 제조업의 모습을 변화시켰다. 또 가정의 라이프스타일 빅데이터를 이용하는 스마트홈, 도로 내 다양한 인프라나 다른 자동차들과 실시간으로 빅데이터를 교환하는 자율주행차 등에 이르기까지 빅데이터는 기업들의 경쟁력을 결정하는 가장 중요한 생산요소가 되고 있다.

이처럼 데이터는 이제 빠질 수 없는 생산요소가 되었다. 앞으로 데이터 경제는 더욱 확대될 것이며, 데이터 경제 생태계에서 배제되지 않으려면 데이터 마인드를 지녀야 한다. 이를 위해서는 첫째, 빅데이터가 어떤 분야에서 활용될지 이해해야 한다. 사실 활용될 분야는 '전부'다. 기업들 스스로 각각의 산업 분야에서, 만드는 제품이나 제공하는 서비스에서 어떻게 빅데이터를 활용해 어떤 혁신을 소비자에게 제공할 수 있을지 고민해야 한다.

둘째, 가용할 만한 데이터를 축적해야 한다. 기업들이 활동하는 모든 순간에 정형 혹은 비정형 데이터가 생성되게 마련이다. 어떤 데이터를 축적할 수 있는지, 그러한 데이터를 어떻게 효율적으로 축적할 수 있을지를 검토해야 한다. 기업의 여건에 맞는 데이터 수집·저장·분석 체계를 수립하는 것이 필요하다.

셋째, 산업 간의 경계가 허물어지고 있음을 예의 주시해야 한다. 비금융회사는 독자적인 빅데이터 플랫폼을 활용해 금융 서비스를 제공할 수 있다. 금융회사들은 마이데이터와 마이페이먼트 라이선스를 취득하고, 비금융 데이터를 활용한 비즈니스 모델을 구축해야 한다. 제도·정책·규제의 변화를 추적하면서 새롭게 진출할 수 있는 유망 사업 영역을 발굴하는 노력도 요구된다.

핀테크를 통한
금융의 스마트화

━━━━━━━ 코로나19는 언택트 사회로의 전환을 앞당겼다. 선도 기업들은 다양한 산업에 걸쳐 디지털 기술을 활용해 대면으로 전달하던 서비스를 비대면화하고 있다. 그런 과정에서 빅테크 기업들은 산업의 경계를 넘나들며 다양한 비즈니스를 영위하기 시작했으며, 금융 서비스는 이제 더 이상 기존의 금융기관만이 영위하는 전유물이 아니게 되었다. 대출·송금·지급결제·자산관리·보험 등과 같은 금융 서비스가 언번들링unbundling, 즉 해체되면서 플랫폼 기업들이 일부 금융 서비스를 기존 금융회사보다 더 경쟁력 있게 전달하기 시작했다. 핀테크가 금융 패러다임을 바꿔놓고 있는 것이다.

핀테크의 등장과 확산

핀테크는 금융finance과 기술technology의 합성어로, 스마트 기술을 금융에 적용한 새로운 서비스를 의미한다. 아마존이라는 온라인 서점이 여타 오프라인 서점보다 강력한 경쟁력을 확보한 것처럼 스마트 기술을 기반으로 하는 핀테크는 기존의 금융을 대체해가고 있다. 아마존은 오프라인 서점과 경쟁하기 위해 이른바 '롱테일long tail' 고객을 공략했다. 진열 공간의 한계로 기존의 오프라인 서점은 많이 팔리는 제품에 집중하는, 흔히 80 대 20 법칙이라 불리는 '파레토 법칙Pareto Rule'을 영업 방식에 적용했다. 그러나 아마존은 오프라인 서점이 공간의 제약으로 제공하지 못하는 책이나 소량만 팔리면서 상대적으로 주목받지 못하는 책에 주력하는 영업을 통해 수익을 올렸다.

핀테크 금융도 마찬가지로 소규모 거래에서 시작해 기존의 금융을 조금씩 파고들고 있다. 스마트 플랫폼에 의한 거래비용의 격감 덕에 저비용으로 롱테일 고객에게 접근하게 된 것이다. 이러한 형태의 핀테크 기업은 실시간 저비용으로 직접 거래할 수 있는 P2P 네트워크를 통해 경쟁력을 높이고 있다. 고객 간의 연결 비용을 감축하는 플랫폼 기업들은 결제, 대부, 소액 투자, 환전, 보험, 송금 등의 다양한 서비스 플랫폼을 제공하기 시작했다.

또 다른 핀테크 기업은 기존에는 불가능했던 개별 고객의 가치와 위험 분석을 저비용으로 실시간 제공한다. 바로 빅데이터 기반의 플랫폼 기업들이다. 개별 고객의 비정형 빅데이터를 분석해 기존에는 불가능하던 고객별 최적의 맞춤 서비스를 제공하게 된 것이다. 자산관리 서비스, 맞춤 대출, 투자 분석 등을 거쳐 이제는 은행 업무 전반을 제공하는 수준으로 진화하고 있다. 빅데이터 플랫폼 기업들은 AI를 무기로 새로운 핀테크 영역을 개척해가고 있다.

금융의 본질은 가치와 위험 분석에 있다. 대출이자보다 위험도가 낮으면 금융기관은 이익을 얻는다. 그런데 담보대출의 관행에 젖은 한국의 은행들은 그동안 위험 분석 기법을 제대로 다지지 못했다. 그 틈새를 서비스 플랫폼과 빅데이터 플랫폼으로 무장한 핀테크 기업이 파고들고 있는 셈이다.

핀테크 산업 현황

금융위원회와 한국핀테크지원센터가 함께 펴낸 〈한국 핀테크 동향 보고서〉(2019년)에 따르면 전 세계 핀테크 산업 투자 건수는 2009년 366건에서 2018년 2,966건으로 늘어 연평균 26.2%의 증가율을 보였다. 투자 규모도 2009년 40억 5,000만 달러에서 2018년 1,257억 달러로 연평균 46.5%의 증가세를 나타냈다. 또 금융감독원이 발표한 〈글로벌 핀테크 10대 트렌드 및 시사점〉(2019년)에 따르면 글로벌 핀테크 시장에서는 기업 간 인수합병을 중심으로 핀테크 기업에 대한 투자가 늘고 있으며, 2019년 1월 기준 시장가치가 1조 원이 넘는 핀테크 유니콘 기업은 39개로 집계됐다. 이들 유니콘기업은 미국, 유럽, 중국 등에 주로 몰려 있는 것으로 조사됐다.

KPMG인터내셔널과 핀테크 벤처 투자 기관인 H2벤처스의 보고서 (2019년)에 따르면 세계 100대 핀테크 기업의 서비스 분야는 P2P 금융과 지급결제, 자산관리, 보험, 자금조달, 사이버 보안, 블록체인, 디지털 통화, 데이터 분석 등으로 나뉘었다.

핀테크 산업에 많은 관심을 기울이고 있는 국가로는 영국, 미국, 싱가포르, 중국 등이 있다. 영국의 경우 금융에 대한 이해, 인터넷 산업의 발달, 2008년 금융위기 이후 유휴 인력으로 남아 있던 금융 전문 인력 그리고 정책과 금융, 기술 등의 인프라가 런던이라는 한 도시에 집약돼 있는 지리적 배경으로 핀테크 최적지라는 평가를 받고 있으며, 정부의 지원 또한 다양하다. 미국은 실리콘밸리와 월스트리트의 경쟁 구도를 바탕으로 새로운 산업을 창조해온 경험과 자본을 가지고 있다. 아시아 금융의 허브를 꿈꾸는 싱가포르도 국가 역량을 동원해 핀테크 산업을 지원하고 있다. 세계 최대의 인구를 가진 중국에서는 국가의 정책적 지원 아래 알리바바와 텐센트 등 주요 ICT 기업을 중심으로 핀테크 관련 사업이 늘어나는 추세다.

큰 시장을 가진 중국과 미국이 신산업에서도 유리한 것은 당연하다. KPMG인터내셔널과 H2벤처스가 선정한 '2019 세계 100대 핀테크 기업' 순위에 따르면 중국 알리바바 그룹 자회사인 핀테크 기업 앤트파이낸셜Ant Financial이 기술 혁신과 자본조달이 우수한 '50대 리딩 기업' 1위로 꼽혔다. 그다음으로 싱가포르 차량공유 업체 그랩Grab, 중국 디지털 기술 기업 징둥디지털과학기술JD Digits, 인도네시아 차량공유 업체 고젝GoJek, 인도 모바일 결제 플랫폼 페이티엠Paytm, 중국 인터넷 금융 업체 두샤오만금융Du Xiaoman Financial 등이 뒤를 이었다. 리딩 기업 10위권에 중국 기업이 3개나 포진한 것을 알 수 있다.

한국은 전년도와 마찬가지로 2개의 핀테크 기업이 이름을 올렸는데, 모바일 간편 송금 앱 '토스Toss'를 운영하는 비바리퍼블리카가 29위를 차지했다. 블록체인을 기반으로 해외 송금 서비스를 제공하는 '모인Moin'은 새로운 기술로 주목받는 '50대 이머징 기업'에 포함됐다. 중국, 미국 등과는 여전히 큰 격차가 있지만 급증하는 모바일 증권 거래와 간편결제 규모를 보면 우리나라의 핀테크 산업 전망은 밝은 편이다. 금융감독원에 따르면 특히 모바일 간편결제 시장이 이용 건수나 이용 금액 측면에서 최근 2년 새에 급성장했고, 모바일 자산관리나 P2P 금융 서비스 등을 이용하는 사람도 급격히 늘어나는 추세다.

핀테크 산업의 기본 전략

핀테크 산업의 선두 국가는 놀랍게도 미국이 아니라 중국이다. 미국보다 현저히 적은 기술 투자에도 불구하고 중국이 이처럼 앞선 것은 핀테크 산업의 본질을 파악하고 대처한 결과다. 핀테크 산업은 플랫폼 산업이다. 특히 비정형 빅데이터의 역량이 핀테크의 경쟁력이다. 이러한 역량을 가진 알리바바와 텐센트가 낙후한 중국 금융산업의 패러다임을 바꾸고 있다. 빅데이터 공유를 조건으로 빅데이터 기업의 금융업 진입을 허용하고 있는 중국 정부의 정책도 타산지석으로 살펴볼 필요가 있다.

국가 전략은 대외 경쟁력과 대내 형평성에 근거해 수립되어야 한다. 대외 경쟁력을 높이기 위해서는 빅데이터를 보유한 빅브라더Big Brother에게 핀테크 산업의 핵심 역할을 맡겨야 한다. 그런데 이 경우 경제력 집중 현상을 초래해 산업의 불안정성을 증폭시킨다. 미국이나 영국 같은 핀테크 선도 국가들의 고민이 바로 이 지점에 있다. 애플과 구글에 역할을 맡기고 싶으나 거대 ICT 공룡의 슈퍼파워화를 기존의 금융기관이 견제할 수밖에 없는 구조다. 어차피 글로벌 금융 경쟁력이 없는 중국

(신용카드 보급률 8% 수준)에서 정부가 과감하게 기득권을 넘어 은행, 보험 등 핀테크 전 영역을 ICT 기업에 내어줄 수 있었던 이유다.

이런 맥락에서 대한민국의 핀테크 전략은 '투 트랙'으로 접근할 수 있다. 첫 번째는 점진적 혁신 전략이다. 기존 금융권의 효율을 점진적으로 개선하는 형태로, 금융권이 작은 핀테크 ICT 기업을 인수합병하는 것도 포함할 수 있다. 이를 위해서는 다양한 핀테크 창업을 촉진해야 한다. 거래 규모가 작을 경우에는 자본금 제한 등의 규제를 가하지 않아야 하며, 인수합병 과정에서는 비밀 유지 등의 공정 경쟁 원칙을 준수하도록 해야 한다. 두 번째는 파괴적 혁신 전략이다. 즉 빅데이터 기업의 금융권 진입을 확대하는 방안이다. 금융이란 거래 주체의 신용도와 가치를 실시간으로 정확하게 파악하는 것이 관건이기 때문이다. 대신 이들에게 빅데이터를 현명하게 개방하도록 하는 전제 조건을 부과해야 할 것이다. 이를 통해 국가경쟁력 향상과 금융 집중의 위험 분산이라는 두 가지 목표를 추구해야 한다.

핀테크와 금융 규제의 원칙

핀테크는 거래 연결 비용과 거래 주체의 가치평가라는 두 가지 요소의 경쟁력이 중요하다. 즉 초연결성을 구현하는 스마트 기기와 빅데이터가 핀테크 혁명을 촉발한 기술적 주체다. 스마트 혁명의 플랫폼이 연결 비용과 시간을 대폭 낮추었고, 빅데이터가 가치평가 비용과 시간을 낮추고 있다.

이러한 핀테크는 기술보다 제도가 우선하는 산업이다. 핀테크 산업의 본질에 입각한 규제 정책이 핀테크 산업정책의 핵심이라고 할 수 있다. 그런데 핀테크 규제는 많은 법이 연관되어 있을 뿐 아니라 많은 주체가 연관된 복잡한 구조를 띠고 있다. 개별적 접근으로 풀어간다면 장구한 세월이 필요할 것이다. 따라서 핀테크 정책에 대한 기본 원칙을 정립해야 하며, 이를 관련 법의 근간이자 관련 비즈니스의 근간으로 적용해야 한다.

또한 초기 기업 활성화 원칙을 정립해야 한다. 영국은 300만 파운드 (약 45억 원) 이하 규모의 핀테크 기업은 규제하지 않는다. 다양한 핀테크 기술의 발달을 위해 창업은 촉진하되, 일정 규모 이상이 되면 적절하게 규제해야 할 것이다. 2019년 4월부터 시행한 금융 규제 샌드박스가 혁신 실험 1주년을 넘기며 100여 건의 신규 혁신 서비스를 선보이고, 일자리 창출 등 가시적 성과를 낸 점도 눈여겨봐야 한다.

핀테크 산업 미래전략

한국은 세계 12위의 경제 규모에 세계적 ICT 인프라를 갖추고 있어 핀테크 산업이 발전하기 좋은 여건이라는 평가를 받는다. 하지만 경직된 금융 체계와 규제로 핀테크 산업이 꽃피우기도 전에 시들 것이라는 우려의 목소리도 만만치 않다. 핀테크는 기존 금융권이 ICT 기술을 수용하는 시나리오와 ICT 업체들이 새로운 금융 강자로 부상하는 시나리오가 있다. 중요한 것은 사안별 대처가 아니라 금융 패러다임의 근본적 변화가 일어나고 있다는 사실을 인식하는 것이다.

차세대 금융 시스템 구축

- 거래 상대를 연결하는 플랫폼 사업자, 신용평가 사업자, 특허·기술의 가치평가사, 클라우드·빅데이터·보안 기술 인프라 제공 기업 등 다양한 권역의 기업이 참여하고 융합하는 핀테크 비즈니스 생태계 구축 지원
- 금융산업의 새로운 플레이어인 핀테크 기업과 정부 간 지속적 소통으로 새로운 환경 대응 및 지원 체계 마련
- 핀테크 산업에 대한 중장기적 마스터플랜을 제시해 끊임없이 변화하는 시장을 예측하고 준비해나갈 수 있도록 지원
- 핀테크 산업 주체의 혁신적인 비즈니스 모델 발굴 및 신시장 개척 지원
- 핀테크 관련 사업을 집중적으로 관리하는 통합 컨트롤타워 구축
- 핀테크 기술에 대한 전반적 이해가 가능한 정책 책임자 육성
- 새로운 산업생태계가 작동할 수 있는 제도적 인프라, 기업의 수용도, 비즈니스 관행, 정책 방향, 소비자들의 인식 등 다차원적 대응

새로운 금융 환경에 부합하는 규제와 제도 개선

- 기존의 오프라인 금융 패러다임에 입각한 각종 금융 규제 시스템 재설계
- 네거티브 규제 방식으로 개인정보 보호와 활용의 실효성 확대
- 은산분리銀産分離 규제(산업자본의 은행 지배를 막기 위해 은행 지분 10%를 초과해 보유할 수 없고, 4% 초과 지분에 대해서는 의결권을 행사할 수 없도록 한 것)를 완화한 '인터넷전문은행법'이 2018년 9월 국회를 통과하고, 개정안이 2020년 4월 국회를 통과함. 그러나 찬반 의견이 팽팽

한 만큼 후속 논의를 지속해가는 것이 필요

- 기존 규제를 한시적으로 적용하지 않는 규제 샌드박스 테스트 기간
이 끝난 후에도 안정적으로 사업을 진행할 수 있도록 후속 방안 마련

고립의 언택트 문화와
공유경제

━━━━━━ 공유경제는 온라인으로 정보를 공유하던 데서 시작되었다. 이어 인터넷과 IoT의 발달로 물질세계의 온라인화가 진행되면서 이른바 협력적 생산과 협력적 소비라는 O2O 공유경제가 확대되었다. 그러나 공유경제의 전도사 레이철 보츠먼Rachel Botsman조차 합의된 정의가 없다고 할 정도로 공유경제의 개념은 아직도 저마다 다르게 해석한다. 여기에 더해 2020년 전 세계를 강타한 코로나19는 거리두기를 통한 고립의 필요성을 강제하며 '공유'가 핵심 가치인 공유경제에 큰 타격을 주었다. 혁신적 미래 기업으로 주목받던 우버Uber · 리프트Lyft · 에어비앤비airbnb 등 공유경제의 대표 기업들이 급격한 매출 감소 속에 대규모 감원을 하고, 심지어 마케팅을 중단한 곳도 있다. 또 미국 뉴욕에 있던 공유 오피스가 폐쇄될 정도로 공유경제의 미래 전망은 불확실하다.[132] 장밋빛 전망을 구가하던 공유경제의 시대가 가고 고립

경제Isolate Economy의 시대가 올 것이라는 주장도 등장했다.**133** 공유와 접속의 가치를 강조한 공유경제가 코로나19 여파로 맞닥뜨린 문제를 어떻게 돌파해나갈지, 그리고 공유경제가 포스트 코로나 시대에 나아가야 할 방향과 새로운 방식에 대한 고민이 절실해진 상황이다.

공유경제와 기술혁명

자동화와 연결성이 확대되는 흐름 속에서 탄생한 새로운 경제 모델 중 하나가 공유경제다. 공유경제는 경제활동이 사람보다 기계(인공지능·로봇 등), 물리적 공간보다 가상공간을 통해 이뤄지는 흐름의 연장선에서 나타났다. 공유경제에 앞서 인터넷의 등장과 함께 확대되기 시작한 전자상거래나 전자금융이 가상공간에서 표준화된 공산품이나 금융상품을 거래할 수 있도록 해주었다면, 공유경제는 표준화가 쉽지 않은 서비스까지 가상공간에서 거래할 수 있게 했다.

공유경제에서 자동화와 연결성의 핵심 매개체는 스마트폰이다. 자동차나 주택을 임대하는 서비스는 이전에도 존재했지만, 차량 공유 서비스 기업 우버나 숙박 공유 서비스 기업 에어비앤비처럼 물적자산을 소유하지 않고서도 글로벌 차원으로 사업을 확장한 경우는 없었다. 스마트폰의 보급으로 언제 어디서든 인터넷에 연결할 수 있는 기반이 마련되고, 스마트폰에 탑재된 GPS를 이용해 물리적 정보를 디지털 공간으로 매끄럽게 전송할 수 있게 됨에 따라 온라인과 오프라인 사이의 경계를 초월한 것이 새로운 비즈니스 모델의 등장을 가능하게 해주었다.

다만 코로나19의 유행으로 이동이 제한되고 공유 차량이나 공유 숙소처럼 상품을 공동으로 이용하는 것에 대한 수요가 줄어들어 위기에 직면한 상태다. 물론 언택트 문화가 확대되면서 음식 배달을 전문으로 하는 공유 주방이나 근거리 단독 이동이 가능한 공유 킥보드처럼 고객 수요가 늘어난 분야도 있다. 결국 접속의 기술로 탄생한 공유경제는 코로나19 여파로 위기를 맞았지만, 근본적인 가치 경쟁력은 여전히 유효한 채 다시 기술을 통해 위기를 돌파할지 시험대에 올라 있는 셈이다.

소유권에서 접근권으로

공유경제라는 개념은 '소유권ownership'보다 '접근권accessibility'에 기반을 둔 경제 모델을 의미한다. 전통 경제에서는 기업들이 상품이나 서비스를 생산하기 위해 원료, 부품, 장비, 인력을 사거나 고용했다. 그러나 공유경제에서는 기업뿐만 아니라 개인도 자산이나 제품이 제공하는 서비스에 대한 접근권을 거래함으로써 자원을 효율적으로 활용해 부가가치를 창출할 수 있다.

공유경제에서는 온라인 플랫폼이라는 가상공간에서 접근권의 거래가 이뤄진다. 온라인 플랫폼은 인터넷의 연결성을 기반으로 유휴 자산을 보유하거나 이를 필요로 하는 수많은 소비자와 공급자가 모여서 소통하는 기반이다. 모든 사용자가 각자 필요한 거래를 위해 일일이 사람을 찾아다니는 것은 불가능한 일이지만, 공유경제 기업들은 고도의 알고리즘을 이용해 검색, 매칭, 모니터링 등의 거래 과정을 자동화 처리한다.

공유경제에서 거래되는 유휴 자산의 종류는 자동차와 주택에 국한하지 않는다. 온라인 플랫폼을 통해 거래할 수 있는 거의 모든 자산의 거

| 그림 8 | 공유경제 모델

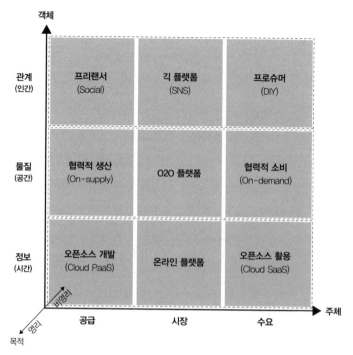

* 자료: KCERN, 공유경제 큐브 모델, 2018.

래가 공유경제의 일환이 될 수 있다. 가구·가전 등의 내구재, 사무실·공연장·운동장 등의 물리적 공간, 전문가나 기술자의 지식, 개개인의 여유 시간이나 여유 자금 등도 접근권 거래 대상이 될 수 있다. 공유경제 시장은 공유의 대상인 정보, 물질, 관계에 대해 공유의 주체인 공급자와 수요자의 조합에 따라 다음과 같이 나눠볼 수 있다.

접근권이 거래될 수 있는 배경

다양한 자산의 접근권이 거래될 수 있는 핵심적 배경은 온라인 플랫폼이 거래비용을 크게 낮출 수 있다는 데 있다. 거래에 드는 비용에는 거래 상대를 찾기 위한 탐색 비용searching cost, 거래 조건을 협상해 거래를 성사시키기 위한 매칭 비용matching cost, 거래를 제대로 이행하는지 감독하기 위한 모니터링 비용monitoring cost 등이 포함된다. 성공적인 온라인 플랫폼은 이러한 거래비용을 효과적으로 절감시킬 수 있다.

첫째, 수요자는 공급자가 더 많을수록, 공급자는 수요자가 더 많을수록 온라인 플랫폼에 참여할 유인이 높아지기 때문에 플랫폼 사업자는 다양한 방법으로 사용자를 확보하려고 노력한다. 잠재적 거래 상대가 많아야 탐색 비용도 자연스럽게 낮아질 수 있다.

둘째, 온라인 플랫폼은 알고리즘을 이용해 거래 상대뿐만 아니라 다른 유사한 거래 조건을 노출하거나 추천함으로써 탐색에서 매칭까지 원활하게 진행되게 해준다.

셋째, 플랫폼을 통해 거래 당사자 간의 상호 평점이나 후기(피드백) 데이터를 축적하고 분석함으로써 거래의 신뢰 확보에 필요한 모니터링 비용을 낮출 수 있다. 예를 들어 AI 알고리즘을 이용해 맞춤형 추천율을 높이고, 사용자들이 상호 평가하는 평점 시스템을 기반으로 불량한 사용자를 플랫폼에서 배제함으로써 거래의 신뢰성을 확보하는 것이다.

공유경제의 경제 혁신 방식과 로드맵

공유경제는 거래비용의 절감으로 과거에는 불가능했던 새로운 거래 방식을 창출하면서 경제의 생산성을 높이고 있다. 유휴 자산의 효율적 이용은 자원을 보다 효율적으로 배분하는 데 기여한다.

전통적 비즈니스의 가치 체계 파괴

공유경제 기업은 전통적 비즈니스의 가치 체계를 뒤흔들며 혁신을 자극하는 역할도 한다. 예를 들어 카셰어링 서비스는 이른바 '자가용'이라고 불리며 소유의 상징과도 같던 자동차를 이동이 필요할 때에만 잠깐 이용하는 모빌리티 서비스의 대상으로 바꾸고 있다. 전통적인 완성차 기업들이 자동차 제조회사에서 탈피해 모빌리티 제공 회사로 변모하겠다고 선언하며 카셰어링Car-Sharing 서비스에 뛰어들고 있는 이유다.

공유경제 기업은 다양한 분야에서 등장하고 있다. 새로운 구직·구인 경로로 기능하면서 노동시장을 변화시키고 있는 온라인 재능거래 플랫폼, 온라인 원격근무의 인프라가 되어주는 공유 오피스, 대안적인 금융수단으로 자리매김하고 있는 크라우드펀딩, 전 세계 대학 강의를 무료로 공개하면서 고등교육의 새로운 패러다임을 만들어가고 있는 MOOC 등 여러 분야에서 공유경제 서비스가 등장하고 있다.

코로나19로 모든 것이 변한 지금, 공유경제의 미래가 어떻게 변할지 예측하기는 쉽지 않다. 그러나 초기 공유경제 기업이 공간과 모빌리티 같은 물리적 자원의 공유에 방점을 뒀다면, 코로나19가 가져온 고립의 필요성은 디지털 플랫폼을 기반으로 온라인 공유를 더욱 가속화할 것으로 보인다.

공유경제 로드맵

공유경제 로드맵의 1단계는 정보를 공유하는 오픈소스 단계다. 미국 자유소프트웨어재단 설립자 리처드 스톨먼Richard Stallman과 하버드 로스쿨 교수이자 사회운동가인 로런스 레시그Lawrence Lessig 등은 저작권을 주장하는 카피라이트copyright의 반대 의미인 카피레프트copyleft(지적재산권에 반대해 지적 창작물에 대한 권리를 모든 사람이 공유할 수 있도록 하는 것)를 주장한 바 있다. 그 결과 실리콘밸리 소프트웨어의 상당수가 오픈소스화되었다. 이로 인해 산업생태계에서 혁신은 급속도로 확산되었고, 개발비는 획기적으로 감소했으며, 창업은 촉진되었다. 만약 콘텐츠와 소프트웨어 오픈소스의 더 큰 확산이 이뤄진다면 비효율적인 각개약진의 산업구조가 효율적인 협력 구조로 재편될 것이다.

공유경제 로드맵의 두 번째 단계는 물질과 정보가 연결되는 O2O 공유경제 단계다. 1단계의 온라인 콘텐츠 공유경제에서는 상대적으로 이해관계의 충돌이 적었다. 그러나 O2O 공유경제에는 오프라인의 기득권자가 존재한다. 이들의 기득권을 뛰어넘는 사회적 의사결정 구조가 뒷받침되지 않으면 O2O 공유경제는 실현되기 어렵다. 그러나 사회 전체로 보면 소비자 편익은 증대하고, 사회적 비용은 감소하며, 환경은 보전된다. 결국 사회 전체의 이익이냐 기득권자의 이익이냐 하는 논리의 문제로 귀결된다. 물론 플랫폼 사업자와 참여자 간의 이익 분배 문제는 공정한 게임의 법칙을 적용해야 한다. 공정한 생태계 형성을 주도하는 것은 정부의 역할이다. 투명성과 개방성을 보장해야 하고, 플랫폼 기업의 과도한 수익과 불공정 거래를 방지해야 한다. 이를 위해서는 공유 플랫폼 기업의 복수화 정책 등이 필요하다.

공유경제 로드맵의 3단계는 인간관계의 공유다. 과거 산업혁명 이전에는 생산과 소비가 분리되지 않고 일과 놀이가 통합되어 있었으나 저효율 사회였다. 산업혁명이 시작되면서 생산과 소비가 분리되고 일이 분업화되면서 효율이 급상승했다. 그러나 경제학자 칼 폴라니Karl Polanyi가 시인 윌리엄 블레이크William Blake의 시 한 구절을 빌려 시장경제를 '악마의 맷돌satanic mills'에 비유한 것처럼 다양한 삶의 방식과 가치가 분쇄되고 양극화가 초래되었으며, 물질의 낭비가 심각해졌다. 이제 공유경제를 통해 물질 낭비를 줄이고 양극화를 축소할 수 있는 대안을 만들어야 한다. 아이디어 플랫폼에서 디자인을 내려받은 뒤 자신만의 아이디어를 추가해 3D 프린터로 나만의 제품을 제작한다고 가정해보자. 이 과정에서 일자리는 일거리로 분해되고, 자신이 가장 잘하는 것을 중심으로 일과 놀이가 재결합할 수 있다. 이것이 바로 프리에이전트free agent의 시대다. 생산은 수많은 생산자와 소비자가 협력해 함께하는 소셜 이노베이션social innovation의 형태가 된다. 생산자와 소비자를 둘로 나누는 것이 이제 적절하지 않다는 의미다.

공유경제 활성화를 위해 필요한 실천 전략

공유경제는 혁신의 촉매 역할을 하면서 경제의 효율성을 높이지만, 동시에 과거 경제질서에서 정의되지 않았던 새로운 가치 창출 방식인 탓에 기존의 규제와 이해관계자 간의 충돌을 가져온다. 미국의 진보적 정치경제학자이자 전 노동부 장관인 로버트 라이시는 공유경제가 불안정한 단기 일자리만 양산하고 큰 수익은 서비스 플랫폼 사업자에게 몰아준다고 비판하기도 했다. 또 노동자들은 자잘한 부스러기만 나눠 가질 뿐이라며 이를 빗대어 '부스러기 경제share-the-scraps economy'라고 한 그의 비판에도 우리는 주목해야 한다. 자유로워 보이지만 플랫폼 자본가에게 종속돼 피폐해지는 삶을 사는 부스러기 경제 속 노동자의 모습은 영국의 켄 로치 감독이 2019년 선보인 영화 〈미안해요, 리키Sorry We Missed You〉에도 잘 그려져 있다. 공유경제의 잠재력을 극대화하고, 갈등을 최소화하기 위해서는 다음과 같은 정책 과제를 고민해볼 필요가 있다.

기술과 제도의 충돌을 흡수할 수 있도록 규제와 협력 체계 마련

- 공유경제는 자동화와 연결성 기술에 바탕을 두고 있는 점을 고려해 관련 법과 제도 정비
- 온라인 플랫폼 사용자들의 정보를 자동 처리하는 알고리즘에 대한 기술적 이해 필요
- 새로운 기술적 흐름에 대한 사회적 수용과 합의에 대한 논의
- 공유경제 서비스가 글로벌 차원에서 제공된다는 점에서 글로벌 차원의 규제와 협력 필요
- 특정 서비스에 대한 표준화된 가이드라인을 마련해 사회적 비용 절감
- 글로벌 차원의 공유경제 활성화를 위해 국가 데이터 제공 및 단일화된 플랫폼 제공 필요

공유경제 온라인 플랫폼의 공적 역할 부여

- 온라인 플랫폼이 생성하는 데이터에 대한 활용뿐 아니라 규제 부분도 논의
- 온라인 플랫폼에 축적되는 데이터 남용에 따른 개인의 사생활 침해 문제에 대비

- 특정 기업의 데이터 독과점 방지
- 거래를 주선하는 알고리즘을 통한 담합 가능성 차단
- 플랫폼의 공적 보고 의무를 강화하는 법안 마련
- 비대면 거래 시 공급자와 소비자에 대한 보호 대책 마련

유연성과 안정성을 동시에 고려하는 노동시장 정책 마련

- 전통적 고용 형태뿐 아니라 공유경제가 촉발하는 새로운 고용 형태를 고려한 정책 필요
- 공유경제 노동자들의 불안정성 완화 방안으로 기본소득 활용안 강구
- 휴가, 연금, 의료보험 등의 복지 혜택을 새로운 고용 형태에도 적용할 수 있는 방안 도출

포스트 코로나 시대에 맞는 새로운 공유경제 모델 검토

- 오프라인과 하드웨어 중심의 자원 공유가 중심이 된 공유경제에서 언택트와 가상 물리 시스템 영역에서의 새로운 공유경제 모델 연구 및 기획 필요
- 인적·물적 자산에 대한 물리적 공유경제 정책보다 무형·지식 자산 등 디지털 공유경제 정책 마련
- 언택트 확산에 따른 오프라인 공유경제 위기 대응책 마련
- 공유 시 방역, 위생 등 절차의 법적 규제 및 검증 절차 마련
- 감염 전파를 방지할 수 있는 문화 조성
- 코로나19 이후 또 다른 바이러스 팬데믹에 대비한 서비스 정비 및 대응 모델 준비
- 포스트 코로나 시대 라이프스타일에 낮춘 공유경제 비즈니스 모델

창출

- 구독경제나 고립경제 등 공유경제 보완·대체 개념 및 새로운 모델
검토

혁신 생태계 구축과
창업 활성화

━━━━━━ 대한민국은 신성장동력을 확보하기 위해 창업 활성화 정책을 펼쳐왔다. 양적 측면과 질적 측면에서 모두 성장세를 기록해온 것도 사실이다. 그렇다면 창업 활성화 정책의 목적인 국가 경제 발전과 일자리 창출에서도 가시적 효과가 나타나고 있는 것일까? 아직 효과는 기대에 부응할 수준이 아니다. 고부가가치를 만들어내는 혁신형 창업이 미흡하기 때문이다. 지속적 경제성장을 위해서는 시장의 효율뿐 아니라 창업의 혁신이 필요하다. 이를 뒷받침하려면 세계적 벤처기업이 탄생하고 성장할 수 있는 혁신적 창업 생태계를 조성해야 한다.

지역별 특성에 따른 창업 지원 정책

창업 단계에서 고민해야 할 문제는 '차별화'이며, 이는 기술과 사업 모델로 구현된다. 스타트업은 기술형 창업과 비즈니스 모델형 창업으로 분류할 수 있다. 사회 패러다임의 변화로 기술이 수요를 중심으로 분해 되고 재융합하면서 창업의 흐름이 변하고 있다. 3차 산업혁명까지는 공급을 좌우하는 기술이 산업 혁신을 주도해왔으나, 4차 산업혁명 시대에는 수요를 좌우하는 기술이 혁신을 주도하고 있다. 그 결과 최근 부상하고 있는 창업 형태는 기술 기반 창업에서 수요를 이끄는 욕망 기반 벤처로 전환하고 있으며, 혁신 생태계의 중심이 실리콘밸리에서 뉴욕이나 런던 같은 인간의 욕망이 꿈틀대는 대도시로 확대되고 있다. 주요 국가들이 스마트시티를 환경 차원의 문제해결에서 미래 성장의 주역으로 개념을 재정립하는 이유도 여기에 있다.

그렇다면 한국의 스타트업 정책은 어떻게 해야 할까? 서울을 중심으로 수도권은 인력과 자본 그리고 2,000만 명의 유효 시장을 보유하고 있다. 이는 뉴욕이나 런던과 비교해도 뒤처지지 않는다. 플랫폼과 데이터로 도시의 거대한 욕망을 맞춤형으로 충족시키는 배달의민족, 마켓컬리, 타다와 같은 새로운 스타트업 서비스가 계속 출현하는 배경이다. 거대 도시가 가진 욕망은 혁신 산업을 이끄는 원동력이다. 따라서 스마트시티와 혁신 생태계의 융합을 더욱 강화해 도시 문제를 해결하고, 동시에 시민의 편의성을 끌어올리는 스마트 서비스가 새로운 산업으로 부상할 수 있도록 연계 전략을 펼쳐야 한다.

반면에 비수도권은 유효 시장의 한계로 비즈니스 모델형 창업이 제한적일 수밖에 없다. 그러나 비수도권에는 지역 거점별 대학과 공공기관, 대규모 산업단지를 중심으로 산업생태계가 구축되어 있다. 제조업의 경우 뿌리산업부터 대규모의 산단 클러스터가 구축되어 지역 경제를 견인한다. 따라서 비수도권 지역에서는 기술 혁신에 기초한 창업 전략이 여전히 중요하다. 그런데 지역별 특성에 맞춘 창업을 지원하기 위해서는 창업 정책의 거버넌스가 바뀌어야 한다. 지금의 창업 정책을 보면 과학기술정보통신부는 지역혁신센터와 특구를 양대 축으로 해 지역의 기술 혁신에 예산을 투입하고, 교육부는 '산학협력 선도대학 육성사업(LINC+사업)'을 중심으로 대학의 혁신을 지원한다. 또 중소벤처기업부는 중소벤처기업진흥공단, 기술보증기금, 창조경제혁신센터를 삼각편대로 해 지역 혁신을 추진하며, 산업통상자원부는 테크노파크를 기반으로 지역 산업을 뒷받침하고 있다. 이 과정에서 지자체의 역할은 미미하다. 혁신의 주체인 기업을 중심으로 하되, 지자체를 지원 허브로, 또 여러 중앙 부처와 다양한 혁신 기관을 협력 플랫폼으로 연결해 지자체별 혁신 생태계를 만들어야 한다.

중앙정부의 제도 정비와 갈등 조정

각 지자체가 특성에 따른 혁신 생태계를 구현한다면, 중앙정부는 각 지자체가 해결하지 못하는 영역에 집중해야 한다. 혁신 생태계 전반에 미치는 규제와 제도의 정비 측면이다.

데이터 3법 개정안이 2020년 8월 시행에 들어가면서 데이터 신산업 활성화를 위한 최소한의 제도적 토대를 마련했지만, 규제 장벽은 여전히 많다. 진입장벽 문제가 대표적이다 O2O 영역에서 살등이 생기고 있는데, 갈등을 해소하기 위해서는 정부의 리더십과 정책 기준이 필요하다. 이익집단 간의 첨예한 갈등에서 특정 집단의 손을 들어주는 것이 아니라, 사회 전체의 발전과 소비자 이익의 최우선과 같은 원칙을 정립하는 것이 필요하다. 갈등 조정 과정에서 특정 집단의 희생을 강요해서도 안 된다. 혁신을 통해 창출된 사회의 부로 손실이 발생한 이해관계자를 지원하거나 혁신에 밀린 산업 종사자들의 재교육을 돕는 등의 사회 안전망 시스템이 필요하다. 혁신을 통한 창조적 파괴로 손해를 입는 사람들을 위한 정책을 보완하지 않는다면 타다의 사례와 같은 갈등은 거듭될 수밖에 없다.

창업 전반에 미치는 정책에서도 개선이 필요하다. 우선 재도전 기업가 정책을 꼽을 수 있다. 재도전 기업가 정책을 주목해야 하는 이유는 창업에 대한 두려움의 해소가 창업 활성화에 결정적 영향을 미치기 때문이다. 창업을 권유하기 이전에 창업에 대한 위험을 줄여주어야 한다. 미국과 중국 창업가들의 평균 창업 횟수는 2.8회다. 한국에서 재도전 창업은 사실상 허용되지 않는다. 국내에서는 창업에 실패하면 신용불량자로 사회적 낙인이 찍히고, 이를 본 사람들은 창업을 피하게 마련이다. 뛰어난 인재가 자신의 아이디어를 펼칠 수 있는 사회구조만 형성된다면 창업은 저절로 증가할 것이다. 유럽연합처럼 정직한 기업가의 재도전을 보장하는 원칙 위에서 재창업을 어렵게 하는 제도나 규제를 해결해야 한다.

스타트업 혁신을 시장으로 연결하는 스케일업 정책

스타트업이 만든 혁신은 시장의 효율과 융합하는 스케일업scale-up이 이뤄질 때 경제성장과 일자리 창출로 이어질 수 있다. 스케일업에 대한 다양한 정의가 있으나 핵심은 시장 확보다. 이런 측면에서 정책은 유효 시장 창출과 시장 개척으로 분류해 접근해야 한다.

현재 창업 정책 관련 지원금은 대부분 창업 자체에 집중해 있다. 이를 바우처 혹은 보조금을 주는 방식과 혼용해 민간과 기업의 소비로 연계한다면 유효 시장 창출에 도움이 될 수 있다. 다만 조기 다수자early majority 단계까지로 공공지원을 한정할 필요가 있다.

국내시장 규모가 크지 않은 만큼 글로벌로 연결되는 시장 개척도 중요하다. 글로벌화는 M&A를 통한 간접 글로벌화와 직접 글로벌화로 나눌 수 있다. 그동안 M&A를 활성화하기 위해 공정거래법상의 대기업 편입 문제, 비밀유지협약 체결 의무화, 기업 주도의 벤처캐피털 규제 개선 등이 이뤄져왔다. 그러나 더 활성화하려면 M&A 주체(셀러, 바이어, 딜러 등)가 시장에 한데 모일 수 있는 플랫폼 전략이 필요하다. M&A 플랫폼은 투자와 M&A를 융합한 시장 플랫폼으로 운영해야 하며, 대기업과 벤처기업을 연계하는 방식이 되어야 한다. 또 M&A 플랫폼이 제대로 가동되려면 시장 작동 임계량 달성이 중요한데, 이를 위해 한시적 정부 지원책으로 셀러seller에 대한 기술 보증의 인센티브 제공, 바이어buyer에 대한 전략 자문이나 미래 기술 로드맵 작성, 딜러dealer에 대한 매칭 자문료 제공 등을 마련할 필요가 있다. M&A에 대한 부정적 인식을 개선하기 위한 정책도 병행되어야 한다.

직접 글로벌화 지원 정책은 해외 진출에 따른 기업의 리스크 해소와 마케팅 비용 경감에 집중해야 한다. 시장 정보 플랫폼인 대한무역투자진흥공사, 세계한인벤처네트워크, 한국투자공사 등의 연결로 인바운드와 아웃바운드 시장에서 새로운 거래처를 발굴할 수도 있을 것이다. 국내에서 협력 업체를 찾을 때 주요 정보기관이 수집한 기업 검색 리스트를 활용해 연결 비용을 낮추듯 해외 진출 과정에서도 기존 진출 기업의 데이터를 토대로 해당 기업에 적합한 진출 지역과 전략을 도출해야 한다.

창업 생태계 구축 전략

지금까지의 정책 대부분은 사전 규제와 개별 지원 방식이었다. 정부는 지속적으로 직접 시장에 개입하고 통제했다. 그러나 탈추격 전략이 필요해진 상황에서는 사후 징벌과 공정성 확립을 통한 생태계 구축 전략으로 바뀌어야 한다. 혁신 경제로 가기 위해서는 정부가 기업에 대한 직접 지원을 지양하고 공정한 시장경제가 작동할 수 있도록 감시하며, '성실한 실패'를 지원함으로써 기업가정신을 확산시키는 데 집중해야 한다.

과학기술 정책 개혁
- 기술 벤처기업에 정부 연구개발 자금 우선 배정
- 정부의 연구개발 자금으로 연명하는 '사이비 벤처기업' 퇴출
- 과제의 성공과 실패를 창업의 성공 여부, 외부로부터의 투자 유치 여부, 관련 제품의 매출 상승 여부, 고용 증가 여부 등으로 판단

혁신을 가로막는 환경 개선

- 글로벌 유니콘기업의 70%가 한국에서는 불법일 수 있다는 데서 시사점 도출
- 네거티브 방식으로의 규제 개선
- 신사업의 시장 진입을 위해 규제 샌드박스 활용 강화
- 차량 공유, 원격의료 등 규제에 막힌 O2O 플랫폼 분야의 제약 혁신과 K-뷰티, K-팝, K-게임 등 두각을 나타내는 한국 흥(興) 산업 분야의 지속적 성장 지원

법률 인프라 개선

- 예비 창업가들을 위해 각종 서류(정관, 사업장 임대 계약서, 고용 계약서, 이사회 의사록, 주주총회 의사록, 투자 계약서, 비밀 유지 계약서, 공동개발 계약서, 판매 대행 계약서, 판매 약관 등) 작업 지원
- 실리콘밸리처럼 매달 일정한 비용을 지불하면 일상적 법률 자문, 서류 작업 등이 가능한 법무 서비스 확대

지식재산권 보호

- 대기업의 벤처기업 기술 탈취 금지 제도 강화
- 특허권을 보호받지 못하는 문제 개선, 특허출원 담당 변리사와 특허청의 능력 증진, 법관과 소송 대리인의 전문성 강화

자금시장 개선

- 창업자금 조성 방법 다양화
- 벤처기업에 투자하는 벤처캐피탈이 역량 강화 시원

- 투자가 아닌 융자 방식의 창업자금 편법 투자 금지
- 기업의 출구전략으로 상장과 M&A 활성화

스타트업과 스케일업의 균형을 추구하는 정책

- 기술 혁신 역할을 하는 스타트업 벤처와 시장 확산 역할을 하는 스케일업 벤처를 균형적으로 지원하는 정책 마련
- 과도한 개별 지원보다 지원을 위한 공동 플랫폼 구축
- 기술이전, 공동개발, M&A 등 대기업 시장과 벤처 혁신이 연결되도록 시스템 마련

자유와 불안정,
고용시장의 긱 이코노미

━━━━━ 디지털 기술을 기반으로 한 새로운 유형의 일자리 형태가 확대되고 있다. 인재를 필요한 만큼 활용하는 크라우드소싱 형태인 긱 이코노미의 부상이다. 코로나19 여파로 확대된 언택트 사회에서 온라인을 기반으로 한 플랫폼 비즈니스가 늘어나면서 플랫폼 노동자 유형의 긱 이코노미도 확대되고 있다. 긱 이코노미의 이상적 가치는 원하는 시간에 원하는 일을 하는 자발적 프리랜서의 자유로움과 유연함이다. 그러나 실제 현실에서 벌어지는 긱 이코노미의 실상은 이상과 괴리가 있다. 단순 업무 위주로 증가하면서 플랫폼 사업자에게 종속되는 불안정한 비자발적 임시직 노동자가 다수를 차지하고 있기 때문이다. 그러나 디지털 시대의 흐름은 이러한 확산세를 이어갈 것이다. 일터에서 인공지능, 블록체인, 증강현실 등 디지털 기술의 사용이 증가함에 따라 일하는 방식과 조직구조의 변화가 미치는 영향노 예상외로 복

잡하고 광범위할 것이다. 이에 효과적으로 대응하기 위해서는 일의 미래를 규정할 기술적 요인뿐 아니라 사회·환경적 생태계의 관점에서 종합적으로 접근할 필요가 있다.

긱 이코노미의 출현 배경

쉽게 볼 수 있는 동네 음식점 배달원이 과거 전속에서 벗어나 지금은 풀Pool 개념의 인력으로 전환되었다. 음식점은 고정비용 부담을 줄이고 배달원은 일감을 늘리는 식으로 상호 이익의 유연성 확대가 이 변화의 핵심이다. 단순한 사례이지만 여기에는 환경 변화에 대응해 가치사슬이 분화하고, 고정비용을 변동비용으로 전환해 유연성을 높이는 사업 모델 진화의 본질이 함축되어 있다. 주인이 직접 배달하다가 배달원을 고용한 것은 제조와 물류의 분화고, 전속에서 공동 풀로 변화한 것은 가동률을 올려 효율성을 높이는 개념의 진화다.

고용시장의 긱 이코노미도 같은 맥락이다. 긱은 1920년대 미국의 재즈 공연장에서 하루 또는 일회성 계약으로 밴드나 연주자를 고용하던 방식에서 유래한 단어로, 이러한 방식을 디지털 경제에서 원용한 것이다. 전통적 정규 근로계약이 아니라 용역 계약, 도급 계약, 사무 위임 계약 등의 비전통적 주문형 임시 근로계약을 뜻한다. 이러한 근로 형태는 2008년 글로벌 금융위기 이후 실직한 전문직 종사자들이 단기 직업을 찾는 데서 시작됐는데, 디지털 경제의 특징이 이러한 고용 관계를 확대하고 있다.

우버나 딜리버루Deliveroo는 긱 고용에 의한 인력 중심으로 운영하는 대표적 플랫폼 기업이다. 우리나라에서도 전문직 프리랜서에게 원하는 업무를 의뢰하는 플랫폼인 크몽, 오투잡, 숨고 그리고 카카오드라이버, 배민라이더스, 배민커넥트, 쿠팡플렉스 같은 운전·배달 인력 중심의 긱 이코노미 플랫폼 사업자가 늘고 있다.

어떠한 경제구조든 많은 사람에게 빠르게 확산되고 적용되려면 수요자와 공급자의 이해관계가 접점을 찾아야 한다. 긱 이코노미의 경우 근로자 측면에서는 특정 고용자에게 종속되지 않고 자유롭게 시간을 활용할 수 있다는 장점이 있다. 고용자나 기업 측면에서는 고정비용을 변동비용으로 유연하게 운영할 수 있다는 장점이 있다. 소비자 측면에서도 디지털 플랫폼을 이용하기 때문에 전화를 걸거나 직접 이야기를 나눠야 하는 '정서적' 수고를 들이지 않고 더 저렴해진 서비스를 이용할 수 있다. 그러나 긱 이코노미는 장점뿐 아니라 단점도 가지고 있다. 임시직이라는 점에서 근로 불안정성이 기본 전제가 되며, 노동기본권이 보장되지 않기 때문이다.

긱 플랫폼 현황

글로벌 차원의 긱 이코노미 기폭제는 10×매니지먼트10×Management, 톱탈Toptal, 업워크Upwork, 파이버Fiverr 등의 플랫폼 사업자들이다. 이들은 문서 번역, 디자인 등 건당 5달러의 단순한 작업자부터 AI 연구자, 빅데이터 분석가, 반도체 설계자 등 최고 수준의 전문가들까지 연결한다. 이러한 현상은 근본적으로 고용자와 피고용자 모두에게 이익이 된다. 고용자는 전 세계 인재가 보유한 지식과 경험을 필요한 만큼 활용하

| 표 16 | 주요 긱 플랫폼 개요

구분	설명
업워크	• 2003년 설립, 180개국에서 사용하는 세계 최대의 긱 플랫폼 • 웹·모바일 개발, 디자인, 광고, 마케팅, 영업, 회계 등 분야 다양
파이버	• 2010년 설립 • 작문, 번역, 디자인, 영상, 음악 등 200개 분야 이상의 업무 연결 • 2019년 기준 매출 1억 700만 달러 달성 • 2019년 뉴욕증권거래소 상장
톱탈	• 2010년 설립 • 최고급 소프트웨어 기술 인력 중심으로 운영 • 사무실이 없는 사이버 기업 형태로 운영
런업	• 2010년 설립 • 판매, 영업, 고객 서비스, 재무, 기술 등 다양한 영역 담당 • 신입·중견급 취업 지원 및 경력 코칭, 구직에 필요한 기능 교육 제공

고, 인건비를 경직된 고정비용이 아니라 유연한 변동비용으로 접근할 수 있다. 피고용자는 조직에 소속되는 부담 없이 자유로운 분위기에서 업무에 집중하고 높은 수익을 기대할 수 있다. 물론 탐색 과정에서 나타나는 과대 포장, 계약위반 등의 부작용은 플랫폼에 게시되는 피드백인 후기로 정제되면서 생태계적 질서를 만들어가고 있다.

경영 컨설팅 회사 맥킨지가 2019년에 발표한 자료를 보면 미국 노동자의 20~30%는 어떤 식으로든 긱 이코노미에 종사하는 것으로 알려져 있다. 한국고용정보원에 따르면 우리나라도 2019년 기준 플랫폼 종사자 규모가 약 54만 명(전체 취업자의 2.0%)에 이르는 것으로 추정된다.[134]

이러한 흐름에 대응하는 국가 차원에서의 변화도 찾아볼 수 있다. '일과 삶의 균형'과 '노동생산성'이라는 두 마리 토끼를 잡기 위해 최근 영국, 일본, 독일 등에서는 아예 새로운 노동 형태를 도입해 문제해결을 시도하고 있다. 일본 정부의 경우 2018년 세제 개편안에서 정규직 노동자가 받는 급여 소득공제를 줄이는 대신, 모든 사람이 적용받을 수 있는 기초공제 액수를 높여 프리랜서들을 포용하는 세제와 노동법 마련에 나섰다. 영국은 2018년 플랫폼 업체에 긱 근로자의 고용과 관련한 복지 부담금을 부과해 긱 근로자의 권리를 강화하는 법안을 시행했다. 또 미국은 2015년 독립계약직으로서 근로·노동자로 분류되지 못하는 경우 '공정근로기준법FLSA, Fair Labor Standards Act'을 적용할 수 있도록 행정 해석을 변경했으며, 캘리포니아주는 2020년부터 긱 이코노미 근로자들을 임시직이 아닌 직원으로 처우하도록 하는 'AB5Assembly Bill 5' 법안의 시행에 들어갔다.[135] 우리나라 고용노동부도 배달 앱 요기요에서 일하는 배달원을 근로자로 인정했고,[136] 최근에는 중앙노동위원회에서 타다 드라이버를 근로자로 규정[137]하는 등 여러 가지 사례와 입법 논의[138]가 이어지고 있다.

긱 이코노미의 확산과 인력 개념의 변화

최근 신생 디지털 기업은 물론 기존 기업들에서도 긱 이코노미의 비중이 높아지면서 기업의 조직과 인력에 대한 개념이 변하고 있다. 과거 고정급여로 매일 출근하는 전통적 근로자 위주에서 정규직 외근, 외부 계약, 외근 등 다양한 근로 형태를 포괄하는 방향으로 확장되고 있는 것이다. 통상적으로 인력자원은 장소(직장 근무, 직장 외 근무)와 계약 유형(재무제표상, 재무제표 외)의 두 가지 축에 따라 네 가지 범주로 나뉜다. 특히 코로나19 여파로 언택트 근무가 필요해지면서 이러한 범주 가운데서도 정규직 외근 근로자는 더 확대될 전망이다. 팬데믹으로 인한 경제적 '록다운lockdown' 현상이 정상화되더라도 기업은 인건비의 효율화를 위해, 노동자는 개인 시간의 활용도를 높이기 위해 외근 근로를 확대할 수 있다. 이전의 긱 이코노미는 업무적 외근 근로자와 외부 계약 근로자만 긱 이코노미의 범주로 보았으나, 지금과 같은 포스트 코로나 시대에는 정규직 외근 근로자까지 긱 이코노미의 범주로 보게 될 것이다.

전통적 근로자

전통적 근로자란 직장에서 전일 혹은 정해진 시간 내내 근무하는 정규직을 말한다. 장소의 공유와 정기적 대면 상호작용이 이뤄지기 때문에 전통적 근로자 사이에서는 사회적 규범과 그에 따른 행동 양상이 일반적으로 강하게 나타난다. 하지만 기업문화가 정체될 위험이 있고, 물리적 장소를 유지하는 데 비용이 많이 든다. 또 조직원들의 집단적 사고가 강해 미래에 도전하기보다 과거 방식으로 사고하고 행동한다는 점은 변화가 빠른 디지털 시대에서 단점으로 작용할 수 있다.

정규직 외근 근로자

재무제표상의 외근 정규직으로, 일반적으로 재택근무자를 지칭하지만 외판원, 출장 고객 서비스 근로자, 직장 시설이 필요 없는 다른 직업도 포함한다. 근로자 자신은 기업 본사로부터 동떨어져 분리되었다고 느낄 수 있으나, 기업은 복지 혜택이나 공식적인 경력 발전 기회 제공 등 정규직 외근 근로자의 관여를 끌어내는 일부 전통적 방법을 함께 적용하고 있다. 코로나19 사태 이후 재택근무가 활성화되면서 향후 정규직 외근 근로자는 더욱 증가할 것으로 보인다. 실제로 트위터 같은 IT

기업을 중심으로 직무 성격이나 여건상 재택근무가 가능한 직원이 계속 재택근무를 희망하면 허용하겠다는 방침이 나오고 있다.[139]

업무적 외근 근로자

재무제표상 직원이 아니며, 외근직으로 한정된 서비스를 제공하고 그 대가를 받는 경우다. 이들 중 많은 사람이 유연한 스케줄로 근무하고 고객 대면 역할을 담당한다. 이들이 조직과 맺는 관계는 낮은 수준의 접점이며, 기술 기반의 플랫폼 혹은 제삼자 대리인을 통해 관계가 형성되는 긱 이코노미의 범주에 속한다고 볼 수 있다.

외부 계약 근로자

재무제표에 표시되지 않은 계약직 업무 수행자로, 단기간 혹은 한정된 프로젝트의 수행을 지원하기 위해 고용한다. 일반적으로 정규직 근로자에게 기업문화 등을 전달하는 온보딩on-boarding 프로그램이나 신입 사원 연수 기회는 제공하지 않는다. 전문직 프리랜서가 여기에 속한다. 긱 이코노미 인력 운용에서 가장 중요성이 높아질 것으로 보이는 영역이다.

긱 이코노미의 확산을 위한 전제와 전략

가능한 시간에 원하는 시간만큼만 일할 수 있는 근로시간의 유연성은 전업주부나 은퇴자에게 노동시장 재진입 기회를 제공할 수 있다. 또 기존 일자리를 보유한 노동자의 실제 노동시간도 늘려 소득 증대 효과도 기대할 수 있다. 기업 측면에서는 급속한 변화가 늘상인 디지털 시대에 필요한 인력과 지식을 적기에 적량만큼 조달해 활용할 수 있다는 점에서 많은 관심을 기울이고 있다.

그러나 한편으로는 긱 고용에 대해 불안정한 지위와 인권 경시 위험성 경고가 이어지고 있다. 종사자는 플랫폼 업체와 개별적으로 계약을 맺기 때문에 노동법에 보장된 최저임금이나 건강보험 혜택과 같은 기본적인 사회안전망 혜택을 받지 못하며, 권리와 이익에 대한 보호장치도 가지고 있지 못하다. 이들을 피고용인으로 볼 것인지, 사업자로 볼 것인지에 대한 논란은 여전히 진행 중이다. 분명한 것은 단순 업무 위주의 긱 워커들이 가진 불안정한 지위는 사회·경제적 불안 요소가 될 수 있다는 점이다. 이러한 문제점들을 인지하고 해법을 모색해야 한다.

긱 이코노미의 본질은 아날로그 시대의 가치사슬 통합에서 디지털 시대의 가치사슬 해체라는 진화 방향이 고용시장으로 파급되고 있다는 점이다. 따라서 O2O, 온디맨드, 공유경제와 같은 디지털 경제가 확대될수록 긱 이코노미도 확산될 것이다. 변화의 흐름을 주목하면서 문제 해결과 미래전략을 동시에 구상해야 한다.

- 온디맨드 경제와 긱 이코노미의 결합에 대한 방향성 논의 필요
- 변화하는 신규 산업에 활용할 수 있는 기술 습득을 위한 교육기관 및 플랫폼 구축 필요
- 긱 이코노미 종사자를 보호하기 위한 근로계약 및 기타 유형의 계약(도급, 임대차 등) 법리 개선 필요
- 포스트 코로나 시대의 긱 이코노미 종사자에 대한 사회안전망 대책, 고용보험 및 기본소득 개념 도입 검토를 통한 재래식 근로관계 및 조건 개선 정책 마련

- 긱 노동자 노조와 플랫폼 기업 간 사회적 합의를 도출하기 위한 공론의 장 활성화
- 긱 노동자 중 종속적 노동력을 제공하는 임금노동자 유사 영역에 대해서는 장시간 노동, 최저임금 미달 등 정규직 노동자의 노동조건에 못 미치는 노동환경 하향화 규제
- 긱 노동자 중 전문직·자영업자 유사 영역에 대해서는 자유로운 제도 활성화 정책 수립
- 긱 이코노미 플랫폼의 독점화 추구 경향에 대한 공적 규제 방안 논의
- 2020년에 출범한 '플랫폼 노동 포럼' 등을 통해 긱 이코노미 플랫폼 관련 법규와 규제 대처 방안에 관한 이해관계자들의 의견 수렴 과정과 합리적 정책 수립 및 추진 필요

7

자원 분야
미래전략
Resources

KAIST Future Strategy 2021

+

+

+

+

+

+

+

식품산업의 미래,
헬스 & 웰니스

━━━━━ 코로나19로 세계는 동물에게서 전염되는 바이러스 문제에 직면했고, 인간의 생활 속에서 가축을 기르는 축산 환경에 대한 우려는 더욱 커졌다. 식품 전문가들은 이러한 상황에서 대안적 미래 식량이 우리의 식탁에 오르기까지 그리 긴 시간이 걸리지 않을 것이라고 내다본다. 특히 코로나19가 전 세계를 팬데믹에 빠뜨리면서 식량 수급 불균형 등 식량안보 문제도 커졌다. 인류의 건강을 넘어 삶까지 위협하는 요인이 증가하는 불확실한 미래를 대비하기 위해서는 식량 위기를 이겨낼 수 있는 '미래 식량'에 대한 준비를 해야 한다.

식품산업의 새로운 트렌드: 헬스 & 웰니스

인구통계학자이자 경제학자인 토머스 맬서스Thomas Malthus는 기하급수적으로 증가하는 인구와 산술급수적으로 증가하는 식량 생산량의 불균형이 식량 수급의 불균형을 초래할 것이라고 예견한 바 있다. 실제로 1970년대를 전후해 전 세계적으로 미래 식량난 이슈가 크게 대두했으나, 그 이후 녹색혁명Green Revolution을 통해 확보한 농업 생산량의 혁신적 증가로 이러한 우려를 극복해왔다. 하지만 의료 기술의 발전에 힘입어 개발도상국을 중심으로 인구의 폭발적 증가가 계속되고 있다. 반면 환경오염에 따른 경작지 감소 등으로 식량 생산량이 인구 증가세를 따라가지 못하면서 식량난에 대한 우려가 다시 커지는 상황이다. 식품에 대한 소비자들의 인식 변화도 미래 식량이나 식품산업의 방향성에 영향을 줄 것으로 보인다. 기존의 녹색혁명이 정해진 경작지에서 개량된 종자와 경작 기술을 바탕으로 생산량을 극대화하는 생산자 중심 발전에 집중했다면, 미래 식량산업은 친환경이나 건강, 행복과 같은 소비자가 추구하는 다양한 가치를 동시에 충족시키는 방향으로 확대될 전망이다. 이처럼 달라지는 식품 시장의 특징은 건강, 웰빙, 행복의 의미를 함축한 '헬스 & 웰니스Health & Wellness'로 요약할 수 있다.

먹거리에 대한 신뢰: 생산에서 소비까지 투명한 음식

최근 들어 소비자의 관심은 제품의 품질·편의·편리성 자체를 넘어 제품을 만드는 데 필요한 원료·제조·유통의 전 과정에서 '안전과 환경'이라는 가치를 '투명하게' 지키고 있는지에 대한 영역으로 확장하고 있다. 이러한 소비자의 관심과 생산효율성을 위해 글로벌 식품 회사들은 생산과 유통 과정을 블록체인 기술로 관리하는 형태로 진화하고 있다. 또 IoT, 빅데이터, AI를 토대로 식품의 원료 생산 단계부터 유통 및 소비 단계까지 전 과정을 데이터화하고, 이를 실시간으로 모니터링하고 제어한다. 나아가 식품의 위해성까지 실시간으로 파악하는 단계로 진화하고 있다.

건강한 맛의 유희: 맛있고 다양한 고급 음식

식품의 예방의학적 효과에 대한 소비자의 인식이 높아짐에 따라 건강, 즐거움, 편리함을 동시에 충족할 수 있는 웰빙 식품에 대한 소비자의 관심이 계속 높아지고 있다. 이로써 건강기능식품 시장의 규모는 더욱 성장할 것으로 예측된다.

나만의 식단: 소중한 나를 위한 맞춤화

디지털 헬스케어 기술과 결합을 통해 개별 소비자의 건강 상태에 따라 맞춤형 식품과 서비스를 제안하는 융합 서비스 시장이 가시화되고 있다. 유전자 정보에 기초해 치료는 물론 예방의학으로 전환되는 의료 오믹스Omics와 같이 식품 분야에서도 개인의 유전자 특성과 건강을 고려하는 개인 맞춤형 식품 시장의 성장이 예측된다.

언택트 사회와 간편식 선호

한국농수산식품유통공사에 따르면 국내 가정 간편식 시장이 2015년 1조 6,000억 원에서 2022년에는 5조 원을 넘어설 전망이다. 특히 코로나19가 장기화되면서 가정 간편식 시장이 더욱 활기를 띠고 있다. 비대면 소비를 선호하는 상황 속에서 외식이 줄어들고, 집에서 간편하게 요리할 수 있는 간편식이 주목받고 있는 것이다. 코로나19 사태가 세계적 대유행을 넘어 고착화되는 엔데믹endemic 우려 전망이 이어지고 있어 간편식에 대한 소비자의 선호도는 더욱 커질 것으로 예측된다.

1인 가구 중심의 '편리미엄'

편리함과 프리미엄의 합성어인 '편리미엄'이 식품업계에서도 새로운 소비 트렌드로 떠오르고 있다. 빠르고 쉬운 조리가 가능하면서 맛과 영양까지 고려하는 편리미엄 트렌드는 1인 가구 소비자를 중심으로 점점 확산되고 있다. 1인 가구는 2015년부터 우리나라에서 가장 많은 비율을 차지하는 제1 가구 형태가 되었으며, 행정안전부 자료에 따르면 2020년 6월 기준 주민등록 가구 10개 중 4개가 1인 가구인 것으로 조사됐다. 이러한 가족 형태의 변화와 함께 생활의 편리함과 맞춤 선호 문화가 확대됨에 따라 간편식품 위주의 식품 소비 트렌드가 이어질 것으로 보인다.

식품산업의 4차 산업혁명, 푸드 테크

식품산업은 양적 성장뿐 아니라 기술 혁신을 통한 질적 성장도 이뤄지고 있다. 식품산업과 AI 등의 첨단기술이 결합하면서 식품산업의 4차 산업혁명이라고 할 수 있는 푸드 테크Food Tech가 다양하게 시도되고 있다. 기능과 편의성뿐 아니라 감성까지 담은 식품 연구개발이 진행되고 있는 것이다. 미국에서는 가상현실 기술로 음식의 향과 맛을 시현하는 일이 가능해졌고, 영국에서는 2,000여 가지 요리를 할 수 있는 셰프 로봇을 출시하는 등 새로운 개념의 식품산업 모델이 등장하고 있다.

선진국은 특히 식품의 고부가가치화에 집중하고 있다. 덴마크와 스웨덴은 이미 오래전부터 산학 연계 형태의 '식품 클러스터'를 조성했는데, 이곳에서 개발한 자일리톨과 프로바이오틱스 유산균 음료는 전 세계로 수출되는 고부가가치 품목이다. 미국은 스타트업이 주도하던 것에서 나아가 주요 식품 기업이 가세하면서 AI와 로봇, 블록체인을 활용한 다양한 푸드 테크를 시도하고 있다. 또 일본은 노동력 부족 문제를 동시에 해결하기 위해 자동화 기반의 스마트팜과 로봇 기술을 활용한 레스토랑 사업 영역에 특화된 발전 양상을 보여주고 있다. 우리나라의 경우는 스타트업을 중심으로 푸드 테크가 이뤄지고 있으며, 배달 및 외식 정보 공유 서비스 영역과 스마트팜을 중심으로 확장 중이다.

그 밖에도 인구 증가와 환경 문제를 해결하기 위해 대체육류, 배양육, 식용 곤충 관련 연구와 투자도 활발하게 진행하고 있다. 생명공학, 빅데이터, 3D 프린팅, 세포배양 같은 다양한 신기술을 통해 육류를 넘어 달걀과 우유 등으로 대체 영역이 확대되고 있다.

확대되는 대체육류 시장

유럽의 경우 2019년 대체육류 시장 규모는 약 1조 7억 원에 달하며, 2025년까지 연평균 7.3%의 성장세를 이어갈 것으로 전망하고 있다.[140] 유럽 소비자단체 연합체인 유럽소비자기구BEUC가 유럽 내 11개국에서 실시한 조사에 따르면 응답자의 40% 이상이 환경보호를 위해 육류 소비를 중단했거나 줄이고 있다는 응답 결과도 있다. 이미 세계적 식품 기업인 유니레버Unilever, 네슬레Nestlé, 비욘드미트Beyond Meat 등은 대체육류 개발과 시장 진출에 적극적이다. 특히 기후변화와 팬데믹이 지속화되는 가운데 식량 위기 우려도 커지고 있어 이에 대한 대안으로 미래 식량인 대체육류 산업에 관한 관심은 더욱 커질 전망이다.

데이터 활용으로 디지털 맞춤 식품 증가

기존의 식품 기업은 대량생산 중심으로 일방적인 레시피와 영양소를 제공하는 통합 플랫폼을 구축해왔다. 그러나 데이터를 활용한 맞춤화 가치의 중요성이 식품산업에서도 꾸준히 증가하고 있다. 글로벌 양념 제조업체 매코믹&컴퍼니McCormick & Company는 AI를 기반으로 맛과 향의 개인 맞춤형 플랫폼을 구축해 소비자의 취향을 맞추고 있다. 기술 혁신을 통한 식품 기업의 디지털 전환도 가속화되고 있다. 식품 기업이 데이터 분석 기업과 함께 미래의 유망 아이템이나 원재료 시황을 예측하는 일은 모두 이전에는 볼 수 없던 디지털 경영 시도다.

국내 식품산업의 발전 방향

식품산업은 해당 국가의 정책, 산업생태계, 기술 수준에 따라 발전을 모색해야 하는 핵심 기초 산업 분야다. 우리나라 식품 시장은 연평균 약 4.4%의 성장률을 보여왔다. 그러나 식품업체의 매출 대비 연구비 비중은 0.23%로 전체 산업 평균 1.69%보다 낮다. 물론 정부나 식품 기업의 새로운 시도가 없는 것은 아니다. 농림축산식품부의 경우 '농업·농촌 및 식품산업 발전계획(2018~2022년)'을 수립해 1) 농업인 소득 경영 안전망 구축, 2) 스마트팜 및 친환경 농산업의 확대, 3) 안전한 먹거리 공급 체계 구축, 4) 복지 환경 강화를 통한 농업 경쟁력 강화를 추진하며 사회와 기술의 흐름을 반영하고 있다. 식품 기업들도 신생 업체와의 경쟁과 플랫폼 업체 대비 시장지배력 약화, 생산성 경쟁 심화에 대한 위기감을 느끼며 대응책을 마련하고 있다.

소규모, 낮은 수익성의 국내 식품 기업

세계 식품 수출 시장에서 우리나라의 점유율은 0.67%, 수출은 32위에 그친다. 우리나라 식품 기업들은 대부분 규모가 작고 수익성도 낮은 상황이다. 한국경제연구원에 따르면 2018년 한국 식품기업 1개의 영업이익률은 4.5%로 OECD 27개국 중 25위였다. OECD 평균이 9.7%인 것을 고려하면 절반에도 못 미친다는 얘기다. 식품산업 전체로는 매출액과 영업이익 기준으로 각각 7위와 10위에 올라 있지만, 개별 기업 단위의 순위는 낮다. 세계적인 식품 기업들이 종합 식품으로 기업화해 품목 간 시너지를 내는 데 비해 우리나라는 개별 품목 중심으로 소규모 업체가 군집해 있기 때문이다.

식품산업 발전을 위한 선결 과제

무엇보다 식품산업 전반이 균형 있게 발전하려면 상생 협력의 생태계를 활성화하는 것이 중요한 과제다. 유럽 국가들이 식품 클러스터에 성공한 것은 기술 혁신에 대한 대기업과 스타트업의 협력이 바탕이 되었음을 상기할 필요가 있다. 또 식품산업은 1) 기후변화에 대응 가능한 식품 시스템, 2) 산업 시스템 전반에 걸친 정보의 디지털화, 3) 지속 가능한 건강 지향형 방향을 염두에 두고 미래전략을 마련해야 한다.

선진국의 사례와 미래 환경 분야를 고려하면서 국내의 열악한 소규모 식품 기업을 지원하고, 첨단기술의 접목을 확대해가야 한다. 식품산업의 규모를 넓힘으로써 세계 식품 수출 시장에서 점유율도 높여 한국형 푸드 로드를 구축해야 할 것이다.

미래 에너지 시스템의
전망과 전략

━━━━━━━━━━ 재생에너지 기술을 비롯해 스마트 기술의 발전으로 에너지 시스템에 구조적 변화가 나타나고 있다. 이제 에너지 소비자는 더 이상 수동적 소비에만 머무는 것이 아니라 에너지를 직접 공급할 수도 있다. 에너지를 사고파는 다양한 중개업자의 등장도 예상된다. 에너지 시스템이 바뀌면 모빌리티 형태나 교통체계를 비롯한 도시 인프라도 달라질 것이다. 에너지 시스템이 일방적인 에너지 공급 방식에서 양방향으로, 중앙집중적 거버넌스 방식에서 분산형으로 그리고 친환경 방식으로 바뀌고 있다. 이러한 변화가 환경친화적이면서도 효율적인 시스템으로 정착하려면 관련 기술과 정책이 뒷받침되어야 할 것이다.

에너지 시스템의 변화

최근 화석연료와 원자력발전으로부터 재생 가능 에너지로 에너지 전환이 빠르게 진행되고 있다. 2019년 세계 재생에너지 용량은 2,537GW이며, 전 세계 신규 발전 용량의 72%가 재생에너지원일 정도로 주류 에너지원으로 자리 잡고 있다.[141] 활발하게 에너지 전환을 추진하고 있는 독일과 영국은 2018년 전체 전력 소비의 38%, 34%를 재생에너지원으로부터 생산했다. 특히 태양광은 2012년에서 2019년 사이 매년 28%씩 성장했다. 국내 태양광 시장 역시 2011년에서 2018년 사이 평균 41%로 크게 성장했다. 이와 같이 재생에너지가 급속히 성장한 것은 기후변화와 에너지 수급 불안정성 등의 문제를 해결하기 위해 각국 정부가 적극적인 재생에너지 정책을 도입했기 때문이다. 이로 인해 재생에너지의 경제성이 향상되고 시장 확대로 이어지는 선순환 구조가 만들어지고 있다. 특히 태양광 및 풍력 발전의 균등화 비용LCOE, Levelized Cost of Energy이 2012년에서 2017년 사이 각각 65%, 15% 하락하며 재생에너지 시장을 이끌고 있다.

전력 시스템

전력 시스템의 변화 중 가장 주목할 점은 재생에너지와 분산에너지자원Distributed Energy Resource의 확대다. 이러한 변화는 전력망 운영을 고도화하고 있다. 재생에너지와 같은 변동형 자원이 많이 늘어남에 따라 전력의 수급, 주파수 및 전압의 안정성 확보를 위해 고도화된 전력망 운영이 필요하기 때문이다. 재생에너지는 기존 화석연료 발전소와 달리 태양과 바람의 조건에 따른 출력 변동성이 상대적으로 심하다. 예를 들어 태양광발전이 상당한 비중을 차지하는 상황에서 늦은 오후 태양광발전이 급격하게 떨어지면(혹은 개기일식) 전력 수요가 급격하게 증가하는 경우가 발생한다. 이럴 경우 단시간 내에 출력을 높이거나 생산할 수 있는 발전 자원 혹은 수요를 줄일 수 있는 탄력적 자원이 필요해진다. 반대로 전력 수요가 낮은 봄가을의 주말에는 태양광발전이나 풍력발전이 과잉 생산되는 상황도 발생할 수 있다. 이때는 잉여전력을 저장하거나 재생에너지 출력을 줄여야 한다.

전력의 수요와 공급뿐만 아니라 수많은 소규모 발전기가 전력망에 연계되면서 주파수와 전압 관리도 더욱 중요해진다. 현재의 배전망은 송전망으로부터 오는 전기를 최종소비자에게 전달하는 일방향 구조로 설계되어 있다. 일단 배전망이 구축되면 배전 계통 내에 급격한 수요 증가가 없는 한 유지·보수 외에 별다른 변화 사항은 거의 없다. 하지만 배전망에 접속되는 분산에너지자원이 늘어나면 배전 선로 용량 제한, 전력 역조류 문제, 주파수의 불안정성, 보호 설비의 오동작 등의 문제가 발생할 가능성이 있다. 따라서 이전과는 다른 정교한 배전망 운영 체계가 필요하다. 배전망의 안정적인 운영과 분산에너지자원의 효과적인 연계를 위해 배전망 운영 관리자의 필요성이 커지는 이유다.

최근 국내에 도입된 분산 전원 중개 사업 역시 이러한 그리드 운영을 위해 중요한 역할을 할 것이다. 분산 전원 중개 사업은 전력망에 연결된 많은 소규모 분산 전원을 묶어 마치 하나의 기존 발전소처럼 운영하는 것이다. 일종의 가상 발전소다. 이러한 가상 발전소는 출력 예측과 전압 및 주파수 보조 등의 전력 보조 서비스를 제공함으로써 분산화된 전력망이 안정적으로 운영될 수 있도록 만든다.

전력 시스템의 또 다른 중요한 변화는 전력시장 구조의 변화다. 기존 전력시장은 생산자와 소비자가 분리되어 있으며, 특히 공급자 중심의 시장이었다. 대규모 화력 및 원자력 발전소에서 생산된 전기를 원거리 송·배전망을 통해 최종소비자에게 전달하는 구조고, 소비자는 말 그대로 전력을 구매하는 수동적 소비자였다. 하지만 최근에는 소비자인 동시에 생산자의 역할을 하는 소위 프로슈머prosumer가 등장하고 있다. 집이나 건물 옥상에 태양광과 스마트 미터기를 설치한 프로슈머는 자가 소비 외에 남는 전기를 다른 수요자나 전력회사에 판매하는 것이 가능하다. 전력 수요가 많은 오후에 전력 가격이 오른다면 생산된 전기를 자신이 사용하기보다는 전력망에 판매함으로써 편익을 얻을 수 있다.

태양광과 같은 생산 자원뿐만 아니라 수요 자원 역시 에너지 생산과 똑같이 시장에 판매할 수 있는데, 국내에서는 이미 수요 자원 시장demand response market을 운영하고 있다. 이처럼 다양한 에너지 공급자가 생기고 소비자의 선택권이 확대되면서 기존의 공급자 중심 체계에서 다양한 소비자, 프로슈머 중심의 양방향 전력시장으로 바뀔 것으로 전망한다.

소비자 참여 시장 모델은 여러 가지가 있는데, 가장 기본적인 형태는 녹색 요금제green pricing 시장이다. 기존 전력회사가 소비자에게 다양한 녹색 요금제 선택권을 제공함으로써 재생 전력시장을 확대하는 제도다. 현재 우리나라에서는 한국전력공사(이하 '한전')가 판매 사업을 독점하고 있어 소비자가 한전 외의 공급자를 선택하는 것이 불가능하며, 에너지 원을 선택할 수도 없다. 하지만 최근 기업의 재생에너지 100% 캠페인이 확대되면서 국내에도 2019년 녹색 요금제가 시범 사업으로 도입되었다. 녹색 요금제가 본격적으로 실행되면 보다 경쟁적이고 친환경적인 전력시장으로 전환될 것으로 보인다. 더욱 적극적인 소비자 참여 시장 모델은 미국의 CCA_{Community Choice Aggregation}에서 찾아볼 수 있다. CCA 는 지방정부가 기존 전력회사 외에 전력 공급자와 계약을 맺어 해당 지 역에 전력을 공급하는 프로그램이다.

이러한 추세 속에서 전력회사의 역할은 에너지를 소비자에게 공급하 는 방식에서 다양한 분산 자원 생산자에게 안정적인 운영 서비스를 제 공하는 방향으로 전환될 전망이다. 이러한 방식이 도입되면 기존과 달 리 에너지 효율 투자, 분산에너지자원 연계, 녹색 전력 거래, 전력망 유 지 및 운영 등과 같은 새로운 사업 모델을 유인하기 위한 요금 체계가 필요할 것이다.

열 시스템

냉난방은 주로 건물에 사용되며, 에너지 사용 용도별로 볼 때 가장 많 은 에너지를 사용하는 부문 중 하나다. 냉난방 에너지원은 지역에 따라 석탄·석유·가스·폐열·전기 등 다양하며, 개별 보일러부터 히트펌프 와 지역 냉난방에 이르기까지 여러 가지 냉난방 방식이 사용되고 있다. 우리나라에서는 주로 가스를 연료로 사용하는 가스보일러와 지역난방 을 사용하는데, 최근에는 낮은 전기 요금과 편의성으로 전기난방도 크 게 늘어나는 추세다. 냉방은 주로 전기를 이용한 개별·중앙 냉방기 시 스템이 대부분이며, 지역 냉난방 시스템도 일부 사용하고 있다.

최근 열 시스템에도 큰 변화가 일어나고 있는데, 전력 시스템과 유사 한 측면이 많다. 우선 많은 나라에서 기존 화석연료 기반의 냉난방 시 스템에서 벗어나 재생에너지 열원을 확대하기 위한 정책을 적극적으로 시행하고 있다. 유럽연합은 2016년 냉난방 전략을 발표하고 냉난방 부 문의 탈탄소 방안을 제안했다. 영국은 2014년부터 재생 열에너지 인센티브 제도를 도입해 시행해오고 있으며, 주택가정용과 일반 건물로 나누어 지열 히트펌프·바이오매스·태양열 등의 재생에너지원을 설치해 사용할 경우 지원금을 지급하고 있다.

열 시스템의 중요한 변화 중 하나는 열과 전기의 통합적 운영이다. 수열과 지열을 이용하는 히트펌프 냉난방 시스템과 남는 재생전기를 열(냉수 혹은 온수)로 전환해 저장하는 냉난방 방식이 향후 증가할 것으로 전망된다. 배터리를 이용하는 에너지저장장치ESS, Energy Storage System도 재생에너지의 변동성을 보완하는 역할을 할 것이다. 열에너지를 이용해 냉방을 하는 기술인 흡착식(흡수식) 냉동기는 여름철 전력 소비를 줄이는 데 기여할 수 있다.

지역난방은 냉난방 시스템을 구성하는 요소 중 하나인데, 지금까지는 주로 가스와 석탄을 연료로 하는 열병합발전을 이용해 고압·고온의 온수를 열 네트워크를 통해 공급해왔다. 하지만 최근 덴마크와 독일 등 유럽 국가를 중심으로 저온 냉난방(4세대 지역난방) 시스템이 보급되고 있다. 기존 지역난방 시스템이 100℃ 안팎의 온수를 공급하는 데 반해 4세대 지역난방은 50~70℃의 저온수를 공급수로 사용한다. 이를 통해 열 수송관과 소비자 측의 열교환 과정에서 열손실이 줄어들어 에너지 효율성이 향상되고, 고온 난방에서 사용하기 어려운 신재생에너지와 미활용 에너지를 이용할 수 있게 된다. 최근 건물의 에너지 성능 기준이 강화됨에 따라 열수요가 감소하고 있어 향후 저온 난방의 적용 가능성은 더욱 커질 것으로 예상된다. 또 소규모 열 프로슈머의 등장도 가능해 광역 열 네트워크에서 분산형 열 네트워크로 전환하게 될 것이다.

교통 시스템

교통 시스템은 화석연료 기반의 내연기관 자동차 중심으로 발전해왔다. 20세기 초반 석유를 연료로 사용하는 내연기관의 도입은 사람과 물류의 이동을 폭발적으로 증가시켰고, 주택과 도시 공간구조, 생활양식에 이르기까지 사회 전반에 걸쳐 커다란 변화를 가져왔다.

하지만 화석연료 기반 내연기관과 자동차 중심 교통 인프라의 사회적·환경적 비용 또한 대단히 크다. 차량, 특히 개인 승용차의 증가는 도로의 평균속도를 감소시켰다. 한국교통연구원(2019년)에 따르면 교통 혼잡에 의한 사회적 비용은 2017년 기준 약 59조 원에 달한다. 수송 부문은 우리나라 총에너지 소비의 18.5%를 차지하고 있으며(2018년 기준), 석유 수입량 중 22%가 육상 부문에서 소비되고 있다. 수송 부문은 온실가스뿐만 아니라 미세먼지의 주요 배출원이기도 하다.

이러한 문제점을 해결하기 위한 변화 가운데 하나가 자동차의 탈내연기관 움직임이다. 대표적으로 독일은 2030년 모든 내연기관의 등록을 허가하지 않을 것을 법으로 규정했다. 영국과 프랑스는 2040년 이후 내연기관 자동차의 판매를 금지하기로 했다. 전기차로 시장이 급격히 이동할 것으로 보는 전망도 많다.

전기차의 증가는 전력 시스템의 변화와도 밀접한 연관이 있다. 아직은 전기차 보급을 확대하기 위한 충전 인프라를 구축하는 데 정책적 관심이 집중되고 있지만, 향후 전기차의 보급이 늘어나면 전기차 배터리를 분산형 전원으로 활용해 첨두부하peak load를 줄일 수 있을 것이다. 즉 전력 가격이 싼 시간에 자동차를 충전하고, 수요가 많아져 전력 공급에 어려움이 생길 때 자동차 배터리에 저장해둔 전기를 전력망에 판매하는 것이다(V2G). 배터리의 수명과 비용, 미터링 및 과금 비용 등 해결해야 할 과제가 있지만, V2G 기술이 발전한다면 향후 변동성 전원의 비중이 높은 전력망을 안정적으로 운영하는 데 크게 기여할 수 있을 것이다.

전기차 외에 자율주행차, 공유 차량, 마이크로 모빌리티의 확산을 통해서도 수송 산업의 구조적 변화가 예측된다. 자율주행차의 본격적인 상용화 시점을 정확히 예측하긴 어렵다. 기술적 문제뿐 아니라 기존 자동차 산업의 일자리 감소 문제, 교통법규, 자동차 사고 보험 그리고 윤리적 문제 등 해결해야 할 문제가 많기 때문이다. 하지만 대략 앞으로 10년 이내에 상당한 진전이 있을 것으로 전문가들은 전망한다. 자율주행의 선두 주자인 구글의 웨이모Waymo는 2018년 12월 미국 애리조나주 피닉스에서 세계 최초의 상용화된 무인 자율주행 택시 서비스를 시작한 바 있다.

전기차와 자율주행 그리고 우버나 리프트 같은 라이드헤일링Ride-Hailing 플랫폼의 결합은 자동차 산업생태계, 나아가 환경과 도시 공간 측면에 커다란 영향을 미칠 것이다. 자동차를 소유하는 교통 시스템에서 모빌리티 서비스를 공유하는 교통 시스템으로 바뀔 것이기 때문이다. 언제 어디에 있든 필요할 때 최초 출발지first mile에서 최종 목적지last mile까지 편리하게 이동할 수 있다면 유지비용이 비싼 개인 승용차를 소유해야 할 이유가 크게 줄어든다. 더구나 자율주행이 상용화된다면 운전의 효율성과 안전성 역시 크게 향상될 것이다. 주차장이나 주유소 같은 교통 인프라도 지금과 같이 많이 필요가 없다. 스마트 기술을 이용해 자율주행차를 최적으로 운영한다면 훨씬 적은 주차장과 충전소만으로도 모빌리티 서비스를 제공할 수 있기 때문이다.

에너지 시스템 전환을 위한 전략

에너지 시스템의 전환은 이미 세계적으로 빠르게 진행되고 있다. 기후변화 대응 정책 그리고 에너지와 정보통신 분야의 기술 발전에 힘입어 변화는 가속화될 것이다. 에너지 시스템의 전환을 적극적으로 수용하고 발전시킬 때 기후변화와 미세먼지 같은 심각한 환경 문제를 완화하고, 국가의 산업 경쟁력을 향상시킬 수 있을 것이다. 물론 이러한 변화가 자연적으로 진행되는 것은 아니다. 지난 20여 년간 빠르게 진행된 에너지 구조의 변화는 많은 국가의 적극적인 에너지 전환 정책이 있었기에 가능했다. 앞으로 이러한 변화를 더욱 촉진하기 위해서도 정부의 혁신적 정책이 매우 중요하다.

최근 코로나19로 인한 세계 경제위기를 극복하기 위해 많은 나라에서 재정투자를 통한 경기부양 정책을 적극적으로 추진하고 있다. 갑작스럽게 경제활동이 위축됨에 따라 산업에 대한 단기적 지원책을 중심으로 정부의 재정투자가 이뤄지고 있지만, 장기적으로는 녹색에너지 인프라를 구축하기 위한 저탄소 경제 부양이 필요하다. 경제학자 제러미 리프킨Jeremy Rifkin이 강조한 것처럼 화석에너지 인프라는 경쟁력 없는 '좌초자산stranded assets'으로 전락할 가능성이 크기 때문이다. 그런 점에서 저탄소 에너지 인프라를 구축하고, 이를 통해 녹색 일자리도 창출할 수 있는 그린 뉴딜 정책을 적극적으로 실행해나갈 필요가 있다. 특히 재생에너지를 확대하기 위한 전력 계통 인프라 증설, 기존 건물 에너지 효율 개선, 녹색교통 인프라 구축(마이크로 모빌리티를 위한 도로구조 개편 등) 그리고 산업구조 개편 등에 적극적인 정부 투자가 필요하다.

그러나 정부의 재정투자만으로는 장기적인 에너지 전환에 한계가 있다. 그동안 화석연료 기반 에너지 시스템에 맞춰져 있던 정책과 제도의 개선이 필요하다. 가장 중요한 정책은 무엇보다도 에너지 가격 체계를 정상화하는 것이다. 연료비용뿐만 아니라 환경비용을 가격에 반영해 에너지원별 경쟁이 일어날 수 있도록 해야 한다. 시간과 장소에 대한 에너지 비용을 차등화하는 것도 필요하다. 에너지는 언제 어디서 생산하고 소비하는가에 따라서도 비용 차이가 발생한다. 같은 1kWh의 전기라도 4월 주말 오후에 생산하는 전기와 7월 평일 오후에 생산하는 비용이 다르다. 충남 보령화력발전소에서 생산한 전기를 서울에서 사용하는 것보다 서울의 옥상에 설치한 태양광 전기가 더 저렴할 수 있다. 지금은 이런 지역적·시간적 가격 신호가 거의 없다 보니 자원의 비효율적 사용이 발생하고 있다. 전력시장에서 한전의 독점적 지위도 개선해야 한다. 다양한 에너지 판매자를 허용하고, 한전의 비즈니스 모델을 전력 판매에서 분산에너지자원 연계와 판매 서비스 확대 등으로 전환해야 한다.

에너지 분권화도 에너지 전환의 중요한 요소다. 재생에너지와 분산에너지자원 기술을 확대하기 위해서는 지방정부, 공동체 그리고 국민의 역할이 매우 중요하다. 지방정부는 지역의 에너지 소비와 생산에 대한 정보뿐 아니라 관련 권한도 가지고 있으며, 국민의 직접적 참여를 효과적으로 끌어낼 수 있다. 지방정부에 대한 재정 지원, 권한 강화 그리고 제도 개선을 통해 지역에서 실질적인 에너지 전환이 일어날 수 있도록 해야 한다.

지식정보사회의 국부,
지식재산

지식 기반 경제사회에서 지식재산은 국부의 주요 원천이다. 세계적 기업의 자산가치를 따져보면 무형자산의 비중이 매우 높아졌다. 지난 45년 동안 S&P500 기업들의 유·무형 자산가치를 분석한 결과 1975년 17%였던 무형자산의 비중은 84% 수준까지 증가했다.[142] 지식재산은 특허와 같은 기술 분야 외에도 음악, 미술, 영화, 게임 등 다양한 창조 활동 분야에서 그 중요성이 커지고 있다. 또 4차 산업혁명으로 상징되는 변화는 지식재산의 유형에도 다양한 변화를 가져올 전망이다. 새로운 산업 환경에 대처하기 위해서는 지식재산 전략도 추가하고 보완을 거듭해야 한다. 지식재산이 국정의 핵심 과제가 되어야 하고, 이를 바탕으로 거래는 물론 질적 차원에서도 '지식재산 허브 국가'가 되어야 한다.

지식재산의 미래

초연결성과 초지능성을 특징으로 하는 4차 산업혁명의 생태계에서는 융·복합 기술의 표준 특허essential patent와 원천 특허original patent 가치의 중요성이 더욱 커질 것으로 보인다.[143] 기술과 산업 환경의 변화 방향과 내용을 이해할 필요가 있다. 먼저 지식재산과 관련한 주요 용어의 개념을 살펴보면 다음과 같다.

- 지식재산: 인간의 창조적 지적 활동 또는 경험의 산물. 재산적 가치가 법적 보호를 받는 특허patents, 상표trademarks, 디자인designs, 저작권copyrights, 영업비밀trade secrets과 생물의 품종이나 유전자원遺傳資源 등 인간의 지식과 경험, 노하우 전반으로 재산적 가치를 실현할 수 있는 것을 총칭하는 개념이다.
- 지식재산권: 지식재산이 법적으로 보호되는 권리임을 강조하는 용어로, 학술과 실무에서 지식재산과 혼용되고 있다. 마찬가지로 특허와 특허권, 상표와 상표권, 디자인과 디자인권도 각각 혼용되고 있다.
- 무형자산: 기업의 경제적 가치자산이지만 전통 회계상 포착하기 어려운 지식과 비결(노하우)을 총칭하는 개념이다. 문헌에 따라 지식자본intellectual capital, 지식자산intellectual asset 등 다양한 용어로 부르고 있다. 무형자산의 경제적 정의는 '기업의 시장가치market value · 장부가치book value'로 표현된다.
- IP5: 특허를 비롯한 지식재산 제도의 운영을 주도하는 미국·유럽연합·일본·한국·중국의 특허청을 지칭하며, '선진 5개 특허청'이

라고 한다. 이 5개 국가를 IP5로 부르기도 한다. IP5는 전 세계 특허출원의 85% 정도를 담당하고 있으며, 세계 특허제도와 정책을 주도하고 있다.

산업 분야별 지식재산 제도와 정책의 세분화

세계적으로 친특허 정책이 강화될 것으로 예측되는 가운데, 특허제도에 대한 논의 양상이 산업 분야별로 다양해지고 세분화할 것이다. 예를 들어 제약업 분야에서는 하나의 신약 개발에 통상 10년 정도의 오랜 기간과 1조 원 이상의 비용이 들지만, 결과적으로 소수의 특허가 창출된다. 반면 정보통신기술 분야에서는 스마트폰 하나에 25만 개 이상의 특허가 덤불을 형성하고 있다. 따라서 전통적 산업재산권과 특허제도가 빠르게 변화하는 지능화된 디지털 전환 시대에도 똑같이 적용될 수 있을지 논의가 필요하다.

지식재산의 국가별 조화 노력 가속화

IP5 국가들이 공통으로 추진하는 핵심 정책의 하나는 국가마다 다른 특허제도를 국제적으로 조화하려는 일이다. 특허제도의 국제적 조화는 단기적으로는 특허심사 기간을 단축하고 특허의 품질을 높이는 방안을 모색하는 것이지만, 장기적으로는 특허제도의 변화에 대비하려는 것이다. 따라서 특허 공동 출원 및 공동 심사 같은 직접적이고 구체적인 수준에서의 국제공조가 강화될 전망이다. 예를 들어 '세계 특허심사 정보 시스템Global Dossier'은 IP5의 특허심사 진행 정보를 일괄적으로 조회할 수 있고, 온라인으로 외국에 직접 출원하는 것까지 가능하게 하려는 취지다.

지식재산 집약 산업의 가치 부상

미래에는 지식재산 집약 산업의 중요성이 더욱 커질 것이다. 2012년 미국 상무부는 미국 특허청 데이터를 기준으로 전체 313개 산업 중에서 특허와 상표 등 지식재산을 가장 집중적으로 활용하고 있는 산업 75개를 선별하고, 이를 '지식재산 집약 산업IP-Intensive Industries'이라고 명명했다. 유럽특허청European Patent Office과 유럽상표디자인청Office for Harmonization in the Internal Market이 2013년 공동으로 공표한 보고서에도 비슷한 내용이 있다. 유럽연합 총 GDP의 39%가 지식재산 집약 산업에서 창출되며, 5,600만 개의 일자리(전체의 26%)가 지식재산 집약 산업에 의해 제공된다고 한다. 브렉시트로 제동이 걸린 상태이지만, 유럽연합은 2012년 단일 특허제도의 출범과 통합 특허법원 설립에 합의한 바 있다. 중국 또한 지식재산권 강국으로 도약하는 것을 목표로 하고 있다. 중국 특허보호협회에서는 조정위원회를, 사법부에서는 지식재산권 지방법원을 각각 운영함으로써 특허 분쟁을 해결하고 있으며, 강력한 징벌적 배상 제도도 도입했다.[144]

금융 변화에 따라 무형자산의 중요성 증대

금융 서비스의 수단에 지나지 않았던 IT 산업이 핀테크를 통해 금융 패러다임을 변화시키고 있다. 여기에 지식 금융과 특허, 상표, 저작권 같은 무형자산의 평가를 통한 융자·투자 활성화 촉진 방안 등이 금융권에서 금융상품으로 등장하고 있다. 금융위원회에 따르면 은행권이 2019년 말까지 공급한 신규 IP 담보 대출액은 2,360억 원으로 전년도보다 167% 늘었다. 특허권에 대한 평가(특허의 권리성, 시장에서의 안정성, 특허의 수명, 특허의 활용성 등) 요소가 금융거래의 주요 항목으로 자리매김

했으며, 은행은 자체적인 지식재산 가치평가를 위해 각 분야의 전문가(변리사, 변호사, 회계사, 금융인, 기술 전문가 등)와 협업을 도모하고 있다.

4차 산업혁명에 따른 지식재산 환경 변화

4차 산업혁명의 혁신 기술들은 기존의 개념으로는 평가할 수 없는 새로운 양상의 보호 가치와 지식재산을 창출하고 있다. 예를 들어 현재 저작권법에 따르면 저작권으로 보호받는 창작물은 '인간의 사상이나 감정을 표현한 창작물'로 규정하고 있다. 인간이 아니라 AI가 창작한 결과물은 창작물로 볼 수 없다는 것이 다수의 의견이다. 현재의 법으로 보호할 수 없는 새로운 영역에 속한다. 이에 해외 주요국에서는 AI의 창작물 보호 방안에 관한 연구와 논의를 진행하고 있다. 따라서 4차 산업혁명이 몰고 오는 기술과 시장 환경에 대응할 수 있도록 관련된 법과 제도의 정비가 필요하다.

지식재산 미래전략

우리나라의 연간 특허출원 규모는 세계지적재산권기구World Intellectual Property Organization의 데이터 센터 집계(2019년) 기준으로 세계 4위를 차지하고 있다. GDP와 인구 대비 내국인 특허출원 건수로는 세계 1위를 차지했다. 그러나 규모의 차원을 넘어 지식재산의 질적 경쟁력을 키우려면 국가적 관심과 지원을 강화해야 한다.

지식재산 국가 패러다임 구축

우리나라는 그동안 추격자 전략으로 발전해왔다. 그러는 가운데 지식재산 보호에 소극적이었던 것도 사실이다. 이제는 지식재산 선진국으로서 역량을 보여주어야 한다. 지식재산권 제도는 창작 활동을 한 사람에게 일정 기간 독점적 권리를 부여해 보상해주는 제도다. 지식재산권 보호를 통해 일자리 창출, 벤처기업 육성, 금융 기술평가 등이 가능하다. 지식재산권을 소홀히 하면 밑 빠진 항아리와 같다. 지식재산 보호에 소극적이었던 과거의 태도를 벗어나 지식재산권 보호의 패러다임을 선도할 때다.

국제적으로 신뢰받는 제도와 리더십 필요

특허를 보유한 사람은 어느 나라에 출원할 것인가를 선택해야 하고, 또 분쟁이 발생했을 때 어느 나라 법원에서 먼저 재판을 받을 것인가도 선택해야 한다. 당연히 지식재산권 소유자는 보호가 잘되고 결과 예측이 가능한 나라를 선호한다. 따라서 신뢰를 얻은 나라에 특허출원이 몰리는 것은 물론, 분쟁 해결 소송도 몰리게 되어 있다. 이러한 신뢰를 얻기 위해서는 국제공조와 예측 가능한 제도를 보유하고 있어야 한다. 특허청에 따르면 2017년 기준 국내 전체 특허출원에서 외국인 비율은 17%로, 외국인의 국내 특허출원이 여전히 소극적임을 알 수 있다.[145] 이는 우리나라 특허권에 대한 국제적 인식을 보여주는 통계 결과다. 국제적으로 신뢰받는 특허제도를 구축하는 것도 지식재산 강국이 되기 위해서는 필요한 부분이다.

지식재산 전문가 양성

우리나라는 지식재산 전문가가 매우 부족하다. 그동안 지식재산에 대한 사회적 인식이 미흡했던 이유도 있지만, 지식재산의 관리·활용·라이선싱·분쟁 해결 분야의 전문가 양성이 제대로 이뤄지지 못한 것도 하나의 이유다. 법학전문대학원 제도가 도입되면서 지식재산 교육에 대한 기대를 모으기도 했다. 하지만 법학전문대학원 내에서도 기대만큼 지식재산 교육이 활성화되지 못하고 있다. 다행히 특허청의 지원으로 2010년 KAIST와 홍익대학교에 지식재산대학원이 설립되었고, 다른 대학교로도 저변이 확대되어 인력 양성이 이뤄지고 있다. 2020년 여성가족부, 고용노동부, 서울시 등의 주최로 한국특허전략개발원에서 주관하는 '지식재산 연구개발' 전략 전문가 과정이 개설된 것도 고무적인 일이다.

앞으로 지식재산 관련 이슈는 더욱 복잡해지고 고도화될 것이 틀림없다. 이러한 이슈들을 해결하고 국가의 부를 보호할 인력이 절대적으로 필요하다. 아울러 국제적 소양을 갖춘 지식재산 전문가도 양성해야 한다. 세계시장에서도 지식재산을 관리할 수 있어야 한다. 아시아 통합 특허청과 아시아 통합 특허법원 시대를 대비해 국제적 역량을 갖춘 전문 인력을 길러야 한다. 지식재산권 등록과 침해 이슈를 다루는 기관의 공무원에 대해서도 체계적이고 전문적인 교육이 이뤄져야 한다.

지식재산 평가 능력 함양

지식재산을 이용한 사업, 금융거래, 분쟁 해결 등에서 직면하는 문제는 해당 지식재산의 가치평가다. 무형의 지식재산을 담보로 대출이나 기업가치를 평가하는 일은 이전보다 훨씬 많아졌다. 기업의 M&A 시장에서 기업 자산에 대한 평가도 유형자산뿐 아니라 무형자산을 포함하는 등 무형자산의 가치평가에 대한 관심과 비중이 높아졌다. 따라서 무형의 지식재산 평가에 대한 공신력 있는 기관과 관련 제도 및 법제화도 충분히 논의되어야 할 상황이다.

4차 산업혁명 시대 지식재산에 대한 전망과 준비

특허권과 저작권이 융합된 지식재산권이 등장하는 것처럼 4차 산업혁명 시대에는 새로운 유형의 지식재산이 출현할 것이다. AI가 만들어내는 성과물에 대한 소유권 논쟁도 치열해질 것이다. 더군다나 혁신 속도가 빨라지면서 지식재산권의 모습도 구체적으로 예측하기 어려운 상황이다. 앞으로 출현할 지식재산의 유형이나 범위에 대해 새로운 시각으로 접근하고 전망하면서 공유와 글로벌 확산을 특징으로 하는 4차 산업혁명에 부합하는 방향으로 대응체계를 갖춰나가야 한다. IP5는 2019년 4차 산업혁명 신기술이 가져올 변화에 공동 대응하기 위해 글로벌 특허 시스템 개선을 내용으로 하는 공동선언을 채택한 바 있다.

특허심사 품질 향상을 위한 심사관 확충과 지원

우리나라가 특허 허브가 되려면 먼저 특허심사의 품질이 세계 최고가 되어야 한다. 등록한 특허가 특허심판원에서 무효라고 판정된 통계를 보면 우리나라가 일본이나 미국의 2배에 이를 정도로 높다. 또 2018년도 심사관 1인당 연간 심사 건수를 보면 미국 심사관이 77건, 일본 심사관이 166건인 데 비해 우리나라 심사관은 192건을 처리했다.[146] 우리나라 심사관 인력 구성은 IP5 특허청과 비교할 때 전문 분야별 박사급 비중이 높고, IT 등 주요 산업 분야에서 한·중·일 선행 문헌 이해와 분석 능력은 최고 수준이다.

그러나 특허청 심사관이 전문성을 갖추고 있더라도 심사 인력 부족은 심사의 품질을 떨어뜨릴 우려가 있다. 부실한 심사로 등록 특허가 무효화되어 독점권을 부여받지 못한다면 그 피해는 오롯이 투자자가 지게 된다. 따라서 특허청은 심사 인력을 확충하고, 심사 품질을 제고하기 위한 조치를 강화해야 한다.

특허 매입 등을 통한 지식재산 허브 전략의 필요성

특허출원 못지않게 특허 매입도 지식재산권을 둘러싼 국가 간 경쟁에서 신경 써야 할 부분이다. 특허관리 전문 회사NPE, Non-Practicing Entity는 매입한 특허 기반의 소송과 라이선스로 먹고산다. 소송을 남발해 산업과 기술의 진보를 가로막는 점에서 '특허 괴물'로 통한다. 그러나 특허권의 적극적 행사라는 차원에서 바라보면 국가 관점에서 다른 전략이 될 수도 있다. 특허청과 한국지식재산보호원이 2020년 발간한 〈2019 IP TREND 연차보고서〉에 따르면 한국 기업의 미국 내 NPE에 의한 피소 위험은 줄지 않은 것으로 분석되었다. 즉 NPE에 대한 방어 전략을 더욱 고도화해야 하고, 나아가 특허를 활용한 비즈니스 모델도 다각화해야 한다. 한국으로 특허가 매입되고, 이를 기반으로 지식재산 관련 협상력이 높은 국가가 될 수 있도록 관점을 바꿔볼 필요도 있다.

지식재산 전문 법원 신설 및 법관 전문성 제고

지식재산 분쟁과 침해에 대한 구제는 최종적으로 재판을 통해 보호된다. 지식재산 분쟁 해결과 권리구제에서 전문 법원과 법관의 전문성이 중요한 이유다. 1998년 개원한 특허법원은 특허심판원 심결에 대한 취소 소송과 특허권·실용신안권·상표권·디자인권·품종보호권 관련 민사소송의 1심 판결에 대한 항소 사건을 맡는 고등법원급의 전문 법원이다. 그러나 1심 민사재판에서도 지식재산권 분쟁을 전담할 수 있도록 지식재산 전문 법원을 신설할 필요가 있다. 또 특허법원과 지식재산권 전담 재판부에 근무하는 법관의 경우 통상적인 순환보직 기간 이상으로 업무를 담당할 수 있도록 해 법관의 전문성을 높여야 한다.

한편 기업 간 특허 분쟁이 전 세계에서 동시다발적으로 진행되는 점을 고려해 외국어를 사용하는 소송 당사자에게도 공정한 재판 기회를 주고자 2018년 7월 국제재판부 관련 법원조직법이 시행되었다. 이에 따라 2019년 2월부터 국제재판부가 도입되어 특허법원에 4개, 서울중앙지방법원에 3개의 국제재판부가 설치되었다. 국제재판부에서는 외국어 변론이 가능하고, 동시통역을 통해 재판이 진행된다. 2020년 6월 기준 특허법원에서 2건, 서울중앙지방법원에서 1건의 국제재판이 열렸다. 국제적 홍보를 통해 이용률을 높여나가야 한다.

지식재산 정책 비서관과 지식재산부 신설

2011년 지식재산 기본법이 제정되고, 대통령 '소속'으로 국가지식재산위원회가 설치되었다. 그러나 현재 국가지식재산위원회의 위상만으로는 지식재산 정책을 종합적으로 주도하기 어렵다는 지적도 있다. 이를 개선하기 위해서는 첫째, 청와대에 지식재산 정책 비서관을 신설해 대통령의 지식재산 정책을 보좌하고 국가 지식재산 정책에 대한 집행 조정 임무를 수행할 수 있게 해야 한다. 둘째, 현재 논의되는 특허청 명칭 변경을 넘어 지식재산 관련 컨트롤타워 역할을 할 수 있는 지식재산부도 신설해야 한다. 일자리 창출에 가장 크게 기여할 지식재산을 국정 의제로 만들고, 여러 부처에 나뉘어 있는 관련 정책을 총괄하며, 기술 변화에 유연하게 대처하기 위한 지식재산부의 신설이 매우 시급하다.

특허제도와 반독점 제도의 조화

특허제도와 반독점anti-trust 제도는 그 방법론에서 근본적으로 상반된다. 특허제도는 발명에 일정 기간 독점권을 부여해 권리자를 보호하고 혁신의 동기를 제공하는 반면, 반독점 제도는 자유시장경제 체제의 근간을 무너뜨리는 독과점을 통제한다. 그러나 특허제도도 기술 내용 공개를 통한 사회 전체의 이익과 기술 발전을 강조한다는 점, 반독점 제도 역시 독과점을 제한하되 시장에 미치는 영향을 충분히 고려하도록 각종 장치를 마련하고 있는 점에 비추어 두 제도 사이의 조화로운 해석 또한 가능하다. 공정거래위원회가 지식재산 보호와 독과점 방지의 균형에 관심을 가지기 시작했지만, 관련 부처 간 소통을 지속해나가야 한다.

자원 기술력과
자원순환형 사회를 통한
자원 확보 체계

━━━━━━━━ 우리나라는 부존자원이 적어 해외 의존도가 높다. 수입국이 일부 국가에 집중해 있어 세계 자원 시장의 영향을 많이 받는 취약한 구조이기도 하다. 실제로 세계에너지위원회World Energy Council가 2019년 발표한 국가별 에너지 건전성 평가 순위에서 한국은 조사 대상 128개국 가운데 37위를 기록했다. OECD 36개국 중에서는 31위에 해당하는 낮은 순위다. 특히 에너지 안보와 지속가능성 측면에서 낮은 점수를 받았다. 자원을 안정적으로 확보하는 것은 순조로운 경제활동의 전제 조건이지만, 자원 개발 환경과 사회적 요인으로 잠재적 리스크도 커지는 상황이다. 그러나 자원 개발은 그 자체 개발만이 아니라 주변 산업에 미치는 파급효과가 크다. 도로와 같은 인프라 건설을 동반하고, 자원 개발 이후에는 제품화 단계로 이어져 추가적 부가가치를 창출하는 복합 사업이다. 자원 수급 안정과 더불어 새로운 미래의 성장

동력으로 발전시키겠다는 기조와 전략을 설정해야만 한다.

자원 소비와 개발에 대한 전망

자원 소비는 경제활동과 직결되는데, 경제가 성장할수록 1인당 자원 소비는 증가한다. 현재 구리·아연 등 비철금속의 수요 약 40%를 중국이 차지하고 있는데, 앞으로 중국과 인도의 경제성장 속도를 고려하면 이들 국가의 자원 수요는 빠르게 증가할 것으로 전망된다.

이런 가운데 자원 보유국에 대한 투자 여건이 나빠지고 불확실성은 더욱 커지고 있다. 자원을 보유한 개발도상국들은 자원을 기반으로 자국의 산업화를 견인하려는 시도를 강화하고 있어 신규 사업 진입장벽이 갈수록 높아질 것이다. 또 과거에는 매장량, 가격, 인프라 현황, 정치적 불안정성 같은 이슈가 자원 개발의 선제적 요건이었다면, 앞으로는 환경 문제를 비롯해 지역민과의 조화와 같은 사회적 요인까지 고려해야 하는 상황이 되고 있다.

자원 개발 여건도 좋지 않다. 예전에는 접근성이 좋은 지역을 중심으로 자원 개발이 진행되었다. 그러나 최근에는 고산지대 등 접근하기 어려운 지역의 개발이 증가하고, 자원의 품위도 낮아지고 있다. 채굴 조건의 악화는 광산·인프라 건설, 채광, 광석 처리, 운송·판매 비용 등의 연쇄 상승으로 이어진다. 즉 낮은 생산 단가로 쉽게 개발하고 생산하던 육상 유전easy oil의 고갈로 대규모 자본과 첨단기술이 필요한 고위험 지역으로 사업 영역이 이동하고 있다.

자원 개발 사업은 또한 환경을 훼손하는 대표적 산업으로 취급되며,

개발 단계마다 다양한 이슈가 발생하고 이해관계도 복잡하다. 최근 미국을 비롯한 OECD 국가들은 자원 개발 자금이 반군활동 자금으로 연결되는 것을 방지하기 위해 '분쟁 광물'을 지정하고, 이런 광물의 사용을 금지하는 법과 제도까지 시행하고 있다. 오염 방지 중심이던 환경관리도 생태계와 노동환경 배려, 투명한 정보공개 등을 포함하는 복합적 관리로 확대되고 있다.

미래를 대비하는 자원 전략

산업화 과정을 거치면서 2000년대 초반까지는 상대적으로 낮은 가격에 자원을 확보할 수 있었다. 이러한 전제에서 생산관리의 핵심은 자본 생산성과 노동생산성을 높이는 것이었다. 그러나 자원은 무한하지 않다. 자원의 고갈 가능성과 일부 자원의 과점 심화로 자원 소비에 대한 제약은 국가 간 충돌 가능성까지 높였다.

자원으로 인한 제약에서 벗어나기 위해 세계 각국에서는 자원의 생산성을 높여 경제성장과 자원 소비 간의 연결 고리를 끊자는 기조가 생겼고, 자원순환과 지속가능성 그리고 녹색성장이 새로운 패러다임이 되었다. 이러한 변화 속에서 한국은 자원 안보 실현과 새로운 가치 창출 기회를 찾아야 한다. 안정적으로 자원을 공급할 수 있는 체계를 마련하고, 자원순환형 사회를 만들어야 하며, 수익성과 시장 확대 가능성이 큰 분야에 투자해 새로운 가치를 창출해야 한다.

해외 자원 개발 사업의 활성화

안정적 자원 확보 관점에서 가장 먼저 그리고 가장 효과적으로 시행할 수 있는 전략은 해외 자원 개발이다. 한국의 해외자원개발사업법에 따른 해외 자원 개발 목표는 자원을 안정적으로 확보하는 것으로서, 가격 불안정성에 대응하고 공급 중단에 대비할 수 있는 일종의 '헤징hedging 전략'이다.

해외 자원 개발 사업은 안정적 자원 확보뿐만 아니라 고부가가치를 산출하는 계기가 된다. 우리나라의 업종별 부가가치율을 산정해보면 다른 산업들은 10%대 수준이지만, 광업은 70%로 가장 높다. 해외 자원 개발은 광산 개발에 그치는 것이 아니라 대규모 플랜트, 전력, 도로 등 인프라 건설과 연계할 수도 있다. 자원 개발 사업은 초기 자원 탐사에서 개발, 생산, 회수까지 최소 10~15년이 소요되는 사업이다. 또 자금, 기술, 정보 인프라가 뒷받침되어야 하므로 해외 자원 개발 활성화를 위한 전략은 종합적 시각에서 장기적 계획을 세워야 한다. 세계적 기준으로 볼 때 한국은 아직 양질의 해외 자원 개발 체계를 가지고 있지 않다. 자원 개발 역량을 키우기 위해서는 산업생태계 조성, 효율적인 민간 서비스 기업 같은 요소들이 유기적으로 연계되어야 한다.

- 종합적 시각에서 장기적 계획 수립
- 투자 기업, 서비스산업, 지원 기관, 기술 및 인력 등 자원 산업생태계를 구성하는 다양한 주체의 역량을 키울 수 있는 지원 정책과 제도 마련
- 한국의 자금력과 기술력에 맞는 자원 개발 프로젝트 발굴
- 사업의 수익성, 투자 대상 광종鑛種의 시장구조, 파트너사에 대한

신뢰성을 비롯해 경제·사회·기술·정치 등 다양한 전문 지식이 복합적으로 작용하는 투자 결정 방식의 시스템화

- 자원 가격 변동, 해당국의 정치적 안정성, 재해 문제 같은 외생적 요소의 제거에는 한계가 있으나 매장량 평가, 광산 설계, 대상 광종의 시장성 전망과 기술적 요소에 대해서는 투명한 검토 체계 마련

자원 기술력 강화를 통한 신성장동력 마련

불과 몇 년 전만 해도 기술적 제약으로 미래 자원의 범주에 속하던 셰일가스와 셰일 오일은 수평시추와 수압파쇄라는 기술로 현재는 미국을 세계 최대의 원유 생산국으로 탈바꿈시켰다. 환경이나 경제적 문제로 전에는 활용하지 않았던 저품위 또는 복합광 광물자원도 개발하고 있으며, 폐기물로 여기던 폐제품·선광選鑛 찌꺼기·슬래그도 재처리하는 방식으로 자원을 회수하고 있어 환경 문제도 해결하고 경제적 가치도 창출하고 있다.

자원 기술력이 신성장동력으로 이어질 수 있는 것은 첫째, 자원 기술을 보유하고 있느냐가 사업권을 확보하고 사업 지속성을 결정하는 핵심 요인이기 때문이다. 자원 기술의 중요성에도 불구하고 한국의 자원 기술 연구개발이 열악한 편이다. 우리가 경쟁력을 지닌 ICT, 조선, 플랜트 산업 기술과 연계하는 전략이 필요하다.

둘째, 환경과 안전 기술 시장이 확대되고 있는 것도 새로운 기회다. 대표적 기술로는 '이산화탄소를 통한 원유 회수 증진$_{CO_2-EOR}$' 기술과 셰일가스 안전관리 기술, 노후화 해상플랜트 해체 기술 등이 있다. 온실가스의 주범인 이산화탄소를 주입해 석유를 회수하는 CO_2-EOR 기술은 생산성 증진을 이루는 기술인 동시에 이산화탄소 저장과 처리를 통

해 온실가스를 줄일 수 있는 기술이다. 또 셰일가스 개발에 대한 안전성 문제와 수압파쇄에 사용한 물 처리 문제도 논란이 계속되고 있어 관련 기술 연구가 필요하다. 해상플랜트를 해체하는 기술은 한국의 우수한 플랜트 기술을 기반으로 충분히 선점할 수 있는 영역이기도 하다.

- 한국이 경쟁력을 보유한 ICT, 소선, 플랜트 산입 기술과 연계하는 자원 기술 개발
- 해수에서 리튬 광물자원을 확보하는 기술 등 미래세대를 위한 미래 자원 기술 개발 병행
- 미래 자원의 경우 단기적 성과보다 장기적 가능성을 염두에 둔 지속적 연구개발 수행

지속 성장을 가능하게 하는 자원관리 체계 구축

다른 일반적인 재화와 달리 자원은 한정되어 있고, 채굴에서 생산, 소비, 폐기에 이르는 전 주기 동안에도 다른 자원을 소비하고 환경 문제를 유발한다. 따라서 통합적 차원에서 지속 성장을 가능하게 하는 자원관리Sustainable Resource Management 체계가 필요하다. 경제적으로는 효율성과 경제성장을, 환경적으로는 생태계 유지 및 환경보전을, 사회적으로는 세대 간 및 지역 간 공정성과 형평성·안정성을 유지할 수 있도록 해야 한다. 현재뿐만 아니라 미래의 기술과 산업에 대비하기 위한 중요한 자원을 관리할 필요도 있다. 유럽과 미국 등지에서는 미래 기술 전망에 따라 주기적으로 해당 광종을 선정하고, 선정한 광종에 대해서는 매장량 조사, 국제 협력을 통한 확보 전략 수립, 대체 및 재활용 기술 개발 등을 통해 중장기적으로 확보 전략을 수립하고 있다.

- 자원순환과 폐기물 정책 같은 환경관리 전략, 산업정책, 빈곤 및 복지 문제 등과 연계하는 통합적인 관리 정책 수립
- 미래의 기술과 산업에 대비하기 위한 중요한 자원 선정 및 관리
- 미래의 산업구조와 수요 예측을 통해 필요한 자원의 수급 체계 및 공급 다양화 방안 마련

북한 광물자원의 남북 공동개발 및 활용

남북 관계는 예측이 쉽지 않을 만큼 변화를 거듭하고 있다. 그러나 향후 경제협력을 전망하면서 전략적 계획을 고민해야 한다. 경제협력을 고려할 때 가장 주목받는 분야는 자원 개발 부문이다. 상호 부족한 부분을 채워줄 수 있기 때문이다. 출처에 따라 차이가 있으나 2018년 한국광물자원공사에 따르면 북한에는 희토류를 비롯해 석회석, 마그네사이트, 철광석, 무연탄, 금 등 42개의 광종이 매장되어 있다. 또 2011년 기준 《조선중앙연감》에 따르면 북한에는 석회석, 마그네사이트, 철광석, 무연탄, 금 등 21개의 광종이 매장되어 있다.

반대로 한국은 자원이 없어 대부분 수입에 의존하고 있다. 그런 측면에서 남북 공동의 번영을 위해 자원 개발과 확보는 필요하다. 이전에도 남북이 공동개발을 추진한 적은 있다. 남북은 2007년 10·4선언에서 자원 개발을 적극적으로 추진하기로 하고 민관 총 4건의 광물자원 개발 사업 추진 성과도 냈지만, 이후 남북 관계가 경색되면서 중단되었다. 현재도 유엔의 대북 제재로 남북 간 광물자원 교류 사업은 더욱 어려운 상태다. 하지만 향후 북한 광물자원 개발은 다시 적극적으로 추진해야 한다. 북한의 부존자원을 대상으로 남한에서 자본과 함께 4차 산업혁명의 핵심 기술을 접목한다면 큰 부가가치를 창출할 수 있을 것이다. 북한

은 보유 자원을 효과적으로 개발할 수 있게 되고, 한국은 부족한 자원을 장기적·안정적으로 확보할 수 있게 될 것이다.

- 자원의 탐사·개발·생산 및 환경 복원의 전 과정을 추진할 남북 자원 개발 협력 추진체 구성
- 안정적인 전력 공급 등 광산 개발에 필요한 인프라 구축 방안 마련
- 북한 8대 광산 밀집 지역(정주-운산, 무산, 혜산, 마녀, 가무리, 평남 북부 탄전, 안주 탄전)의 개발 방향 검토
- 광업의 사양화로 부족해진 고급 광업 기술 인력 양성 및 확보
- 민간기업이 진출할 수 있도록 광산 투자·진출 환경 토대 마련

AI 스마트농업과
농촌의 르네상스

━━━━━━━━━━ 코로나19 여파는 세계의 곡물 수출입 네트워크
까지 혼란에 빠뜨렸다. 세계 주요 식량 수출국들이 수출을 제한하거나
항공·선박 등 물류망이 마비되면서 공급 체계에 균열이 생겼기 때문이
다. 다른 산업과 마찬가지로 글로벌 가치사슬로 연결된 식량 네트워크
가 원활하게 연결되지 못하면 식량 수입 의존도가 높은 국가는 위기를
더 크게 느낄 수밖에 없다. 한국 또한 식량자급률이 50%를 밑도는 수입
국이다. 기존에 안고 있던 식량 부족 문제에 더해 코로나19 여파가 새
로운 숙제를 던져준 셈이다. 농업·농촌의 대응적 변화가 더욱 절실해지
는 이유이기도 하다.

사실 농업·농촌은 그동안 새로운 변화를 거듭해왔다. 첨단기술이 농
업·농촌 부문에도 큰 영향을 미치고 있기 때문이다. 이미 농업 분야에
서 IoT 관련 설비는 연간 20%씩 증가하고 있으며, 2035년에는 지금보

다 20배 더 증가할 것으로 예측된다. 미래 농업은 IoT, 빅데이터, AI 같은 기술을 토대로 생산과 소비의 최적화가 이뤄지는 AI 스마트농업이 될 전망이다. 또 농촌의 생활양식은 다양한 서비스 접근성이 개선되며 더욱 편리해질 것이다. 귀농·귀촌의 증가, 도농 교류의 활성화 그리고 농촌에서 자급자족하며 다른 직업을 병행하는, 이른바 반농반엑스x 라이프스타일의 확대도 농촌이 새롭게 도약할 수 있는 요인이다.

농업 · 농촌 기반의 취약성

그동안 한국의 농업과 농촌은 다른 분야와 비교해 상대적으로 큰 발전을 이루지 못했다. 농업의 시장 규모는 꾸준히 증가했으나 성장률은 다른 산업 부문보다 저조한 편이다. 우리나라의 식량자급률도 계속 하락해 국민이 소비하는 식량 가운데 절반 정도를 해외에서 조달한다. 식량자급률은 2018년 기준 46.7%로 집계된다. 100%에 이르는 쌀 자급률을 제외하면 나머지 곡물의 자급률은 낮은 편이다. 2018년 기준으로 콩이 25.4%, 옥수수가 3.3%, 밀이 1.2%이다. 대부분 수입에 의존한다는 의미다. 특히 특정 국가에 대한 수입 의존성이 높아 식량안보가 매우 취약한 상황이다.

농촌 인구의 감소와 고령화도 문제다. 최근 귀농·귀촌 인구와 외국인 증가에 힘입어 소폭 증가하는 추세라고 해도 구조적 감소는 여전하다. 지자체나 농협중앙회 같은 관련 기관을 중심으로 청년 농업인 육성 사업이 진행되고 있지만, 농업과 농촌의 활력을 높이려면 젊고 유능한 농업인 육성을 더 확대하고 실무 중심으로 전문화해야 한다.

농가의 수익성 정체나 하락으로 도농 간 소득 격차가 커지는 것도 심각한 문제다. 농가의 호당 소득은 2009년 이후 농업소득과 비경상소득의 감소로 2012년까지 줄어들었다. 2012년 이후에는 농업소득과 비경상소득이 증가세로 전환되면서 농가소득은 회복세를 보이고 있다. 그러나 실질 농업소득은 1994년 1,734만 원으로 정점을 찍고 2018년에는 1,073만 원으로 추정된다. 농외소득 등을 합친 실질 농가소득 또한 가장 높았던 1996년 3,689만 원에서 2018년 4,000만 원을 약간 넘은 것으로 발표되었다. 반면 이를 도시 근로자 평균 소득과 비교하면 그 격차는 더 빠르게 증가했다. 도시 근로자 가구 소득 대비 농가소득 비중은 2000년 80.5% 수준에서 2018년 64.8%로 크게 줄었다. 1990년까지 도농 간 소득 격차는 거의 없었으나, 매년 그 격차가 벌어지고 있다.

농정 패러다임 변화의 필요성과 미래 전망

농업의 성장 정체와 도농 간 소득 격차는 풀어야 할 오래된 과제다. 동시에 식량안보, 식품 안전, 환경·에너지·자원 위기 등 새로운 도전과제를 안고 있다. 이를 해결하기 위해서는 무엇보다 기술과 환경의 변화를 반영해 농업, 농촌, 식품, 환경, 자원, 에너지 등을 포괄하는 농정 혁신의 기틀을 마련해야 한다.

우선 농정의 포괄 범위를 종래 생산 중심의 접근을 넘어 농업의 전후방 관련 산업과 생명산업 전반을 아우르며 농민의 삶의 질을 고려한 공간 정책으로까지 확대하는 관점이 필요하다. 농정을 추진하는 방식도 직접적 시장개입은 최소화하고, 민간과 지방정부의 역할을 강화해야 한다. 정부는 시장개입보다 시장 혁신을 유도하는 제도를 마련하는 데 치중해야 한다. 정부와 민간, 중앙정부와 지방정부 간의 적절한 역할 분담과 협조 체계를 구축하는 새로운 거버넌스의 확립이 필요하다.

또 미래 농정의 비전을 성장, 분배, 환경이 조화를 이룬 지속 가능한 농업·농촌으로 삼아야 한다. 발전 목표로 농업 생산자에게는 안정적 소득과 경영 보장을, 소비자에게는 안전한 고품질의 농식품 제공을, 후세대에게는 매력 있는 친환경 경관과 삶의 질 향상을 제시할 수 있다. 이러한 비전과 목표를 달성하고 농업·농촌의 활력을 유지하기 위해 첨단기술이나 새로운 비즈니스 모델을 도입해야 한다.

그러나 아직은 4차 산업혁명 기술에 대한 적응도가 낮은 편으로 나타나고 있는 점에서 정부의 지원과 맞춤형 인큐베이팅 시스템이 필요하다. 특히 부가가치를 창출하는 포장, 유통, 가공, 외식, 마케팅, 서비스산업과 연계해야 한다. 농업과 밀접한 관련이 있는 기후와 환경산업, 바이오생명산업(의약, 화장품, 식품 소재), 바이오에너지산업, 농촌 문화 및 관광산업과 연계한 성장 산업으로 변모해야 한다.

첨단 과학기술을 활용한 스마트농업의 보편화

첨단 과학기술과 융합한 농업기술의 발전으로 스마트농업이 확대되어 고능률의 작업 쾌적화 기술이 개발·보급될 전망이다. 이미 수확량 예측을 비롯해 제초, 선별, 수확 등을 대신하는 AI 로봇이 활용되고 있다. 또 인공강우를 실용화하고, 기후변화에 대응해 개발하는 품종을 널리 적용함으로써 농업생산의 불확실성이 줄어들 것으로 예측한다. 농작물의 생육환경(빛, 공기, 열, 양분 등)을 인공적으로 자동제어해 주문형 맞춤 생산과 사계절 전천후 농산물 생산이 가능한 식물공장이나 고층 빌딩을 농경지로 활용하는 수직농장vertical farm의 도입도 예측해볼 수 있다.

전문 경영체 중심의 농업 생산구조 확립

전업농의 규모화와 전문화가 진전되어 논 3ha 이상 농가의 생산 비중은 2050년이면 80%에 육박할 것이다. 청장년 경영주의 전업농 및 농업법인이 지역 농업의 중심을 형성하면서 농업 혁신과 경쟁력 강화를 주도할 전망이다. 또 조직화와 법인화에 의한 대규모 농업회사의 등장도 예측된다. 논 농업은 상대적으로 자급적 농가가 병존하지만, 원예·축산 분야는 전문 경영체 중심으로 정착할 것으로 보인다.

농생명(그린바이오)산업의 발전

농업은 농산물을 생산하는 산업인 동시에 동식물 자원 이용 산업으로도 발전할 전망이다. 동·식물자원을 이용한 농생명 산업은 IT·BT·NT와 융·복합되어 고부가가치를 창출하는 농생명 산업으로 발전할 것이다. 국내 식물자원을 활용한 식물 종자(형질전환), 바이오에너지, 기능성 제품(천연 화장품, 향료, 의약품), 동물자원을 활용한 가축 개량, 동물 제품(이종 장기, 줄기세포), 동물 의약품, 미생물자원을 활용한 발효식품 등의 산업화가 더욱 확대될 것으로 보인다. 건강한 삶과 생명 연장에 대한 인간의 욕망이 커질수록 농생명 산업의 융·복합이 더 활성화될 전망이다.

농촌 지역의 6차 산업 활성화

현재까지의 농업은 농산물을 생산하는 1차 산업이었지만, 앞으로는 식품 가공을 통해 부가가치를 창출하는 2차 산업 요소와 서비스산업이라는 3차 산업 요소가 결합할 것으로 보인다. 농촌 체험, 농촌 관광, 휴양, 치유와 힐링, 농식품 전자상거래, 농산물 계약 거래와 선물거래, 귀농·귀촌(알선, 정보 제공, 교육), 사이버 교육, 농업금융, 농업 정보화, 농업

관측, 외식 서비스, 광고 같은 다양한 비즈니스가 1차 산업인 농업과 연계되는 것이다. 이처럼 1차·2차·3차 산업이 모두 합쳐진 농업을 6차 산업이라고 부른다. 6차 산업의 개념은 제조 분야의 4차 산업혁명과 궤를 같이하는 개념이다. 농촌 지역의 6차 산업이 활성화되면 농업과 연계된 가공, 마케팅, 농촌 관광 등 전후방 연관 산업도 발달하게 마련이다. 전원 박물관, 전원 갤러리, 테마파크 등이 농촌 지역을 중심으로 발달함으로써 농촌은 문화 콘텐츠 산업의 주요 무대로 성장할 것이다. 경관 관리사, 귀농 컨설턴트, 도시농업 관리사, 문화 해설사, 바이럴 마케터 같은 다양한 신직종이 출현할 수도 있다.

농업 생산 · 유통 · 소비의 데이터화

4차 산업혁명에 따른 농업의 변화는 생산, 유통, 소비 차원에서 나타나고 있다. 첫째, 생산 분야에서는 기후 정보, 환경정보, 생육 정보를 자동으로 측정·수집·기록하는 '스마트 센싱과 모니터링', 수집된 데이터(영상, 위치, 수치)를 분석하고 영농 관련 의사결정을 수행하는 '스마트 분석·기획', 그리고 스마트 농기계를 활용해 농작업(잡초 제거, 착유, 수확, 선별, 포장 등)을 수행하는 '스마트 제어'의 특성을 구현하고 있다.

둘째, 농산물 유통 분야에서는 4차 산업혁명 기술을 활용해 농식품 유통 정보의 실시간 공유와 대응이 가능해지고 있다. 실제로 네덜란드와 이탈리아 등에서는 관련 기술을 활용해 농산물 유통 혁신을 이루는 대규모 프로젝트(네덜란드의 'The Smart Food Grid', 이탈리아의 '미래형 슈퍼마켓' 등)를 진행하고 있다.

셋째, 농산물 소비 분야에서는 수요자가 주도하는 온디맨드 마켓의 확장을 통해 이전과는 다른 소비 행태가 대두할 것으로 보인다. 소비자의 요구 사항을 생산자에게 실시간으로 전달할 수 있고, 이에 맞추어 생산품을 선택해 소비하는 행태가 주를 이룰 것이다.

농업·농촌 통합형 미래전략

현재 한국의 농업은 농업인의 고령화와 젊은 농업인의 유입 부족, 경지 규모의 영세성, 각종 규제와 민간 자본 유입 부족에 따른 기업적 경영 미흡, 낮은 기술 수준으로 생산성이 정체된 상황이다. 새로운 환경 변화에 대응하고 첨단기술을 활용하는 미래 발전 전략을 더욱 구체화해야 한다.

4차 산업혁명 기술 기반의 스마트팜 활성화

스마트팜은 4차 산업혁명의 정보통신기술을 활용해 새로운 서비스와 비즈니스 모델을 창출할 수 있다는 측면에서 크게 주목받고 있다. ICT 기반 최첨단 농업 모델인 스마트팜은 센서, 정보통신, 제어 기술 등을 갖추고 네트워크화된 시설농업을 의미한다. 스마트팜에서는 농장의 데이터 네트워크와 제어 시스템을 활용해 각종 작물에 맞는 일조량, 환기, 온도를 조절하고 출하 시기까지 조정할 수 있다.

농림축산식품부의 스마트팜 확산 방안에 따르면 첨단 농업 육성과 전문 인력 양성, 수출 시장 개척을 추진하고 있으며, 2022년까지 스마트팜 면적을 7,000ha로, 축사를 5,750호로 확대할 목표를 가지고 있다. 아울러 '스마트팜 혁신밸리'를 구축하기 위해 4개 지역을 선정하기도 했다. 그러나 스마트팜이 발전하는 과정에서 가치사슬의 충돌로 농민들의 반발이 나타날 수 있다. 이러한 갈등을 최소화하도록 관련 제도를 정비하고 농민 지원책도 함께 추진해야 한다.

농업의 경쟁력 강화 및 생명산업과 연계한 신성장동력화

농업의 지속적 발전을 위해서는 경쟁력을 강화해야 한다. 그러나 경쟁력의 개념은 비용 중심의 가격 경쟁력에서 품질과 가치 경쟁력으로 전환할 필요가 있다. 수요자가 원하는 기능과 제품, 서비스를 찾아야 한다. 새로운 수요를 창출하기 위해 마케팅 능력을 강화하는 전략도 필요하다. 농식품의 안전과 품질을 선호하는 소비자와 시장 수요에 부응하는 품질 혁신으로 농업소득을 창출하고, 식품·유통·환경·문화와 결합한 새로운 수요를 개발해 신시장, 신수요를 창출하는 혁신이 이뤄져야 한다. 또 전통 농업과 IT·BT·NT 등 첨단기술의 융·복합을 통해 고부가가치를 창출해야 한다. 미래 고부가가치 산업으로 성장할 수 있는 분야인 종자산업, 식품산업, 천연 화장품·의약품 산업, 애완·관상용 동식물 관련 산업 등을 전략 분야로 선정해 집중적으로 육성하는 것이 필요하다.

농촌 주민의 삶의 질 향상과 농촌 공간의 휴양·관광·문화 산업화

귀농·귀촌 인구는 2017년 역대 가장 높은 약 51만 7,000명을 기록했고, 2019년에는 약 46만 명으로 집계됐다. 다소 감소세에 있지만 50만 명에 육박하고 있는 것이다. 더욱이 귀농·귀촌 인구 중 약 50%가 30대 이하다. 이는 농촌에 살면서 반은 자급적 농업에 종사하고 나머지 반은 저술, 마을 만들기, 자원봉사, 예술 창작 활동, 향토 음식 개발, 지역 자원 보전 활동 등 자신이 하고 싶은 일을 병행하는 반농반엑스의 라이프스타일이기도 하다.

이러한 귀농·귀촌과 도농 교류의 활성화는 앞으로도 촉진될 것으로 전망한다. 따라서 농촌의 정주 환경을 개선하는 동시에 생활 서비스 접근성도 높여 국민 모두에게 농촌이 열린 삶터가 되는 환경을 조성해야 한다. 자연환경 보전, 역사·문화 자원 보전, 어메니티 자원의 발굴과 가치 제고 등을 통해 '농촌다움rurality'을 가꾸어야 한다. 이러한 농촌다움을 새로운 경쟁력의 원천으로 활용해야 한다. 삶의 질을 중시하는 미래 수요에 부응하는 자연, 경관, 문화를 보전해 농촌 발전의 잠재력을 증진하는 것이다.

농정 거버넌스 혁신을 통한 지속 가능한 농업·농촌

앞으로 다가오는 미래에는 중앙정부 중심의 하향식 접근이나 지역의 일방적인 노력만으로 농업·농촌의 지속가능성을 확보하기 어렵다. 농업인뿐만 아니라 농촌 주민의 역할, 농업 이외에 다양한 지역 경제의 다각화 활동, 농업인을 포함한 농촌 지역의 모든 이해관계자가 동등하게 협력하고 연대해야 한다. 중앙정부, 지자체, 민간기업, 시민사회, 협동조합이나 사회적 경제 조직 등 지역 내 여러 주체 간의 협력을 가능하게 하는 미래지향적 혁신의 포용적 생태계를 조성해야 한다.

다행히 이미 우리 사회에는 농업·농촌·먹거리 영역의 새로운 변화 요구에 대응해 다양한 실천 활동이 확산되고 있다. 로컬 푸드·학교급식·먹거리 교육·도시농업·사회적 농업 등의 영역에서 대안적 활동이 구체화되고 있으며, 일부 지자체에서 독자적으로 진행하는 사회적 실험 성과도 나타나고 있다. 연대와 협력이 바탕이 되는 새로운 농정 거버넌스 혁신을 통해 농업·농촌 발전의 지속가능성을 확보해야 한다.

국민의 행복을 위하여

'아시아 평화 중심 창조 국가'를 만들기 위해 추가적 보완을 거듭한 일곱 번째 국가미래전략 보고서를 내놓습니다. 완벽하다고 생각하지 않습니다. 국가의 미래전략은 정적인 것이 아니라 동적인 것이라고 생각합니다. 시대와 환경의 변화에 따라 전략도 변해야 합니다. 현재를 바탕으로 미래를 바라보며 더욱 정제하고 분야를 확대하는 작업을 시작했습니다. 해를 거듭하며 온·오프라인에서 진행한 토론회 내용을 기반으로 원고를 작성하고 전문가들이 검토했습니다. 이번에는 코로나19에 따른 변화를 포함해 사회, 기술, 환경, 인구, 정치, 경제, 자원 7개 분야에서 뽑은 50개 전략을 제시했습니다.

국가의 목적은 국민의 행복입니다. '문술리포트'의 목적도 국민의 행복입니다. 국민의 행복을 생각하며 시대의 물음에 '선비 정신'으로 답을 찾고자 했습니다. 오늘 시작은 미약하지만, 끝은 창대할 것입니다. 함께한 모든 분이 우국충정憂國衷情의 마음으로 참여해주셨습니다. 함께해주신 모든 분께 진심 어린 감사와 고마움의 마음, 고개 숙여 전합니다. 감사합니다.

기획·편집위원 일동

- 2014년 1월 10일: 정문술 전 KAIST 이사장이 미래전략대학원 발전 기금 215억 원 출연(2001년 바이오및뇌공학과 설립을 위한 300억 원 기증에 이은 두 번째 출연). 미래전략 분야 인력 양성, 국가미래전략 연구 요청
- 2014년 3월: KAIST 미래전략대학원 교수 회의, 국가미래전략 연간 보고서(문술리포트) 출판 결정
- 2014년 4월: 문술리포트 기획위원회 구성
- 2014년 4~8월: 분야별 원고 집필 및 검토
- 2014년 10월: 국회 최고위 미래전략과정 검토 의견 수렴
- 2014년 11월:《대한민국 국가미래전략 2015》(문술리포트 2015) 출판
- 2015년 1~2월: 기획·편집위원회 워크숍. 미래 사회 전망 및 미래 비전에 대해 토론
- 2015년 1~12월: 국가미래전략 정기토론회 매주 금요일 개최(서울창조경제혁신센터, 총 45회)
- 2015년 9~12월: '광복 70년 기념 미래세대 열린광장 2045' 전국 투어 6회 개최
- 2015년 10월:《대한민국 국가미래전략 2016》(문술리포트 2016) 출판

- 2015년 10~11월: '광복 70년 기념 국가미래전략 종합학술대회' 4주간 개최(서울 한국프레스센터)
- 2015년 12월 15일: 세계경제포럼·KAIST·전경련 공동 주최 'WEF 대한민국 국가미래전략 워크숍' 개최
- 2016년 1~2월: 문술리포트 2017 기획 및 발전 방향 논의
- 2016년 1월 22일: 아프리카TV와 토론회 생중계 MOU 체결
- 2016년 1~12월: 국가미래전략 정기토론회 매주 금요일 개최(서울창조경제혁신센터). 2015~2016년 2년간 누적 횟수 92회
- 2016년 10월:《대한민국 국가미래전략 2017》(문술리포트 2017) 출판
- 2017년 1~2월: 문술리포트 2018 기획, 발전 방향 논의 및 새로운 과제 도출
- 2017년 1~3월: 국가 핵심 과제 12개 선정 및 토론회 개최
- 2017년 1~12월: 국가미래전략 정기토론회 매주 금요일 개최(서울창조경제혁신센터). 2015~2017년 3년간 누적 횟수 132회
- 2017년 3월 17일: 국가미래전략 정기토론회 100회 기록
- 2017년 4~11월: 4차 산업혁명 대응을 위한 과제 선정 및 토론회 개최
- 2017년 10월:《대한민국 국가미래전략 2018》(문술리포트 2018) 출판
- 2018년 1월: 문술리포트 2019 기획 및 발전 방향 논의, 2019년 이슈 키워드 도출
- 2018년 1~12월: 국가미래전략 정기토론회 매주 금요일 개최(서울시청 시민청). 2015~2018년 4년간 누적 횟수 160회
- 2018년 3~12월: 월별 주제(3월 블록체인/4월 미래 모빌리티/5~7월 통일 전략/8~9월 에너지와 기후/10월 생명공학/11~12월 디지털의 미래) 집중 토론
- 2018년 5~7월: 통일 비전 2048-단계적 통일 미래전략 토론회 개최

- 2018년 8월 24일: 국가미래전략 정기토론회 150회 기록
- 2018년 10월: 《카이스트 미래전략 2019》(문술리포트 2019) 출판
- 2019년 1월: 문술리포트 2020 기획 및 발전 방향 논의, 2020년 이슈 키워드 도출. KAIST 문술미래전략대학원 과목으로 추가. 일반인도 참여할 수 있는 '열린수업' 형태로 개설
- 2019년 2~6월: 국가미래전략 정기토론회 매주 토요일 개최(KAIST 도곡캠퍼스). 2015~2019년 5년간 누적 횟수 173회
- 2019년 10월: 《카이스트 미래전략 2020》(문술리포트 2020) 출판
- 2020년 1월: 문술리포트 2021 기획 및 발전 방향 논의, 2021년 이슈 키워드 주제 토론
- 2020년 3~5월: 국가미래전략 토론회 발표(코로나19 감염 방지 및 예방을 위해 온라인으로 개최, 유튜브를 통해 실시간 중계). 2015~2020년 6년간 누적 횟수 185회
- 2020년 10월: 《카이스트 미래전략 2021》(문술리포트 2021) 출판

참고문헌

- 강광식, 《통일 한국의 체제 구상》, 백산서당, 2008.
- 강대중, 〈평생교육법의 한계와 재구조화 방향 탐색〉, 《평생학습사회》 5권 2호, 2009.
- 강상백·권일한·구동화, 〈스페인 바르셀로나 스마트시티 성과 및 전략 분석〉, 《지역정보화지》 11+12월호, 2016.
- 강신욱 외, 〈고용·복지·교육 연계를 통한 사회적 이동성 제고 방안 연구〉, 사회통합위원회, 2010.
- 강창구 외, 〈유비쿼터스 가상현실 구현을 위한 증강현실 콘텐츠 기술과 응용〉, 《전자공학회지》 38권 6호, 2011.
- 강환구 외, 〈우리 경제의 성장잠재력 추정 결과〉, 한국은행, 2016. 3.
- 강희정 외, 〈한국 의료 질 평가와 과제: 한국 의료 질 보고서 개발〉, 한국보건사회연구원, 2014.
- 경제사회발전노사정위원회, 〈더 나은 내일을 위한 오늘의 개혁: 노동시장 구조 개선을 위한 사회적 대타협〉, 2015.
- 고병헌, 〈평생학습-삶을 위한 또 다른 기회인가, 교육 불평등의 확대인가〉, 《평생교육학연구》 9권 1호, 2003.
- 고영상, 〈한국 평생교육법제 변화 과정과 주요 쟁점〉, 《한국평생교육HRD연구》 6권 3호, 2010.
- 고용노동부, 〈2013 고용형태별근로실태조사〉, 2013.
- 고용노동부, 〈고용형태공시제 시행 2년 차, 어떤 변화가 있나?〉, 2015. 6.

- 고용노동부, 〈사업체 노동력 조사보고서〉, 2017. 3.

- 고용노동부, 〈알기 쉬운 임금 정보〉, 2014.

- 고용노동부, 〈2018 고용형태별 근로실태조사 보고서〉, 2019.

- 고용노동부, 〈사업체 노동력 조사〉, 2019. 5.

- 과학기술정책연구원, 〈사회·기술 시스템 전환 전략 연구〉, 2015.

- 과학기술정책연구원, 〈국내 디지털 사회혁신 현황 분석과 시사점〉, 《STEPI Insight》 192호, 2016.

- 곽삼근, 〈평생교육학 연구〉, 《교육학연구 50년》, 이화여자대학교 한국문화연구원(편), 이화여자대학교출판부, 2004.

- 곽삼근, 〈평생학습 사회의 성인 학습자와 고등교육 개혁의 과제〉, 《평생학습사회》 9권 3호, 2013.

- 국가과학기술자문회의, 〈성장과 복지를 위한 바이오 미래전략〉, 2014.

- 국립환경과학원, 〈산림의 공익기능 계량화 연구〉, 2011.

- 국방대학교 안전보장문제연구소, 〈주요국과의 군사협력 평가 및 증진 방안〉, 2017.

- 국방부, 〈2016 국방백서〉, 2016.

- 국방부, 〈독일 군사통합 자료집〉, 2003.

- 국세청, 〈국세통계연보〉, 2018.

- 국토교통부, 〈2012년 주거실태조사 통계 보고서〉, 2012.

- 국토교통부, 〈제2차 장기(2013~2022) 주택종합계획〉, 2013.

- 국회예산정책처, 〈대한민국 재정〉, 2016.

- 국회예산정책처, 〈2017년 및 중기 경제 전망〉, 2016.

- 국회예산정책처, 〈한반도 통일의 경제적 효과〉, 2014.

- 국회입법조사처, 〈공무원 유연근무제의 현황과 개선 방안〉, 2016.

- 권양주, 《남북한 군사통합 구상》, KIDA Press, 2014.

- 권양주 외, 〈남북한 군사통합 시 대량살상무기 처리 방안 연구〉, 한국국방연구원, 2008.

- 권태영 외, 〈21세기 정보사회와 전쟁 양상의 변화〉, 한국국방연구원, 1998.

- 기획재정부, 〈2016 장기 재정 전망〉, 2015.

- 기획재정부, 〈월간 재정동향〉, 2019. 6.

- 김강녕, 《남북한 관계와 군비 통제》, 신지서원, 2008.

- 김경동, 〈왜 미래세대의 행복인가?〉, 미래세대행복위원회 창립총회, 2015.

- 김경전, 〈IBM 인공지능 왓슨의 공공부문 활용 사례〉, 서울대학교 행정대학원 정책 & 지식 포럼 발표문, 2017.

- 김관호, 《한반도 통합과 갈등 해소 전략》, 선인, 2011.

- 김기호, 《현대 북한 이해》, 탑북스, 2018.

- 김미곤 외, 〈복지 환경 변화에 따른 사회보장제도 중장기 정책 방향 연구〉, 한국보건사회연구원, 2017.

- 김민식·최주한, 〈산업 혁신의 관점에서 바라보는 제4차 산업혁명에 대한 이해〉, 정보통신정책연구원, 2017.

- 김상배, 〈4차 산업혁명과 한국의 미래전략: 국제정치학의 시각〉, 국제정치학회 발표문, 2016. 12.

- 김상배, 《정보화 시대의 표준 경쟁》, 한울아카데미, 2007.

- 김상배, 〈미중 플랫폼 경쟁으로 본 기술 패권의 미래〉, 《Future Horizon+》 35호, 2018.

- 김상배, 〈4차 산업혁명의 국제정치학: 주요국의 담론과 전략, 제도〉, 《세계정치: 4차 산업혁명론의 국제정치학》, 사회평론, 2018.

- 김완기, 《남북통일, 경제 통합과 법제도 통합》, 경인문화사, 2017.

- 김유선, 〈한국의 노동 2016〉, 《현안과 정책》 117호, 2016.

- 김은, 〈인더스트리 4.0의 연혁, 동향과 방향 전망〉, 《정책과 이슈》, 산업연구원, 2017.

- 김의식, 《남북한 군사통합과 북한군 안정화 전략》, 선인, 2014.

- 김인춘 외, 〈생산적 복지와 경제성장〉, 아산정책연구원, 2013.

- 김종일·강동근, 〈양극화 지표를 통해 본 대·중소기업의 생산성 격차 추이〉, 《사회과학연구》 19권 2호, 2012.

- 김진하, 〈미래 사회 변화에 대한 전략적 대응 방안 모색〉, 《KISTEP InI》 15호, 2016. 8.

- 김한준, 〈4차 산업혁명이 직업 세계에 미치는 영향〉, 고용이슈(한국고용정보원), 2016.

- 김흥광·문형남·곽인옥, 《4차 산업혁명과 북한》, 도서출판 수인, 2017.

- 김희삼, 〈세대 간 계층 이동성과 교육의 역할〉, 김용성·이주호 편, 〈인적자본 정책의 새로운 방향에 대한 종합 연구 보고서〉, KDI, 2014.
- 남기업, 〈부동산소득과 소득불평등 그리고 기본소득〉, 《현안과 정책》 158호, 2016.
- 노광표, 〈노동개혁, 원점에서 다시 시작하자〉, 《현안과 정책》 104호, 2015.
- 농촌진흥청, 〈3D 프린팅 기술로 식량작물의 새로운 가치를 만들다〉, 2019. 10. 15.
- 뉴 사이언티스트 외, 김정민 역, 《기계는 어떻게 생각하고 학습하는가》, 한빛미디어, 2018.
- 니코 멜레, 이은경·유지연 역, 《거대 권력의 종말》, RHK, 2013.
- 독일연방노동사회부, 〈노동 4.0 백서〉, 2017.
- 돈 탭스콧·알렉스 탭스콧, 박지훈 역, 《블록체인 혁명》, 을유문화사, 2017.
- 로마클럽, 〈성장의 한계The Limits to Growth〉, 1972.
- 로버트 D. 퍼트넘, 정승현 역, 《나 홀로 볼링》, 페이퍼로드, 2009.
- 리멤버, 〈코로나19가 미친 영향 직장인 설문조사〉, 2020. 3. 31. https://www.zdnet.co.kr/view/?no=20200331083426.
- 리처드 리키, 황현숙 역, 《제6의 멸종》, 세종서적, 1996.
- 마크 라이너스, 이한중 역, 《6도의 악몽》, 세종서적, 2008.
- 모이제스 나임, 김병순 역, 《권력의 종말: 다른 세상의 시작》, 책읽는수요일, 2015.
- 박균열, 〈통일 한국군의 문화통합과 가치교육〉, 한국학술정보, 2006.
- 박병원, 〈기술 패러다임의 전환과 글로벌 기술 패권 경쟁의 이해〉, 《Future Horizon+》 35호, 2018.
- 박영숙·제롬 글렌, 《일자리혁명 2030》, 비즈니스북스, 2017.
- 박영현 외, 《집단에너지 기술 및 미래 발전 방향》, 반디컴, 2018.
- 박정숙 외, 〈블록체인의 세대별 기술 동향〉, 《ETRI, 전자통신동향분석》 33권 6호, 2018.
- 박진한, 《21세기 혁명의 공통분모 O2O》, 커뮤니케이션북스, 2016.
- 방태웅, 〈에너지와 4차 산업기술의 융복합, 에너지 4.0〉, 《융합연구정책센터》 59호, 2017.
- 법무부, 〈출입국·외국인 정책 통계연보〉, 2016.

- 보건복지부, 〈통계로 보는 사회보장 2018〉, 2019.

- 산림청, 〈생물다양성과 산림〉, 2011.

- 산업연구원, 〈4차 산업혁명이 한국 제조업에 미치는 영향과 시사점〉, 2017.

- 삼정KPMG경제연구원, 〈4차 산업혁명과 초연결사회, 변화할 미래 산업〉, 《Issue Monitor》 68호, 2017.

- 삼정KPMG경제연구원, 〈블록체인이 가져올 경영 패러다임의 변화: 금융을 넘어 전 산업으로〉, 《Issue Monitor》 60호, 2016.

- 서용석, 〈세대 간 형평성 확보를 위한 미래세대의 정치적 대표성 제도화 방안 연구〉, 한국행정연구원, 2014.

- 서용석, 〈지속가능한 사회를 위한 '미래세대기본법' 구상 제언〉, 《Future Horizon+》 22호, 2014.

- 서용석, 〈첨단기술의 발전과 미래 정부의 역할과 형태〉, STEPI 미래연구포커스, 2016.

- 선종률, 〈남북한 군비경쟁 양상 변화에 관한 연구〉, 박사 학위 논문, 울산대학교, 2011.

- 설동훈, 〈국제결혼이민과 국민·민족 정체성: 결혼이민자와 그 자녀의 자아 정체성을 중심으로〉, 《경제와사회》 103호, 2014.

- 설동훈, 〈한국의 인구고령화와 이민정책〉, 《경제와사회》 106호, 2015.

- 성명재, 〈인구·가구 특성의 변화가 소득분배구조에 미치는 영향 분석 연구〉, 《사회과학연구》 22권 2호, 2015.

- 성지은 외, 〈저성장시대의 효과적인 기술혁신지원제도〉, 정책연구, 2013.

- 성지은·박인용, 〈저성장에 대응하는 주요국의 혁신정책 변화 분석〉, 《Issues & Policy》 68호, 2013.

- 성지은·조예진, 〈시스템 전환과 지역 기반 전환 실험〉, 《과학기술정책》 23권 4호, 2013.

- 손선홍, 《독일 통일 한국 통일: 독일 통일에서 찾는 한반도 통일의 길》, 푸른길, 2016.

- 손선홍, 〈독일 통일 외교의 시사점과 우리의 통일외교 전략〉, 《외교》 124호, 2018.

- 손선홍, 《분단과 통일의 독일 현대사》, 소나무, 2005.

- 손선홍·이은정, 《독일통일 총서 18·19 : 외교 분야》, 통일부, 2016.

- 손수정, 〈제4차 산업혁명, 지식재산 정책의 변화〉, 《STEPI Insight》 197호, 2016.

- 손화철,《랭던 위너》, 커뮤니케이션북스, 2016.
- 송민경, 〈북한의 산림부문 기후변화 대응 동향 및 시사점〉, 국립산림과학원, 2017.
- 송위진, 〈전환 연구와 탈추격론의 확장〉,《STEPI Working Paper Series》, 2016.
- 신광영, 〈2000년대 한국의 소득불평등〉,《현안과 정책》159호, 2016.
- 신우재·조영태, 〈영국 정부의 스마트시티 구축 노력과 시사점〉,《국토》416호, 2016.
- 신춘성 외, 〈모바일 증강현실 서비스 동향과 지속 가능한 콘텐츠 생태계 전망〉,《정보과학회지》28권 6호, 2010.
- 아이뉴스24, 〈韓 신성장 헬스케어: 2025년 600조 시장… 해묵은 규제 개혁 절실〉, 2020. 5. 28.
- 아이뉴스24, 〈K-헬스케어, 글로벌 시장점유율 1%… 갈 길 멀다〉, 2020. 6. 24.
- 안종범·안상훈·전승훈, 〈복지 지출과 조세 부담의 적정 조합에 관한 연구〉,《사회보장연구》26권 4호, 2010.
- 앨빈 토플러, 장을병 역,《미래의 충격》, 범우사, 2012(1986).
- 앨빈 토플러, 원창엽 역,《제3의 물결》, 홍신문화사, 2006.
- 앨빈 토플러·정보통신정책연구원, 〈위기를 넘어서: 21세기 한국의 비전〉, 정보통신정책연구원, 2001.
- 앨빈 토플러·하이디 토플러, 김원호 역,《전쟁 반전쟁》, 청림출판, 2011.
- 어제이 애그러월 외, 이경남 역,《예측 기계: 인공지능의 간단한 경제학》, 생각의힘, 2019.
- 에너지경제연구원, 〈에너지통계연보〉 2019, 2020.
- 에릭 브린욜프슨·앤드루 맥아피, 정지훈·류현정 역,《기계와의 경쟁》, 틔움, 2011.
- 여시재, 〈이슈리포트: 디지털 기술의 발달에 따른 일과 직주공간의 미래〉, 2017. 9.
- 여유진 외, 〈사회통합 실태 진단 및 대응 방안 Ⅱ: 사회통합과 사회이동〉, 한국보건사회연구원, 2015.
- 연승준 외, 〈IoT 플랫폼 현황 분석 및 시사점〉,《ETRI Insight Report》, 2016.
- 오세현·김종승,《블록체인노믹스》, 한국경제신문, 2017.
- 온실가스종합정보센터, 〈국가 온실가스 인벤토리 보고서〉, 2015.
- 외교부, 〈동북아 가스파이프라인과 전력그리드협력 포럼 자료집〉, 2018.

- 유재국, 〈인구구조 변화와 정책적 시사점〉,《이슈와 논점》, 국회입법조사처, 2013. 8.
- 유정민, 〈분산에너지자원의 확대와 시장구조 개선과제〉, 서울에너지공사 에너지 브리프, 2018.
- 유종일, 〈한국의 소득불평등 문제와 정책 대응 방향〉,《현안과 정책》152호, 2016.
- 유진투자증권, 〈차세대 인증 FIDO와 생체인식〉, 2016.
- 윤석명, 〈인구고령화를 반영한 공적연금 재정 전망과 정책과제〉, 보건복지포럼, 2011.
- 윤성이, 〈정보사회의 민주주의와 e-거버넌스〉, 미래전략포럼, 2009.
- 이건범, 〈한국의 소득이동: 현황과 특징〉,《경제발전연구》15권 2호, 2009.
- 이대열,《지능의 탄생》, 바다출판사, 2017.
- 이대호, 〈디지털 제조의 이해와 정책 방향〉, 정보통신정책연구원, 2013.
- 이명호, 〈이슈리포트: 미래의 일자리와 도시 공간〉, 여시재, 2018. 1.
- 이명호, 〈디지털이 미래다: 기업과 노동의 미래〉,《인사이트》, 여시재, 2020. 2. 25.
- 이민화, 〈블록체인과 거버넌스 혁신〉, 창조경제연구회 제30차 공개 포럼, 2016.
- 이병희 외, 〈한국형 실업부조 도입 방안〉, 한국노동연구원, 2013.
- 이삼식 외, 〈2015년 전국 출산력 및 가족보건·복지실태조사〉, 한국보건사회연구원, 2015.
- 이삼식 외, 〈고령화 및 생산가능인구 감소에 따른 대응 전략 마련 연구〉, 보건복지부·한국보건사회연구원, 2015.
- 이삼식·이지혜, 〈초저출산 현상 지속의 원인과 정책 과제〉, 한국보건사회연구원, 2014.
- 이승주, 〈미래의 기술 패권을 위한 일본의 국가전략〉,《Future Horizon+》35호, 2018.
- 이영석·김병근, 〈사회-기술 전환 이론 비교 연구: 전환 정책 설계와 운영을 위한 통합적 접근〉,《한국정책학회보》23권 4호, 2014.
- 이장원·전명숙·조강윤, 〈격차 축소를 위한 임금정책: 노사정 연대임금정책 국제 비교〉, 한국노동연구원, 2014.
- 이재호,《스마트 모빌리티 사회》, 카모마일북스, 2019.
- 이창호·오성배·정의철·최승희,《소수집단 청소년들의 생활 실태 및 지원 방안 연구》, 서울: 한국청소년정책연구원, 2007.

- 이춘근·김종선, 〈과학기술 분야 대북 현안과 통일 준비〉, 《STEPI Insight》 137호, 2014.
- 이춘근, 〈남북한 과학기술 협력과 전망〉, 《과학기술정책》 25권 9호, 2015.
- 이춘근 외, 〈통일 이후 남북한 과학기술 체제 통합 방안〉, 과학기술정책연구원, 2015.
- 이희수, 〈학습사회에서 학습경제로의 전환 논리와 그 의미〉, 《평생교육학연구》 7권 1호, 2001.
- 일 예거, 김홍옥 역, 《우리의 지구, 얼마나 더 버틸 수 있는가》, 도서출판 길, 2010.
- 임명환, 〈블록체인 기술의 영향과 문제점 및 시사점〉, 《IITP 주간기술동향》 1776호, 2016. 12.
- 임명환, 〈디지털 산책-블록체인 철학에 대한 단상〉, 디지털타임스, 2018. 5. 10.
- 임명환, 〈국민 생활문제 해결을 위한 블록체인 연구개발의 효과 분석 및 추진 전략〉, 한국전자통신연구원, 2018. 8.
- 임재규, 〈산업 부문의 전력수요관리정책 추진 방향에 대한 연구〉, 에너지경제연구원, 2013.
- 임정선, 〈IoT-가속화되는 연결의 빅뱅과 플랫폼 경쟁의 서막〉, 《Special Report》, KT 경제경영연구소, 2015.
- 자크 아탈리, 이세욱 역, 《합리적인 미치광이》, 중앙M&B, 2001.
- 자크 엘루, 박광덕 역, 《기술의 역사》, 한울, 2011.
- 장승권·최종인·홍길표, 《디지털 권력》, 삼성경제연구소, 2004.
- 장재준·황은경·황원규, 《4차 산업혁명, 나는 무엇을 준비할 것인가》, 한빛비즈, 2017.
- 장필성, 〈다보스포럼: 다가오는 4차 산업혁명에 대한 우리의 전략은?〉, 《과학기술정책》 26권 2호, 2016.
- 장홍석, 〈오픈소스 S/W 글로벌 동향과 우리 기업의 해외 진출 방안〉, 한국무역협회 국제무역연구원, 2016. 7.
- 전국경제인연합회, 〈코로나19로 약진 중인 K-헬스케어, 아직 갈 길 멀다〉, 2020. 6. 24.
- 전병유, 〈한국 노동시장에서의 불평등과 개선 방향〉, 《현안과 정책》 153호, 2016.
- 전태국, 《사회통합과 한국 통일의 길》, 한울아카데미, 2013.

- 정경희 외, 〈2014년도 노인실태조사〉, 보건복지부·한국보건사회연구원, 2014.
- 정경희 외, 〈신노년층 출현에 따른 정책 과제〉, 한국보건사회연구원, 2010.
- 정민, 〈4차 산업혁명에 대한 기업 인식과 시사점〉, 현대경제연구원, 2017.
- 정용덕, 〈바람직한 문명 발전을 위한 국가 행정 제도화 시론: 공익 개념을 중심으로〉, 《행정논총》53권 4호, 2015.
- 정제영, 〈지능정보사회에 대비한 학교교육 시스템 재설계 연구〉, 《교육행정학연구》 34권 4호, 2016.
- 정제영, 〈4차 산업혁명 시대의 학교제도 개선 방안: 개인별 학습 시스템 구축을 중심으로〉, 《교육정치학연구》24권 3호, 2017.
- 정제영·강태훈·김갑성·류성창·윤홍주, 〈미래 교육환경 변화에 따른 교원정책의 시사점 탐색 연구〉, 한국교육개발원, 2013.
- 정제영·선미숙, 〈지능정보사회의 미래 학교교육 전략 수립 연구〉, 전국시도교육감협의회, 2017.
- 정충열, 《남북한 군사통합 전략》, 시간의 물레, 2014.
- 정해식 외, 〈사회통합 실태 진단 및 대응 방안 Ⅲ-사회통합 국민인식〉, 한국보건사회연구원, 2016.
- 제러미 리프킨, 이희재 역, 《소유의 종말》, 민음사, 2001.
- 제리 카플란, 신동숙 역, 《인간은 필요 없다》, 한스미디어, 2016.
- 제정관, 《한반도 통일과 군사통합》, 한누리미디어, 2008.
- 조병수·김민혜, 〈고용의 질적 수준 추정 및 생산성 파급효과 분석〉, 《조사통계월보》 69권 10호, 2015.
- 조영달, 〈다문화가정의 자녀교육 실태조사〉, 서울: 교육인적자원부, 2006.
- 조영태, 〈스마트시티 국내외 현황〉, 《도시 문제》52권 580호, 2017.
- 조화순, 《디지털 거버넌스 국가·시장·사회의 미래》, 책세상, 2010.
- 조희정·이상돈·류석진, 〈디지털 사회혁신의 정당성과 민주주의 발전: 온라인 청원과 공공문제 해결 사례를 중심으로〉, 《정보화정책》23권 2호, 2016.
- 차원용, 〈미국의 드론 정책·전략 집중분석〉, IPNomics/IT News/스마트앤컴퍼니, 2016. 9.

- 차원용, 〈글로벌 드론 특허 130개 집중분석〉, IPNomics/IT News/스마트앤컴퍼니, 2016. 11.
- 최계영, 〈4차 산업혁명과 ICT〉, 정보통신정책연구원, 2017. 2.
- 최계영, 〈4차 산업혁명 시대의 변화상과 정책 시사점〉,《KISDI Premium Report》 16권 4호, 2016.
- 최광, 〈소득 양극화: 인식 진단 및 처방〉,《KIPA 조사포럼》 4호, 2013.
- 최병삼·양희태·이제영, 〈제4차 산업혁명의 도전과 국가전략의 주요 의제〉,《STEPI Insight》 215호, 2017.
- 최석현, 〈제4차 산업혁명 시대, 일자리 전략은?〉,《이슈 & 진단》 273호, 2017. 4.
- 최성은·양재진, 〈OECD 국가의 여성 일-가정 양립에 대한 성과〉,《한국정책학회보》 23권 3호, 2014.
- 최연구,《4차 산업혁명시대 문화경제의 힘》, 중앙경제평론사, 2017.
- 최연구, 〈4차 산업혁명시대의 문화 기술전략〉, KOCCA 문화기술, 2017.
- 최연구, 〈기술의 미래? 문제는 인간의 미래〉, 월간 테크엠, 2017. 7.
- 최연구, 〈문화 없는 기술이 맹목인 이유〉, 디지털타임스, 2017. 3.
- 최연구,《미래를 보는 눈》, 한울엠플러스, 2017.
- 최윤식,《2030 대담한 미래》, 지식노마드, 2013.
- 최은수,《4차 산업혁명 그 이후 미래의 지배자들》, 비즈니스북스, 2018.
- 크리스 앤더슨, 윤태경 역,《메이커스》, RHK, 2013.
- 클라우스 슈밥, 송경진 역,《제4차 산업혁명》, 새로운현재, 2016.
- 클라우스 슈밥 외, 김진희 외 역,《4차 산업혁명의 충격》, 흐름출판, 2016.
- 토머스 데븐포트 외, 강미경 역,《AI 시대 인간과 일》, 김영사, 2017.
- 토비 월시, 이기동 역,《생각하는 기계: AI의 미래》, 프리뷰, 2018.
- 통계청, 〈경제활동인구조사 근로형태별 부가조사 결과〉, 2016.
- 통계청, 〈경제활동인구조사 부가조사〉, 2017.
- 통계청, 〈지역별 고용조사-연령대별 경력단절여성〉, 2016.
- 통계청, 〈북한의 주요통계지표〉, 2017.
- 통계청, 〈경제활동인구조사 근로형태별 부가조사〉, 2018.

- 통계청 · 금융감독원 · 한국은행, 〈가계금융 · 복지조사〉, 2018.
- 한경혜 외, 〈한국의 베이비부머 연구〉, 서울대학교 노화고령사회연구소, 2011.
- 한국고용정보원, 〈AI−로봇−사람, 협업의 시대가 왔다!〉, 2016. 3.
- 한국고용정보원, 〈미래의 직업 연구〉, 2013.
- 한국과학기술기획평가원, 〈제4회 과학기술예측조사 2012~2035 총괄본〉, 2012.
- 한국과학기술기획평가원, 〈사회 문제 해결형 연구개발 사업 활성화를 위한 인프라 및 기반 연구〉, 2015.
- 한국교육학술정보원, 〈4차 산업혁명시대, 지능정보사회의 '디지털 시민성Digital Citizenship'에 대한 탐색〉, 《KERIS 이슈리포트》, 2017.
- 한국교통연구원, 〈교통혼잡비용 추정의 패러다임 변화와 2017년 교통혼잡비용 추정 결과〉, 2019.
- 한국농촌경제연구원, 〈식품산업 경제적 파급효과 분석 결과〉, 2020.
- 한국보건사회연구원, 〈사회통합 실태 진단 및 대응 방안 Ⅱ〉, 2015.
- 한국보건사회연구원, 〈빈곤통계연보〉, 2018.
- 한국보건사회연구원, 〈사회통합 실태 진단 및 대응 방안 연구〉, 2019.
- 한국사회갈등해소센터, 〈한국인의 공공갈등 의식조사〉, 2016.
- 한국생명공학연구원, 〈나고야 의정서 주요국 현황(제1권): 아시아와 중동〉, 2015.
- 한국생명공학연구원, 〈바이오산업과 나고야 의정서〉, 2011.
- 한국에너지공단, 〈에너지 분야의 4차 산업혁명, Energy 4.0〉, 2017.
- 한국에너지공단, 〈신재생에너지 보급 통계〉, 2018, 2019.
- 한국은행, 〈우리나라의 고용구조 및 노동연관 효과〉, 2009.
- 한국은행, 〈북한 통계〉, 2016.
- 한국정보통신기술협회, 〈FIDO 표준 기술 동향〉, 2016.
- 한국정보화진흥원, 〈ICT를 통한 착한 상상: 디지털 사회혁신〉, 2015.
- 한용섭, 《한반도 평화와 군비통제》, 박영사, 2015.
- 허재준, 〈산업 4.0시대 노동의 변화와 일자리 창출〉, 한국노동경제학회 정책세미나 발표 논문, 2017.
- 허찬국, 〈저성장시대 기회 요소와 위험 요소〉, Chief Executive, 2007. 3.

- 홍일선, 〈세대간 정의와 평등: 고령사회를 대비한 세대간 분배의 불균형 문제를 중심으로〉, 《헌법학연구》 16권 2호, 2010.
- 황덕순·이병희, 〈활성화 정책을 통한 근로빈곤층 지원 강화 방안〉, 사회통합위원회, 한국노동연구원, 2011.
- 황종성, 〈지능시대의 정부: 인공지능이 어떻게 행정을 변화시킬 것인가?〉, 서울대학교 행정대학원 정책 & 지식 포럼 발표문, 2017.
- C. P. 스노우, 오영환 역, 《두 문화: 과학과 인문학의 조화로운 만남을 위하여》, 사이언스북스, 2001(1996).
- Deloitte, 〈The Future of Work in Technology〉, Deloitte Insights, 2019.
- IITP, 〈주요 선진국의 제4차 산업혁명 정책동향〉, 《해외 ICT 연구개발 정책동향》 2016-04호, 2016.
- MBN 일자리보고서팀, 《제4의 실업》, 매일경제신문사, 2018.
- KAIST 미래전략연구센터, 《카이스트, 미래를 여는 명강의 2014》, 푸른지식, 2013.
- KAIST 문술미래전략대학원·미래전략연구센터, 《RE-BUILD 코리아》, MID, 2017.
- KAIST 문술미래전략대학원, 《인구 전쟁 2045》, 크리에이터, 2018.
- KDI, 〈4차 산업혁명 시대의 일자리 전망〉, KDI, 2017. 6.
- KIST 융합연구정책센터, 〈바이오와 보안의 융합, 생체인식 기술〉, Weekly Tip, 2018.
- KOTRA, 〈일본 사물인터넷 시장 급성장, 산업·기술 트렌드〉, 2015. 6.
- KT 경제경영연구소, 〈2017 ICT 10대 이슈〉, 2017.
- T Times, 〈재택근무 없던 시절로 돌아가긴 어려울 것〉, 2020.
- T Times, 〈스티브 잡스는 왜 재택근무를 미친 짓이라 했을까?〉, 2020.
- UNEP, 〈생태계와 생물다양성의 경제학 보고서〉, 2010.
- Accenture, 〈The Future of Fintech and Banking: Digitally Disrupted or Reimagined?〉, 2014.
- Acemoglu D. & Robinson J., 《Why Nations Fail: The Origin of Power, Prosperity and Poverty》, Crown Business, 2012.
- Alibaba Group, 〈Data Synchronization Quick Start Guide〉, 2016.
- Alibaba Group, 〈GS1 & GS1 China GDSN Project Joint Announcement〉, 2016.

- Alpert D., 《The Age of Oversupply: Overcoming the Greatest Challenge to the Global Economy》, Penguin, 2013.

- Alvin Toffler, 《Third Wave》, Bantam Books, 1991.

- Alvin Toffler, 《War and Anti-War》, Little Brown & Company, 1993.

- Arkin R. C., 《Behavior-based Robotics》, The MIT Press, 1998.

- Ascher W., 《Bringing in the Future》, Chicago University Press, 2009.

- Binder S., 〈Can Congress Legislate for the Future?〉, John Brademas Center for the Study of Congress, New York University, Research Brief. 3, 2006.

- Bloomberg, 〈How Ambitious are the Post-2020 Targets?〉, Bloomberg New Energy Finance White Paper, 2015.

- Boston J. & Lempp F., 〈Climate Change: Explaining and Solving the Mismatch Between Scientific Urgency and Political Inertia〉, Accounting, Auditing and Accountability Journal, 24(8), 2011.

- Boston J. & Prebble R., 〈The Role and Importance of Long-Term Fiscal Planning〉, Policy Quarterly, 9(4), 2013.

- Boston J. & Chapple S., 《Child Poverty in New Zealand Wellington》, Bridget Williams Books, 2014.

- Boston J., Wanna J., Lipski V. & Pritchard J. (eds), 《Future-Proofing the State: Managing Risks, Responding to Crises and Building Resilience》, ANU Press, 2014.

- Bryan G. et al., 〈Commitment Devices〉, Annual Review of Economics, 2, 2010.

- Brynjolfsson E. & Andrew M., 《The Second Machine Age》, W. W. Norton & Company(이한음 역, 《제2의 기계 시대》, 청림출판), 2014.

- Cathy O'Neil, 《Weapons of Math Destruction: How Big Data Increases Inequality and Threatens Democracy》, Broadway Books, 2017.

- Clasen J. & Clegg D. (eds), 《Regulating the Risk of Unemployment: National Adaptations to Post-Industrial Labour Markets in Europe》, Oxford University Press, 2011.

- Cocchia, 《Smart and Digital City: A Systematic Literature Review, Smart City》, Springer International Publishing, 2014.
- Dan Hill, 〈The Secret of Airbnb's Pricing Algorithm〉, IEEE, 2015.
- Ekeli K. S., 〈Constitutional Experiments: Representing Future Generations Through Submajority Rules〉, Journal of Political Philosophy, 17(4), 2009.
- EU, 〈Biodiversity Strategy to 2020: Towards Implementation〉, 2011.
- European Commission, 〈Growing a Digital Social Innovation System for Europe〉, European Commission, 2015.
- Federal Trade Commission(FTC), 〈The 'Sharing' Economy−Issues Facing Platforms, Participants & Regulators〉, An FTC Staff Report, 2016. 11.
- Gantz J. & David R., 〈The Digital Universe in 2020: Big Data, Bigger Digital Shadows, and Biggest Growth in the Far East〉, IDC iView: IDC Analyze the Future, 2012.
- Gartner, 〈Hype Cycle for Blockchain Technologies〉, 2017.
- Gartner, 〈Top 10 Strategic Technology Trends for 2017: Virtual Reality and Augmented Reality〉, 2017.
- Gertrude Chavez−Dreyfuss, 〈Honduras to Build Land Title Registry Using Bitcoin Technology〉, Reuters, 2015. 5. 15.
- Germanwatch & CAN Europe, 〈The Climate Change Performance Index Results〉, 2015.
- Giddens A., 《The Constitution of Society: Outline of the Theory of Structuration》, Polity, 1984.
- Glickman C. D., Gordon S. P. & Ross−Gordon J. M., 《SuperVision and Instructional Leadership》, Boston: Pearson, 2010.
- Goodin R., 〈Enfranchising All Affected Interests, and Its Alternatives〉, Philosophy and Public Affairs, 35(1), 2007.
- Gordon R. J., 〈Is US Economic Growth Over? Faltering Innovation Confronts the Six Headwinds〉, National Bureau of Economic Research, 2012.

- Greenmatch, 〈Renewable Heat Incentives〉, 2020. https://www.greenmatch. co.uk/green-energy/grants/rhi.

- Hagemann R., 〈How Can Fiscal Councils Strengthen Fiscal Performance?〉, OECD Journal: Economic Studies, 1, 2011.

- Hannah Arendt, 《Thinking Without a Banister: Essays in Understanding》, Schocken Books, 2018.

- Hasib Anwar, 〈Consensus Algorithms: The Root of the Blockchain Technology〉, 101 Blockchains, 2018. 8. 25.

- Helliwell, Layard & Sachs, 〈World Happiness Report 2016〉, Sustainable Development Solutions Network, 2016.

- Holmes W., Bialik M. & Fadel C., 《Artificial Intelligence in Education: Promises and Implications for Teaching and Learning》, Boston, MA: Center for Curriculum Redesign, 2019.

- Howard P. N., 《Pax Technica: How the Internet of Things May Set Us Free or Lock Us Up》, Yale University Press, 2014.

- Huh T., 〈Reconsidering Environmental Information in Light of E-governance: Focusing on the Korean National Environmental Technology Information Centre〉, 《지방정부연구》 16권 3호, 2012.

- IDC Report, 〈Analyst Paper: Adoption of Object-Based Storage for Hyperscale Deployments Continues〉, IDC Research, 2016.

- IEA, 〈World Energy Outlook〉, International Energy Agency, 2015.

- IEA, 〈Renewables〉, Launch Presentation, 2019.

- IEA, 〈Global EV Outlook〉, 2019.

- IMF, 〈World Economic Outlook Database〉, 2016.

- IMF, 〈Virtual Currencies and Beyond: Initial Considerations〉, 2016.

- Institute for 21st Century Energy, 〈International Energy Security Risk Index〉, US Chamber of Commerce, 2015.

- IPCC, 〈Climate Change 2007: Mitigation of Climate Change〉, 2007.

- Ireland Department of Health, 〈Future Health: A strategic Framework for Reform of the Health Service 2012~2015〉, 2012.
- ITU-T Focus Group on Smart Sustainable Cities, 〈Smart Sustainable Cities: An Analysis of Definitions〉, ITU-T, 2014.
- Jackson T., 《Prosperity without Growth: Economics for a Finite Planet》, Earthscan, 2009.
- James C., 〈Making Big Decisions for the Future?〉, Policy Quarterly, 9(4), 2013.
- Jim Powell, 〈John Locke: Natural Rights to Life, Liberty, and Property〉, FEE, 1996. 8. 1.
- Kimberly Amaded, 〈How Central Banks Create Massive Amounts of Money〉, Third Balance, 2019. 4. 9.
- Klaus S., 〈The Fourth Industrial Revolution〉, World Economic Forum, 2016.
- KRG Report, 〈2018년 IT 시장백서〉, Knowledge Research Group, 2018.
- Margetts H. et al., 《Political Turbulence: How Social Media Shape Collective Action》, Princeton University Press, 2015.
- McKinsey, 〈Big Data: The Next Frontier for Innovation, Competition and Productivity〉, 2011. 5.
- McKinsey, 〈The Internet of Things: Mapping the Value Beyond the Hype〉, 2015. 6.
- McLeod T., 〈Governance and Decision-Making for Future Generations〉, Background Paper for Oxford Martin Commission on Future Generations, 2013.
- Murphy R., 《Introduction to AI Robotics》, The MIT Press, 2000.
- Natural Capital Committee, 〈The State of Natural Capital: Restoring Our Natural Assets London〉, Second Report from the Natural Capital Committee, 2014.
- Nesta, 〈Digital Social Innovation: What it is and what We are Doing〉, 2014.
- OECD, 〈Biodiversity Offsets〉, 2014.
- OECD, 〈Divided We Stand: Why Inequality Keeps Rising?〉, 2011.
- OECD, 〈Education at a Glance〉, 2012.

- OECD, 〈Environment Outlook to 2050〉, 2012.

- OECD, 〈Health Data-Demographic Reference〉, 2016.

- OECD, 〈Looking to 2060: Long-term Global Growth Prospects〉, 2012.

- OECD, 〈OECD Survey on Digital Government Performance〉, 2014.

- OECD, 〈The Bioeconomy to 2030: Designing a Policy Agenda〉, 2009.

- Oxford Martin Commission, 〈Now for the Long Term〉, Report of the Oxford Martin Commission for Future Generations, 2013.

- Paul Baran, 〈On Distributed Communications Networks〉, 1962. 9.

- Porritt J., 〈The Standing of Sustainable Development in Government〉, Cheltenham, 2009.

- PwC, 〈The Sharing Economy: Sizing the Revenue Opportunity〉, 2014.

- Ralph J., 〈China Leads The U.S. In Patent Applications for Blockchain And Artificial Intelligence〉, Forbes, 2018. 5. 17.

- Rao D. B., 《World Assembly on Aging》, Discovery Publishing House, 2003.

- Rejeski D. (eds), 〈Government Foresight: Myth, Dream or Reality?〉, Woodrow Wilson International Centre for Scholars, 2003.

- REN21, 〈Renewables 2020: Global Status Report〉, 2020.

- Rifkin, Jeremy, 《The Green New Deal: Why the Fossil Fuel Civilization will Collapse by 2028, and the Bold Economic Plan to Save Life on Earth》, New York: St. Martin's Press, 2019.

- Robert Reich, 〈COVID-19 Pandemic Shines a Light on a New Kind of Class Divide and Its Inequalities〉, The Guardian, 2020. 5. 26.

- Rutter J. & Knighton W., 《Legislated Policy Targets: Commitment Device, Political Gesture or Constitutional Outrage?》, Victoria University Press, 2012.

- Ryan B. & Gill, D. (eds), 《Future State: Directions for Public Management Reform in New Zealand》, Victoria University Press, 2011.

- Satya Nadella, 〈Hit Refresh〉, Harper Business, 2017. 9.

- Sunstein, C., 《Why Nudge: The Politics of Libertarian Paternalism》, Yale

University Press, 2014.

- Thompson D., 〈Representing Future Generations: Political Presentism and Democratic Trusteeship?〉, Critical Review of International Social and Political Philosophy, 13(1), 2010.

- Tiihonen P., 〈Revamping the Work of the Committee for the Future〉, Eduskunta (Parliament of Finland) Committee for the Future, 2011.

- Tobias Baer, 《Understand, Manage, and Prevent Algorithmic Bias: A Guide for Business Users and Data Scientists》, Apress, 2019.

- Tyack D. B. & Cuban L., 《Tinkering Toward Utopia》, Harvard University Press, 1995.

- UBS, 〈Extreme Automation and Connectivity: The Global, Regional and Investment Implications of the Fourth Industrial Revolution〉, 2016.

- UN, 〈Global Biodiversity Outlook 3〉, 2010.

- UN, 〈High Level Representative for Future Generations〉, The General Assembly, 2013. 7. 23.

- UN, 〈Millennium Ecosystem Assessment〉, 2005.

- UN, 〈World Population Prospects〉, 2013.

- UNEP, 〈Global Environment Outlook 4〉, 2007.

- UNEP, 〈Global Environment Outlook 5〉, 2012.

- UNEP, 〈Global Trends in Renewable Energy Investment〉, 2016.

- UNEP, 〈Payments for Ecosystem Services: Getting Started〉, 2008.

- UNWTO, 〈Climate Change: Responding to Global Challenge〉, 2008.

- Venturebeat, 〈Waymo Raises $2.25 Billion to Scale Up Autonomous Vehicles〉, 2020, Operations. https://venturebeat.com/2020/03/02/waymo-raises-2-25-billion-to-scale-up-autonomous-vehicles-operations.

- Venture Scanner, 〈Financial Technology Q2 Startup Market Trends and Insights〉, 2017.

- WEF, 〈The Global Risks Report〉, 2016.

- Welsh Government, 〈Future Generations Bill?〉, 2014.
- Welsh Government, 〈Well-being of Future Generations〉, 2014.
- World Economic Forum, 〈A Vision for the Dutch Health Care System in 2040〉, 2013.
- World Economic Forum, 〈Sustainable Health Systems Visions, Strategies, Critical Uncertainties and Scenarios〉, 2013.
- World Economic Forum, 〈The Travel & Tourism Competitiveness Report〉, 2015.
- World Energy Council, 〈Energy Trilemma Index〉, 2015.
- World Future Council, 〈Global Policy Action Plan: Incentives for a Sustainable Future〉, 2014.
- World Future Council, 〈The High Commissioner for Future Generations: The Future We Want〉, 2012.

주

1 Peter Daszak, 〈We Knew Disease X was Coming. It's Here Now〉, The New York Times, 2020. 2. 27.

2 Natasha Chassagne, 〈Here's what the Coronavirus Pandemic can Teach us about Tackling Climate Change〉, The Conversation, 2020. 3. 27.

3 https://www.who.int/news-room/q-a-detail/one-health

4 중앙일보, 〈中 숨겨도 캐나다 AI는 알았다. 한 달 전 우한폐렴 예측한 의사〉, 2020. 1. 28.

5 메디컬 옵저버, 〈코로나19 덕분에? 1~4월 각종 감염병 발생 확연한 감소〉, 2020. 5. 22.

6 메디컬 옵저버, 〈코로나19 덕분에? 1~4월 각종 감염병 발생 확연한 감소〉, 2020. 5. 22.

7 한겨레21, 〈감염병 역사, 인류는 '질병공동체'〉, 2020. 5. 29.

8 오윤경 외, 〈코로나19 감염증 사례로 본 감염병 재난 대응 이슈와 정책적 시사점〉, 《이슈페이퍼》 87호, 한국행정연구원, 2020.

9 Sheila Jasanoff, 〈Science Will Not Come on a White Horse with a Solution〉, The Nation, 2020. 4. 6.

10 영남일보, 〈코로나 위기에서 국민건강보험의 큰 역할〉, 2020. 5. 26.

11 윤강재, 〈코로나바이러스감염증-19 대응을 통해 살펴본 감염병과 공공보건의료〉, 《보건복지 Issue & Focus》 377호, 한국보건사회연구원, 2020. 3. 19.

12 임송식, 〈코로나19로 본 공공의료 확대 필요성〉, 《산은조사월보》 773호, KDB산업은행, 2020.

13 Judith Rodin,《The Resilience Dividend》, New York: Public Affairs, 2014.

14 미셸 부커, 이주만 역,《회색 코뿔소가 온다》, 비즈니스북스, 2016.

15 Robert J. Littman, 〈The Plague of Athens: Epidemiology and Paleopathology〉, Mount Sinai Journal of Medicine, 76, 2009, pp.456~467.

16 Eriny Hanna, 〈The Route to Crisis: Cities, Trade, and Epidemics of the Roman Empire〉, Humanities and Social Sciences, 10, 2015, pp.1~10.

17 B. Lee Ligon-Borden, 〈Plague: A Review of its History and Potential as a Biological Weapon〉, Seminars in Pediatric Infectious Diseases, 17(3), 2006, pp.161~170.

18 Kate E. Jones, Nikkita G. Patel, et al., 〈Global Trends In Emerging Infectious Diseases〉, Nature, 2008. 2. 21, pp.990~993.

19 정지범, 〈회복력 중심 시스템으로의 전환을 위하여〉,《Future Horizon+》45호, 2020.

20 윤정현, 〈현실이 된 X 이벤트: 한국 사회의 감염병 대유행 시나리오〉,《Future Horizon+》44호, 2020.

21 John Allen, eds., 〈How the World Will Look After the Coronavirus Pandemic〉, Foreign Policy, 2020. 3. 20.

22 Hinnerk Feldwisch-Drentrup, 〈How WHO Became China's Coronavirus Accomplice〉, Foreign Policy, 2020. 4. 2.

23 Justin Sink, 〈Trump Plans Expanded Fall G-7 Meeting With Russia, Others〉, Bloomberg, 2020. 5. 31.

24 매경이코노미, 〈코로나19가 촉발한 脫중국 리쇼어링(본국 이전)·니어쇼어링(인접 국가로 이전) 확산〉, 2020. 5. 22.

25 산업연구원, 〈코로나19가 제조업 글로벌 공급망에 미치는 영향과 대응 방안〉,《i-KIET 산업경제이슈》, 2020, p.82.

26 권지혜, 〈한국 같은 큰 정부 시대 온다-석학 10명이 본 포스트 코로나〉, 국민일보, 2020. 5. 18.

27 류현숙, 〈미래 위험을 둘러싼 위험 인식과 대국민 소통: 코로나19 사례를 중심으로〉,《Future Horizon+》45호, 2020.

28 윤정현, 〈미래 준비 역량으로서 사회적 복원력〉, 《Future Horizon+》 16호, 2013.

29 정지범, 〈회복력 중심 시스템으로의 전환을 위하여〉, 《Future Horizon+》 45호, 2020.

30 Taylor L. H., Latham S. M. & M. E. Woolhouse, 〈Risk Factors for Human Disease Emergence〉, The Royal Society, 356(1411), 2001, pp.983~989.

31 Settele J., Diaz S., Brondizio E. & P. Daszak, 〈COVID-19 Stimulus Measures Must Save Lives, Protect Livelihoods, and Safeguard Nature to Reduce the Risk of Future Pandemics〉, Intergovernmental Science-Policy Platform on Biodiversity and Ecosystem Services(IPBES), 2020. 4.

32 White R. J. & O. Razgour, 〈Emerging Zoonotic Disease Originating in Mammals: A Systematic Review of Effects of Anthropogenic Land-use Change〉, Mammal Review, 2020.

33 Looi L. M. & K. B. Chua, 〈Lessons from the Nipah Virus Outbreak in Malaysia〉, The Malaysian Journal of Pathology, 29(2), 2007, pp.63~67.

34 Wang L. F. & G. Crameri, 〈Emerging Zoonotic Viral Diseases〉, Rev. Sci. Tech. Off. Int. Epiz, 33(2), 2014, pp.569~581.

35 환경부, 〈첫 계절관리제… 고농도 미세먼지 완화 효과 톡톡〉, 2020. 5. 11.

36 IEA, 〈Global Energy Review 2020〉, 2020.

37 Le Quéré et al., 〈Temporary Reduction in Daily Global CO_2 Emissions During the COVID-19 Forced Confinement〉, Nature Climate Change, 2020, pp.1~7.

38 IEA, 〈World Energy Investment 2020〉, 2020.

39 David Comerford, 〈Coronavirus Should Give Us Hope that We are Able to Tackle the Climate Crisis〉, The Conservation, 2020.

40 ICEF-Government's Emergency Declaration Spreadsheet. https://www.cedamia.org/global.

41 Kumar N. & D. Haydon, 〈Industries Most and Least Impacted by COVID-19 from a Probability of Default Perspective〉, 2020. 3.

42 존스홉킨스대학교 시스템과학공학센터가 제공하는 대시보드(https://coronavirus. jhu.edu) 참조.

43 Ogen Y., ⟨Assessing Nitrogen Dioxide (NO2) Levels as a Contributing Factor to Coronavirus (COVID-19) Fatality⟩, Science of the Total Environment, 2020, p.726.

44 Russel E. & M. Parker, ⟨How Pandemics Past and Present Fuel the Rise of Mega-Corporations⟩, The Conservation, 2020.

45 Burns N., Nye J. S. & S. M. Walt, ⟨How the World will Look After the Coronavirus Pandemic⟩, Foreign Policy, 2020. 3. 20.

46 BIS, ⟨The Macroeconomic Spillover Effects of the Pandemic on the Global Economy⟩, 2020. 4. 6.

47 황지영, ⟨COVID-19가 촉발한 언택트 소비 트렌드와 미래 전망⟩, 제3차 미래예측 연구회 발표 자료, 2020. 5. 13.

48 Ahern J, ⟨From Fail-safe to Safe-to-fail: Sustainability and Resilience in the New Urban World⟩, Landscape and Urban Planning, 100, 2011, pp.341~343.

49 정지범, ⟨회복력 중심 시스템으로의 전환을 위하여⟩, 《Future Horizon+》 45호, 2020.

50 김선지·윤정현, ⟨가상현실에서의 몰입을 통한 공감 구현 기술의 가능성과 숙제⟩, 《과학기술정책》, 2017, pp.51~53.

51 https://blog.naver.com/roadaily/221924816621.

52 Nicholas Agar, ⟨How to be Human in the Digital Economy⟩, The MIT Press, 2019.

53 신상규 외 저, 《포스트휴먼이 몰려온다》, 아카넷, 2020, 제4장을 토대로 재구성.

54 Coeckelbergh M., 《Growing Moral Relations: A Critique of Moral Status Ascription》, Macmillan, 2012.

55 Vaccari C. & Chadwick A., ⟨Deepfakes and Disinformation: Exploring the Impact of Synthetic Political Video on Deception Uncertainty and Trust in News⟩, Social Media+Society, 2020, pp.1~13.

56 Robert Reich, 〈COVID-19 Pandemic Shines a Light on a New Kind of Class Divide and Its Inequalities〉, The Guardian, 2020. 5. 26.

57 Education Week, 2020. 3.

58 Glickman, Gordon & Ross-Gordon, 2010.

59 Holmes, Bialik & Fadel, 2019.

60 정제영, 2016.

61 Tyack & Cuban, 1995.

62 정제영, 2017.

63 정제영, 2018.

64 정제영·선미숙, 2017.

65 1980년대에서 2000년대 초반에 출생한 세대를 가리키는 말. 정보기술에 능통하고 대학 진학률이 높으며, 2008년 글로벌 금융위기 이후 사회에 진출해 고용 감소, 일자리 질 저하 등을 겪은 세대(《시사상식사전》, 박문각).

66 이상욱, 〈라이프스타일 기반의 공유도시〉, 《디지털 기술의 발달에 따른 일과 직주공간의 미래》, 여시재, 2017.

67 〈글로벌 마켓 인사이트〉, 대신증권, 2020.

68 Katz L. F. & Krueger A. B., 〈The Rise and Nature of Alternative Work Arrangements in the United States 1995~2015〉, National Bureau of Economic Research, 22667, 2016.

69 셰리 터클, 이은주 역, 《외로워지는 사람들》, 청림출판, 2012.

70 로버트 D. 퍼트넘, 정승현 역, 《나 홀로 볼링》, 페이퍼로드, 2009.

71 최연구, 〈4차 산업혁명시대의 문화 기술전략〉, KOCCA 문화기술, 2017.

72 C. P. 스노우, 오영환 역, 《두 문화: 과학과 인문학의 조화로운 만남을 위하여》, 사이언스북스, 2001.

73 최연구, 《4차 산업혁명시대 문화경제의 힘》, 중앙경제평론사, 2017.

74 통계청, 국가통계포털, 2020,

75 Edmond Awad et al, 〈The Moral Machine Experiment〉, Nature, 563, 2018, pp.59~64.

76 Stuart Russell, 〈Robotics: Ethics of Artificial Intelligence, Take a Stand on AI Weapons〉, Nature, 521, 2015, pp.415~418.

77 'Partnership on AI'는 비영리단체이며, 2019년 9월 기준 13개 국가에서 구글·페이스북·아마존·IBM·애플 등 90개 이상의 글로벌 기업이 참여함(출처: www.partnershiponai.org).

78 Chris Pash, 〈The World's Tech Leaders and Scientists Have Signed a Pledge Against Autonomous Killer Robots〉, Business Insider, 2018. 7. 18.

79 J. F. Bonnefon, A. Shariff, I. Rahwan, 〈The Social Dilemma of Autonomous Vehicles〉, Science, 352, 2016, pp.1573~1576.

80 Iyad Rahwan et al., 〈Machine Behaviour〉, Nature, 568, 2019, pp.477~486.

81 MIT 미디어랩의 'Scalable Cooperation' 연구 그룹은 AI 시스템의 공정성·책임성·투명성에 대한 시사점을 연구하고, 알고리즘의 다양성과 편재성으로 야기되는 문제와 영향을 기계 행동 차원에서 접근.

82 ICT와 디지털 기술로 인한 독과점 문제를 제기한 자료는 Russell Brandom, 〈The Monopoly-busting Case Against Google, Amazon, Uber and Facebook〉, The Verge, 2018. 9. 5.; Kenneth Rogoff, 〈Big Tech has Too Much Monopoly Power-it's Right to Take it on〉, The Guardian, 2019. 4. 2. 외 다수.

83 〈Common Issues Relating to the Digital Economy and Competition〉, International Developments and Comments Task Force, 2020. 2. 27.

84 http://www.neins.go.kr/etr/ecology/doc01a.asp. 국토 환경 테마 정보, 국토환경정보센터.

85 환경부, 〈제5차 국가환경종합계획〉, 2019.

86 통계청(http://www.index.go.kr/potal/main/EachDtlPageDetail.do?idx_cd=1205. 인구 1인당 도시 지역 면적).

87 산림청(http://www.forest.go.kr/kfsweb/kfs/idx/Index.do?mn=NKFS_01&mainType=01&slide=2).

88 통계청(http://kosis.kr/), 연안 습지(갯벌) 면적의 변화.

89 산림청, 《임업통계연보》, 2019.

90 한국환경산업기술원, 〈기후변화에 따른 생태계 변화와 대응〉, 2010.

91 〈Scientists Launch Plan to Map Genes of All Complex Life on Earth〉, Reuters, 2018. 11. 1.; 〈International Consortium Officially Launches Earth BioGenome Project in London〉, UC Davis, 2018. 11. 2.

92 관계 부처(해양수산부, 환경부, 산림청 등) 합동, 〈2018년도 국가생물다양성전략 시행계획〉, 2018.

93 Lyndsey Gilpin, 〈10 Ways Technology is Fighting Climate Change〉, TechRepublic, 2014. 8. 6.

94 IPCC, 〈AR5 WGIII〉, 2014.

95 IPCC, 〈Global Warming of 1.5℃〉, 2018.

96 IEA, 〈Global CO_2 Emissions in 2019〉, 2020.

97 IEA, 〈Global Energy Review 2020〉, 2020.

98 Bloomberg New Energy Finance(BNEF), 〈Clean Energy Investment Trends, 2019〉, 2020.

99 IEA, 〈World Energy Investment〉, 2020.

100 IRENA, 〈Renewable Power Generation Costs in 2018〉, 2019.

101 The New Climate Economy, 〈Unlocking the Inclusive Growth Story of the 21st Century: Accelerating Climate Action in Urgent Time〉, 2018.

102 World Economic Forum, 〈Harnessing Artificial Intelligence for the Earth〉, 2017.

103 안병옥, 〈'섭씨 2도'와 인류의 미래: 기술낙관론을 비판하며〉, 《창작과비평》 175호, 2017.

104 McLaren D. & N. Markusson, 〈The Co-evolution of Technological Promises, Modelling, Policies and Climate Change Targets〉, Nature Climate Change, 10, 2020, pp.392~397.

105 자원과 에너지 이용 효율을 높이는 신기술의 개발과 적용이 자원과 에너지 소비심리를 부추겨 그 효과가 상쇄되는 현상.

106 네이버 블로그 '미래인프라연구소', 〈스마트시티 시장 및 기업 동향〉.

107 황건욱, 〈스마트시티〉, 《KISTEP 기술동향브리프》 12호, 한국과학기술기획평가원, 2018.

108 김기봉 외, 〈4차 산업혁명시대의 스마트시티 현황과 전망〉, 《Journal of the Korea Convergence Society》 9(9), 2018, pp.191~197.

109 LG CNS, 〈스마트시티, 미래 모습을 그리다〉, https://blog.lgcns.com, 2018. 3.

110 LG CNS, 〈스마트시티, 미래 모습을 그리다〉, https://blog.lgcns.com, 2018. 3.

111 2017년 3월 '스마트도시 조성 및 산업진흥 등에 관한 법률'로 전면 개정되었다.

112 http://we-gov.org/wego-smart-health-responder.

113 https://www.etnews.com/20200605000220.

114 LG CNS, 〈보안 위협으로부터 '스마트시티'를 지킬 방법은?〉, https://blog.lgcns.com, 2018. 4.

115 이삼식 외, 〈미래 인구변동에 대응한 정책 방안〉, 보건복지부·한국보건사회연구원, 2011.

116 보건복지부, 〈제3차 저출산·고령사회 기본계획(수정)〉, 2019.

117 손지현, 〈주 52시간 근무제가 기혼남녀의 출산 의도에 미치는 영향〉, 《사회복지정책》 47호, 2020.

118 보건복지부, 〈제3차 저출산·고령사회 기본계획(수정)〉, 2019.

119 서지영 외, 2016.

120 통계청, 〈2020년 5월 고용동향〉, 2020. 6.

121 생산연령인구 100명당 부양해야 하는 고령인구의 수.

122 2020년 1월 14일 개정된 공직선거법 제15조.

123 통계청, 〈혼인·이혼통계〉, 2020. 3. 19.

124 통계청, 〈혼인·이혼통계〉, 2020. 3. 19.

125 특이점은 인공지능이 비약적으로 발전해 인간의 지능을 초월하는 시점을 뜻한다. 미국 컴퓨터과학자이자 알파고를 개발한 레이먼드 커즈와일Raymond Kurzweil 박사가 제시한 개념이다. 그는 2045년이면 인간의 사고능력으로는 예상하기 어려울 만큼 획기적으로 발달한 기술이 구현되어 인간을 초월하는 순간이 올 것으로 예측했다. 또 최근에는 이러한 시기가 2029년 이내로 앞당겨질 것으로 예측하기도 했다.

126 Robert A. Dahl, 《Democracy and Its Critics》, New Haven: Yale University Press, 1989.

127 소셜미디어의 정의는 '개방', '참여', '공유'의 가치가 대표적인 특징으로 요약되는 '웹web 2.0' 시대에 온라인 커뮤니케이션 네트워크를 통해 개인의 정보나 의견을 타인과 공유할 수 있는 개방화된 온라인 플랫폼을 지칭한다. 소셜미디어라는 용어가 대체로 이용자를 강조하는 반면, 소셜미디어와 유의어인 SNS는 온라인 플랫폼의 서비스 제공자를 강조하는 용어다.

128 송태은, 〈한국 외교정책 온라인 여론과 시민의 정치참여: 2008~2013년 무역·안보·외교 갈등 사례〉, 서울대학교 대학원 외교학 박사학위 논문, 2016.; 송태은, 〈영토명칭 논쟁에 대한 대중의 집단지성 전략과 집합행동: 동해 표기 오류시정운동 사례〉, 《세계지역연구논총》 33권 3호, 2015.; 송태은, 〈소셜미디어를 통한 다중의 외교정책 논쟁과 집합행동: 커뮤니케이션 환경의 변화가 대중의 외교정책 태도에 미치는 영향〉, 《국제정치논총》 53권 1호, 2013.

129 인공지능의 정보 생산에 의한 가짜 뉴스 확산 심화 현상에 대한 분석은 다음을 참고했다. 송태은, 〈인공지능의 정보생산과 가짜 뉴스의 프로파간다〉, 조현석·김상배 엮음, 《인공지능, 권력변환과 세계정치》, 삼인, 2018.

130 초국경 가짜 뉴스와 타국 정부의 디지털 허위 조작 정보 유포를 통한 국내 여론개입 문제는 다음을 참조했다. 송태은, 〈사이버 심리전의 프로퍼갠더 전술과 권위주의 레짐의 샤프파워: 러시아의 심리전과 서구 민주주의의 대응〉, 《국제정치논총》 59권 2호, 2019.

131 Gartner, 〈How to Plan, Participate and Prosper in the Data Economy〉, 2011.

132 〈Uber, Lyft Cut Costs as Fewer People Take Rides Amid Coronavirus Pandemic〉, The Wall Street Journal, 2020. 5. 6.

133 〈Welcome To The Isolation Economy(Goodbye Sharing Economy)〉, Forbes, 2020. 3. 23.

134 김준영, 〈플랫폼 경제 종사자 규모 추정과 특성 분석〉, 한국고용정보원, 2019. 8.

135 〈Uber Says Drivers Aren't Part of Its 'Usual Course' of Business〉, CNBC, 2019. 9. 11.

136 〈요기요 배달원 근로자 인정… 긱 이코노미 지각변동 예고〉, 매일경제, 2019. 11. 5.

137 〈근로자 인정받은 타다 드라이버… 플랫폼 노동, 변곡점 맞나〉, 뉴스토마토, 2020. 6. 1.

138 〈플랫폼 노동 파악·보호에 나서야〉,《미디어오늘》, 2019. 10. 19.

139 〈트위터, 코로나19 이후에도 직원이 원하면 영구히 재택근무〉, 아시아경제, 2020. 5. 13.

140 그랜드 뷰 리서치, 2019.

141 IRENA, 2020.

142 Aon & Ponemon Institute Research.

143 손수정, 〈제4차 산업혁명, 지식재산 정책의 변화〉.《STEPI Insight》 197호, 2016.

144 오승범, 〈美 특허법 개정·EU 통합특허법원 출범 속도·中 징벌적 배상제 도입〉, 제 9회 국제 지식재산권 및 산업보안 컨퍼런스, 2019. 6. 16.

145 특허청, 〈통계로 보는 특허 동향〉, 2018.

146 신현주, 〈특허무효 심판 절반은 '무효' 결정… 심사 수준 높여야〉, 서울경제, 2019. 9. 23.

KAIST Future Strategy 2021

+

+

+

+

+

+

+